武漢大學中國三至九世紀研究所　編

魏晉南北朝隋唐史資料

Journal of the 3-9th Century Chinese History

（第三十二輯）

上海古籍出版社

目　録

Contents

《魏晉南北朝隋唐史資料》第三十二輯

2015 年 12 月,1—22 頁

社會力量的合流與孫吳政權的建立約論[*]

林昌丈

一、前 言

對於中國史上立足於廣大南方地區的孫吳政權,圍繞其政權性質與政權結構進行相關問題的探討,學界已積纍較多令人矚目的研究成果。[①] 其中,唐長孺先生通過探究江南地區的宗部、山越論述孫吳的建國歷程。他曾經指出,"孫吳創業時,由於奪取了原來由若干大族控制的勞動力而取得軍事上與經濟上的優勢,才能建立起長江南部的吳國"。他同時表明孫吳的政權基礎是以孫氏爲首的若干宗族聯盟。這些宗族或爲江南土著大族,或爲南渡的北方大族,還有孫氏經過培養而成的新興統治者。[②] 以大川富士夫、川勝義雄爲首的日本學者在六朝貴族制社會的論説模式下進行孫吳政權的研究。大川富士夫先生關注江東土著豪族所形成的士大夫化階層對孫吳政權形成的重要意義,同時他在多篇文章中主張江東豪族是支撐孫吳政權的核心。[③] 川勝義雄先生質疑

---

　　[*] 本文爲國家社科基金重大項目"中國歷史上的濱海地域研究"(項目號: 14ZDB026)階段性研究成果;中國博士後科學基金面上資助(資助號: 2015M570657)研究成果。

　　[①] 川勝義雄:《六朝貴族制社會研究》第 2 編第 2 章《孫吳政權與江南的開發領主制》,徐谷芃、李濟滄譯,上海:上海古籍出版社,2007 年,第 103—123 頁;傅樂成:《孫吳與山越之開發》,《漢唐史論集》,臺北:聯經出版事業公司,1977 年,第 81—91 頁;石井仁:《孫吳政權の成立をめぐる諸問題》,日本《東北大學東洋史論集》第 6 號,1995 年,第 70—94 頁;村田哲也:《孫吳政權の軍事力形成と山越討伐の一考察》,《東洋史苑》第 47 號,1996 年,第 58—87 頁;村田哲也:《孫吳政權の軍制に関する一考察——孫吳政権像の理解をめぐって》,《東洋史苑》第 59 號,2002 年,第 46—77 頁;顧江龍:《孫吳建國歷程新探》,北京大學歷史學系碩士學位論文,2003 年;王永平:《孫吳政治與文化論》,上海:上海古籍出版社,2005 年;魏斌:《孫吳年號與符瑞問題》,《漢學研究》第 27 卷第 1 期,2009 年,第 31—54 頁;等等。

　　[②] 唐長孺:《孫吳建國及漢末江南的宗部與山越》,收入氏著《魏晉南北朝史論叢》,《唐長孺文集》,北京:中華書局,2011 年,第 1—26 頁,尤其是第 16—17、24 頁。

　　[③] 大川富士夫:《孫吳政権の成立をめぐって》,《立正史學》第 31 號,1967 年,第 57—77 頁;大川富士夫:《孫吳政権と士大夫》,《立正大學文學部論叢》第 33 號,1969 年,第 3—24 頁;大川富士夫:《三國時代の江南豪族について》,《立正大學人文科學研究所年報》第 9 號,1971 年,第 19—30 頁。以上文章後收入氏著《六朝江南の豪族社會》,京都: 雄山閣,1987 年。

大川富士夫提出的士大夫階層在東吳政權中的力量這一説法,認爲孫吳政權是以江北任俠無賴者集團爲核心的軍事勢力來到江南後,與江南土著豪族合作建立起來的獨立政權。他將孫吳政權理解成"武人領主制色彩極爲濃厚的純軍事政權,至於士大夫,僅僅只需要像張昭那樣人數極爲有限的顧問以及若干負責行政事務的官員而已"。① 渡邊義浩先生側重"名士"在構建東吳政權的核心作用,考察名士層與皇權間彼此消長的關係。② 簡而言之,他們的研究在理論框架、具體觀點上雖然有不相一致之處,但宗旨皆在揭示孫吳政權是建立在大族或"名士"的基礎之上。

　　與上述的研究不相同的是,田餘慶先生集中探究孫吳政權江東化的政治過程,將淮泗人物提到與土著大族並重的位置,並側重於探討孫吳政權的政治基礎從淮泗人物過渡到江東大族的演變歷程。③ 他從時間上分階段把握孫吳政權的政治基礎的轉變、江東大族的向背等相關問題。許倬雲先生則關注南方地區的民帥(宗帥)這一地方勢力,探討民帥與孫吳政權間的關係。④ 換言之,許倬雲指出孫吳政權是建立在運用暴力的方式迫使南方地區的民帥歸附孫氏的基礎上。

　　1974 年,毛漢光先生發表《三國政權的社會基礎》一文,運用社會學理論的分析範式剖析三國政權的社會基礎。⑤ 具體説來,毛漢光首先簡略地梳理漢末群雄各集團的社會勢力及其擴張,將三國時期的社會階層劃分爲士族、小姓與平民三大社會階級,采用量化的方式集中分析曹魏、孫吳與劉蜀政權統治階層之社會成分。他不僅闡述了三國政權之統治階層前後的階段變化,而且將三國政權的統治階層的社會成分構成比例進行對比。毛漢光對三國政權的社會基礎這一研究理路,爲我們進一步探究三國政權尤其是孫吳、蜀漢政權立足於廣大南方地區的社會基礎,提供了基本的研究框架。⑥

　　顯而易見,從政治、社會的層面剖析以孫氏爲首的新興統治階層在南方地區的出

---

　　① 川勝義雄:《六朝貴族制社會研究》,徐谷芃、李濟滄譯,第 106、122 頁。
　　② 渡邊義浩:《孫吳政權的形成》,《大東文化大學漢學會誌》第 38 號,1999 年。更詳細的探討見氏著《三國政權的構造と「名士」》第 3 章《孫吳政權論》,東京:汲古書院,2004 年,第 217—280 頁。
　　③ 田餘慶:《孫吳建國的道路——論孫吳政權的江東化》,收入氏著《秦漢魏晉史探微》(重訂本),北京:中華書局,2011 年,第 284、295 頁。另請參閲田餘慶:《暨艷案及相關問題——再論孫吳政權的江東化》,收入氏著《秦漢魏晉史探微》,第 298—329 頁。
　　④ 許倬雲:《三國吳地的地方勢力》,原載"中央研究院"歷史語言研究所集刊》第 37 本上册,收入氏著《求古編》,北京:新星出版社,2006 年,第 434—435 頁。
　　⑤ 毛漢光:《三國政權的社會基礎》,原載"中央研究院"歷史語言研究所集刊》第 46 本第 1 分,收入氏著《中國中古社會史論》第 5 篇,上海:上海書店出版社,2002 年,第 109—140 頁。
　　⑥ 相關評論見甘懷真:《再思考士族研究的下一步:從統治階級觀點出發》,甘懷真編:《身分、文化與權力:士族研究新探》,臺北:"國立"臺灣大學出版中心,2012 年,第 1—6 頁。

現,可以説一直是學界頗爲關注的話題。然而,無論是宗族聯盟、名士或士大夫階層還是武人色彩極爲濃厚的領主制等説法,始終是就當時統治階層中的社會成分如宗族(大姓)、名士、武人等進行討論。毛漢光先生采取統治階層的社會史研究,依舊是承襲前人對社會成分的關注,只不過將統治階層的各種社會成分進行細化、量化而加以把握。不同的是,毛漢光引入社會流動(social mobility)的視角,注意到社會階層的垂直流動,如他認爲單士與地方豪族逐漸流入三國政權而上升爲士族、官僚這一社會變動是漢唐門第社會的上坡面。無論具體的結論如何,沿着這一思路,對東漢中後期至三國時期的社會階層與其流動做繼續的關注,仍不失爲一種嘗試。值得説明的是,與其對社會群體做僵硬的類型學分析,毋寧跳出這一分析模式,而將當時的社會群體所形成的各種社會關係作一整體的考察對象。

如所周知,孫吳政權中社會群體的來源頗爲複雜,既有像淮泗、江東名士與地方大族那樣的社會上流,又不乏一些在東漢末期處於社會中下層的掾史屬吏與庶民,可謂是各種社會群體的雜糅。當時分屬於不同社會階層的群體是如何形成的?與孫氏存在着什麼樣的社會關係?又是如何合流到孫吳政權中去?因而,本文試圖將孫氏政權的形成置入新興統治階層形成的社會過程中加以考慮,從社會關係的變動和重組把握孫吳政權中多元社會力量的存在。

二、孫吳政權中多元的社會力量

在孫氏父子建立政權的不同階段,各種社會力量先後以不同的方式匯入其中。首先是孫堅時期。根據《三國志》等文獻與今人的已有研究,在孫堅時期可考的部將八人中,揚州五人,荆州一人,幽州二人。[①] 揚州跟隨孫堅征伐者,有丹陽芮祉、丹陽故鄣朱治、吳郡富春孫河、徐琨與吳郡吳景。《吳書·孫破虜討逆傳》謂會稽妖賊許昌動亂,孫堅以會稽郡司馬身份召募精勇,得千餘人。[②] 芮祉與朱治很有可能是當時受孫堅召募而投其部下。芮祉在孫堅的推薦下出任過九江、吳郡太守。《吳書》曰:"權爲子登揀擇淑媛,群臣咸稱玄父祉、兄良並以德義文武顯名三世。"[③]則芮祉並非只是武將,亦有文功。朱治,原本爲故鄣縣吏,"後察孝廉,州辟從事",在孫策進入江東並拉攏吳郡大族

---

① 渡邊義浩:《孫吳政權の形成》,《大東文化大學漢學會誌》第38號,1999年,第34頁。按,吕範是孫策在壽春所結識的人物,並非孫堅時期的部將,渡邊義浩所列有誤。

② 《三國志》卷四六《吳書·孫破虜討逆傳》,北京:中華書局,1959年,第1093頁。

③ 《三國志》卷六一《吳書·潘濬傳》裴注引《吳書》,第1398頁。

方面功勞不小。孫河、徐琨與吳景，與孫堅皆有族親、姻親關係。徐琨少仕州郡，後去官隨孫堅征伐。① 吳景本吳郡吳縣人，與其姊吳夫人居於錢唐。《吳書·妃嬪傳》"孫破虜吳夫人"下謂孫堅欲娶吳夫人，"吳氏親戚嫌堅輕狡"，②至少可説明吳氏一家並非"輕狡"之徒。③ 荊州零陵黃蓋，乃孫堅於荊州舉兵時所招募的部將。其本人"初爲郡吏，察孝廉，辟公府"，④與朱治的出身相似。幽州人程普和韓當，投靠孫堅具體時間不詳，當爲孫堅在下邳時所召募。程普曾任職州郡吏，韓當一介武夫，家世遜於程普。

綜上，朱治、徐琨、黃蓋與程普，原先皆擔任過州郡縣吏，而朱治、黃蓋二人則又是"孝廉"的身份。孫堅本人亦是縣吏出身，曾擔任過郡司馬。當時的掾史群體似乎有意識地抱成一團，招兵買馬。觀孫堅所募之兵，一在家鄉富春與揚州，二在徐州下邳，三則在長沙太守任上。其中揚州所得精勇兵千餘人，淮泗精兵千餘人，當是孫堅時期的主力部隊。這一批社會力量，以地方掾史群體爲核心，並拉攏、招募了"好事少年""宗黨"與"鄉曲"。《江表傳》謂孫堅"歷佐三縣，所在有稱，吏民親附。鄉里知舊，好事少年，往來者常數百人，堅接撫待養，有若子弟焉"。⑤ 孫堅在縣丞任上，所結交、依附者依舊是縣署佐吏與一般的民眾。"鄉里知舊"，當即《孫靜傳》所謂"鄉曲及宗室五六百人"，是富春縣及其揚州追隨孫堅征伐之人；"好事少年"，即遊手好閑之徒。孫堅與他們之間結成了"任俠"的關係。⑥ 總而言之，孫堅的武裝組織是以掾史群體爲核心，在"同宗"與"任俠"等關係下結成的一批社會力量。

孫策時，除了繼承孫堅時期的部將外，大姓、名士的加入讓其隊伍的構成又更爲複雜。其中，淮泗人物者有彭城張昭，汝南呂範、呂蒙，廣陵張紘、秦松與陳端。這部分北人，以張昭、張紘爲代表，即所謂"二張"。⑦ 張昭少學《左氏春秋》，與琅邪趙昱、東海王朗俱發名友善。⑧ 他於漢末渡江避難揚州，又輾轉爲孫策所用。至於名士張昭爲何屈尊於袁術部曲將孫策，《三國志》等史籍皆無明言。可以稍作揣測的是，張昭不投奔同州里的會稽太守王朗，蓋王朗爲陶謙所用，而昭與陶謙有隙。無論如何，張昭在爭取北

---

① 《三國志》卷五〇《吳書·妃嬪傳》，第 1197 頁。
② 《三國志》卷五〇《吳書·妃嬪傳》，第 1195 頁。
③ "輕狡"或"輕俠"，史籍中多用來形容遊俠之徒。
④ 《三國志》卷五五《吳書·黃蓋傳》，第 1284 頁。
⑤ 《三國志》卷四六《吳書·孫破虜討逆傳》裴注引《江表傳》，第 1094 頁。
⑥ 川勝義雄：《六朝貴族制社會研究》，徐谷芃、李濟滄譯，第 97—100、105—106 頁。
⑦ 《三國志》卷五六《吳書·朱治傳》與《朱然傳》，第 1303—1308 頁。
⑧ 《三國志》卷五二《吳書·張昭傳》，第 1219 頁。

土南下的賓旅寄寓士人投靠孫吳政權方面,功勞甚大。張紘,徐州名士,與張昭齊名,見稱於陳琳、孔融與王朗等人。《三國志》裴注引《吳曆》載孫策問計於張紘,贊紘"高名播越,遠近懷歸"。① 紘遂委質。秦松、陳端爲孫策謀士,當與張昭、張紘屬於同一流。呂範爲細陽縣吏,有私客百人;呂蒙,東漢末南渡,《呂蒙傳》謂蒙少南渡,依姊夫鄧當。鄧當爲孫策將,數討山越。他們以俠義、武力爲孫策所用,與"二張"不屬於同一階層。

此外,揚州人士中,大姓、名士者以廬江周瑜爲著。周瑜從祖父周景、從父周忠爲漢太尉,從父周尚爲丹陽太守,父周異,洛陽令。② 錢唐全柔、餘姚虞翻、山陰賀齊、上虞魏滕,亦爲揚州各地的大姓、名士。而其他如壽春蔣欽、下蔡周泰、松滋陳武、烏程吾粲與餘杭淩操等,家世、身份遠遜於前二者,爲一般部將。③ 綜觀孫策時期的人物構成,以"二張"爲謀臣,周瑜爲大將。江東人士所占比例雖不小,④然尚未進入孫氏集團的核心圈。"任俠"關係仍舊是維繫此集團的主要紐帶,但同時主從關係也進一步強化。此外,張昭等南北名士作爲孫策的謀士加入孫氏集團,是孫堅時期所未見的群體,孫策以"師友之禮"對待他們。這種關係顯然是在孫策時期才逐步形成。而在進入江東面對各地不服從的大族時,孫策尚未覓到與他們融洽相處並結成主從關係的途徑,唯有征服與暴力。

在面對各種層次的社會群體時,"任俠""師友"關係已不再具有很大的適用性。因而,孫權一改孫策時誅戮大族的做法,開始全面起用吳郡大族,其中顧雍、陸遜最受用。大族子弟顧邵、朱據、陸抗、陸凱、張敦等陸續出仕任官。會稽大族中,除虞、賀二姓外,烏傷駱統於建安五年(200)左右爲烏程相,山陰鍾離牧於赤烏五年(242)入仕,⑤其他人士進入孫權政權中皆較晚。漢末的會稽大族周氏、魏氏等受到迫害,故這一時期可以說是會稽舊有大族消隱、新出門户崛起的時期。

孫吳政權中,淮泗人物的成員構成及其政治力量這一話題一直爲學者所矚目,⑥這在淮泗人物達到頂峰的孫權時期更爲突出。根據渡邊義浩所列,孫權主政時期的北方人士,大致占據一半之多。其中不少的北方士人於漢末渡江,原多聚集在劉繇、王朗與

① 《三國志》卷四六,第1103頁。
② 《三國志》卷五四,第1259頁。
③ 如吾粲起於孤微,淩操輕俠有膽氣,當非大姓、名士。
④ 渡邊義浩:《孫吳政權の形成》,第34—35頁。
⑤ 據《會稽典録》,鍾離牧父鍾離緒爲樓船都尉,兄鍾離駰爲上計吏,少與同郡謝贊、吳郡顧譚齊名。參見《三國志》卷六〇《吳書·鍾離牧傳》下裴注引《會稽典録》,第1392頁。未有材料表明鍾離緒、鍾離駰出仕孫氏政權。
⑥ 大川富士夫:《孫吳政權の成立をめぐって》,《立正史學》第31號,第57—77頁。

華歆等北方名士爲江東牧、守者的周圍。① 還有部分北士流落交州,受到大族士燮的禮遇,如汝州南頓程秉、沛郡竹邑薛綜。名儒程秉事鄭玄,後又與交州劉熙考論大義,博通五經。薛綜本沛郡著姓,少依族人避地交州。南來的北士,脱離舊壤,大多數無經濟來源。他們相繼進入孫權政權中,謀得一官半職,在經濟上仰賴於孫氏。原先的師友關係漸趨淡化,主從關係也擴展到這一批北士群體中。

隨着孫權的稱帝造國,在孫吳政權中,以凝聚人群、維持信賴與義氣的"同宗""任俠""同鄉"與"師友"等人際關係進一步淡化,取而代之的是兩漢時期行用的帝王與臣子的關係、王朝國家官僚體系中的上下級關係。這是作爲武裝組織的孫氏集團向孫吳政權發展中的歷史過程。然而同時,孫氏政權中濃厚的父子關係依舊延續下來,並發揮效用。世襲領兵制可以看作對這一關係的制度性規定。

值得注意的是,孫氏政權一直向部分庶民階層開放,尤其是貧窮的文士與能征善戰的武人。胡綜、潘璋、步騭、衛旌自不待言,又如徐盛,"遭亂,客居吳,以勇氣聞"。沛郡蔣纂、廣陵華融與袁迪皆"單貧有志"。華融受張溫提擢爲太子庶子,遂知名顯達。山陰闞澤,"家世農夫,至澤好學,居貧無資,常爲人傭書"。建安二十四年(219),孫權辟爲西曹掾。② 又《三國志·賀邵傳》曰:"初,錢唐丁諝出於役伍,陽羨張秉生於庶民,烏程吳粲、雲陽殷禮起乎微賤,邵皆拔而友之,爲立聲譽。"③按,吳粲當即吾粲。雲陽,即曲阿。殷禮,其子殷基作《通語》曰:"禮字德嗣……少爲郡吏,年十九,守吳縣丞。"④殷禮少即爲吳郡郡吏,又守吳縣丞,算不得"微賤"。比之烏程吾粲,略勝一籌。顧邵能"拔而友之",結交的幾人,皆屬於吳郡,可能主持着吳郡的鄉里清議,如郡中正一類的職務。

簡言之,在建立政權的過程中,孫氏與各社會力量結成不同的關係,從本身即爲掾屬群體的一員逐漸轉變成統率大族、名士並進而統治一般庶衆的帝王。孫吳政權中多元社會力量的存在,與經過兩漢的發展不斷分化出的社會階層密切相關。本文接下來便重點分析東漢中後期不同社會階層的狀況。

三、東漢中後期揚州的社會階層

孫氏之所以采用不同的社會關係來凝聚群體、發展武裝組織,是因爲當時地方社會

---

① 田餘慶:《孫吳建國的道路——論孫吳政權的江東化》,第280頁。
② 《三國志》卷五二,第1249頁。
③ 《三國志》卷五二,第1229頁。
④ 《三國志》卷五二,第1229頁。

存在着不同的社會階層。經過兩漢的發展,當時的士人圈中形成以儒學、儒教爲核心標準的序列:名士與一般的儒士。"名士",一般認爲是當時一些人因孝道、德行方面的超人表現而成名。在官僚體制中,名士與一般的儒士都可能成爲政治人物,活躍在當時的政治圈中。多數的儒士出任州郡縣的掾史屬吏,局促於地方。因而名士、儒士在官僚體系中又可分爲在朝的政治人物、州郡長官與地方掾史群體。至東漢末期,名士往往在大姓中產生,因爲地方大姓操控地方政局,又通過選舉和辟召,爲朝廷登用。① 在正常的社會流動中,儒士通過精深的儒學造詣或德行修養,可上升至"名士"。即使不能成爲"名士",亦可通過孝廉選舉等方式進入朝廷,成爲在朝政治人物或州郡長官,擺脱掾史的身份。庶衆中稍富有的人士,研習儒業,遊學京師或儒學大家門下,亦有可能成爲儒士或掾史。然而,東漢的社會發展至中後期,正常的社會階層流動因大姓的把持、操控而阻滯了。② 即在地方社會的階層序列中,"名士"與大姓結合,阻礙了一般儒士的向上流動,更遑論處於社會底層的庶衆。揚州這一地域對孫氏創業、定鼎江東產生了至關重要的作用。兹以揚州爲例,具體闡述東漢中後期揚州地方社會的階層及其特徵。

(一)朱儁、陶謙與江東大族

比照這一時期揚州地區絶大多數名士成長的途徑,朱儁、陶謙並非以精研儒學而成爲名士與重要的政治人物。上虞朱儁以郡吏起家,因財富在鄉里積聚了不少勢力。③ 會稽太守徐珪舉儁孝廉。④ 光和元年(178),朱儁以蘭陵令拜交阯刺史,"令過本郡簡募家兵及所調,合五千人",討伐梁龍、孔芝之亂。⑤ 中平元年(184),黄巾賊起,朱儁以右中郎將之名積極討破之,遷光禄大夫,封錢唐侯等,由是名聲大震。後董卓擅國,儁極力反抗,盡忠漢室。與朱儁相仿的是,丹陽陶謙通過舉孝廉的方式起家,亦以討伐黄巾賊

① 唐長孺:《東漢末期的大姓名士》,《魏晉南北朝史論拾遺》,《唐長孺文集》,第25—29頁。
② 顯然,豪族大姓把持地方選舉是東漢時期的常態。至東漢中後期,這種現象愈演愈烈。參閲東晉次:《後漢的選舉與地方社會》,原載《東洋史研究》第46卷第2號,1978年,收入劉俊文主編:《日本中青年學者論中國史·上古秦漢卷》,上海:上海古籍出版社,1995年,徐世虹譯,第572、594頁。
③ 《後漢書》卷七一《朱儁傳》謂其販繒爲業,即販賣絲織品的商人家庭。同郡周規"假郡庫錢數百萬……家貧無以備",朱儁"竊母繒帛,爲規解對"。後朱儁爲主簿時,又齎數百金爲太守尹端解難。北京:中華書局,第2308頁。
④ 關於孝廉的家世背景等問題,參閲邢義田:《東漢孝廉的身份背景》,收入氏著《天下一家:皇帝、官僚與社會》,北京:中華書局,2011年,第285—327頁。
⑤ 《後漢書》卷七一,第2308頁。

亂贏得名位與官職。① 朱儁、陶謙顯然處於當時社會的上層,後又互相連合。興平、初平時,朱儁在漢廷與梟雄董卓抗爭,時徐州牧陶謙積極連合朱儁。《後漢書·朱儁傳》載此事,其内容大略曰:

> 卓後入關,留儁守洛陽,而儁與山東諸將通謀爲内應。……儁以河南殘破無所資,乃東屯中牟,移書州郡,請師討卓。徐州刺史陶謙遣精兵三千,餘州郡稍有所給,謙乃上儁行車騎將軍。……及董卓被誅……陶謙以儁名臣,數有戰功,可委以大事,乃與諸豪杰共推儁爲太師,因移檄牧伯,同討李傕等,奉迎天子。②

朱儁積極討伐董卓,樹立了正面形象。陶謙本意是以徐州爲基礎,積極支持朱儁在朝活動。上引陶謙之議中途作罷,朱儁不久即在李傕之亂中死去。然江東大族積極靠攏陶謙,以高岱爲首。高岱,吳郡無錫人。其父高彪,少遊太學,郡舉孝廉,頗能文賦,後遷外黃令。③ 據《外黃令高彪碑》,光和七年(即中平元年,184)高彪卒時,"故吏門生奔送相隨,盈道充塗"。④ 高彪、高岱父子皆知名於江東地區。⑤《吳錄》曰:"太守盛憲以(高岱)爲上計,舉孝廉。許貢來領郡,岱將憲避難於許昭家,求救於陶謙。……岱得謙書以還……吳人大小皆爲危悚,以貢宿忿,往必見害。"⑥許貢蓋爲袁術所用,排擠會稽盛憲。高岱欲引陶謙軍南渡江以驅趕許貢,⑦不僅只是高岱個人的意願,也正説明當時吳、會名士更傾向於持正面形象積極討伐董卓的朱儁、陶謙等人,而不是依附於袁術屬下的孫策、許貢等逆徒。不巧的是,興平元年朱儁、陶謙的先後謝世使得高岱、盛憲等江東大族的籌畫戛然而止。

綜而言之,在孫策渡江以前,部分江東大族傾向於支持陶謙、朱儁,形成一定的向心力,即試圖通過結援陶謙、朱儁等有影響力的江東人物以自保。除了上述的高岱、盛憲

---

① 《後漢書》卷七三,第 2366—2367 頁。
② 《後漢書》卷七一,第 2312 頁。
③ 《後漢書》卷八〇下《文苑列傳·高彪》,第 2649—2652 頁。
④ 立碑者廬江龍舒縣吳郡太守范府君,參閲洪适:《隸釋》卷一〇,北京:中華書局,1986 年,第 122 頁。
⑤ 據《三國志》卷四六《吳書·孫破虜討逆傳》裴注引《吳錄》,孫策囚禁高岱,"知交及時人皆露坐爲請。策登樓,望見數里中填滿。策惡其收衆心,遂殺之"(第 1109 頁)。可見高岱在吳、會等地影響力頗大。
⑥ 《三國志》卷四六《吳書·孫破虜討逆傳》"建安五年"下注引《吳錄》,第 1109 頁。
⑦ 關於許貢郡望,田餘慶先生揣測或出自丹陽句容許氏(田餘慶:《孫吳建國的道路——論孫吳政權的江東化》,第 274—275 頁)。另外,劉備有中郎將丹陽許耽,當是追隨徐州刺史陶謙的丹陽兵。見《三國志》卷七《魏書·張邈傳》裴注引《英雄記》,第 223—224 頁。

外,像烏程鄒他、錢銅與嘉興王晟等,都應當屬於這一陣營。① 雖然他們的政治立場不能囊括所有的江東大族,但對於孫策而言,已經是一股强烈的抵抗力量。

(二) 九江、豫章的儒士群

九江、豫章二郡在兩漢時期的儒學之風頗爲興盛,形成一批儒士。他們以儒術起家,成爲地方郡縣長官或中央的政治人物。這些群體往往門生廣佈天下,權力相互交織,其影響力不可小覷。

西漢後期,九江郡頗出儒士,如朱普、嚴望、梅福、張邯與陳俠之流。朱普受業於平陵平當。② 嚴望,《漢書·朱雲傳》曰:"九江嚴望及望兄子元,字仲,能傳雲學,皆爲博士。望至泰山太守。"③壽春梅福,"少學長安,明《尚書》《穀梁春秋》,爲郡文學,補南昌尉"。④ 張邯從潁川滿昌學《詩》,王莽用爲大司徒。⑤ 陳俠,與徐敖學《毛詩》,爲王莽講學大夫。⑥ 上述士人,憑藉自身的儒學修養,爲朝廷所登用,其中如張邯,參與到西漢末期王莽篡位的政局中。東漢時期,九江仍舊保持了這一儒學傳統。胡憲,爲桓榮門下生,而桓榮曾受業於九江朱普,避王莽亂居止於九江,在九江頗多門徒。鮑俊,與潁川丁鴻友善,上書薦鴻。⑦ 則鮑俊亦當爲儒士。召馴,入《後漢書·儒林列傳》,曾祖父召信臣,父建武中爲卷令。則壽春召氏一家自召信臣以來皆有出仕,未曾斷過。召馴本人是個名士,《儒林列傳》謂其纍仕州郡,後入司徒府。建初元年(公元76)爲章帝試講。⑧壽春夏勤,受業於南陽樊儵,安帝永初元年(107)爲司徒。九江又有夏方者,建康元年前後(144)爲交阯刺史,平交土蠻夷,功遷桂陽太守。⑨ 壽春朱倀,隨丁鴻受學,永建元年(126)以長樂少府遷爲司徒。⑩ 九江另有謝曼卿者,善《毛詩》。⑪

至於豫章郡,其儒士群體的形成要到東漢時期,晚於九江郡。豫章郡嚴豐者,西漢

---

① 《三國志》卷四六,第 1105 頁。
② 《漢書》卷八八,北京:中華書局,1962 年,第 3604 頁。
③ 《漢書》卷六七《朱雲傳》,第 2916 頁。
④ 《漢書》卷六七《梅福傳》,第 2917 頁。
⑤ 《漢書》卷八八《儒林傳·後蒼》,第 3613 頁;卷九九下,第 4186 頁。
⑥ 《漢書》卷八八,第 3614 頁。
⑦ 袁宏:《兩漢紀校注·後漢紀》卷一三《孝和皇帝紀》,北京:中華書局,2002 年,第 263 頁。
⑧ 《後漢書》卷七九下《儒林列傳·召馴》,第 2573—2574 頁。
⑨ 《後漢書》卷八六《南蠻》,第 2839 頁。
⑩ 《後漢書》卷六《孝順帝紀》,第 252 頁。
⑪ 《後漢書》卷七九下《儒林列傳·衛宏》,第 2575 頁。

末期爲郡主簿。① 艾縣劉陵,曾爲長沙郡安成長,後遷爲侍中。② 南昌縣程曾,在家授學。《後漢書·儒林列傳·程曾》云:

> 程曾字秀升,豫章南昌人也。受業長安,習《嚴氏春秋》,積十餘年,還家講授。會稽顧奉等數百人常居門下。著書百餘篇,皆《五經》通難,又作《孟子章句》。建初三年,舉孝廉,遷海西令,卒於官。③

南昌縣作爲豫章郡的治所,彙聚豫章郡各地的儒士。不僅如此,南昌在後漢同時也成爲江東地區的學術重鎮,吸引豫章郡境外的人士前來傳道授業、研修儒術。《後漢書·桓榮傳》謂沛郡桓榮師承九江朱普,後客授江、淮間。榮弟子南昌何湯,《桓榮傳》注引謝承《後漢書》曰:"榮門徒常四百餘人,湯爲高第,以才明知名。……後拜郎中,守開陽門候。……拜湯虎賁中郎將。"④何湯生活於東漢初期,稍早於同縣程曾。曾門徒會稽(吳郡)顧奉便是前來受業學藝的名士。晚於程曾的豫章學問家便是唐檀。《後漢書·方術列傳·唐檀》云:"少游太學,習《京氏易》、《韓詩》、《顏氏春秋》,尤好災異星占。後還鄉里,教授常百餘人。"永建五年(130),舉孝廉,除郎中。⑤ 其後是桓、靈時期的徐穉。《後漢書·徐穉傳》曰:"徐穉字孺子,豫章南昌人也。家貧,常自耕稼,非其力不食。"謝承《後漢書》謂徐稚(穉)"學《嚴氏春秋》、《京氏易》、《歐陽尚書》,兼綜風角、星官、算曆、《河圖》、《七緯》……異行矯時俗,閭里服其德化"。⑥《會稽典録》記會稽隆修爲豫章太守時,"廳事薦編絶不改,以郡風俗不整,常卷坐席。惟徐[穉](稚)、李贊數詣問,乃待以殊禮"。⑦ 徐穉乃"南州高士",靈帝初卒於家。子徐胤,亦隱居不仕,有父風。

東漢中期豫章有陳重與雷義二人。陳重字景公,豫章宜春人,雷義字仲公,豫章鄱陽人,二人爲友,同學《魯詩》《嚴氏春秋》。豫章太守張雲舉二人爲孝廉。陳重嘗爲人還息錢數十萬,可以想象陳重絶非一般的勞苦大衆。陳重與雷義俱拜尚書郎,終至侍御史。雷義的仕宦與陳重大同小異。雷義子雷授,官至蒼梧太守。⑧

---

① 《太平御覽》卷九五〇《蟲豸部七·蜂》引謝承《後漢書》,北京:中華書局影印,1960年,第4217頁上。
② 《北堂書鈔》卷五八《設官部十》引謝承《後漢書》,北京:中國書店,1989年,第191頁上;《太平御覽》卷八九一《獸部三·虎上》引謝承《後漢書》,第3958頁上;樂史:《太平寰宇記》卷一〇六《江南西道四》,北京:中華書局,2007年,第2112頁。
③ 《後漢書》卷七九下,第2581頁。
④ 《後漢書》卷三七,第1250頁。
⑤ 《後漢書》卷八二下,第2729頁。
⑥ 《後漢書》卷五三,第1746頁。
⑦ 《太平御覽》卷七〇九《服用部十一·薦席》引《會稽典録》,第3161頁下。
⑧ 以上俱見《後漢書》卷八一《獨行列傳》,第2686—2688頁。

綜上，九江和豫章二郡，成爲揚州江西、江東兩個地區的學術重鎮。揚州的士人通過遊學於此兩地的學問家門下，從而形成複雜的社會網絡。可以想見，揚州各郡皆出現了一批修經業儒之人，他們通過"儒"學出仕，步入宦途。但他們中只有極少部分人士因孝友、義行的品德而被稱爲"名士"。這一群體的特徵以經學儒術起家、門生衆多、社會網絡交織錯雜。這一時期新興的儒士或名士，不乏官位顯耀者，但名望和政治資本並未產生延續纍世的影響力。史書對其中的儒學世家亦未用"大姓""大族"等字詞加以描述。他們是不同於豪强大姓、大族的社會群體。

（三）沉隱於地方的掾史群

在當時正常的社會流動下，絶大多數爲官人士曾經擔任過地方郡縣的掾史屬吏，不少名士亦有出任郡縣功曹的經歷。[①] 瞿同祖曾經説："作爲一個權力群體，掾史屬吏經常可以濫用職權，干亂吏治，有時甚至橫行不法。"[②]這當然是無須爭辯的事實。但就社會階層而言，在權力群體的内部，所謂地方的掾史群體，一類來自郡縣大姓子弟的成員，一類是無法進一步登上仕途、儒學造詣平平的士人，[③]而以後者爲多。《三國志·虞翻傳》裴注引《會稽典録》載虞翻品評會稽士女時，提及會稽各縣的多位掾史屬吏，其中謂"決曹掾上虞孟英，三世死義"。[④] 孟英，《會稽典録》曰：

> 爲郡掾史。王憑坐罪，未應死。太守下縣殺憑，憑家詣闕稱冤。詔書下州撿栲，英出定文書，悉着英名，楚毒慘至，辭色不變。言："太守病，不關衆事。英以冬至日入占病，因竊印以封文書，下縣殺憑，非太守意也。"繫歷冬夏，肉皆消爛，遂不食而死。[⑤]

州郡縣的掾史屬吏，多數由各級長官出面徵辟。徵辟的條件一般以德行、才藝作爲標準，但事實情況是郡縣大姓的子弟占有優勢。大姓子弟擔任掾史屬吏，只不過將這一經歷作爲向上攀爬的階梯而已。然而，不可否認的是，不少州郡縣掾史屬吏來自士人群體

---

① 如《太平御覽》卷二六四引《會稽典録》，云會稽魏徽"仕郡爲功曹［史］（吏），府君貴其名重，徽每拜謁，常跪而待之"。魏徽當爲魏朗親族，其子弟不僅頻繁地被會稽郡引爲郡吏，而且聲望甚高。

② 瞿同祖：《漢代社會結構》，上海：上海人民出版社，2007年，第230頁。

③ 東晉次將地方大姓子弟區分出能够出任郡吏和只能供職縣廷的差別。參閲東晉次：《後漢的選舉與地方社會》，第582頁。

④ 《三國志》卷五七《吴書·虞翻傳》，第1325頁。

⑤ 《太平御覽》卷四二一《人事部六十二·義中》所引《會稽典録》，第1943頁下。

的中下層。如餘姚黄昌,出於孤微,仕郡爲决曹史,揚州刺史辟爲從事。① 毗陵彭修,父爲郡吏。彭修爲郡功曹,後又辟揚州從事。② 他們既珍惜所獲取的吏職,又對其府主忠誠有加。虞翻所舉的孟英以及餘姚駰勳、伍隆與章安黄他,皆以義行留名於後世,並非一般的掾史所爲,故虞翻特别提及。因而,同樣是地方的掾屬群體,也應當作區别看待。上述虞翻謂孟英三世死義,《後漢書》卷七六《循吏列傳·孟嘗》曰:"孟嘗字伯周,會稽上虞人也。其先三世爲郡吏,並伏死難。嘗少修操行,仕郡爲户曹史。"③從孟英爲郡掾史以及《孟嘗傳》謂"其先三世爲郡吏"的表述推測,孟英極有可能爲孟嘗的先世。孟嘗以"操行"仕郡户曹史,也從另一側面反映出孟嘗家族擔任吏職,並非通過儒學的方式,而是義行。囿於家庭背景以及自身才情的限制,絶大多數士人的仕途止步於掾史屬吏,無絲毫晉升的機會。南京江寧區湖孰街道漢墓中出土的一件木牘,記載了墓主朱建擔任湖孰侯國掾史屬吏的生涯,④表露出地方掾史從事吏職的鮮活形象:

> 丹楊郡胡孰都鄉安平里公□故吏朱建,以建武/廿九年六月不富,以誦書出補鄉小史,到卅年中/入給廷功曹小史學事,永平三年中府衛尉曹□,到其八年□爲書佐,後不富年罷富長部/□,到永元五年正月九日得病幹□裏。/⑤

木牘釋文或有問題,但仍可明瞭其大意。朱建在建武二十九年(53)以鄉小史起家,三十年爲湖孰國丞相府功曹小史,永平三年(60)轉爲丞相府尉曹[史],八年爲府書佐。從鄉小史至丞相府書佐,朱建一共經歷了十二年。小史,是官府中供人差遣的一種苦役,地位極低。朱建也算得上是識字之人,即使是從小史轉遷至地位稍好的掾史屬吏,也並非易事。《漢書·翟方進傳》謂方進"給太守府爲小史,號遲頓不及事,數爲掾史所詈辱"。後汝南蔡父勸誡方進"小史有封侯骨,當以經術進,努力爲諸生學問"。⑥ 從此事例可知,修經業儒是像小史這種地位低下的人士改變自我命運的重要渠道之一。⑦然而,並非人人都有這份資質,所以如湖孰朱建,一生停頓於吏職生涯。

---

① 《後漢書》卷七七《酷吏列傳·黄昌》,第2496頁。

② 《後漢書》卷八一《獨行列傳·彭修》,第2685—2686頁。

③ 《後漢書》卷七六,第2472頁。

④ 湖孰,西漢侯國,《史記》作"湖孰",《續漢書·郡國志》作"湖熟",下標記爲侯國。《三國志》卷五六《吴書·吕範傳》謂吕範從孫策渡江,領湖孰侯相,可證湖孰至東漢末仍置侯國。

⑤ 此木牘長方形,長23.1釐米,寬6.6釐米,厚0.2釐米,右上角部稍殘缺。一面用墨書寫,豎寫5行,每行15—19字不等,共88字,隸書體。報告者認爲是一件告地策。原報告所附圖版不甚清晰,故録文姑從原報告。見南京博物館編:《南京文物考古新發現:南京歷史文化新探二》,南京:江蘇人民出版社,2006年,第6—7頁。

⑥ 《漢書》卷八四《翟方進傳》,第3411頁。

⑦ 又如長安谷永,少爲小史,後博學經書,皆是其例。見《漢書》卷八五《谷永傳》,第3443頁。

綜上所述,東漢中後期揚州社會的士人圈,漸漸分化出名士與一般的儒士。就政治地位而言,士人又可區分出中央、州郡長官與地方掾史屬吏兩種主要群體。在地方社會中,大姓(著姓、冠族)往往較容易產生名士,擁有纍世的經濟實力與政治權力,自然也就處於社會的上層。緊接着便是出任中央、州郡長官的名士與一般的儒士。他們與地方著姓、冠族不同,並非擁有纍世的地方影響力。精研儒術、高超的儒學造詣與過人的德行是這一群體的重要特徵。此外,士人中的中下層無疑是數量最龐大的掾史屬吏群體。這一群體的主要特徵是儒學造詣平平、晉升無望而長期局限於地方。以上是就士人階層內部所作的區分。然而,就一般庶民而言,上述的群體都屬於社會上層,與他們有天淵之別。此外,在東漢後期的揚州社會中,另一群體不可忽略,那就是"民帥"。

四、"民帥"形成考

在《三國志·吳書》及裴松之注所引諸書中,"民帥"又常稱爲"宗帥""渠帥"或"大帥"。一般認爲,他們是"宗部""宗賊"或"宗黨"的領袖。對這一群體的性質及其與政權間的關係,以往學者頗爲關注,已有不少研究成果相繼問世。[①] 陳寅恪先生曾經在《魏書司馬叡傳江東民族條釋證及推論》釋"越"條中指出,"凡吳志中山寇、山賊、山民及山帥等名詞,亦俱指此民族及其酋長而言"。[②] 唐長孺先生提出不同的看法,認爲"宗部"與山越有密切的關係。山越是指原居山中的人民與逃亡入山的人民。他們之中雖也確有古代越族的後裔,但此時與一般人民沒有什麼差別,因此只能認爲山居的江南土著。[③] 時至今日,這一問題仍聚訟不已。關於"民帥""宗帥"的問題,除了對其性質的討論外,很少有學者從其來源、組織形式與"民帥"本人的問題上入手作詳細考究。換言之,究竟"民帥"是什麼這一問題,仍有作進一步思考的必要。

檢核史料發現,《三國志·吳書》中稱"宗帥"者三見、"宗部"者僅一見,皆來自裴松之注引的《江表傳》;稱"大帥"者,陳壽與《江表傳》皆有之;稱"渠帥"者,出自裴松之注

---

① 較重要者,如:陳寅恪:《魏書司馬叡傳江東民族條釋證及推論》,原載《中央研究院歷史語言研究所集刊》第 11 本,收入氏著《金明館叢稿初編》,上海:上海古籍出版社,1980 年,第 69—106 頁;唐長孺:《孫吳建國及漢末江南的宗部與山越》,《魏晉南北朝史論叢》,第 1—26 頁;周一良:《南朝境內之各種人及政府對待之政策》,原載《中央研究院歷史語言研究所集刊》第 7 本第 4 分,收入氏著《魏晉南北朝史論集》,北京:北京大學出版社,2010 年,第 27—79 頁;許倬雲:《三國吳地的地方勢力》,原載《"中央研究院"歷史語言研究所集刊》第 37 本,收入氏著《求古編》,北京:新星出版社,2006 年,第 417—435 頁。

② 陳寅恪:《魏書司馬叡傳江東民族條釋證及推論》,第 91 頁。

③ 唐長孺:《孫吳建國及漢末江南的宗部與山越》,第 24 頁。

引的《吴書》。陳壽《三國志·吴書》更多地是用"山賊""山寇""山民"與"山越"等語彙來表示當時處於山谷間的武裝組織。所謂"宗帥",即宗賊帥之意。《後漢書·劉表傳》提及荆州宗賊,李賢注曰:"宗黨共爲賊。"①進一步言之,"宗帥",意即宗黨或宗賊的帥首。而宗黨,實質即是宗部、宗伍。《三國志·太史慈傳》裴松之注引《江表傳》曰:"鄱陽民帥别立宗部,阻兵守界,不受子魚所遣長吏……近自海昏有上繚壁,有五六千家相結聚作宗伍。"②結合上下文意來看,鄱陽"民帥"所立的宗部,一定也存在與海昏上繚壁相類似的武裝據點。云"别立",言外之意即鄱陽"民帥"置立不少的宗部,而非一個。《三國志·太史慈傳》云太史慈"遁於蕪湖,亡入山中,稱丹楊太守。……慈因進住涇縣,立屯府,大爲山越所附"。③這裏所謂屯府,雖然名稱與"宗部"、上繚壁相異,但其功能實質是一樣的。因而,此處"宗部"還暗含着另外一層意思,即擁有一定空間範圍的武裝據點。它的原型應當就是海昏上繚壁那樣的塢壁。

上繚壁,處於上繚水流域。《水經注·贛水》"繚水又逕海昏縣"條下云:"王莽更名宜生,謂之上繚水,又謂之海昏江,分爲二水。"④海昏縣在今永修縣西北,⑤上繚水即今潦河,又稱上潦水。上繚壁有城,《魏書·劉曄傳》載劉曄答劉勳曰:"上繚雖小,城堅池深,攻難守易,不可旬日而舉。"⑥《讀史方輿紀要》南康府建昌縣"蘆潭鎮"條下曰:"上繚營,在縣南十七里,相傳昌邑王賀所築。今皆爲民地。"⑦《江西考古録·土地》"上繚"條謂上繚營即上繚壁。⑧建昌縣即今永修縣。又《吴書·孫破虜討逆傳》裴注引《江表傳》,謂劉勳得劉偕書,"使潛軍到海昏邑下。宗帥知之,空壁逃匿,勳了無所得"。⑨暗示了上繚壁離海昏縣城不遠。綜合來看,上繚壁大致位於今馬口、立新等地一帶。⑩上繚壁從宗民、宗伍至宗帥的結構,説明了這是一套較爲成熟的組織系統。換言之,由

---

① 《後漢書》卷七四下《劉表傳》,第2420頁。

② 《三國志》卷四九《吴書·太史慈傳》,第1190頁。

③ 《三國志》卷四九《吴書·太史慈傳》,第1188頁。

④ 酈道元著,楊守敬、熊會貞注疏:《水經注疏》卷三九,南京:江蘇古籍出版社,1989年,第3252—3253頁。

⑤ 錢林書:《續漢書郡國志匯釋》,合肥:安徽教育出版社,2007年,第281頁。

⑥ 《三國志》卷一四《魏書·劉曄傳》,第444頁。

⑦ 顧祖禹:《讀史方輿紀要》卷八四《江西二》,北京:中華書局,2005年,第3923頁。

⑧ 王謨:《江西考古録》卷二《土地》,影印《四庫未收書輯刊》本,北京:北京出版社,2000年,第1輯第27册,第439頁上。

⑨ 《三國志》卷四六《吴書·孫破虜討逆傳》,第1108頁。

⑩ 《江表傳》同時謂劉偕欲使上繚壁諸宗帥供出米三萬斛,後宗帥給數千斛米。據此可知,上繚壁所在的地域應當是一處平地,適合稻作。今馬口、立新一帶地處繚水兩岸,谷地頗爲廣袤,或爲"宗民"耕作生計之處。

多個宗帥構成的上獠壁,擁有宗民萬餘家,①從事日常的稻作等生產活動,而可能又有不少宗民相互結聚成宗伍,進行防禦與抵抗等軍事活動。

附表　揚州地區可考"山賊""民帥"的姓名及其分佈地域

時　間	"山賊""民帥"	分佈地域
	宗帥(大帥)祖郎、焦已	丹陽陵陽等六縣
	斯從及其族黨、山越	會稽剡縣
	强族嚴白虎、嚴輿	吳郡烏程等地
建安元年	賊帥張雅、詹强與何雄	會稽候官
	呂合、秦狼等	會稽屬縣
建安八年	賊洪明、洪進、苑御、吳免、吳五、華當、鄒臨	建安、漢興與南平三縣等
建安八年後	山賊大帥潘臨	會稽
建安十年左右	賊帥費棧	丹陽
	大帥彭式等	錢唐
建安十三年前	彭虎等	鄱陽
建安十三年	賊帥金奇、毛甘、陳僕、祖山	黟、歙縣
建安十六年	賊郎稚	吳郡餘杭縣
建安十八年	賊彭材、李玉與王海等	豫章郡東部
建安二十年	周鳳	豫章郡南城縣
建安二十一年	賊尤突	鄱陽
黃武四年—六年	大帥彭綺	鄱陽
	賊帥董嗣兄弟	鄱陽
嘉禾三年—四年	賊李桓、路合與隨春	廬陵、會稽東冶
嘉禾五年冬—六年	彭旦等	鄱陽
嘉禾六年	吳遽等	鄱陽、豫章與廬陵
赤烏中	山民賊帥黃亂、常俱等	鄱陽、新都與建安三郡
寶鼎元年	山賊施但	永安縣

資料來源:《三國志·吳書》,並參考許倬雲《三國吳地的地方勢力》(第426—427頁)與村田哲也《孫吳政權の軍事力形成と山越討伐の一考察》②兩篇文章中的列表。

---

① 《三國志》卷四六《吳書·孫破虜討逆傳》,第1104頁。
② 村田哲也:《孫吳政權の軍事力形成と山越討伐の一考察》,《東洋史苑》第47號,第75—78頁。

以宗黨、鄉里的社會關係爲基礎所結合而成的宗部、宗伍,①其主體成分既是南方土著,又是原先已經入籍的編户民,②故史籍又常將其帥首稱作"民帥"。《三國志·吳書》中記載了不少民帥、山賊的姓名(參見附表)。他們的姓名頗值得玩味。首先注意到的一點是,表中羅列的祖郎、秦狼、嚴白虎、彭虎、黄亂、常俱(懼?)等姓名,頗爲奇怪。《説文》"郎""狼"二字同音,因而"祖郎"可作"祖狼"。烏程嚴白虎有弟嚴輿,③兄弟二人的名字反差甚大,因而"白虎"更像是綽號而非真實的名字。④以"虎""狼""亂""俱"與"邊"等動物名與表示恐懼之意的字作爲自己的人名雖無可厚非,但聯想到這些人名全部都是發生反亂的山賊或帥首,而且爲孫吳將領所剿滅或投降於孫吳,因此,當時在與投降或被剿滅的山賊交涉過程中,這些名字極有可能被孫吳記錄於官方檔案中。孫吳有過給人改姓的例子,如孫皓因孫秀降晉而追改其姓爲"厲"。⑤這雖然與"民帥"的人名不同,但亦可看出用表示惡意的字來對有罪之人追改姓名,其實是一種懲罰。當時的官方記錄中並非都有修改"民帥"人名或有意醜化的傾向,但這幾處"民帥"的人名,顯然是當時記載者的有意做法。

上表所列的人名,除"嚴白虎"外,皆是整齊劃一的單名。這顯然是受到官方强制的户籍登記的影響。⑥不少的人名深刻地留下了當地土著語言被音譯後的痕迹。如祖郎與秦狼、呂合與路合、潘臨與鄒臨、彭旦與施但。而郎稚、苑御、尤突與隨春等姓名,音譯的痕迹更加明顯。因此,在當時的長江下游地區的山越群體中,即使是帥首,其姓名的華夏化程度也是不同的,實質是這一群體内部接受華夏文化先後的差異。鄱陽彭虎、彭材、彭綺與彭旦等人,顯然是鄱陽賊帥中華夏化程度較高的一支地方勢力。自彭虎至於彭旦,他們自立於鄱陽至少有三十年的時間。除了鄱陽一帶,彭姓賊帥還出現於吳郡錢唐。雖説鄱陽"民帥"可向東擴張至錢唐,但彭式毋寧説是當地的土著。《周魴傳》云:"錢唐大帥彭式等蟻聚爲寇,以魴爲錢唐侯相,旬月之間,斬式首及其支黨。"⑦傳文用支黨而非宗黨、宗民等詞彙來描述彭式及其群體,彭式的組織方式可能異於鄱陽、海

---

① 唐長孺:《孫吳建國及漢末江南的宗部與山越》,第4頁。
② 唐長孺:《孫吳建國及漢末江南的宗部與山越》,第8—9頁;許倬雲:《三國吳地的地方勢力》,第421—424頁。
③ 《三國志》卷四六《吳書·孫破虜討逆傳》裴注引《吳録》,第1105頁。
④ 嚴白虎有故友許昭,許昭又與高岱、盛憲等名士交好。從這點也可看出,嚴白虎並非一般的庶民。
⑤ 《三國志》卷五一《宗室·孫匡》裴注引《江表傳》,第1213頁。
⑥ 魏斌:《單名與雙名:漢晉南方人名的變遷及其意義》,《歷史研究》2012年第1期,第36—53頁。
⑦ 《三國志》卷六〇《吳書·周魴傳》,第1387頁。

昏等地。透露出另外一種聚集方式的是建安郡建安、漢興、南平一帶的賊帥。他們的組織以"萬户""千户"相稱。相似的情況來自歙、黟兩縣的賊帥。《賀齊傳》分别以金奇萬户、毛甘萬户、陳僕萬户與祖山萬户來概括這一帶的賊寇。① "萬户""千户",形容這些賊帥底下人衆之多。但是傳文中稱"萬户"而不是支黨、宗黨,似乎有力地表明金奇、毛甘等群體是聚合了歙、黟兩縣大多數的編户。這樣的構成方式又不同於錢唐的彭式。

再次回到"民帥"的姓氏上來。如果説鄱陽與錢唐彭姓二者之間並無多大關係,並且試圖進一步論證彭姓只不過是當時土著語言的音譯的話,尚需下面的例子作爲佐證:

一是丹陽南部的大帥焦已。② 會稽也有焦姓,叫焦矯,嘗爲征羌令。正如《步騭傳》所記載,焦矯是會稽郡的豪族,人客放縱。③ "焦征羌"想必是一般庶衆對其的尊稱,也有自我炫耀的可能。焦已很難與焦矯有什麽關係,但約莫也是一位當地的土著豪族。

接着來看會稽南部的鄒臨。建安八年(203),他率六千户屯於建安縣西北蓋竹,隨即降於賀齊。頗爲巧合的是,1974 年,湖州德清縣秋山出土的畫像石墓中發現銅印二枚,一大一小。大印鑄"鄒靈私印"四字,小印亦四字,但是具體内容已無法識别。④ 原報告稱是一座夫婦合葬墓,墓葬年代大體是東漢晚期至三國時期。上文已經提到,烏程鄒他,與嚴白虎當是同黨,聚衆反抗孫策,爲策所破,則烏程本有鄒姓。鄒靈既葬於烏程,在時間上又與鄒他的反亂相吻合,很有可能是鄒氏宗黨中降於孫策的人士。烏程鄒氏也屢見於吳晉時期烏程一帶出土的墓葬磚文中。如孫吳"太平三年造,姓鄒氏",西晉"太康四年鄒伯良造作","太康六年鄒氏所造萬年之壁"與太康六年八月七日"吳興鄒"等。⑤ 那麽,鄒臨與烏程鄒他、鄒靈間是否存在關係? 這一問題目前無法證實。但秋山墓葬的建造時間與銅印的姓名似乎都指向"鄒靈"就是鄒臨的可能性。然而另外一個事實是,與鄒臨一起在建安一帶造反的其他名帥,洪明、洪進與吳免、吳五應當都是兄弟或父子輩分,苑御、華當無考。這一批名帥的屯駐點也是經過精心佈局。爲抵擋賀齊軍隊由餘汗經餘水南入漢興(即吳興縣,今福建南平市浦城縣),洪明等人率五萬户駐屯於此,而吳五與鄒臨則駐紮於更南邊的建安縣附近。種種迹象表明,鄒臨若不是出

---

① 《三國志》卷六〇《吳書·賀齊傳》,第 1378 頁。

② 《三國志》卷四六《吳書·孫破虜討逆傳》裴注引《江表傳》,第 1107 頁。

③ 《三國志》卷五二,第 1236—1237 頁。

④ 大印高 3 釐米,寬 2 釐米,上系龜紐,下呈方形;小印高 0.7 釐米,邊寬 1 釐米,上作半圓形紐。見浙江省博物館:《浙江省德清縣秋山畫像石墓的發掘》,《浙江省文物考古所學刊》第 7 輯,杭州:杭州出版社,2005 年,第 458 頁。

⑤ 陸心源:《千甓亭古磚圖釋》,杭州:浙江古籍出版社,2011 年,第 61、150、156、163 頁。

自當地土著,是無法與其他名帥做到協調作戰。若這一推測大致不誤,鄒靈與鄒臨爲同一人的可能性又不大。二者發音如此相近,不得不讓我們懷疑這些姓名與地方土著語言之間的密切關係。

第三個例子來自會稽的山賊大帥潘臨。"臨"很有可能爲當地土著名字中尾音的對譯。潘姓,是漢晉時期南方地區較常見的姓氏。長沙地區出土的吳簡中"潘""番"並存。在江浙地區的墓葬磚文中,亦有作"番"或"潘"。《説文》"潘",番聲。故二字常互用。漢晉時期丹陽、吳興、會稽與臨海等郡皆有"番"姓的蹤迹。孫權潘夫人即是會稽句章人,其父爲吏。① 魯迅《俟堂磚(專)文雜集》著録幾種有關會稽"番"姓的磚文,内容如"番延壽蒴""馬衛將作"與"大吉兮多所宜",同出於東漢建寧元年(168)番延壽墓中。② "蒴",本是陽世使用的契約憑證,此處應是向冥世買地立契的地券。馬衛將當是造墓者,"衛將"似是武官名。而在剡縣(今嵊州)大塘嶺村大墳山一帶出土的兩座東吳墓中,模印有"太平二年歲在丁丑七月六日,建中校尉會稽剡番億作此基,圖塚師朱珫所處"與"番氏,永安六年作此塚""永安六年,阡朱武所可安塚"等磚文。③ 可知朱珫、朱武是圖塚師,而剡縣番億、番氏是兩墓的墓主。番億的官職爲建中校尉,是位武官。④ 此外,同在大墳山出土的西晉太康十一年(即永熙元年,290)磚文曰:"晉太康十一年太歲庚戌八月十日,熊作此壁,其主姓番。"⑤墓主亦姓番。可見這是一處番姓的家族墓地。在距離大墳山不遠的曹家洋村也發現了一方番姓墓磚。⑥ 大墳山附近可能居住着一些番姓家庭。餘姚也有此姓墓磚的出土。如牟山鎮牟山湖邊的磚瓦村出有"太康六年七月十八日潘"字樣的磚文。⑦ 吳興郡烏程一帶的番姓墓磚多集中於吳末晉初,然較早的一方是西漢宣帝甘露二年(前52),其他如孫吳太元元年(251)的"潘緒"磚、永安元年(258)的"舍人番君"磚。⑧ 丹陽句容芙蓉山(在今句容市亭子鄉)發現一元康五年

① 《三國志》卷五〇《妃嬪傳·吳主權潘夫人》,第1199頁。
② 魯迅:《俟堂專文雜集:北京魯迅博物館藏》,北京:文物出版社,1960年。此轉引自劉運峰編:《魯迅全集補遺·〈俟堂專文雜集〉目録》,天津:天津人民出版社,2006年,第406頁。
③ 嵊縣文管會:《浙江嵊縣大塘嶺東吳墓》,《考古》1991年第3期,第206—216頁。
④ 值得一提的是,M101建中校尉番億墓長達7米多,規模不小,隨葬品也較豐厚。M95番氏墓長度接近10米,也絶非一般剡縣民衆的墓葬。
⑤ 張恒、陳錫淋:《古剡漢六朝畫像磚》,杭州:浙江人民出版社,2010年,第35頁。
⑥ 磚文内容爲"太康三年八月,番作",見《古剡漢六朝畫像磚》,第33頁。
⑦ 魯怒放:《餘姚市湖山鄉漢——南朝墓葬群發掘報告》,《東南文化》2000年第7期,第47頁。另外,浙東一帶尚有東吳鳳凰元年(272)的番氏磚,具體出土地不詳。
⑧ 陸心源:《千甓亭古磚圖釋》,第8、49、65頁。

(295)磚,銘文曰:"元康五年番公辟。"①"辟"即"甓",表示墓壙之意,番公應是尊稱。相對而言,臨海郡所見到的番姓磚文較爲晚近,多集中於東晉中後期。②

以上四郡番氏的空間分佈應當成爲思考會稽山賊大帥潘臨的性質的起點。經過兩漢的户籍編排工作,相當多的土著成爲編户民,同時也獲得了登記於版籍上、具有華夏特徵的姓名。在華夏化的漫長歷程中,南方土著居民的姓名經歷了從初期生硬的直接音譯到往後漸漸儒雅的過程。潘臨這一人名已經與一般的華夏人名無異,但上已述及,"臨"應當還是對土著語言的音譯。潘臨是一個編户民,但因活動於山險之地,已經不受王朝的控制。《陸遜傳》僅僅用"山賊大帥"來稱呼潘臨的身份,没有點明潘臨與山賊的結合方式。作爲一個分佈如此廣泛而相互之間很難有確切關係的姓氏,潘臨等人衆也很難用"宗民""合宗起賊"等所謂宗族的觀念加以概括。

綜上所述,"民帥"及其依附的群體絶大多數是原先已經編户入籍但在諸種因素下又脱離王朝國家控制的江南土著居民。它的形成與官方的户籍登記、賦役徵發與戰亂有着密切的關係。在各地的"民帥"群體中,存在着以宗民與編户民爲主體的組織方式,實質是在地緣内以宗黨與鄉里等社會關係爲基礎的結合。以宗民相稱而結合的"民帥"群體,只出現在鄱陽、海昏與餘杭等部分地區。在當時的大多數山居的土著群體中,具有血緣關係的人群居住於一定地域範圍内,是不容否認的事實。然而在山居人群中,"宗族"的觀念是否已經形成仍舊值得懷疑。從上可知,姓氏的獲得與土著語言有很大的關係,因此,在土著居民中,姓氏本身不作爲區分不同血緣的標誌,更不能是對同姓的認同。基於這樣的認識,與東吳對抗的"民帥"群體未必就一定是宗族或宗族集團。確切地説,他們是割據於不同地域範圍内的武裝力量,組織形式與人員構成都不可一概而論。

五、社會力量的合流與孫吳政權的建立

至黄武元年(222),孫權稱吳王,其時已大致掌控揚州江東諸郡與廬江郡部分、荆州長江沿線以及南部四郡與交州。孫氏兄弟於揚州驅逐劉繇、反目於袁術、攻殺部分江

① 磚文書"元康五年番公辟"7 字,兩頭一有"番公"2 字,一有"周買"2 字,旁又有"丙丁"2 字。光緒辛丑(即光緒二十七年,1901)二月芙蓉山下樵者掘得。則墓主爲番公,而周買可能爲造磚的匠人。見楊世沅:《句容金石記》卷一,《石刻史料新編》本,臺北:新文豐出版公司,1979 年,第 2 輯第 9 册,第 6422 頁下。

② 黄瑞:《台州磚錄》卷二,《石刻史料新編》本,臺北:新文豐出版公司,1982 年,第 1 輯第 15 册,第 11194—11205 頁。

東大族與消解地方勢力。袁術、劉繇對立於揚州,在揚州並無多少實際層面的經營。袁術及其孫策等部將不爲揚州尤其是江東大族所接受,導致孫策進入江東後遭到各地勢力的反抗。淪爲一盤散沙的江東,其反抗孫策的力量主要來自部分地方大族、名士與盤踞於山險之地的"民帥"。這一點唐長孺、田餘慶已有詳細的論述。作爲掾史群體之一的孫氏,開始扶持江東地區的掾史群體與一些合作的地方大族。這一緩慢的過程不僅表現在孫吳政權的"江東化",而且也是江東地域内部各社會力量合流的過程。社會力量合流的最重要表現在於重新建立正常的社會流動秩序。孫氏政權的暴力侵入江東,打破了原有江東大族、名士掌控的地域社會。與之同時,孫氏政權一直以開放的姿態吸納社會的各個階層,而最重要的便是扶持江東的掾史群體與部分地方大族。

漢末三國時期,吳郡顧、陸、朱、張其實才開始成長、發展。孫策攻打江東時,我們看不到這幾姓的活動情況。建安五年(200)孫策卒,孫權以討虜將軍領會稽太守,屯聚吳郡而不至會稽,便開始起用這一批吳郡地方大族。稱他們是地方大族,其實只能算是吳會大姓、名士的末流。因而,他們既没有與高岱、盛憲等名士結成一體阻擊孫策,也不存在孫氏無法控制的社會勢力。孫權先遣派吳縣顧雍爲會稽郡丞,行太守事,顧雍當由上虞長轉任會稽郡丞。雍在會稽,"討除寇賊,郡界寧靜,吏民歸服"。① 同時,孫權以丹陽朱然爲餘姚長,隨即遷爲山陰令,加折衝校尉,督五縣。② 五縣當即山陰、餘姚、上虞等縣。朱然遷爲山陰令,吳縣朱桓代爲餘姚長。《朱桓傳》謂餘姚"往遇疫癘,穀食荒貴。桓分部良吏,隱親醫藥,殤粥相繼,士民感戴之"。③ 當時會稽、丹陽等地反抗力量依舊較强,孫權於建安八年(203)命吳縣陸遜爲海昌縣屯田都尉,並領縣事,④吳縣陸氏勢力進入海昌。海昌毗鄰的嘉興,原爲故合浦太守王晟聚衆起兵之地,嘉興西部的烏程縣一帶原爲吳郡强族嚴白虎的勢力聚集地。⑤《陸遜傳》曰:"縣連年亢旱,遜開倉穀以振貧民,勸督農桑,百姓蒙賴。時吳、會稽、丹楊多有伏匿,遜陳便宜,乞與募焉。"陸遜在海昌收攏人心,並以海昌爲據點招募伏匿,使這股勢力爲其所用,亦有收合嘉興王晟、烏程

---

① 《三國志》卷五二《吳書·顧雍傳》,第 1225 頁。
② 《三國志》卷五六,第 1305 頁。
③ 《三國志》卷五六,第 1312 頁。
④ 盧弼:《三國志集解》卷五八《陸遜傳》"遜年二十一"下注,上海:上海古籍出版社,2009 年,第 3450 頁。
⑤ 《三國志》卷五六《吳書·朱治傳》曰:"治從錢唐欲進到吳,吳郡太守許貢拒之於由拳,治與戰,大破之。貢南就山賊嚴白虎,治遂入郡,領太守事。"(第 1303 頁)朱治領吳郡都尉,駐錢唐,由拳即嘉興。又《三國志》卷四六《吳書·孫破虜討逆傳第一》下引《吳錄》,謂孫策攻討嚴白虎,虎奔餘杭,投許昭於虞中(第 1105 頁)。《資治通鑑》卷六一獻帝興平二年"丹楊都尉朱治"條下胡三省注曰:"嚴白虎有衆萬餘人,阻山屯聚,在吳郡之南。"(北京:中華書局,1956 年,第 2016 頁)胡三省判斷大體不誤。

嚴白虎餘黨的打算。① 吳郡幾姓中,除張温父親張允署爲孫權東曹掾外,其餘三姓皆受委任,南入會稽郡爲郡丞守令。孫權不親自督鎮會稽,而與吳郡大族合作,試圖讓他們打入會稽大族最爲集中的山陰、上虞與餘姚三縣,並拉攏當地人心。

在委任吳郡大族進入會稽的同時,便重用同爲郡吏出身的山陰賀齊。在孫策奪取會稽前,賀齊的自身勢力已伸向剡縣、太末等會稽屬縣,因而他也就成了孫氏藉以平定會稽南部廣大地區的重要人選。賀齊整合各地力量,不斷分割郡縣,即所謂"名帥盡禽,復立縣邑"。② 在討伐過程中,多數賊帥並非與齊死戰,而是率衆投降。這與武陵潘濬在鎮壓荆南蠻夷時"斬首獲生,蓋以萬數。自是群蠻衰弱,一方寧靜"相似。賀氏較順利控制會稽南部廣大地區,③ 蓋得益於其在山越地區久已建立的威懾力。值得一提的是,孫氏對待地方民帥及其山賊,絕大多數采取招撫歸安的方式。如丹陽祖郎,東冶賊隨春等。祖郎降附孫策,策署爲門下賊曹;呂岱督唐諮、劉纂等討伐廬陵、會稽東冶賊寇時,隨春"即時首降,岱拜春偏將軍,使領其衆,遂爲列將"。又如赤烏中,"建安、鄱陽、新都三郡山民作亂",山陰鍾離牧爲監軍使者。賊帥黃亂、常俱等出其部伍,以充兵役。正如許倬雲所論,"中央政權控控御力較薄弱的地方,地方上的實際勢力,不屬所謂大族如金張之類,而在這些地頭蛇的小酋豪手裏。整個東吳所謂民帥,所謂山賊,可能即不外乎這種人"。④ 這一批地方力量,各自盤踞一地,一般活躍於縣域範圍内,無遠大的政治目的,對孫氏政權構成的威脅不及大族來得大。就孫吳而言,其目的在於收合這一批地方力量手下掌控的兵力與民人,爲其所用;而從民帥來看,他們相繼進入孫吳政權當中,或即仍舊於地方任職,或率部伍投附孫權而成爲部將。

與吳、會的地方大族相比,北土士人雖然寓居江東,但無根無柢。他們不少是名冠南北的名士與大儒士,但渡江之後也成爲劉繇、王朗與華歆等江東牧守的掾史屬吏。他們在江東缺乏經濟基礎,多數士人爲衣食之計而投附於江東本土大族門下。孫氏力量進駐江東,對他們而言,是可以立足於南土的基點。無論入仕孫吳早晚、以何種方式進入政權,他們基本上還樂意奉命,以分得政治權力的一杯羹。

隨着社會力量的進一步匯合,原先以孫氏爲中心確立的"鄉里""任俠"與"師友"等

---

① 《三國志》卷五八《吳書·陸遜傳》,第 1343 頁。
② 《三國志》卷六〇,第 1378 頁。
③ 魯西奇:《漢晉間濱海地域的歷史進程——以浙(浙)江水以南濱海地域爲中心》,《第三屆中日學者中國古代史論壇文集》,北京:中國社會科學出版社,2012 年,第 85—95 頁。
④ 許倬雲:《三國吳地的地方勢力》,第 425 頁。

關係漸漸過渡到主從、君臣關係,這也是孫氏兄弟極力要達到的"君臣之固"。① 在孫氏政權的社會結構中,主從、父子關係已成爲政權運作的基礎,這也是孫吳政權形成的關鍵。川勝義雄將孫氏政權理解成武人領主制色彩極爲濃厚的純軍事政權。若從當時各種層次群體的社會關係上加以把握的話,不正是主從、父子關係的極度強化? 以孫堅爲代表的江東掾屬群體的崛起,是對東漢中後期大姓名士掌控的地域社會所形成的停滯的社會階層的反抗。因此,孫氏政權在本質上是反名士的。暨豔案以及張温的廢黜、餘姚虞翻家族的貶徙,都與孫氏抗拒名士及其清議的風氣有關。② 因爲這是孫氏政權不容許重新回復到東漢後期的社會階層序列。

社會力量的合流、彙聚後,對於孫吳政權而言,只不過是政權建設的一個重要組成部分。孫氏能立足於廣大的南方地區,除了以揚州的社會力量作爲其社會基礎之外,政權正統性與合法性也是重要的方面。③ 同時,雖然揚州尤其是江東地區可以説是東吳政權的政治核心,但孫氏政權的社會基礎不僅僅只是局促於江東。荆、交二州的社會力量與東吳政權同樣具有非常緊密的關係。④ 就南方地區的社會力量在六朝時期的形成與發展這一歷史進程而言,東吳與蜀漢兩個割據政權只不過是延續性較強的各種社會力量短暫的結合,實質上是江南社會秩序的一次重新編排。⑤ 南方地區的各種社會力量下一個政治力的凝結便是偏安於江東的東晉政權。

附記: 本文在撰寫時得到武漢大學歷史學院凍國棟先生與劉安志教授的賜教。在投稿時,胡鴻老師提出非常寶貴的修改意見,使文稿在文字與邏輯上避免諸多錯誤。在此一并致以誠摯的謝意!

---

① 《三國志》卷四七,第1116頁。
② 又如吳郡沈友,建安九年(204)遭孫權殺害。沈友本人,"弱冠博學,多所貫綜,善屬文辭",又"正色立朝,清議峻厲",當是一位以清議著稱的名士,但也不爲孫權所容。見《三國志》卷四七《吳書·吳主傳》,第1117頁。
③ 魏斌:《孫吳年號與符瑞問題》,《漢學研究》第27卷第1期,2009年。
④ 菊地大:《前期孫吳政權與荆州、交州》,《魏晉南北朝研究: 回顧與探索——中國魏晉南北朝史學會第九屆年會論文集》,武漢: 湖北教育出版社,2009年,第203—214頁。
⑤ 王霜媚:《孫吳政權的成立與南北勢力的興替》,《食貨月刊復刊》第10卷第3期,1980年,第71—80頁。

《魏晉南北朝隋唐史資料》第三十二輯
2015 年 12 月,23—35 頁

陸機《晉紀》與晉史的修撰起源

柳春新

司馬氏晉朝由司馬炎以禪讓方式代魏建立,其創業肇基,則要追溯到司馬懿、司馬師、司馬昭父子在曹魏後期長時間的謀劃和經營。西晉建立之後,遵循前代舊例,設史官以修撰本朝史,其間遇到不少棘手的問題,如何爲司馬懿等"三祖"書寫傳記? 晉史的起始時間限斷應該怎樣設置? 這兩個互有關聯的問題,則是其中最緊要者。我們注意到,陸機任史職期間所撰《晉紀》四卷,其中含有"三祖紀",是爲諸家成文晉史之發端,並對後來的晉史撰述產生了較大影響。借由探尋陸機《晉紀》撰述的始末因由,當可獲得對於晉史修撰起源過程中某些問題的較爲深入的認識。此即本文的撰寫動機和主旨。

一、晉史的修撰緣起與陸機《晉紀》之首創地位

關於晉史撰述,《文心雕龍·史傳篇》記述説:"至於晉代之書,繁(繫)乎著作。陸機肇始而未備,王韶續末而不終。"[1]文中提到設置史官修史與陸機草創晉史二事。據《晉書·職官志》記載: 著作郎本周左史之任,魏明帝太和中始置此官,隸屬中書省;"及晉受命,武帝以繆徵爲中書著作郎。元康二年,詔曰:'著作舊屬中書,而秘書既典文籍,今改中書著作爲秘書著作。'於是改隸秘書省。後別自置省而猶隸秘書。著作郎一人,謂之大著作郎,專掌史任,又置佐著作郎八人。著作郎始到職,必撰名臣傳一人。"[2]著作郎是晉代專掌修史的史官,晉初承曹魏之舊以著作郎隸屬中書省;至惠帝元康二年(292),改以著作郎隸屬秘書省,秘書省兼掌文籍和修史,職能相近而協調;著作郎之下又有佐著作郎八人,修史班子有一定的規模和實力。《史傳篇》所述陸機草創晉史事,

---

[1] 劉勰著,周振甫注:《文心雕龍注釋·史傳第一六》,北京: 人民文學出版社,1981 年,第 171 頁。
[2] 《晉書》卷二四《職官志》,北京: 中華書局,1974 年,第 735 頁。

即發生在陸機任著作郎、擔當史職之後。

陸機就任著作郎,事在元康八年(298)。陸機在太康末年入洛以後,因才識過人,頗受執政張華賞識及中朝士人欽慕,歷任數職,其出任著作郎之前,職位爲殿中郎。陸機《弔魏武帝文序》述其事云:"元康八年,機始以臺郎出補著作,游乎秘閣。"①《初學記》卷一二引王隱《晉書》亦載:"陸士衡以文學爲秘書監虞濬所請,爲著作郎,議晉書限斷。"②陸機所撰晉史,《隋書·經籍志》史部編年類著録爲:"《晉紀》四卷。陸機撰。"③兩唐志亦在史部編年類著録是書,題名稍有差異,《舊唐書·經籍志》稱"《晉帝紀》四卷。陸機撰",④《新唐書·藝文志》記爲"陸機《晉帝紀》四卷"。⑤ 陸機《晉紀》是記述晉代史事最早的成文史書,與陸機同時修撰晉史而有所建樹的,大約只有束晳一人。

束晳進入史局修史,與陸機同在元康八年而略晚於陸機。《初學記》卷一二引張隱《文士傳》記載:"束晳元康四年晚應司空府,入月餘,亦除著作佐郎。著作西觀,撰《晉書》,草創《三帝紀》及《十志》。"⑥這段文字,"元康四年"後當有脱文。據俞士玲考證,束晳受任張華司空府賊曹屬,是在元康六年正月以後,至元康八年五月,尚在賊曹屬任上。此後不久,束晳爲秘書監賈謐所請,就任佐著作郎(或稱著作佐郎)。⑦ 陸機、束晳二人大致同時就任史職並草創晉史,但各人所撰晉史體裁卻不同。如上文所顯示,陸機《晉紀》屬於編年體史書。而束晳本傳記其撰史經過曰:"轉佐著作郎,撰《晉書》《帝紀》、《十志》,遷轉博士,著作如故。"⑧本傳與上引《文士傳》相照應,都表明束晳所撰《晉書》屬於紀傳體。紀傳與編年,淵源所自,各有原委,依照唐代史家劉知幾的見解,它們都是歷代王朝史撰述中的"正史"。就當時的情形看來,在晉史修撰的起源階段,編年、紀傳二體俱備,難分軒輊。然而,由於偶然的際遇,陸機《晉紀》、束晳《晉書》流佈存世的情況卻迥然有異,對當時及後世修史的影響也相去甚遠。束晳本傳記載:"晳才學博通,所著……《晉書》《紀》、《志》,遇亂亡失。"⑨揆度文意,當是束晳在世之日,所撰

---

① 《陸機集》卷九,北京:中華書局,1982年,第115頁。
② 《初學記》卷一二《職官部下·著作郎第一二》引王隱《晉書》,北京:中華書局,2004年,第299頁。
③ 《隋書》卷三三《經籍志二》,北京:中華書局,1973年,第958頁。
④ 《舊唐書》卷四六《經籍志上》,北京:中華書局,1975年,第1991頁。
⑤ 《新唐書》卷五八《藝文志二》,北京:中華書局,1975年,第1459頁。
⑥ 《初學記》卷一二《職官部下·著作郎第一二》引張隱《文士傳》,第299頁。
⑦ 俞士玲:《陸機陸雲年譜》,北京:人民文學出版社,2009年,第152頁。
⑧ 《晉書》卷五一《束晳傳》,第1432頁。
⑨ 《晉書》卷五一《束晳傳》,第1434頁。

《晉書》已"亡失"不存,未及流佈,則其影響自屬微末。陸機《晉紀》,唐、宋官修史志猶有著録,其亡佚可能在宋代以後;①作爲西晉時撰成行世的唯一一部晉史,其首創地位及影響,都是我們不能忽視的。

二、陸機《晉書限斷議》與紀傳體晉史撰述始末

四卷本的陸機《晉紀》,究竟包含哪些具體内容呢? 劉知幾在《史通·本紀》中明確講到"陸機《晉書》,列紀三祖",②故而三祖紀是我們能够首先予以確認的。陸書散佚之後,其内容爲唐、宋類書等古文獻所引録而遺存者也極少,清代學者輯佚所得,只有兩條。③ 其中一條是對"文帝"司馬昭的評價,當是《文帝紀》之序文或尾評。還有一條,講的是王濬夢四刀臨益州事。這一條,《北堂書鈔》一處引録,《藝文類聚》、《太平御覽》各有兩處引録;而同記一事,有"陸機《晉記》"、"陸機《晉書》"、"陸機《晉武紀》"等不同的書名。王濬任益州刺史,事在武帝平吴之前,結合"《晉武紀》"的書名看來,陸機《晉紀》含有《武帝紀》,應無疑問。綜上所述,陸機《晉紀》四卷,包含三祖及武帝紀各一卷,應該是一個合理的推斷。

關於三祖紀的編撰體例,劉知幾有專門的評論,陸機也在《晉書限斷議》中申述了自己的意見。在西晉時代,修撰本朝史是一個極爲敏感的政治問題,與王朝統治糾結頗深。司馬氏代魏建晉,其奪權建國之路迥異於往代,種種殺戮、篡弑情形充斥其間,血腥味濃重。爲了彌縫粉飾篡弑之迹,進而營造司馬氏肇基建國的"王業之迹",爲王朝統治的合法性和正當性"正名",西晉統治者亟需通過修史的途徑達到目的。從武帝到惠帝統治的 10 餘年間,朝廷先後兩次發起議晉書限斷,其時間跨度之大,參與議論者之衆,反映了人們持久而廣泛的關注。議晉書限斷牽涉到晉史修撰體例的諸多問題,陸機也是當事人之一,故而欲尋討三祖紀體例,必先廓清議晉書限斷的相關史實。議晉書限斷事載於《晉書·賈謐傳》,爲方便討論,兹移録原文如下:

① 《史通·古今正史》也講到晉史的修撰起源,將陸機書與束皙所著書相提並論。據標點本《史通通釋》,其文爲:"晉史,洛京時,著作郎陸機始撰三祖紀,佐著作郎束皙又撰十志。會中朝喪亂,其書不存。"見劉知幾撰,浦起龍釋:《史通通釋》卷一二《古今正史》,上海:上海古籍出版社,1978 年,第 349 頁。這段文字易致迷惑,使人誤以爲陸書與束著書俱亡於"中朝"之亂。其實,依照《隋書·經籍志》著録書籍存佚情況之體例,陸機《晉紀》唐初尚存是没有問題的。又唐太宗所下《修晉書詔》,講到唐初尚存十八家晉史,其中提到陸書,亦爲其證。或許上段文字標點有誤,若在"三祖紀"後標句號,"十志"後標逗號,將陸機事與束皙事分别敍述,則文義與史實相協。

② 《史通通釋》卷二《本紀》,第 38 頁。

③ 參見喬治忠校注:《衆家編年體晉史》,天津:天津古籍出版社,1989 年,第 361 頁。

先是,朝廷議立晉書限斷,中書監荀勖謂宜以魏正始起年,著作郎王瓚欲引嘉平已下朝臣盡入晉史,於時依違未有所決。惠帝立,更使議之。謐上議,請從泰始爲斷。於是事下三府,司徒王戎、司空張華、領軍將軍王衍、侍中樂廣、黃門侍郎嵇紹、國子博士謝衡皆從謐議。騎都尉濟北侯荀畯、侍中荀藩、黃門侍郎華混以爲宜用正始開元。博士荀熙、刁協謂宜嘉平起年。謐重執奏戎、華之議,事遂施行。①

對於晉書限斷之議,前輩學者饒宗頤、周一良等很早就進行了有益的探索,其後學者論述滋多,議論所及漸趨於深廣。② 現參酌諸家,申以己見,對相關問題做進一步的探討。

首先,關於兩次議晉書限斷的時間。中書監荀勖、著作郎王瓚是第一次“議斷”史籍明確提到的當事人。據荀勖本傳,荀勖任中書監時間甚長,從泰始元年(265)“武帝受禪”時起,直至晚年方轉任尚書令,任職不久即于太康十年(289)去世,其居中書監職時間確切的最晚記事是在太康四年(283)秋。③ 王瓚,史籍中又作王贊,臧榮緒《晉書》、山濤《啓事》均有其事蹟記述。《晉書·李胤傳》記載:“(司徒李胤)太康三年薨……皇太子命舍人王贊誄之,文義甚美。”④王瓚先前爲司徒李胤掾,所以皇太子命其作誄,時在太康三年(282)。晉人仕途,一般先有公府辟召,歷東宮官而後轉朝官,因此王瓚任著作郎,必定在太康三年以後。綜上可知,第一次“議斷”是在武帝太康年間,大約是在太康三年以後的某個時段。

第二次“議斷”參與者更多,社會、政治背景複雜,主事人賈謐是開國功臣賈充嗣孫,受到賈后的強力支持。賈謐本傳記述其主持“議斷”前行迹曰:“廣城君薨,去職。喪未終,起爲秘書監,掌國史。”⑤《漢魏南北朝墓誌彙編》收録《夫人宜城宣君郭氏之柩銘》,銘文稱賈充妻郭槐“元康六年薨”。⑥ 據《晉書·惠賈皇后傳》,“及(后母)廣城君病

---

① 《晉書》卷四〇《賈充附賈謐傳》,第1173—1174頁。

② 相關的成果主要有以下幾種。饒宗頤:《中國史學上之正統論》,上海:上海遠東出版社,1996年。周一良:《魏晉南北朝史學與王朝禪代》,收于《魏晉南北朝史論集》,北京:北京大學出版社,1997年。雷家驥:《中古史學觀念史》,臺北:臺灣學生書局,1990年。閻步克:《西晉“清議”呼籲之簡析及推論》,收於《樂師與史官——傳統政治文化與政治制度論集》,北京:三聯書店,2001年。李傳印:《魏晉南北朝時期史學與政治的關係》,武漢:華中科技大學出版社,2004年。俞士玲:《陸機〈晉書限斷議〉考》,收於《陸機陸雲年譜》。徐沖:《中古時代的歷史書寫與皇帝權力起源》,上海:上海古籍出版社,2012年。

③ 《晉書》卷三九《荀勖傳》,第1153—1157頁。

④ 《晉書》卷四四《李胤傳》,第1254頁。

⑤ 《晉書》卷四〇《賈充附賈謐傳》,第1173頁。

⑥ 趙超:《漢魏南北朝墓誌彙編》,天津:天津古籍出版社,2008年,第7—8頁。

篤,占術謂不宜封廣城,乃改封宜城",①故銘文所稱"宜城宣君郭氏"即廣城君郭槐。按照晉制,作爲承重孫的賈謐需爲郭氏服喪三年,實爲二十五月。賈謐喪未終起服,則其爲秘書監必定在元康八年以前。結合前揭陸機、束皙就任史職的情況來看,賈謐爲秘書監,當在元康八年下半年,其發起第二次議晉書限斷,亦當在此時。

其次,關於議晉書限斷的具體内容。賈謐傳的記載表明,前後兩次"議斷"的意見有三種:(1) 以晉武帝泰始(265 年)爲斷;(2) 以魏正始(240 年)開元;(3) 以魏嘉平(249 年)起年。三種主張明確易知,然而,議論者提出各自的主張背後,究竟出於何種動機? 又有哪些支撐的理由? 史籍卻鮮有載録。故而後人評論,語多推測。這樣的窘境,促使我們轉換認識問題的思路:假如我們從前後晉史的構造和因革關係中尋繹其編制邏輯,進而與"議斷"的相關意見互相印證,而把着眼點放到"議斷"對於晉史撰述的實際影響方面,是否就能够做到簡化問題,抓住要害呢? 依照這樣的思路,筆者認爲:"議斷"所牽涉到的問題,主要有三點。第一,列傳部分,"議斷"的影響直接而顯著,牽涉到對於司馬氏奪權肇基有襄助之力的那些官僚,究竟哪些人可以列入晉史? 這些人的生卒年及政治活動的主要時段是有先後差別的。所謂"引嘉平已下朝臣盡入晉史",反映的就是劃定爲官僚立傳的時間標準之一種。第二,本紀部分,晉朝人修撰的國史不爲宣帝、景帝、文帝等三祖書寫傳記——這種情形是不可想象的;既立傳記,便只能是以"本紀"命名。因此,"議斷"的不同主張,對是否立三祖紀這一類的問題並無影響。然而,在"本紀"外衣的裝飾之下,"議斷"的不同主張,通過紀年、書法之類的體例因素仍然會有所體現。要之,"議斷"對於本紀的影響,較之列傳隱晦而幽邃。第三,本紀與列傳如何協調配合,以及這種整體設計能够達到怎樣的政治效果? 針對如上三點,前後晉史實際處置的情況究竟如何,我們在考察陸機"議斷"的意見和相關做法之後,再做綜合研判。

陸機《晉書限斷議》殘存片段見於《初學記》卷二一:"三祖實終爲臣,故書爲臣之事,不可不如傳,此實録之謂也。而名同帝王,故自帝王之籍,不可以不稱紀,則追王之義。"②文字雖然簡短,卻道出了撰述三祖紀的大原則即總體例。陸機的意思是:爲三祖作傳記,存在着命名與實際書法、體例之間的差別,從史書"實録"的原則來要求,應該按照"傳"的方式來書寫;然而,三祖在晉武帝受禪後被追尊爲宣皇帝、景皇帝和文皇

---

① 《晉書》卷三一《后妃傳上·惠賈皇后傳》,第 965 頁。
② 《初學記》卷二一《文部·史傳第二》引陸士衡《晉書限斷議》,第 503 頁。

帝,爲體現"追王之義",又只能以"紀"來命名。陸機的這個意見,在他撰述的三祖紀中是得到貫徹實施的。劉知幾《史通·本紀》稱:"陸機《晉書》,列紀三祖,直序其事,竟不編年。年既不編,何紀之有?"①子玄特別看重史例,把史例比之爲"國法",陸機三祖紀"直序其事,竟不編年"的做法,與紀體乖離,當然受到他的指責。

北齊時,魏收與李德林討論《齊書》紀元斷限之事,往復數劄,載於《隋書·李德林傳》。李德林的議論多次提到陸機"議斷"的意見,其中透露的信息,使我們對陸機的主張有更多的了解。通過梳理,可知陸機《晉書限斷議》還包含以下內容。

第一,當時的晉書限斷議涉及前代"代終之斷"與當代"受命之元"兩個方面。李德林與魏收書云:"陸機稱紀元立斷,或以正始,或以嘉平。束晳《議》云,赤雀白魚之事。恐晉朝之議,是並論受命之元,非止代終之斷也。"②所謂"受命之元",指魏之正始、嘉平時,司馬懿已有受命之兆,即創業而未有帝號;"代終之斷",指泰始司馬炎正式改元,即位稱帝號③。束晳《議》中所稱"赤雀白魚之事",見於《史記·周本紀》,是講武王受命克商的符瑞徵兆。很明顯,束晳是想援引周代成例,以爲晉受魏禪亦有徵祥符瑞,從而證成其議"受命之元"的觀點。《北堂書鈔》卷五七引干寶《晉紀》載:"秘書監賈謐請束晳爲著作佐郎,難陸機《晉書限斷》。"④可見陸機"議斷"的意見與束晳相左,即以本節而論,他對束晳議"受命之元"的觀點是不予認可的。

第二,陸機認爲晉之三祖與堯時舜攝不同。李德林書云:"陸機見舜肆類上帝,班瑞群後,便云舜有天下,須格於文祖也,欲使晉之三主異於舜攝。"⑤陸機顯然是引用《尚書》作爲例證。《尚書·堯典》載,舜接受堯的禪讓,代堯行天子事,"正月上日,受終于文祖",於是舜"肆類于上帝","班瑞于群後",三年後考績,即天子位。⑥陸機認爲,舜攝政三年,行王者之禮,從名實兩方面都已有天下,而晉之三祖,行事異於舜攝。

第三,陸機批駁正始、嘉平之議。李德林書云:"陸機以刊木著於《虞書》,龕黎見於商典,以蔽晉朝正始、嘉平之議,斯又謬矣。唯可二代相涉,兩史並書,必不得以後朝創業之迹,斷入前史。"⑦"刊木"爲禹事,但禹爲舜臣,故載入《虞書》。"龕黎"即"勘黎",

---

① 《史通通釋》卷二《本紀》,第38頁。
② 《隋書》卷四二《李德林傳》,第1197頁。
③ 參考饒宗頤:《中國史學上之正統論》,第26—27頁。
④ 《北堂書鈔》卷五七《著作佐郎六一》引干寶《晉紀》,北京:學苑出版社,2003年,第434頁。
⑤ 《隋書》卷四二《李德林傳》,第1196頁。
⑥ 屈萬里:《尚書集釋·虞夏書·堯典》,上海:中西書局,2014年,第16—30頁。
⑦ 《隋書》卷四二《李德林傳》,第1197頁。

爲周文王事,但文王時爲商臣,故載入《商書》。陸機以《尚書》爲依據,批駁正始、嘉平二議,認爲晉之三祖事迹,應當載入前代魏史。①

第四,陸機《晉書限斷議》將晉史紀元的時間大大延後,至司馬炎滅吳後始稱帝號。李德林書云:"漢獻帝死,劉備自尊崇。陳壽蜀人,以魏爲漢賊,寧肯蜀主未立,已云魏武受命乎? 士衡自尊本國,誠如高議,欲使三方鼎峙,同爲霸名。習氏《漢晉春秋》,意在是也。正司馬炎兼并,許其帝號。魏之君臣,吳人並以爲戮賊,亦寧肯當塗之世,云晉有受命之徵? ……公議云陸機不議元者,是所未喻,願更思之。"②李德林以陳壽作《三國志》的構思爲比況,認爲陳壽本是蜀人,其書於正統觀上必然有黨蜀抑魏的傾向。然後,依此推闡陸機議晉書限斷的構思,認爲陸機本是吳人,受其"自尊本國"意識的影響,"欲使三方鼎峙,同爲霸名",即魏、蜀、吳三國互不統屬,同爲偏霸國家,不以魏爲正統,因而也不承認晉承魏統,如此一來,正統的歸屬,要到最後一個偏霸國家——吳的滅亡——才塵埃落定;換言之,太康元年武帝兼并以前的晉也僅被視爲一個偏霸國家,其正統地位至此始獲確立,帝號始獲承認,此即所謂"正司馬炎兼并,許其帝號"。依照以上陸機議定的構思,晉史紀元的時間被大大延後,甚至不及於公認的前代"代終之斷"——泰始元年,因而使魏收產生"陸機不議元"的錯覺。

李德林本段書信中所涉及的問題,尚有兩點需作辨析、澄清。其一,李德林認爲陳壽黨蜀抑魏,並以此情節推論及陸機,實則不然。唐代劉知幾曾針對"德林著論,稱陳壽蜀人,其撰《國志》,黨蜀而抑魏",而予以辯駁。③今人雷家驥認爲:"陸機的《晉元論》(按:即《晉書限斷議》)、《辯亡論》等,有黨吳之心非常明顯,而陳壽則未必相同。"進而指出,"其論似有想當然耳之嫌"。④

其二,陸機"議斷"的構思將晉史紀元的時間大大延後,這是否意味着他撰寫《晉紀》,即據此構思書寫紀年? 俞士玲《陸機〈晉書限斷議〉考》直言"陸機《三祖紀》不言元,至司馬炎滅吳後始稱帝號",⑤顯然是把"議斷"構思與《晉紀》書寫紀年劃了等號。筆者以爲此節頗有隱曲,值得商榷。以情理而論,陸機《晉紀》於三祖紀部分不紀元編年,本之史書的"實錄"原則,順而易行,然而在《武帝紀》部分,若要公然背離泰始元年

① 參考俞士玲:《陸機〈晉書限斷議〉考》,見《陸機陸雲年譜》,第159頁。
② 《隋書》卷四二《李德林傳》,第1196—1197頁。
③ 《史通通釋》卷七《探賾》,第211頁。
④ 雷家驥:《中古史學觀念史》,第312頁。
⑤ 俞士玲:《陸機陸雲年譜》,第159頁。

司馬炎受禪稱帝的歷史事實,執意伸張一己之史觀史意,終不免要背負冒天下之大不韙的政治壓力,實難遂行。因此筆者推斷:陸機《晉紀》的《武帝紀》部分,極有可能按常規自泰始紀年,而於太康元年滅吳這一作者自認的大關節處做一特別的交待和説明,借以申述其史觀微意。①

通觀陸機《晉書限斷議》,其思想内涵相當豐富,而其主旨趣向則是稽考司馬氏王跡所興的歷史事實,援據經典予以裁正,在晉史紀元斷限問題上别出心裁,黨吳抑晉的傾向十分明顯。陸機"議斷"的構思,在其所撰《晉紀》的三祖紀部分是得到充分實施的,即三祖紀不紀元編年,采取紀名傳實的書寫方式,而這正是它富有特色而倍受關注之處;至於《武帝紀》部分,則不能不有所變通和折中。陸機以"亡國之餘"的身份而不忘故國,雖然廁身賈謐"二十四友"之列,但在晉史撰述這一敏感的政治問題上卻能够力排衆議,獨抒己見,實屬難得。俞士玲謂"由此可見陸機家國觀念的濃厚、敢於立説的勇氣以及不阿附權貴的品格",②這是一個公允的評價。

下面,對於"議斷"各種主張背後的動機和意涵,以及因應"議斷"的不同主張,前後晉史實際處置的情況,我們試做一番總體檢討。周一良稱:"按理説,一個王朝的開端,當然應該從取得政權,建立新朝之日算起。"③就西晉當日議晉書限斷的議題範疇來説,周氏所强調的"理",實爲前代"代終之斷"。然而,當時"議斷"衆臣更爲傾心注目的,顯然並不是這顯而易見、盡人皆知的"代終之斷",而是司馬氏所以肇基受命的天命人事依據,即當代"受命之元";相比於"代終之斷"的唯一確定性,這個"受命之元"則具有較大的主觀隨意性,通常比"代終之斷"來得要早。據此,"議斷"的實質便可歸結爲或從"代終之斷",或取"受命之元"之爭論。

《賈謐傳》所列舉的三種"議斷"主張,從魏正始或嘉平起始,都是取"受命之元"爲斷限憑據的做法。周一良分析:"按照荀勖的斷限,齊王芳的廢黜,高貴鄉公的被害,都已經是大晉王朝至少在史書文字上矗立以後","這樣就使兩椿大事件在當時的非正義性多少有所減輕",其目的是"以向上延伸晉朝歷史的辦法來掩飾沖淡禪代過程中的陰

---

① 劉知幾《史通·斷限》稱:"陸士衡有云:'雖有愛而必捐'。善哉斯言,可謂達作者之致矣。"見《史通通釋》卷四《斷限》,第98頁。這是借用陸機《文賦》中言,探究、揭示他"議斷"的構思與書寫《晉紀》的實際做法,當有所實指。

② 俞士玲:《陸機陸雲年譜》,第160頁。

③ 周一良:《魏晉南北朝史學與王朝禪代》,見《魏晉南北朝史論集》,第427頁。

謀與暴力"。① 這個意見堪稱透闢,頗受學者認同。

西晉本朝史的修撰,除了接受"議斷"意見的影響,還以陳壽所撰《三國志·魏書》作爲體例參照和起始憑借。陳壽魏志出於政治方面的考慮或者迫於政治壓力,留下兩處明顯的缺陷。其一,没有把終於人臣之位的司馬懿、司馬師、司馬昭父子三人納入魏臣而立傳。其二,魏末自正始年間開始,在同司馬氏的對抗中相繼有一批忠於魏室的大臣被剪除,對這些人的敍録,魏志采取了三種不同的處理手法:一是以曹爽附於《曹真傳》,夏侯玄附於《夏侯尚傳》;二是將王淩、毌丘儉、諸葛誕等舉兵反叛朝廷(實爲司馬氏)者列入"叛臣"而立傳;三是其餘人衆概不立傳,僅在相關紀、傳中約略敍及。這樣處理的結果就是:正始年間的何晏等人、司馬師當政時的李豐等人,儘管在歷史上頗有影響,卻在"正史"記載中缺位,並且在魏史與晉史的銜接處造成一個明顯的人物、史事記述的"斷裂帶"。西晉國史的撰作,在上述兩端承接魏志餘緒,其本身的書寫方式,則分別構成晉史本紀、列傳起始階段的特色。

徐沖考察中古時代"紀傳體王朝史"的書寫方式,揭示出在三國經兩晉至於南朝前期所書寫的紀傳體王朝史中,有一種"開國群雄傳"的結構性存在。② 然而,就晉史的撰述而言,情況有些特殊,其實是不能以"三國經兩晉至於南朝前期"一語涵括的。其原因在於,司馬氏的奪權篡國活動始終是在曹魏王朝的一體秩序下進行的,魏末並未出現一個天下大亂、群雄並起的局面,就像前此的漢末、後此的晉末那樣,自然也就不存在所謂"開國群雄"及爲之立傳的問題。在此情勢之下,晉史的列傳部分是在充分尊重陳壽魏志現狀的基礎上構思編纂的。

以今本唐修《晉書》爲例,可以觀察到如下兩點。第一,上述曹爽、夏侯玄等司馬氏政敵,既然不能以"開國群雄傳"的形式在晉史中獲得位置,則魏志記述相關人物、史事的明顯遺漏,《晉書》也闕而不補。第二,正始年間的司馬懿集團成員,除司馬孚外,其餘盧毓、孫禮、劉放、孫資、高柔、王肅、王觀、傅嘏等人在魏志中均已有傳,《晉書》便不再爲他們立傳。司馬師、司馬昭當政時的司馬氏集團核心成員,除王肅魏志已有傳、鍾會已入魏志"叛臣傳"外,其餘司馬孚、何曾、王沈、石苞、陳騫、賈充、羊祜、裴秀、荀顗、

---

① 周一良:《魏晉南北朝史學與王朝禪代》,見《魏晉南北朝史論集》,第427—428頁。

② 按徐氏所論,"開國群雄傳"的"書寫對象是與王朝'創業之主'之間不存在原初性君臣關係的前代王朝之末世群雄;其在紀傳體王朝史中的位置則通常被置於本紀之後、諸臣傳之前"。見《中古時代的歷史書寫與皇帝權力起源》,第98頁。

荀勖等人均在《晉書》中立傳。①鍾會的情況屬於特例，可以不論。司馬孚、王肅二人，同爲正始年間的司馬懿集團成員和此後的司馬氏集團核心成員，以創業之功而論，兩人都相當重要，但王肅在甘露元年（256）已經去世，未及入晉，司馬孚則一直活到泰始八年（272），並且受宗室王重封。此二人一入魏志，一入《晉書》，頗能説明問題。綜括而論，陳壽魏志無論是出於自覺還是不自覺，其立傳斷限是從泰始元年“代終之斷”，對王肅、司馬孚的不同處置即是明顯例證。而《晉書》爲諸功臣立傳，與魏志絕不重複，亦即不存在所謂“二代相涉，兩史並書”的情況，這就充分證明，《晉書》立傳斷限也是從泰始元年“代終之斷”。進一步追本溯源，則諸家紀傳體舊晉史中，王隱《晉書》成於東晉，資格最老且爲後來者所祖述，臧榮緒《晉書》成於蕭齊，是第一部完整地載録兩晉史事的晉史，也是唐修《晉書》之藍本，舊籍所存佚文，也以此二書最爲豐富，故而足資比照。王書、臧書所載晉臣，其起始部分與唐修《晉書》事實上是完全重合的，②由此可以斷言，紀傳體晉史的撰述，自始至終都是從泰始元年“代終之斷”。

我們再看晉史的本紀部分。劉知幾《史通·本紀》在批評陸機三祖紀自亂其例之前，有一段關於紀體的重要意見：

> 蓋紀之爲體，猶《春秋》之經，繫日月以成歲時，書君上以顯國統。曹武雖曰人臣，實同王者，以未登帝位，國不建元。陳《志》權假漢年，編作《魏紀》，亦猶《兩漢書》首列秦、莽之正朔也。後來作者，宜准於斯。③

對於王朝轉換之際，新朝創業之主肇基而未有帝號這一時段的歷史應該如何書寫，劉知幾總結過往史作，認爲假前代皇帝年號紀年是自《漢書》以下的通行做法，又舉出陳壽魏志“權假漢年”紀魏武帝的典型例證，説明此法最善且最具可行性，後世宜遵奉爲準則。劉氏博通群籍，深諳史書因革之故，其意見是值得重視的。④前已述及，從是否立三祖紀是無法判斷晉史的起始斷限的；而在“假前代皇帝年號紀年”已成爲紀傳體王朝史書寫通則的條件下，我們拿《晉書》三祖紀與魏志《武帝紀》的紀年、書法作比較，仍然

---

① 參見拙著：《漢末晉初之際政治研究》，長沙：嶽麓書社，2006年，第158—159頁，第197—198頁。
② 參見湯球輯，楊朝明校補：《九家舊晉書輯本》，中州古籍出版社，1991年，王隱《晉書》目録，臧榮緒《晉書》目録，目録第1—9頁。
③ 《史通通釋》卷二《本紀》，第37—38頁。
④ 徐沖提出關於西晉國史書寫的“起元”概念，認爲：“‘爲斷’、‘開元’、‘起年’等等所謂‘立《晉書》限斷’，指的是在西晉王朝的國史書寫之中，從何時開始廢棄曹魏王朝紀年，而改用晉之紀年。”見《中古時代的歷史書寫與皇帝權力起源》，第10頁。筆者以爲，相對於假前代皇帝年號紀年，徐氏所揭示的是一種理想化的紀年設計，這種理想化的設計在議論層面不免有之，在操作層面其可行性卻很成問題。實際上，研究者執此理想化設計以爲通常準則，對魏晉南北朝“正史”撰述的解釋多有與史實相背離之處。

可以看出某些端倪。《武帝紀》開篇敍曹操家世和早年行迹,並無確切紀年;至漢靈帝中平六年(189)董卓之亂後曹操起兵,始正式紀年,明確標示"是歲中平六年也";其後,在漢獻帝初平、興平、建安先後三個年號之下,依次敍錄史事。值得特別注意的是,對曹操的稱呼,始則稱其廟號太祖,繼而稱公、稱王,而曹操權勢之漸重、位望之愈隆,於此清晰可見;又在建安五年(200)曹操破袁紹之後,引出漢桓帝時的一則天文預言,點明"至是凡五十年,而公破紹,天下莫敵矣",隱然有昭示王業肇基、天命有歸之意味。① 相比之下,《晉書》三祖紀的紀年大致效仿魏志《武帝紀》,而嚴整、繁密有所不及;推其本源,則王隱《晉書》於三祖紀並未編年,②仍是陸機"紀名傳實"的做法,臧榮緒《晉書》已改用紀年,唐修《晉書》實承臧書而來。書法方面,《晉書》三祖紀較之魏志《武帝紀》也頗見差異。三祖紀記述司馬懿父子,開篇均稱其追謚之號,即宣皇帝、景皇帝和文皇帝,其後敍事,一概以"帝"稱呼,是則三篇本紀行文紀事完全取"追王之義",昭然可知;③這樣的處置,與魏志《武帝紀》以對應的權位稱公、稱王,其"實錄"效果是不可同日而語的。至於説昭示王業肇基、天命有歸,像魏志《武帝紀》那樣的點題之筆,《晉書》三祖紀也是缺乏的。

綜上對紀傳體晉史撰述始末的考察,我們可以獲得如下認識。第一,當初西晉衆臣議晉書限斷,出於彌縫粉飾篡弑之迹的政治目的,明顯有一股拔高"三祖"功業、前推其肇基歷史的衝動,從魏正始或嘉平起始兩種"議斷"主張,即是這種政治衝動的體現。然而,經過一段時間的思想沉澱,尤其是經歷史臣纂修國史的實際體驗之後,相對客觀理性的撰述思路漸居上風,以泰始爲斷的賈謐之議受到廣泛支持,並最終獲得朝廷認可。而在實際操作層面,前後幾部有代表性的紀傳體《晉書》,其列傳部分載錄人物,都遵從了以泰始爲斷這一標準。

第二,前後紀傳體《晉書》的三祖紀部分,都是在取"追王之義"的撰述思路下完成的,即以"三祖"在晉朝所獲得的尊崇地位爲依托,追述其行迹。這種做法,雖説實錄精神頗嫌不足,卻與司馬遷"王迹所興,原始察終"的史學旨趣相契合。④ 在取"追王之義"

① 《三國志》卷一《武帝紀》,北京:中華書局,1982 年,第 1—55 頁。

② 湯球輯王隱《晉書》,宣帝紀共 10 條,景帝紀共 3 條,文帝紀共 4 條,概無具體紀年,見《九家舊晉書輯本》,第 162—163 頁。

③ 王隱《晉書》三祖紀,分別采用了廟號、謚號、"上"三種稱呼。臧榮緒《晉書》三祖紀,則采用了廟號、謚號兩種稱呼。稱呼雖有差別,取"追王之義"卻是一致的。

④ 《史記》卷一三〇《太史公自序》,北京:中華書局,1959 年,第 3319 頁。

的撰述框架下,司馬氏肇基建國的"王業之迹"得以呈現;另一方面,司馬氏殺戮、篡弒的種種劣迹事實上也得到相當程度上的揭露,與陳壽魏志《三少帝紀》中所采取的回避態度相比,前進了一大步。① 由此我們認爲,紀傳體《晉書》三祖紀的撰述,充滿了變通、折中的意味,這種相對平實的格調透露出客觀理性的成分,與以泰始爲斷的賈謐之議在思想取徑上是一致的;這種情形也説明,歷史撰述中任何的人爲設計,終究是以實録原則爲依托和歸宿的。

第三,總體上看,以泰始爲斷的紀傳體《晉書》,代表着晉史撰述的主流。這一類的撰述,建立起一個關於晉朝開國史的大體上清晰有序的歷史認知體系;當然,由於司馬氏肇基建國,並無此前曹魏、此後劉宋那樣的功業憑借,這個體系因"先天不足"而顯得不夠堅實牢固,在某些環節上不時會受到人們的質疑和詰難。

三、陸機《晉紀》對晉史撰述的影響

陸機《晉紀》作爲最早撰成行世的一部編年體晉史,對其後的晉史撰述產生了多重影響。如前文所論,其三祖紀部分不紀元編年,采取紀名傳實的書寫方式;這一做法直接啓發了王隱,他在東晉前期撰成的紀傳體《晉書》,於三祖紀亦不編年。這種情形,可以視爲陸機《晉紀》給予晉史撰述的第一個影響。

陸機《晉紀》開編年體晉史撰述之先聲,其後干寶《晉紀》、孫盛《晉陽秋》等多種編年體晉史相繼問世。據考證,晉朝人撰著的本朝史共計有十二種,紀傳、編年各居其半;合兩晉南朝而觀之,則紀傳體晉史有十四種,編年體晉史有十二種,亦呈分庭抗禮之勢。② 從史學史的視角來看,自司馬遷開創紀傳體通史、班固確立紀傳體斷代史之後,在相當長的一段時間裏,紀傳體一家獨大,編年體頗受冷落;迄於漢末,荀悦受漢獻帝之命,依班固《漢書》改撰爲編年體《漢紀》三十卷,方始開啓編年體王朝史撰述的新途徑和新氣象。不過,我們還是要指出,陸機創制編年體晉史,相對於荀悦改撰編年體漢史,仍然具有一定的創新意義;尤其是在帶動編年體晉史撰述走向活躍方面,其首創之功和示範作用顯得特別突出。這是陸機《晉紀》給予晉史撰述的第二個影響。

陸機《晉紀》給予晉史撰述的第三個影響,集中於與其"議斷"主張相關聯、又通過

---

① 此處的論斷以唐修《晉書》爲依據,但唐修《晉書》必有所本,王隱《晉書》、臧榮緒《晉書》是其主要源頭;事實上,取"追王之義"及對司馬氏"王業之迹"有所裁抑兩種傾向,王隱《晉書》已經兼而有之。

② 劉節:《中國史學史稿》,鄭州:中州書畫社,1982年,第85—87頁。

《晉紀》撰述表現出來的正統觀。正統論原本是以"大一統"思想爲基本内核,同時糅合了天命論、五德生勝説的一種政治思想意識和歷史觀,兩漢至魏晉正是其萌動和發展時期,至宋代演變爲高潮並形成較爲完備的理論體系。魏晉時期正統觀的分歧和爭議,是圍繞着史書編纂而展開的,國家政權分裂與統一的走向、王朝間禪代更替的歷史轉換,則是影響正統觀和史書編纂的重要的歷史因素。其中引人注目的事件,先有陳壽撰《三國志》,曹操一家稱爲帝,入本紀,而劉備、孫權兩家稱爲主,入列傳;《蜀書》、《吳書》中君主即位必記魏之年號,以明"正朔"所在。踵繼陳壽而别有裁定的,當屬陸機。如前文所論,陸機在尊崇故國的意識主導下,對於三國鼎峙這一段歷史,把魏、蜀、吳同樣視爲偏霸國家而不給予任何一方正統地位,甚至統一之前的晉也做如此處理。陸機的做法,打破了魏受漢禪而晉受魏禪、尊晉必尊魏的認識常規,在更爲廣闊的歷史視野上重新審視漢晉之際歷史,從而爲史書編纂開啓了一種新的可能性,即依正統觀的不同,歷史可以在相當大的幅度上進行重編或改撰。陸機立論的依據,實際上還是傳統的"大一統"思想,因而其正統觀是與正統論原初意義相契合的,這一點也值得我們留意。

東晉時習鑿齒撰《漢晉春秋》五十四卷,"起漢光武,終於晉愍帝。於三國之時,蜀以宗室爲正,魏武雖受漢禪晉,尚爲篡逆,至文帝平蜀,乃爲漢亡而晉始興焉";[1]習氏還另撰《晉承漢統論》,系統地申述其"越魏繼漢"的正統觀。習鑿齒所闡述的正統觀及相關的史學創作活動,備受後世學者重視,然而探尋其初始動因,實是受到陸機的啓發,北齊時李德林已指明這一點。從理論路徑上説,習氏正統觀除了沿襲"大一統"思想,還特別強調"道義"的歷史價值,使之成爲正統論的内核要素,[2]從而在正統論的闡發上比陸機走得更遠;而習氏正統論明顯地表現出歷史價值判斷上的主觀傾向,其在史學史上產生的正面和負面影響都相當突出。[3] 需要指出的是,當今學者討論習鑿齒的正統觀,大都未曾留意陸機相關活動所給予的啓示,這不能不説是一個疏漏。

---

① 《晉書》卷八二《習鑿齒傳》,第 2154 頁。

② 參考施建雄:《中國封建社會正統論的思想體系及時代特點》,《史學理論研究》2009 年第 3 期,第 50—60 頁。

③ 參考雷家驥:《中古史學觀念史》,第 355—356 頁。

《魏晉南北朝隋唐史資料》第三十二輯

2015 年 12 月,36—62 頁

南朝州佐制度的演進與變革*

——以梁朝州佐制爲中心

鍾　盛

　　南北朝時期是州郡縣三級行政制度發展的重要歷史階段,各政權在制度建設上雖依循魏晉舊制,卻又因南北分治而殊途。其中,州級行政機構在這一時期變化最爲劇烈,並對當時的政權結構産生深遠影響,學術界也對此進行了多方面研究,成果頗豐。①不過,需要指出的是,關於這一時期州級行政機構的研究多集中於刺史制度,對於下級屬官州佐的探討則相對較少,且主要局限於官制官規,很多實質性問題並沒有觸及,更遑論解決這些問題了。

　　實際上,就州佐制度的演進而言,南北朝尤爲關鍵,尚有可值得研究之處。一個耐人尋味的現象就是,州佐的官名(如別駕、治中、從事等)在南、北官制中雖並無太大差

---

　　* 本文係武漢大學自主科研專案(人文社會科學)研究成果,得到"中央高校基本科研業務費專項資金"資助(項目編號:410500188)。

　　① 學界關於中古州級行政機構的研究成果極爲廣泛而豐碩,其中尤以嚴耕望的研究最爲全面和系統,其《魏晉南北朝地方行政制度》是研究這一時期地方行政制度的一部里程碑式的著作。該書注重具體職官的考證、辨析,對地方行政架構的進行了細緻的梳理,這也爲我們提供了很好的研究基礎。周振鶴的《中國地方行政制度史》(上海:上海人民出版社,2005 年)是一部有關地方行政制度概論性質的專著,該書系統地梳理了兩千多年來中國歷史上地方行政制度(包括行政區劃與地方行政組織兩翼)變遷的全過程,具有重要的參考價值。由白鋼主編的《中國政治制度通史》第四卷"魏晉南北朝部分"(北京:人民出版社,1996 年),系統梳理了魏晉南北朝各項地方職官制度,具有一定參考價值。胡阿祥的《六朝疆域與政區研究》(西安:西安地圖出版社,2001 年)則是以六朝疆域與政區爲研究對象的理論專著,該書對六朝政區制度有深入研究。在地方職官的人事制度研究方面,以汪征魯的《魏晉南北朝選官體制研究》(福州:福建人民出版社,1995 年)最爲詳盡、系統,對於研究當時地方職官的任命制度頗有神益。張小穩的《魏晉南北朝地方官等級管理制度研究》(北京:九州出版社,2010 年)從職位與品位等級的角度探討了中央政權對地方官員的管理問題。汪清的《兩漢魏晉南朝州刺史制度研究》(合肥:合肥工業大學出版社,2006 年)、王謹的《魏晉南北朝州制度研究》(天津:天津古籍出版社,2012 年)等則是研究刺史制度的專門著作。另外,如日本學者濱口重國的《論所謂隋的廢除鄉官》(收入劉俊文主編:《日本學者研究中國史論著選譯》第四卷〔六朝隋唐〕,北京:中華書局,1992 年)、侯旭東的《地方豪右與魏齊政治——從魏末啓立州郡到北齊天保七年并省州郡縣》(《中國史研究》2004 年第 4 期)、王德權的《從"罷郡存州"到"改州爲郡"——隋代河北政區調整個案研究》(《臺灣師範大學歷史學報》第 26 期,1998 年)等論文則從不同視角探討了中古地方行政制度的若干問題,爲後續研究奠定了堅實的基礎。

別,但其品階設置方式卻迥然不同,比較而言,南朝州佐在制度設計上具有更爲鮮明的繁複性和精緻性,遠超北朝,其原因何在,頗值得思考。因此,本文擬以南朝州佐制度爲主要研究對象,着重探討以下問題:南朝州佐制度是如何進行構建的? 遵循了怎樣的制度設計理念? 與當時的政治社會形勢有着怎樣的關聯? 進一步而言,從州佐制度出發,如何理解南北制度演進的差異? 這些問題目前並没有清晰答案,本文擬就此進行分析。

一、從"宋齊之舊"到梁武新制

關於南朝州佐制度的記載頗爲匱乏,主要見諸於《隋書·百官志》《通典·職官》等典籍,因此以相關官制官規的史料分析爲基礎,並觀察州佐職官在階品序列中的制度安排,自然是本文探討的題中應有之義。翻檢史籍可知,南朝州佐制度的演變脈絡可大致分前後兩個階段。宋、齊兩朝爲演變的前一階段,這一時期州佐職官尚不見於官品令,其職官設置情況已難究其詳;梁、陳則是演變的後一階段,史載"梁武受命之初,官班多同宋、齊之舊",[1]可以推測梁初州佐應當還未進入官品序列。梁武帝天監七年,頒行全新的官班制,江左典制由此一大變。官班制是以流内十八班爲核心構建起來的,所謂"班",與九品官制中的"品"類似,乃梁朝特有的職官排列位階,"以班多者爲貴,同班者,則以居下者爲劣"。除十八班外,官班制還涵蓋了其他職官序列:流外七班、三品蕴位及勳位、將軍官班等,對於郡縣地方職官則另設有"郡守及丞爲十班,縣制七班,各擬内職"。[2] 由此可見,官班制是一個頗爲複雜、精緻的官階體系。

那麼,究竟應該如何從官班制入手對梁朝州佐制度進行研究呢? 本文的切入點是州佐的官稱書寫方式。原因在於,從《隋書·百官志》的記載來看,官班制不僅對各類州佐職官做了較爲周詳的設置,而且這些州佐的官稱書寫方式頗爲獨特,此處以別駕爲例來説明:

① 揚州別駕,十班。

② 南徐州別駕,八班。

③ 皇弟皇子荆江雍郢南兖五州別駕,六班。

④ 皇弟皇子湘豫司益廣青衡七州別駕,嗣王庶姓荆江雍郢南兖五州別駕,五班。

⑤ 皇弟皇子北徐北兖梁交南梁,五州別駕,皇弟皇子湘豫司益廣青衡七州別駕、中

---

① 《隋書》卷二六《百官志上》,北京:中華書局,1973年,第720頁。

② 《隋書》卷二六《百官志上》,第729頁。

從事,嗣王庶姓湘豫司益廣青衡七州別駕,四班。

⑥ 皇弟皇子越桂寧霍四州別駕,嗣王庶姓北徐北兗梁交南梁五州別駕,三班。

⑦ 嗣王庶姓越桂寧霍四州別駕,二班。

從上引別駕的語句表達來分析,除了揚州、南徐州之外,其他各州別駕的官班皆由兩個前綴來進行限定,一是刺史身份,一是所在州,這在歷代地方行政職官中實屬罕見。可以相信,這種獨特的官稱命名方式背後,應當隱含了特殊的制度設計理念,應該是本文研究的一個重要切入點。爲更清晰理解州佐職官的制度設計,可解析爲下表:

表1　梁朝各級州佐官班表①

官班		揚州	南徐州	荊、江、雍、郢、南兗州		湘、豫、司、益、廣、青、衡州		北徐、北兗、梁、交、南梁州		越、桂、寧、霍州	
				皇弟皇子爲刺史	嗣王庶姓爲刺史	皇弟皇子爲刺史	嗣王庶姓爲刺史	皇弟皇子爲刺史	嗣王庶姓爲刺史	皇弟皇子爲刺史	嗣王庶姓爲刺史
十八班	十班	別駕									
	九班	治中									
	八班		別駕								
	七班		治中								
	六班			別駕							
	五班			治中	別駕	別駕					
	四班				治中	治中	別駕	別駕			
	三班					治中	治中	別駕	別駕		
	二班	主簿	主簿	主簿				治中	治中	別駕	
	一班	西曹祭酒從事、議曹從事	西曹祭酒從事、議曹從事	(荊雍郢南兗)西曹祭酒議曹從事、(江州)西曹從事、祭酒議曹祭酒部傳從事		主簿	主簿				治中

---

① 該表係以《隋書》卷二六《百官志上》、《通典》卷三七《職官十九》爲基礎,並參考嚴耕望先生的考證(參見《中國地方行政制度史——魏晉南北朝地方行政制度》,上海：上海古籍出版社,2007年,第407—410頁)製作而成。

官班		揚州	南徐州	荊、江、雍、郢、南兗州		湘、豫、司、益、廣、青、衡州		北徐、北兗、梁、交、南梁州		越、桂、寧、霍州	
				皇弟皇子為刺史	嗣王庶姓為刺史	皇弟皇子為刺史	嗣王庶姓為刺史	皇弟皇子為刺史	嗣王庶姓為刺史	皇弟皇子為刺史	嗣王庶姓為刺史
不登上品者七班	七班	文學從事		(荊雍郢南兗)從事史、(江)議曹從事、(南兗)文學從事	(荊雍郢南兗)西曹祭酒從事、議曹從事、(江)西曹從事、祭酒、部傳從事	西曹祭酒從事、議曹從事		主簿	主簿		
	六班			(荊雍郢)從事史、(江)議曹從事、(南兗)文學從事		(豫司益廣青)文學從事、(湘衡)從事	西曹祭酒從事、議曹從事	西曹祭酒從事、議曹從事		主簿	主簿
	五班					(豫司益廣青)文學從事、(湘衡)從事	文學從事	西曹祭酒從事、議曹從事	西曹祭酒從事、議曹從事		主簿
	四班								文學從事	文學從事	西曹祭酒從事、議曹從事
	三班										文學從事
	二班										
	一班										

上表收錄了官班制中州佐系統的設置情況,後文的相關討論將在此基礎上展開。不過,在進行分析之前,有一個棘手的問題尚需探討,當時蕭梁很可能還存在另一套標

示官員品階的九品官制,但相關記載非常缺乏。《通典》卷三七《職官十九》在收録了梁十八班制之後,僅提到"而九品之制不廢"一句,閻步克據此推斷認爲:"梁朝推行班制之後九品官階並未廢止。據《隋志》所記,陳朝也是班、品並用的,可以推測這本是梁代成規。"①如果説蕭梁官制中確實班、品並用,那麼隨之而來的問題是:從官班制的框架下研究州佐制度是否可行? 這是需要予以釐清的。

關於蕭梁官制,目前學術界的聚訟主要分兩派意見。一種觀點認爲,官班制是由官品制變化或析分而來,兩者性質基本相同,從古代史家李延壽、馬端臨至當代不少學者多持此論。例如,日本學者宫崎市定從《唐六典》中梁朝若干職官班和品並記的事實出發,推斷十八班是官品九品的變體,②他還提出:梁武帝將劉宋的"六品以上官重新分成九品,並進一步分出正、從二等,合爲十八等,又稱爲十八班"。③ 此外,牟發松也指出"九品和十八班之間的前後替代關係"。④ 楊光輝認爲:"十八班一經劃定,就成爲新的九品官秩。"⑤葉煒也認爲十八班"是對此前的九品官品做一分爲二的析分而來的"。⑥ 但另一種觀點則認爲兩者迥然不同,如閻步克明確指出:"梁十八班是一種管理任官資格的位階",它"相當程度上還是按'門品'即門第高低定官資的"。⑦ 楊恩玉對此的研究則尤爲系統,他認爲"梁陳兩個朝代官品制與官班制的同時並用,顯示二者性質不同、功能各異",官班制"是一項士庶起家與官員官職遷轉的官階制度"。⑧ 楊氏甚至將官班與官品的關係類比爲"類似今天行政級別與職務級別之關係",因此,"梁官班制是在九品官制之外獨立發展起來的一項官階制度"。⑨

綜合聚訟各方的意見,筆者認爲,因史料的匱乏,後人研究雖各有所據,但要得出定讞殊非易事,更重要的是,考證官品制與官班制是否同一也並非本文主旨。從邏輯來分

---

① 閻步克:《品位與職位——秦漢魏晉南北朝官階制度研究》,北京:中華書局,2002 年,第 370 頁。

② [日]宫崎市定:《九品官人法研究——科舉前史》,韓昇、劉建英譯,北京:中華書局,2008 年,第 190—198 頁。

③ [日]宫崎市定:《九品官人法研究——科舉前史》,第 18 頁。

④ 牟發松:《從南北朝到隋唐——唐代的南朝化傾向再論》,《南京曉莊學院學報》2007 年第 4 期。

⑤ 楊光輝:《漢唐封爵制度》,北京:學苑出版社,2004 年,第 226 頁。

⑥ 葉煒:《南北朝隋唐官吏分途研究》,北京:北京大學出版社,2009 年,第 47 頁。

⑦ 閻步克:《中國古代官階制度引論》,北京:北京大學出版社,2010 年,第 97—98 頁。另,他在此前的《品位與職位——秦漢魏晉南北朝官階制度研究》中曾認定十八班與九品官制是同一事物,但後來在《中國古代官階制度引論》中否定了此前觀點。

⑧ 楊恩玉:《官班制的性質、編制標準與作用考論》,《史學月刊》2012 年 10 期。

⑨ 楊恩玉:《蕭梁官班制淵源考辨》,《歷史研究》2013 年第 4 期。

析,如果官班確由官品變化而來,那麼通過官班制來考察州佐制度當無任何爭議;如果兩者性質、功能不同,那麼從官班制入手進行考察也是可行的。原因在於,其一,蕭梁官品制的情況本就失載,官班制幾乎是我們系統了解梁朝官階設置的唯一基礎,舍此則相關研究無法展開;其二,應該看到的是,梁官班制無論性質如何,它對於當時各類職官的覆蓋範圍堪稱空前,也在事實上承擔了各級官員行政等級、晉升遷轉等職能。而且仔細揣摩《隋志》的記載:"天監初,武帝命尚書刪定郎濟陽蔡法度,定令爲九品……至七年,革選,徐勉爲吏部尚書,定爲十八班。"①可以看出十八班制與之前的九品制前後呼應,是有梁一代得到切實貫徹實施的基本制度,此點並無疑義;其三,對於本文而言,官班制與官品制性質、功能是否相同尚不是最爲緊要的,因爲本文主旨在於考察州佐制的制度設計問題。因此,辨明官班與官品制在州佐的制度設計上是否相同才是關鍵所在,應予詳加討論。

梁朝州佐在官品與官班中的設置方式是否相同,因官品無載而無從直接知道,但我們可以通過史有明載的陳官品制來推測。據《隋志》的説法:"陳承梁,皆循其制官。"②可知陳因襲梁制,兩者之間大略應同。因此,搞清陳官品制中州佐的設置情況,當可窺見梁制的特點。下面將陳制列表如下:

表2　陳朝刺史州佐官品列表③

品位	揚　州	南徐州		荆、江、南兗、郢、湘、雍州		豫、益、廣、衡州領冀州、北兗、北徐、涼州領南秦州、司、南梁州		交、越、桂、霍、寧州	
		皇弟皇子爲刺史	庶姓爲刺史	皇弟皇子爲刺史	庶姓爲刺史	皇弟皇子爲刺史	庶姓爲刺史	皇弟皇子爲刺史	庶姓爲刺史
一品	加都督	加都督							
二品	加督	加督		加都督					
三品	刺史	刺史		加督		加都督		加都督	
四品				刺史		加督		加督	
五品						刺史		刺史	

① 《隋書》卷二六《百官志上》,第729頁。
② 《隋書》卷二六《百官志上》,第741頁。
③ 該表係以《隋書》卷二六《百官志上》、《通典》卷三八《職官二十》爲基礎,並參考嚴耕望先生的考證(參見《中國地方行政制度史——魏晉南北朝地方行政制度》,第411—422頁)製作而成。

續表

品位	揚州	南徐州		荆、江、南兗、郢、湘、雍州		豫、益、廣、衡州領冀州、北兗、北徐、涼州領南秦州、司、南梁州		交、越、桂、霍、寧州	
		皇弟皇子爲刺史	庶姓爲刺史	皇弟皇子爲刺史	庶姓爲刺史	皇弟皇子爲刺史	庶姓爲刺史	皇弟皇子爲刺史	庶姓爲刺史
六品	別駕、治中	別駕、治中		別駕、治中					
七品									
八品			別駕、治中		別駕、治中	別駕、治中（原缺）		別駕、治中（原缺）	
九品	主簿、西曹、祭酒從事、議曹從事	主簿、西曹、祭酒從事、議曹從事		主簿、西曹		主簿、西曹	別駕、治中	主簿、西曹	

　　將表 2 與表 1 相對比,不難發現陳朝官品制中也納入了一定數量的州佐,①尤爲關鍵的是,這些州佐的官品亦根據所在州的等級和刺史身份來確定,這與梁官班制是完全相同的。由此可以推斷,蕭梁的官品制與官班制即使在性質、功能上可能存在不同,但兩者在州佐班品設置上所遵循的設計原則卻別無二致。故此,從官班制的框架下對州佐制度進行討論,應該是切實可行的。

　　在不吝筆墨解決了從官班制入手研究的可行性問題之後,下面就具體對梁朝州佐制度的主要特點展開探討,大致分析如下:

　　第一,州佐大量進入官班。

　　與前代官品令相比,梁朝州佐職官大多位列於官班之中(包括流内十八班和流外七班),這一變化在中古官制演進過程中也是不容忽視的。從目前已有的歷史文獻來看,官品制自曹魏誕生之時,覆蓋範圍較爲狹窄,而且長期存在着重朝官、輕外官的情況,除了刺史、郡守、縣令(最低至縣丞尉)等官品有所設置之外,普通地方官員通常難

_____

　　①　與梁官班制相比較,進入陳官品的州佐數量相對更少,這在低等級州中尤爲明顯。閻步克先生認爲原因在於“此時南朝的軍府僚佐在逐漸取代州郡掾屬;主簿、西曹、祭酒、文學、諸從事等因爲是長官自辟,而且已趨閒散化,所以在此期變成了品位性官職,用於安排閒人,所以仍没有進入官品。”(參見閻步克:《中國古代官階制度引論》,第98頁)但從《隋志》可知,當時至少主簿、西曹是進入官品的,閻説仍有可商榷之處。

預官品之流。① 即使在北魏孝文帝太和二十三年所頒佈的後《職員令》中，列入官品的普通地方僚佐也並不齊備，目前僅能見到司州州佐，其他州的州佐的官品設置情況尚不清楚。而梁官班制的一大進步在於，它覆蓋了更大範圍的職官門類，各級州佐（上至別駕、治中，下至文學從事）都獲得對應的班位。從範圍來看，這些州佐主要分佈於兩個序列，高階者入流內十八班，低階者入流外七班，如此精細化的程度，實可謂開一代制度之新風。不過，刺史作爲各州長官卻在十八班中没有相應的官班記載，具體原因尚無定論。②

第二，州佐官班由州等和刺史身份共同決定。

從表1揭示可知，州佐的官班實際上是由兩大要素綜合決定的，一爲所在州的等級，一爲刺史身份，這可以説是梁朝州佐制度最爲重要的基本原則和突出特點。縱觀魏晉南北朝州官設置，以梁朝官班制最爲複雜，原因即在於此。

具體而言，梁將當時23州分爲六個等級，除了位居前兩級的揚州、南徐州不再做細分之外，其餘21州分爲四個等級，每一等又根據刺史身份，析分爲兩級：皇弟皇子爲刺史者構成一級，級別較高；蕃王庶姓爲刺史者構成另一級，級別較低。這一劃分方式必然會導致同名州佐的官班變動不居，大致會出現如下兩類情況：一是對於同一人來説，他出任不同州刺史，其州佐的官班很可能會發生變化；二是對同一州而言，不同身份的刺史上任，也會導致州佐的官班發生相應變化。

舉例説明，《梁書·高祖紀中》記載，天監十四年四月丁丑，"驃騎將軍、開府同三司之儀、江州刺史王茂薨"。五月丁巳，"以荆州刺史晉安王綱爲江州刺史"。③ 那麼，這一人事變動意味着什麼呢？按梁制，江州居於第三等，前任刺史王茂爲庶姓身份，故根據表1可知，其別駕、治中應該分別爲五班、四班；繼任者蕭綱爲蕭衍第三子，當爲皇子身份，故其別駕、治中應分別爲六班、五班。可見，江州刺史發生更迭，導致的直接後果就

① 需要强調的是，這一判斷主要是基於現有史籍記載而做出的。梁以前各朝的官品設置主要見於《晉書·職官志》《宋書·百官志下》《通典·職官典》等傳世文獻。從這些典籍記載情況來看，魏晉至宋齊的官品設置是較爲簡略的，各級州佐皆不見於官品。究其原因，很可能與這些政權的官階制度尚不完善有關，許多職官（包括州佐）此時尚未正式進入官品序列。當然，也不能完全排除另一種可能，即州佐職官在梁以前實際上就部分或全部進入官品（尤其是別駕、治中這樣的高級州佐），只是在史籍編纂過程中漏載或删減。

② 閻步克先生從官班制是"一種管理任官資格的位階"的觀點出發，指出刺史入官品而不入十八班，是因爲"州郡長官另行立班"之故（參見閻步克：《中國古代官階制度引論》，第98頁）。楊恩玉先生則從《隋書·食貨志》的"揚、徐等大州，比令、僕班。寧、桂等小州，比骁軍班"一語出發，推測州刺史亦有班，"也應分爲六個班次"（參見楊恩玉：《蕭梁政治制度考論稿》，北京：中華書局，2014年，第200—202頁），可備一説。

③ 《梁書》卷二《高祖紀中》，北京：中華書局，1973年，第55頁。

是同名州佐官班隨之變更,由此造成官班設置的不穩定。

進一步分析,在州等和刺史身份這兩大要素中,因州分六等,而刺史身份僅分兩類,這就使得州等具有更大的變化幅度,從而對州佐官班產生相對更爲優位的決定作用。仍以別駕爲例,級別最高的揚州別駕官班爲十班,級別最低的越、桂、寧、霍州別駕,官班爲二班(庶姓爲刺史)。可見,最高等級州與最低等級州之間,別駕的官班差距達到了八班之多。刺史身份對州佐官班的影響相對較小,以居於第三等的荆、江、雍、郢、南兗州爲例,若以皇弟皇子爲刺史,其別駕爲六班;若以嗣王庶姓爲刺史,則其別駕爲五班,兩者只差一班。其餘州情況類似,不贅舉。那麼,這樣一種制度設計的用意何在,後文將做具體探討。

值得注意的是,以皇弟皇子、庶姓等身份來劃分僚屬等級,很可能並非梁的原創,《宋書·索虜傳》記載:"是歲軍旅大起……又以兵力不足,尚書左僕射何尚之參議發南兗州三五民丁,父祖伯叔兄弟仕州居職從事、及仕北徐兗爲皇弟皇子從事、庶姓主簿、諸皇弟皇子府參軍督護國三令以上相府舍者,不在發例,其餘悉倩暫行征。"[1]這條史料提及,北徐州兗州皇弟皇子從事、庶姓主簿[2]等僚佐因長官的身份而有可能避免被征發。這種官稱方式的出現,表明州佐職官與刺史身份之間存在着特定的連帶關係,甚至可以視爲梁朝僚佐官班設置原則的先聲。不過,在劉宋的官品令中還没有出現僚佐官品與府主身份挂鈎的制度設定,這與梁朝的職官體系是大爲不同的。此外,比梁稍早的北魏後《職員令》中,也有根據蕃王等級(分爲始蕃王、二蕃王、三蕃王)爲府佐設置官品的制度規定,但這僅見於王府系統,州佐系統卻並非如此。

第三,州佐系統與州軍府系統的官班設置方式迥異。

要全面理解州佐制度的設置特點,還有必要以州軍府作爲參照對象進行對比分析。一般而言,南北朝時期刺史普遍帶將軍號,且具備一定品級的將軍皆可開府置佐,軍府班子掌管一州之軍政,以長史、司馬爲上佐,下有諸參軍,州軍府制度在實質上就是將軍府制度應用於地方刺史制度的產物,從而形成"一個長官,兩套機構(即州佐和府佐,《通典》中分別稱之爲州官和府官)"的軍政權力構架。

州佐與府佐在官班制中的設置方式有何差異呢? 要解決這個問題,最爲直觀的方法還是將梁朝府制解析爲圖表,請看下表:

---

① 《宋書》卷九五《索虜傳》,北京:中華書局,1974 年,第 2349 頁。
② 這裏的庶姓主簿應該不是指庶姓身份爲主簿,而是指刺史或府主身份爲庶姓者的主簿。

表3　梁朝府佐官班表①

官班		皇弟皇子府	嗣王府	皇弟皇子之庶子府	蕃王府	庶姓持節府
十班		長史、司馬				
九班		諮議	長史、司馬			
八班			諮議	長史、司馬	長史、司馬	長史、司馬
七班				中録事、中記室、中直兵參軍、諮議	諮議	
六班		功曹史、録事、記室、中兵參軍	掾屬、中録事、中記室、中直兵參軍			諮議
五班			功曹史	中録事、中記室、中直兵參軍	中録事、中記室、中直兵參軍	
四班		正參軍	主簿	功曹史,録事、記室、中兵參軍	功曹史、蕃王府録事、記室、中兵參軍	
三班		行參軍	正參軍	曹主簿	曹主簿	中録事參軍中記室參軍中直兵參軍
二班			祭酒、行參軍	正參軍		録事參軍記室參軍中兵參軍功曹史
一班				行參軍	行參軍	主簿
位不登上品者　七班	七班	長兼參軍				除正參軍
	六班	參軍督護	長兼參軍			板正參軍
	五班	功曹督護	參軍督護	長兼參軍	長兼參軍	行參軍
	四班		功曹督護	參軍督護	參軍督護	板行參軍
	三班			功曹督護	功曹督護	長兼參軍
	二班					參軍督護
	一班					功曹督護

---

① 該表係據《隋書》卷二六《百官志上》的記載製作而成。

從上表的展示來看,梁朝諸府完全依照府主自身的身份來確定府佐官班,①這也就意味着,各州府佐的官班只取決於刺史本身,與所在州的等級沒有任何關係,顯然,這不同於州佐的官班設置方式。爲了更好理解兩者之間的差異,下面比較了皇弟皇子出任揚州、荆州、越州時兩府上佐的官班設置情況。

表4 楊、荆、越州兩府上佐官品表(皇弟、皇子爲刺史)

官班	州佐系統	府　佐　系　統
十班	揚州別駕	揚州長史、②揚州司馬、荆州長史、荆州司馬、越州長史、越州司馬
九班	揚州治中	
八班		
七班		
六班	荆州別駕	
五班	荆州治中	
四班		
三班	越州別駕	
二班	越州治中	
一班		

再看庶姓出任揚州、③荆州、越州刺史時,兩府上佐的官班設置情況。

表5 楊、荆、越州兩府上佐官品表(庶姓爲刺史)

官班	州佐系統	府　佐　系　統
十班	揚州別駕	
九班	揚州治中	

---

①　諸府的規模亦與府主身份相關聯,《隋書》卷二六《百官志上》:"皇弟、皇子府,置師,長史,司馬,從事中郎,諮議參軍,及掾屬中録事、中記室、中直兵等參軍,功曹史,録事,記室、中兵等參軍,文學,主簿,正參軍、行參軍、長兼行參軍等員。嗣王府則減皇弟皇子府師、友、文學、長兼行參軍。蕃王府則又減嗣王從事中郎,諮議參軍,掾屬録事,記室、中兵參軍等員。自此以下,則並不登二品。"(第727—728頁)這表明不同府的僚佐配置是存在差别的。

②　北朝地處京畿的司州通常不開軍府,但從南朝的情況來看,揚州雖控轄京畿,但其刺史仍然開軍府並置府佐,例如《梁書》卷四一《蕭介傳》:"大同二年,武陵王爲揚州刺史,以介爲府長史,在職清白,爲朝廷所稱。"(第587頁)此即明證。

③　梁十八制對揚州刺史不做身份區分,實際上暗含了僅有宗室能够擔任這一初衷,但到了梁末,政治形勢發生巨變,庶姓身份的王僧辯得以出任該職,相關問題下文將會詳細討論。

續表

官班	州佐系統	府　佐　系　統
八班		揚州長史、揚州司馬、荆州長史、荆州司馬、越州長史、越州司馬
七班		
六班	荆州別駕	
五班	荆州治中	
四班		
三班		
二班	越州別駕	
一班	越州治中	

　　從以上兩表可知，由同一人前後出任不同州刺史，因其身份固定，故長史、司馬的官班亦保持穩定，但別駕、治中的官班變動幅度則非常大。其根本原因正在於這兩類屬官的官班設定規則是截然不同的：前者僅由刺史身份決定；後者則由州的等級與刺史身份綜合確定。這一差別所産生的後果不容忽視，它意味着這兩套並行機構雖然都同屬於一個長官，但在官班上卻難以形成相對固定的對應關係，在客觀上對系統之間的人員流通製造障礙。而且，當需要對兩套班子進行整合時，官班設置上的差異便容易形成巨大的鴻溝。故爾，從制度設計的合理性來説，是值得質疑的，關於此點，後文將結合北朝州佐的情況進行探討。

　　綜上分析，梁將州佐納入官班，並以州的等級與刺史身份來確定州佐官班，由此建立起一套精緻複雜、變化多端的州佐體系，推動江左政權的制度構建進入一個新階段，堪稱一代之別制。陳朝建立之後，在官制上基本繼承了前制，這從已知的陳九品官制中不難窺見，茲不贅述。

二、梁朝州佐制的變革動因

　　前文從制度規範的層面分析了梁朝州佐在官班制中的設置情況。需要指出的是，在州一級軍政體系中，州佐主民政，府佐主軍政，這是魏晉時期就形成的定制，然而隨着歷史的演進，州軍府系統不斷染指地方行政，侵占州佐職權，以至於"宋齊以下，州佐轉爲地方大族寄禄之任，其治權全爲府佐所攘奪"，[1]州佐的實際功能、地位下降。而且，

---

① 嚴耕望：《中國地方行政制度史——魏晉南北朝地方行政制度》，上海：上海古籍出版社，2007年，第152頁。

隋朝統一南北之後,在地方官制建設上主要繼承了北朝的制度遺産,南朝的州佐制度在歷史上僅僅曇花一現,對後來的隋唐制度建立似乎並未産生實質影響。然換一角度來看,如果説南北朝時期州佐一系僅爲寄禄之官,那麽梁統治者又爲何煞費苦心,設計如此複雜的官制體系,並將衆多以前不入官品的州佐職官囊括入内?因爲就制度變革的意義而言,關鍵在於看它能否"及時回應社會中正在發生的變化"。[①] 同樣,梁朝州佐制度的變革究竟反映了當時怎樣的時代需求,體現出統治者在制度建設上怎樣的思路,這些問題仍需進一步探究。

1. 適應官階制發展的需要

官階制是中國古代官僚制的重要制度基礎,它將各類職官安排到一定的等級序列之上,並配置相應的權力、職能、待遇、升遷路徑等,從而構建起一套完整的權力結構體系。從官階制的演進來看,州佐職官進入階品序列,是國家官僚系統對地方權力體系進行擴張和整合的表現,反映出官階制度在這一時期開放、革新的態勢。不過,州佐進入官階是一個循序漸進的過程,並非一蹴而就。西漢設立刺史之初,以六條問事,原本旨在監察、巡行轄區郡縣,並無固定組織屬員,在經歷了一定的演化過程後,其治所及組織機構才逐漸固定化,各類州佐職官亦得以相繼設立。但州佐始終官微位輕,即使首佐別駕、治中,"仍爲末吏,位尚百石,須舉秀才,然後騰達"。[②] 其中一個重要原因,應當與刺史系統最初的監察性質有關。在西漢刺史監察的制度設計中,刺史雖權重,然秩僅六百石,遠遜於其監察對象郡太守等長吏二千石以下。究其目的,還是在於以卑臨尊,上下相制,從而實現權力制約。刺史之秩尚且如此,其屬吏更低則不難想見。曹魏創設九品之制,開官品制之先河,州佐仍因位卑而難預官品之流,這一狀況甚至到南北朝前期(即劉宋和蕭齊兩朝)亦似無甚改變。不過還需看到的是,制度發展的總體趨勢是由粗糙而精細,由簡單而繁複。早期的九品官制因過於粗陋,並不能真正滿足官僚政治的需要,其發展和成熟尚需後繼政權不斷進行制度探索。南北朝政權對官階制度革易的一個重要成果,就是將越來越多的職官吸收入階品,並將覆蓋範圍從中央官員向地方官員擴展,在這一制度變革趨勢下,將州一級的地方屬官納入官階系統實乃必然。

---

① [美]哈羅德·J·伯爾曼:《法律與革命》,賀衛方等譯,北京:法律出版社,2008 年,第20 頁。
② 嚴耕望:《中國地方行政制度史——魏晉南北朝地方行政制度》,第159 頁。

又由於南北朝時期州的數量呈不斷增加之勢,也在客觀上推動了州佐入官階。在南朝歷史中,梁朝疆域雖較宋、齊縮小,卻又是州數膨脹最爲劇烈的時期。官班制施行之時,梁有二十三州,"其後更有析置,大同中,州百有七"。① 隨着州的大量析分,州級行政機構的數量自必增加,致使州佐的總體規模不斷擴大。可見,將如此衆多的別駕、治中、主簿、西曹等州佐職官摒除於官階之外,既不利於對地方官員隊伍的管理,也不能滿足他們對於政治利益的渴求。因此,當現實的需要成爲巨大的内在推動力時,必然會對制度改革產生强大的回饋作用。

南朝中期,州佐的制度建設終於出現重大變化,以梁官班制爲分水嶺,州佐職官大多實現"班品化"。而且,從前文的分析可知,州佐進入官班序列並不是簡單的規模擴充,而是采取了獨一無二的官班排序方式,由此形成一個有序化的制度體系,這無疑反映出南朝地方官制發展的重大進步。無獨有偶,幾乎同一時期的北朝也經歷了類似變革,在稍早的北魏太和《前職令》中,司州別駕、司州司事、司州從事被明確録入;② 此後,太和末的《後職令》則規定了司州別駕、治中爲從四品上階和從四品下階,甚至普通州的別駕、治中也有進入官品序列的迹象。③ 及至北齊《河清令》和北周《六官制》中,州佐職官的品階設置已更趨詳盡和完善。由此觀之,南北朝中期州佐普遍進入官階並非偶然,實乃制度演進的大勢所然。

州佐入官班之後,客觀上提高了任官的門檻,傳統州佐不到釋褐年齡即可就任的慣例開始受到約束,④權臣朱異早期仕途經歷即反映了這一變化。據《梁書·朱異傳》:"舊制,年二十五方得釋褐。時異適二十一,特敕擢爲揚州議曹從事史。"⑤朱異之所以

---

① 《通典》卷一七一《州郡一》,北京:中華書局,1988 年,第 4463 頁。

② 在《魏書》各版本(如百衲本、殿本)中,"司州別駕"作"司馬別駕",然據中華書局點校本《魏書》卷一一三《官氏志》校勘記 4 考證:"按此'司馬別駕'不舉所屬,若是公府,則上已有'公府司馬'。據下《太和後令》,從第四品上階有'司州別駕、從事史',疑'司馬'乃'司州'之訛。"第 3016 頁。

③ 有學者認爲北魏普通州的上綱別駕、治中實際上也是列入官品的,如嚴耕望、汪征魯諸先生即持此論,我們也可以舉出不少具體實例來證明這一觀點。《魏書》卷五七《高顯傳》:"和璧子顯……自司空參軍轉員外郎,襲爵建康子,遷符璽郎中。出爲冀州別駕,未之任,屬刺史元愉據冀反,世宗遣尚書李平爲都督,率衆討之。平以顯彼州領袖,乃引爲録事參軍,仍領戎軍,軍機取捨,多與參決。擒愉之後,別黨千餘人皆將伏法,顯以擁逼之徒,前許原免,宜爲表陳請。平從之,於是咸蒙全濟。事定,顯仍述職。"(第 1262 頁)《魏書》卷六一《畢義暢傳》:"祖毦,起家奉朝請。兄祖朽別封南城,以須昌侯回授之。神龜初,累遷揚烈將軍、東平太守。後爲本州別駕,卒於官。"(第 1362 頁)所舉二人都是在出任朝廷其他正式官職後才擔任州別駕之職,正表明別駕已經進入官品序列中來。

④ 例如《宋書》卷六九《范曄傳》:"年十七,州辟主簿,不就。"(第 1819 頁)《魏書》卷四五《韋閬傳附韋朏傳》記載韋朏"年十八,辟州主簿。"(第 1015 頁)此類不及成年任州職的情況頗爲普遍,不勝枚舉。

⑤ 《梁書》卷三八《朱異傳》,第 537 頁。所謂"釋褐",即爲做官的正式標誌。《隋書》卷二六《百官志上》又明確説:"陳依梁制,年未滿三十者,不得入仕。"(第 748 頁)與《梁書》説法並不一致。

通過"特敕"才得以擢爲揚州議曹從事,原因很可能就在於隨着梁官班制的實施,揚州議曹從事已進入十八班序列(一班),原則上須滿足任官的年齡條件,釋褐之後才有資格擔任。①

2. 爲州佐的晉升提供正常路徑

如前文所論,州佐在南北朝前中期是否列入官品,因這一時期官品令的記載簡略而無從徑知,但在此之前,別駕、治中這樣的高階州佐在事實上很可能就已進入品官的升遷序列,嚴耕望先生認爲魏晉時期開始出現由正式品官遷爲別駕或治中的現象。② 此類情況的確於史有徵,例如,東晉時期,陸納即"累遷黃門侍郎、本州別駕、尚書吏部郎,出爲吳興太守";③ 又,東晉末蔡廓在出任兗州別駕之前,就已經擔任過司徒主簿、尚書度支殿中郎、通直郎、高祖太尉參軍、司徒屬、中書、黃門郎等一系列中央職官。④ 進入南朝,別駕、治中由品官甚至朝官遷任的實例更是屢見於史籍,劉宋時范曄出任荊州別駕之前,即已擔任過劉裕相國掾、彭城王義康冠軍參軍,又隨府轉右軍參軍、尚書外兵郎等職務。⑤ 既然高階州佐在實際的官員遷轉中已經進入品官序列,那麼在制度規範上正式加以確認,在品級劃分上加以有序化,則已是水到渠成,官班制的發展正順應了這一發展趨勢。

3. 實現州佐中的官、吏界分

官班制也爲界分官、吏提供了制度依據。具體而言,即在流内十八班之下,還另設有流外七班。流内與流外之間不僅僅是官班的差别,而且還是身份的差别——即官與吏之間的差别。州佐職官作爲一個官僚群體,其微妙之處在於,它是介乎於流内與流外之間的。從《隋書·百官志》的記載可知,在官班制下,實際上只有一部分州佐進入十八班制,可確定爲官,其餘還有不少低階州佐則被劃入流外七班,自然而然就列爲吏。

---

① 不過,同樣在《梁書》的記載中,也有一些不到二十五歲出任州主簿的情況,例如《梁書》卷四七《孝行傳》記載,吉翂"年十七,應辟爲本州主簿"(第652頁)。同傳又載何烱"年十九,解褐揚州主簿"(第655頁)。這兩例皆發生在梁武帝統治時期,與此處朱異相異的情況相矛盾,原因並不清楚,這可能與州主簿剛進入官班不久,傳統的任官慣例仍然存在有關係。

② 嚴耕望:《中國地方行政制度史——魏晉南北朝地方行政制度》,第160—161頁。

③ 《晉書》卷七七《陸曄傳附陸納傳》,北京:中華書局,1974年,第2026頁。

④ 《宋書》卷五七《蔡廓傳》,第1570頁。

⑤ 《宋書》卷六九《范曄傳》,第1819頁。

這樣一來,通過官班制的設置,州佐在行政等級上出現一次重大分化,即官與吏的分途。①

進一步而論,對州佐職官進行流內與流外的劃分,根本目的還是爲了方便對門第進行甄別。魏晉時期即有門寒不居州綱紀的慣例存在,當時長沙瀏陽人易雄"舉孝廉,爲州主簿,遷別駕",但他後來卻"自以門寒,不宜久處上綱",遂"謝職還家",②此即爲顯例。不過這一時期州佐中哪些職官"清要",哪些"寒濁",並無明確的官品劃分。到了梁武帝官班制的體系當中,明確規定士族入仕皆從流內十八班,寒微士人從流外七班起家,③這一劃分使得"官與吏卻由行政等級之別,變成了以流內流外相隔的身份鴻溝"。④

也正因爲如此,地方士族壟斷州官的情況在梁朝得到更爲明確的制度保障,史載當時"湘俗單家以賂求州職,公則至,悉斷之,所辟引皆州郡著姓,高祖班下諸州以爲法。"⑤"單家"須通過賄賂才能求得州職,表明州職在傳統上仍爲州郡著姓所壟斷,梁武帝所班之法,正是將傳統慣例加以制度化的結果。同樣,梁武帝第九子湘東王蕭繹任荊州刺史時,"州人范興話以寒賤仕叨九流,選爲州主簿",別駕庾喬斥其爲"小人"。⑥閻步克先生據此分析:"皇子荊州主簿在第二班,這'仕叨九流',指的就是進入了二品士流之內,而這本非'寒賤'所應涉足。"⑦既然僅位列二班的州主簿都已經被視爲"寒賤"者不應獲取的高位,那麼,上綱如別駕、治中、主簿等,則更是地方豪門望族之禁臠,寒族難於染指。由此而言,"這個流內、流外體制,堪稱魏晉以來官階制又一重大變革,它區分開了高級文官和低級吏員、區分開了士大夫和胥吏,因而爲後世長期沿襲"。⑧同時也對時人的入仕行爲、入仕路徑産生深遠影響。

---

① 筆者認爲,將州佐系統界分爲流內、流外大部分,其主要目的是針對中下層州佐,而不在於確定別駕、治中等州上綱的流內身份,因爲從前文所引史料來看,早在東晉時期就存在別駕系從綱官遷轉而來的情況,可以相信,在梁官班制問世之前,別駕、治中等州綱紀就業已進入流內;但對於那些中下層州佐來説,其是否應當入流卻長期因官階制度的不完善而模糊不清,梁武帝通過官制改革,對州佐設置明確的官班,則從制度層面有效解決了中下層州佐的身份等級問題。

② 《晉書》卷八九《忠義傳·易雄傳》,第 2314 頁。

③ 學界普遍認可流內十八班與流外七班爲士族與寒族之間的界限,具體參見楊恩玉:《蕭梁官班制的形成考論——以流外七班、三品勳位及蘊位爲中心》,《南京師範大學學報(社會科學版)》2012 年第 4 期。

④ 閻步克:《"品位—職位"視角中的傳統官階制五期演化》,《歷史研究》2001 年第 2 期。

⑤ 《梁書》卷一〇《楊公則傳》,第 196 頁。

⑥ 《南史》卷四九《庾杲之傳附庾喬傳》,中華書局 1975 年版,第 1211 頁。

⑦ 閻步克:《品位與職位——秦漢魏晉南北朝官階制度研究》,第 384 頁,注釋①。

⑧ 閻步克:《品位與職位——秦漢魏晉南北朝官階制度研究》,第 382—383 頁。

4. 加强中央對地方控制

從央地關係來看,將州佐納入官品,不失爲中央對地方加强控制的重要手段。長期以來,中央政權與地方勢力之間的互動關係就是一個非常複雜而微妙的話題。一方面,朝廷既要打壓地方勢力,但另一方面,若要有效控制地方,又須與當地勢力合作,選拔、任用當地人士,故顧炎武《日知録》有云:"蓋其時惟守相命於朝廷,而自曹掾以下,無非本郡之人,故能知一方之人情,而爲之興利除害。"①所言乃西漢地方政治,推而廣之,兩漢至南北朝,地方行政運作仍需要熟知當地民情的人士輔佐。問題在於,長期以來州佐在來源上出自當地,在人事任用上取決於刺史,即史書所説的"州郡辟召",各州由此形成森嚴的地域壁壘,朝廷難以直接插手。州佐不入官品,實際上容易讓這些地方力量游離於中央勢力範圍之外,成爲體制外的不穩定因素,不利於朝廷對州政的掌控。將州佐納入官品序列中,明面上是提高其政治地位,實則有利於中央加强對地方的控制,尤其是對人事權的爭奪。

以江州的一次人事調動爲例,當時梁武帝遣人代替江州別駕鄧繕,而刺史陳伯之與梁廷之間的關係本在叛、順之間,不願受命,於是答之曰:"龍符驍勇健兒,鄧繕事有績效,臺所遣別駕,請以爲治中。"②這條材料反映出以下問題:其一,蕭衍以"臺遣"的方式直接派親信替換原來的江州別駕,目的無疑旨在藉此控制江州政局,更重要的是,這表明別駕、治中不僅在官制上已是命官,而且其任命權也已收歸中央;其二,陳伯之不願束手甘受擺佈,由於刺史在州佐的選任上仍有推薦之權,因此他請求將朝廷所任命的別駕改爲治中,應當不違制,實質上也就是婉拒朝廷的任命。不過兩相比較,朝廷在州佐任命上的主動權已經是顯而易見。

綜上分析,可知梁朝將州佐納入官班序列,與當時的制度演進、現實政治社會需求以及中央與地方關係的變化等諸多因素有着密切的關聯,具有一定的歷史必然性。

三、別出心裁的制度理念

上文探析了梁朝州佐制度的主要特點、組織方式和形成原因,但這並非本文討論的終點,需要進一步思考的是,這套複雜的制度模式的形成究竟遵循了哪些制度理念? 統

---

① 顧炎武著,黄汝成集釋:《日知録集釋》,上海:上海古籍出版社,2006年,第479頁。
② 《梁書》卷二〇《陳伯之傳》,第312頁。

治者又是如何通過相關的制度設計,實現對各方利益關係的安排調整? 分析如下:

1. 依州等定官班原則

州佐進入官班制後,面臨的一個重要問題是: 如何采取恰當的方式來安排各級職官的官班,尤爲關鍵的是,對於不同州的同名州佐,其班次是否應該一致? 僅以揚州和霍州作比較,如果兩州的別駕都設爲同一班次(例如同爲十班),那麼也就意味着兩者將享受相同的政治待遇,這對於地位差別很大的兩州來說,顯然是不太合理的。事實上,官班制采取了明確的差序排列,揚州別駕高居十班,而末等的霍州別駕最低僅爲二班(庶姓爲刺史),班次差距可謂雲泥。甚至還有的同名州佐因州等相差懸殊而有流內與流外之分,以州主簿爲例,揚州主簿爲流內二班,而越州主簿則可低至流外五班(流外共七班)。由此可見州等對於界分同名州佐的官班是極爲關鍵的。

對州進行制度性的等級劃分,約在南北朝時期已出現。這一時期州級行政機構的數量急速膨脹,且各州因人口、政治地位、戰略位置等因素的不同而差異頗大,對州進行分等實屬必要。劉宋的官品制即有此嘗試,它根據刺史是否領兵,將刺史領兵者定爲三品,不領兵者定爲四品,當然,這種僅根據刺史的軍事權力來區分其官品的做法是較爲粗疏的,尚不成熟。北魏在太和後《職員令》中也開始對州等進行劃分,總共包括司州、上州、中州、下州四個級別。[①] 此後,北齊、北周則明確根據户口數量確定州等,是北魏制度的發展,較之更爲細化,此不贅述。

蕭梁建立之初,官制因襲宋、齊之舊,對州等的劃分情況尚無記載,不過此時州的大小對州佐的規模有着直接影響:"州置別駕、治中從事各一人,主簿,西曹、議曹從事,祭酒從事,部傳從事,文學從事,各因其州之大小而置員。"[②]到天監七年推行全新的官班制,對州的分等趨於細化,它將全國二十三州劃分爲六個等級,據《隋書·百官志》可知,揚州、南徐州分列前兩位,荆、江、雍、郢、南兗州列第三等,湘、豫、司、益、廣、青、衡州居第四等,北徐、北兗、梁、交、南梁州居第五等,居末者則是越、桂、寧、霍州。

仔細觀察這二十三州的分等方式,不難發現它與各州的人口及政治、經濟、軍事地

---

① 關於北魏州的等級劃分研究,可參考[日]窪添慶文:《北魏州的等級》,《北朝研究》1990 年下半年刊,總第 3 期。

② 《隋書》卷二六《百官志上》,第 729 頁。

位有着密切關聯。以位居前列的揚、南徐二州來説明,《南齊書·州郡上》稱揚州爲:
"京輦神皋……元帝爲都督,渡江左,遂成帝畿,望實隆重。"①揚州乃京畿所在,繁華之
區,膏腴之地。該州集中了大批來自北方的高門士族和江東本地士族,他們是東晉、南
朝政權的統治階層,對政治走向有着決定性的影響;再看南徐州:"鎮京口。吳置幽州
牧,屯兵在焉。丹徒水道入通吳會,孫權初鎮之。爾雅曰:'絶高爲京。'今京城因山爲
壘,望海臨江,緣江爲境,似河内郡,内鎮優重。宋氏以來,桑梓帝宅,江左流寓,多出膏
腴。"②該州地當要衝,是北方流民聚集之地,東晉時即有"京口酒可飲,兵可用"之稱,③
它承擔了拱衛建康的功能,可謂舉足輕重。總之,揚州、南徐州實乃東晉、南朝政權的國
運所在,《宋書》《南齊書》之《州郡志》將其置於諸州之首,亦是出於同樣考慮。相成鮮
明對比的則是越、桂、寧、霍諸州,這些州地處嶺南,最爲偏遠,偏居統治邊緣,況且當地
民族狀況複雜,易動難安,其重要性相差甚遠,自然也就忝列末尾。

　　州的等級劃分背後,關涉到統治者對各州的利益分配,故備受時人關注。如所周
知,自漢魏至南北朝,地方普通官員的選拔基本堅持遵循本地原則,州佐皆來自本州,各
州政壇是本地精英的重要政治舞臺,被當地豪族所壟斷,北魏初宋隱臨終告誡子侄:
"苟能入順父兄,出悌鄉黨,仕郡幸而至功曹史,以忠清奉之,則足矣,不勞遠詣臺閣。"④
强調要維繫門户則必須主動參與郡政乃至州政。又,《周書·柳慶傳》載:"時僧習爲潁
川郡,地接都畿,民多豪右。將選鄉官,皆依倚貴勢,競來請托。"⑤又,梁代楊公則爲湘
州刺史,"湘俗單家以賂求州職,公則至,悉斷之,所辟引皆州郡著姓,高祖班下諸州以
爲法。"⑥從這些州郡"豪右""著姓"的言行舉止來看,他們汲汲於"鄉官""州職"的選
拔,正在於這些地方職官與其個人及家族利益休戚相關。本州州佐不僅是他們入仕的
起點,而且其官班之高低既關乎到當前的官階地位,還影響到以後的仕途晉升,具有非
常重要的現實意義。故爾,將州進行分等,並與相應的政治利益、政治待遇挂鈎,顯然有
利於滿足高等級州對於政治利益的需求,獲取這些州地方豪族的擁護和支持。總之,州
等級化的形成,爲同名州佐的分等設品提供了前提條件,根本目的還是解決各州之間的

---

① 《南齊書》卷一四《州郡志上》,北京:中華書局,1972 年,第 245 頁。
② 《南齊書》卷一四《州郡志上》,第 246 頁。
③ 《晉書》卷六七《郗鑒傳附郗超傳》,第 1803 頁。
④ 《魏書》卷三三《宋隱傳》,北京:中華書局,1974 年,第 773—774 頁。
⑤ 《周書》卷二二《柳慶傳》,北京:中華書局,1971 年,第 369 頁。
⑥ 《梁書》卷一〇《楊公則傳》,第 196 頁。

利益分配問題。

2. 府主中心原則

如本文第一部分所論,除了州等之外,刺史身份成爲州佐班次的劃分標準,亦是梁朝州佐制度變革的一個關鍵點,它意味着刺史的人事變動很可能會帶來州佐班次的變化。而且尤需注意的是,在州佐的制度設計中將僚屬品級與長官挂鈎,歷史上僅見於梁、陳兩個政權,其他朝代中並無此制。那麽,這一制度設計理念是如何形成的呢?

考諸史籍可以推測的是,這一制度原則很可能受到當時軍府制度建設的影響。早在曹魏官品令中,就有一些軍府僚佐的官品是依據府主軍號品級來設置的。例如,第七品職官中設有"二品將軍正行參軍",第八品中則有"三品四品將軍正行參軍"。① 西晉也存在類似情形,不贅述。但由於當時軍號相對不多,官品亦僅分爲九等,因此對於府佐的官品劃分尚較爲簡單,並未形成完備體系。南朝軍府制度的演變大致可以一分爲二。宋、齊兩朝爲演變的前一階段,這一時期軍府僚佐的品級劃分仍然較簡:劉宋之軍府,首佐長史、司馬僅分兩個品級;撫軍以上及持節都督領護長史、司馬入第六品,諸軍長史、司馬六百石者則入第七品。至於諸府參軍的定品,則不分軒輊,全部進入第七品。梁、陳兩朝爲演化的後一階段,以官班制的頒行爲標誌,從制度規範上正式將府佐官班與府主身份挂鈎,從而發展出一套精緻、繁複的軍府組織結構。北朝在制度上明確將府佐官品與府主挂鈎甚至早於南朝,②不過,由於北朝以武立國的傳統長期存在,將軍號在政治生活中具有舉足輕重的作用,故在北魏《後職令》中,府佐官品主要是依據府主的將軍號等級來確定的,這是不同於南朝軍府制度的。

綜上所述可知,依府主身份抑或軍號定府佐官品,本來就是南北朝時期普遍存在的一種制度設計理念,尤其廣泛運用於軍府制度中,它强化了當時各類政府組織機構中僚屬對於長官(抑或府主)的依附關係。若進一步深究,這一理念之所以在南北朝時期普遍運用於制度設計,還在於它有着深厚的政治文化基礎和久遠的歷史傳統。早在先秦時期,因分封制的實施,封臣與諸侯之間就存在特殊的依附關係,《左傳·昭公二十五

---

① 參見《通典·職官十八》,第993—994頁。
② 閻步克先生即指出:"僚屬的官資高下因府主地位而變,這原是客觀存在的;但決意在官品中加以充分反映,乃是孝文帝始發其端,而梁武帝追隨於後的。"閻步克:《品位與職位——秦漢魏晉南北朝官階制度研究》,第381—382頁。

年》引述叔孫氏司馬騣戾之言:"我,家臣也,不敢知國。"①家臣只效忠於自己的主上,而非天子。秦漢以後,中央政權雖然致力於君主絕對權威的構建,但長官與僚屬之間的緊密聯繫依舊存在。以漢代的郡太守爲例,一方面,太守在轄區內具有極大權威,甚至對下級屬吏主簿、督郵、功曹、從事享有自行辟置之權,中央並不干涉;②另一方面,對屬吏而言,他們的政治前途有賴於長官提攜,因此,他們不僅在名義上要效忠於皇帝,還要在實質上對長官盡忠。對於兩者之間的這種依附關係,當代學者將其界定爲"二重君臣"關係。③"二重君臣"關係定型以後,沉澱到政治文化中,深刻影響到當時官宦人物的政治行爲。甚至它還進入制度層面,對制度建設產生指導作用,這在南北朝時期就集中表現爲依據府主身份(或軍號)來確定僚佐官品。梁朝在構建州佐制時對這一制度傳統進行吸收也就順理成章了。

當然,府主與府佐關係的固化,對於君主的統治不免會產生負面影響,正如閻步克所言:"這個時代大大小小的軍府,成堆成群的僚佐的存在,呈現爲一種侵蝕皇權的分權勢力。"④府主與其僚屬因共同的利益關係而一榮俱榮、一損俱損,在客觀上會架空中央權威,對中央集權構成強大的離心力,這就需要統治者以另外的手段來進行調整。

3. 宗室優先原則

前面分析了依州等定品原則和府主中心原則在梁朝州佐制建設中的運用情況,然應清醒地認識到,這兩項制度原則主要是起到分配各州利益以及調整刺史與州佐關係的作用,從鞏固皇權的角度來説,卻並沒有真正回應蕭衍政權政治權威的構建問題。因此,梁又設定了第三項重要的原則,即在同一州中,刺史由皇弟皇子出任,州佐獲得的班次就相對較高;而嗣王庶姓爲刺史者,其州佐班次則相對較低。這意味着,刺史是否出身宗室以及與皇帝的親疏關係,亦爲確定州佐官班的重要衡量標準,州佐制度的利益天

---

① 楊伯峻:《春秋左傳注》,北京:中華書局,1990 年,第 1464 頁。

② 歷代學者多持此共識,王夫之指出:"漢之太守,去古諸侯也無幾,辟除賞罰兵刑賦役皆得以專制,而縣令聽命如臣。"(王夫之:《讀通鑑論》卷二二《玄宗》,北京:中華書局,1975 年,第 767 頁)趙翼也説:"漢時長官得自置吏之制,而爲所置者,輒有君臣之分。"(趙翼:《陔餘叢考》卷一六《郡國守相得自置吏》,北京:商務印書館,1957 年,第 299 頁)嚴耕望先生也説:"秦漢承兩周封建之後,地方大吏猶古諸侯,君臨一邦而爲之主,故郡府有朝廷之稱。"(參見嚴耕望:《中國地方行政制度史——秦漢地方行政制度》,上海:上海古籍出版社,2007 年,第 77 頁)

③ 如錢穆先生指出:"當時的士大夫,似乎有兩重的君主觀念,依然擺不脱封建時代的遺影。"(參見錢穆:《國史大綱》第十二章《長期分裂之開始(三國時代)》之《二重的君主觀念》部分,北京:商務印書館,1994 年,第 218 頁)此外,呂思勉、余英時等諸位史學大師都對此有專論,不贅述。

④ 閻步克:《品位與職位——秦漢魏晉南北朝官階制度研究》,第 468 頁。

平由此得以向宗室傾斜。因爲它確保了宗室在出鎮地方時,其州佐班子具有更高的地位,享有更爲優越的政治資源,顯然更有利於吸收人才,强化宗室力量。

事實上,不僅州佐系統如此,在官班制下的各類權力機構(包括公府系統、軍府系統和州佐系統等)中,凡依據府主的身份確定府佐班次者,皆以皇弟皇子府官班爲尊,嗣王庶姓府官班爲卑,這是官班制的設計中尤爲關鍵之處。究其實質,實乃一種特殊的權力分配模式,由此形成以梁武帝蕭衍爲中心的權力結構體系,爲蕭梁宗室的利益最大化提供了制度保障,從而達到强化朝廷權威的目的。是故,本文將其總結爲宗室優先原則。

從歷史背景來看,這一制度設計與東晉、南朝政治形勢的演變有密切關聯。縱觀東晉南朝歷史,政治走向上有兩大關鍵:一是門閥政治向皇權政治的轉變。東晉至南朝時期,總體趨勢是門閥政治走向式微,皇權趨於復興,其中一大關鍵原因正在於,"當政的門閥士族並沒有能發展出一套可以長期保持其家族利益的政治體制"。① 同理,南朝皇權要凌駕於門閥士族之上,就必須發展出一整套可以長期保持宗室利益的政治體制。二是政權更迭以地方取代中央的方式進行。從中央與地方關係來看,地方軍事力量是影響中央政局走向的關鍵因素,東晉至南朝,一俟朝廷內亂或控制力下降,地方軍事勢力往往會舉兵向闕,甚至取代中央政權,而宗室卻無法承擔起拱衛皇權的重任,宋、齊、梁的建國道路莫不如此。

爲了解決這兩大難題,蕭梁武帝采取的一個重要策略就是大力籠絡、扶植蕭氏宗室,這與南朝前期統治者的做法有所不同。宋、齊君主對宗室多所猜忌、限制,甚至諸王出鎮須以典簽相節制,但最終的結果卻是釁由此生,內亂頻繁,兵興國滅。梁武帝鑑於前朝教訓,對親族格外優容,"對宗室諸王,他儘量予以實權,或出任方面,或位居臺輔。他取消了宋齊以來爲防範諸王的典簽制,使出鎮方面的諸王成爲地方政權的實際分掌者"。② 在官班制度的建設上,他設置了一套宗室優先的制度構架,《梁書・武帝紀》評論説:"其中瓌財重寶,千夫百族,莫不充牣王府,蹶角闕庭。三四十年,斯爲盛矣。"③這裏講的是梁武帝對財富、資源的分配無不集中於"王府",同理,在制度建設上,他也不

---

① 何德章:《讀〈南齊書・王融傳〉論南朝時期的琅邪王氏》,《魏晉南北朝隋唐史資料》第 13 輯,1994 年。

② 白壽彝:《中國通史》第 5 卷,上海:上海人民出版社,2004 年,第 708 頁。

③ 《梁書》卷三《武帝紀下》,第 97 頁。

遺餘力地將統治權力歸攏於宗室,寄望藉此鞏固統治。①

正是緣於此故,我們也就不難理解爲何最爲重要的揚州、南徐州不根據刺史身份做等級劃分。因爲在梁武帝的制度設計裏,已經隱含了這樣一項硬性原則,即這兩州刺史的身份已完全固定化——唯皇弟皇子有資格擔任,其他身份的人員在正常情況下均不能染指。因此,若再將這兩州州僚佐細分爲皇弟皇子與嗣王庶姓兩類,顯然已無任何必要。檢索梁朝兩州刺史,幾乎皆由皇弟皇子出任,即是明證。爲了更清楚説明這一問題,筆者根據正史整理了梁朝揚州與南徐州刺史的任命情況,詳見下兩表:

表 6　梁朝揚州刺史表

姓　名	身　份	職　務	時　間	出　處
蕭　宏	蕭衍六弟	揚州刺史	天監元年	《梁書》卷二,卷二二
蕭　偉	蕭衍八弟	揚州刺史	天監六年	《梁書》卷二,卷二二
蕭　宏	蕭衍六弟	揚州刺史	天監八年	《梁書》卷二,卷二二
蕭　景	蕭衍從父弟	監揚州	天監十七年	《梁書》卷二四
蕭　宏	蕭衍六弟	揚州刺史	普通元年	《梁書》卷三,卷二二
孔休源	庶姓	監揚州	普通七年	《梁書》卷三六
蕭　綱	蕭衍三子	揚州刺史	中大通二年	《梁書》卷三
蕭　綸	蕭衍六子	揚州刺史	中大通四年	《梁書》卷三,卷二九
蕭　紀	蕭衍子	揚州刺史	中大通四年	《梁書》卷三
蕭大器	蕭衍孫	揚州刺史	大同四年	《梁書》卷三,卷八
蕭大臨	蕭衍孫	揚州刺史	大寶元年	《梁書》卷四,卷四四
蕭　恪	蕭衍侄	揚州刺史	大寶三年	《梁書》卷五
王僧辯	庶姓	揚州刺史	承聖	《梁書》卷六
張　彪②	庶姓	揚州刺史	紹泰元年	《梁書》卷六

---

①　梁官班制中的宗室優先原則與漢代的左官律亦有可比之處。雖然兩者的制度規定全然不同,尤其在對待宗室的態度上截然相反:西漢左官律以王國官爲"左官",予以貶抑,旨在虛弱諸侯王的力量;而梁官班制卻對宗室僚佐予以優待,希冀藉此扶植宗室力量。不過,從兩者的最終目的來説卻別無二致,都是旨在加強中央集權,實乃殊途同歸。由此可見,這兩套統治策略的不同,與各自所處的歷史形勢、政治格局、制度運作機制等有着密切關係,筆者擬另文具體探討。

②　據中華書局點校本《梁書》卷六《敬帝紀》校勘記 2 考證:"張森楷《梁書校勘記》:'上文書彪爲郢州,而此云揚州,必有一誤。'按下文又云'東揚州刺史張彪','曲赦東揚州',疑此'揚州'上脱一'東'字。"(第 152 頁)可知張彪以爲揚州刺史訛誤可能性較大,本表遵從《梁書》原文,暫且將其録入,並作注説明。

表 7　梁朝南徐州刺史表

姓　名	身　份	職　務	時　間	出　處
蕭秀	蕭衍七弟	南徐州刺史	天監元年	《梁書》卷二
蕭恢	蕭衍九弟	南徐州刺史	天監二年	《梁書》卷二,卷二二
蕭偉	蕭衍八弟	南徐州刺史	天監四年	《梁書》卷二,卷二二
蕭綜	蕭衍次子	南徐州刺史	天監五年	《梁書》卷二,卷四九
蕭績	蕭衍四子	南徐州刺史	天監十年	《梁書》卷二,卷二九
蕭綜	蕭衍次子	南徐州刺史	天監十六年	《梁書》卷二
蕭綱	蕭衍三子	南徐州刺史	普通元年	《梁書》卷四
蕭續	蕭衍五子	南徐州刺史	普通六年或之前	《梁書》卷三
蕭歡	蕭衍孫	南徐州刺史	中大通二或三年	《梁書》卷三
蕭譽	蕭衍孫	南徐州刺史	大同三年	《梁書》卷三
蕭正義	蕭衍姪	南徐州刺史	大同年間	《梁書》卷三
蕭綸	蕭衍六子	南徐州刺史	中大同元年	《梁書》卷三,卷二九
蕭淵藻	蕭衍兄子	(督)南徐州刺史	太清二年	《梁書》卷三,卷二三
蕭大莊	蕭衍孫	南徐州刺史	太清三年	《梁書》卷四,卷四四
陳霸先	庶姓	南徐州刺史	大寶三年	《梁書》卷五

　　從上兩表不難發現,揚州、南徐州刺史基本上來自梁武帝蕭衍的弟、子或子姪輩,由此形成宗室至親拱衛建康的態勢,這在承平時期尤爲明顯。不過在制度運作過程中,有兩類例外情況值得注意。一是刺史位缺,宗室暫無合適人選,在這樣的情況下,宗室主義就有可能會暫時讓位於賢才主義。以普通七年揚州刺史的人事變動來説明,當時刺史臨川王蕭宏去世,"於時貴戚王公,咸望遷授"。此事經議,仍不能決,梁武帝遂選擇以庶姓孔休源擔任,表面上是因其"才識通敏,實應此選",然其根本原因,還是在於此時宗室爭端難平,選擇其中任何一人都難孚衆望。不過,孔休源也僅僅獲得宣惠將軍、監揚州之職,行刺史之實而無刺史之名,蕭衍此舉,還是力圖避免非宗室擔任揚州刺史的先例。[①] 類似情況還有蕭衍從父弟蕭景,他之所以被授予監州之職,原因也在於他雖貴爲宗室,但在血緣上非皇弟皇子,不太符合直接擔任揚州刺史的硬性條件。另一種情

---

① 　《梁書》卷三六《孔休源傳》,第 521 頁。

況則出現在梁末侯景之亂後,此時梁廷分崩離析,舊有的制度已經很難發揮約束作用,在平定侯景之亂中建立卓著功勳的王僧辯、陳霸先等人得以分別出任揚州、南徐州刺史,這恐怕也是梁統治者制定官班制時所未能逆料的。陳朝的變化也説明了此點。據陳制,僅揚州刺史不區別身份,而南徐州刺史實際上分爲兩等:皇弟皇子與庶姓。這一細微的變化表明,南徐州已經不再是陳氏宗室之禁臠,而是向朝中庶姓開放。由此也反映出,在陳朝權力結構體系中,皇權對於核心區域的控制力已然下降。

當然,還需看到的是,梁武帝意欲以宗室拱衛中央的做法,並沒有真正在制度建設上建立起中央的有效權威。宗室獨大,權勢日熏而難有約束,反而導致諸王跋扈,紛爭不斷。梁末侯景之亂發生後,數十萬勤王的宗室軍隊聚集於建康城週邊按兵不動,各懷鬼胎,梁武帝所苦心孤詣設計的制度最終落空。

總而言之,依州等定班次、府主中心和宗室優先這三項原則,在歷代職官制度中都有不同程度的運用。然而,將這些原則進行整合,使之交互作用,從而構建起獨具特色的州佐制度,卻是蕭梁時期的獨創,堪稱巧思。歸根結底,這套制度的實質是統治者從現實權力關係出發,在汲取傳統制度因素的基礎上,對蕭梁宗室、地方長官以及地方豪族等各方利益平衡和調整的產物,並對南朝後期的制度建設産生了極爲深遠的影響。

四、餘論:南、北殊途

本文探討了南朝(主要是梁)州佐制度的設計思路和構建機制,由此可知,南朝州佐制度具有獨一無二的發展面貌,這甚至也與同時期的北朝截然不同。若進一步深論,州佐制度在南朝和北朝的分野,實質上也映射了南北制度發展的不同路徑取向。這一時期,漢魏舊制雖然是它們繼承的共同制度遺産,然因政權對立,戰爭頻繁,民族融合,文化多元,地方行政制度經歷了重大變革,制度創生、發展極爲活躍,同時制度淘汰也頗爲迅速。對南北朝政權而言,如何將制度構建適應於政權建設需要,符合各自的統治利益,成爲南北政權共同面臨的重大問題。從長遠來看,只有那些經歷時代考驗,具有合理性和適應性的制度因素,才最終能夠整合、沉澱到隋唐制度的構建中來。因此,學術界對於隋唐制度向來有"南朝化"與"北朝化"之爭,從各自的考察視角出發,兩者皆可以找到相應的理論支撑及史實依據。

就本文所探討的州級行政體系來説,魏晉以降,因戰爭頻繁,各州通常設置軍府,形成府佐與州佐並立的兩套機構,或可稱爲"軍府—州佐"二元軍政體制,此南、北皆同。二元軍政體制的出現,初衷本在因應當時戰爭頻繁的歷史形勢,具有一定的歷史必然

性,但它在客觀上並不能確保提高行政效率,相反還徒增冗員,增加行政成本甚至造成權力運作的紊亂。更何況,由於兩套機構劇、平有別,且權力配置存在較大差異,州軍府權力畸重,不斷侵占州佐之權,致使二元體制在實際運作中並不能有效維持平衡。概言之,軍府僚佐取代州佐符合制度的理性發展。那麼,是否可以將日漸式微的州佐一系直接取消掉呢?應該看到的是,州佐作爲行政職官,不僅協助刺史管理地方,而且也集中了當地精英,乃地方人才遷轉晉升的必經之途。對於爲數眾多的地方精英而言,這是他們參與州政的重要舞臺,驟然廢置,勢必造成嚴重的官缺,反而不利於統治。又由於軍府本是爲應對軍事戰爭而設立的,其組織結構和職能都烙下了極深的軍事印記,因此,在真正承擔起地方行政職能之前,它本身還需要進行"去軍事化"的改造,此非一日之功。

正是在這樣的背景下,北朝的制度變革呈現出明顯的整合趨勢,州級軍政機構由繁複、臃腫的二元體制向簡潔、高效的一元體制演進。這主要是通過兩個步驟來完成的,第一步是統一州官、府官的定品標準。北齊《河清令》將州佐系統主要職官列入官品之中,未入九品的低級僚佐則進入流内比視官序列,[1]這些州佐的官品由所在州的等級來確定;同樣,在北周施行的"九命"制中,州佐的命數亦由州等來決定。州軍府制度的變革尤爲關鍵,北齊與北周悉革除北魏舊制,軍府僚佐官品不再與刺史軍號挂鈎,而是依所在州等定品。[2] 由此,州佐與府佐的定品規則相互靠攏,歸於統一,從而"化繁爲簡",爲兩府的整合提供了可操作性;第二步則是合并兩府。隋朝建立以後,隨着中央集權的加強,地方官制的變革得以進一步推進。在隋初的官品令中就規定:"上上州,置刺史,長史,司馬,録事參軍事,功曹,户、兵等曹參軍事,法、士曹等行參軍,行參軍,典簽,州都,光初主簿,郡正,主簿,西曹書佐,祭酒從事,部郡從事,倉督,市令、丞等員。并佐史,合三百二十三人。"[3]此已兼具府佐和州佐之職官,嚴耕望先生據此指出這一設置已具

---

[1] 關於流内比視官是否爲國家正式品官,存在爭議。一種意見認爲流内比視官非品官。汪征魯先生認爲:"所謂'比視官'已非國家正式品官。可見,(北齊)州別駕、治中尚爲國家正式品官,而州主簿、西曹書佐、部郡從事、守從事、武猛從事及郡主簿、功曹等大吏已非國家正式品官。如此,則這些官尚不能算正式入仕明矣。"(參見汪征魯:《魏晉南北朝選官體制研究》,福州:福建人民出版社,1995年,第126頁)而另一種意見則相反,張旭華先生認爲:"流内比視官不僅是列入國家正式律令的職官,而且其享有的政治、經濟待遇也與流内正式品官大體相同。"(參見張旭華:《北齊流内比視官分類考述(上)》,《鄭州大學學報》2004年第5期)筆者認爲,流内比視官在很大程度上也應當是屬於國家正式職官的。

[2] 關於北朝後期州軍府制度的演變及其動因,筆者在拙著《北魏州軍府制度考論》(載於《魏晉南北朝隋唐史資料》第28輯,2012年)一文中有詳細討論,可參見。

[3] 《隋書》卷二八《百官志下》,第783頁。

有"府州不别,混爲一體"之特點。[①] 到隋文帝開皇十五年(594),"罷州縣鄉官",[②]州佐一系被府佐取代。至此,經歷了二元制向一元制的變遷之後,州級行政機構最終實現有效整合,面貌焕然一新,從而奠定隋唐地方行政制度的基礎。

南朝的制度道路不同於北朝,如果説宋、齊時期州佐的制度建設還較爲粗陋的話,那麼梁朝官班制以其繁複、精緻的構建方式,標誌其州級軍政機構進入"複雜化"的發展階段。如前揭,梁朝州佐官班依所在州的等級與刺史自身的身份兩大要素綜合決定,州軍府則由刺史身份來確定,這不僅迥異於同時期的北朝制度,而且亦不見於後來的隋唐。在此制度安排下,各級州佐和府佐沿着各自的制度規則來運轉,體現了梁統治者在構建地方官制時的苦心孤詣,隱含了特殊的利益和權力安排,標誌着江左州佐制度的進一步成熟。

不過,站在制度發展的邏輯來看,梁朝官班制在精緻繁複達到極致的背後,卻呈現出日漸僵化與封閉的景況,遠没有北朝制度演進的蓬勃氣象和革新態勢。就州佐制度而論,它雖然在一定程度上平衡了本地勢力、地方長官和蕭梁皇室三方的利益關係,爲每一位進入體制中的人員安排了"恰當"的位置和身份,滿足了現實政治的需要。但換一視角來説,這一制度設計恰好揭示出其所追求者並非制度運作的合理性和效率性,閻步克評價梁武改革"花哨多於實用",指出其"熱衷於炮製名號、致力於安排身份,而非增進行政效率",致使其品位結構走向"繁複僵化",[③]當作如是觀。更何況,府佐與州佐兩套班子因爲官班的設置規則迥然不同,勢必導致其在運轉機制上無法有效對接,甚至對兩套機構之間人員的正常流動造成障礙。制度體系因條塊分割而相互掣肘,時日長久,必弊端叢生。陳朝建立以後蕭規曹隨,在州佐與府佐的官品設置上基本繼承前朝舊制,難見北朝那樣的改革鋭氣,州級二元組織架構得以延續,軍政機構組織無從精簡優化,南北制度由此殊途。公元589年,隨着隋朝大軍越過長江,一舉滅陳,江左自梁以來精心構建的州佐制度最終煙消雲散。

① 嚴耕望:《中國地方行政制度史——魏晉南北朝地方行政制度》,第599頁。同頁嚴氏又認爲,府州混爲一系很可能並非隋朝草創,"周代州佐吏員,亦不分府州,則混合府州兩系,不始於隋而實始於周矣"。不過,由於相關史籍對北周職官的記載闕文甚多,北周州佐與府佐兩系整合爲一的證據並不完全充分,因此嚴氏的判斷並非定論。

② 《隋書》卷二八《百官志下》,第793頁。

③ 閻步克:《品位與職位——秦漢魏晉南北朝官階制度研究》,第392—393頁。

《魏晉南北朝隋唐史資料》第三十二輯

2015 年 12 月,63—83 頁

六朝建康都城圈的東方[*]

——以破岡瀆的探討爲中心

張學鋒

在以往的歷史學或考古學研究中,王朝時期的都城往往被理解成由城牆圍起來的城圈空間。其實,即使在中國中世紀都城那樣有着廣袤外郭城的情況下,[①]由城牆圍起來的都城依然是狹義的都城。作爲常識,單憑城牆圈内的城市空間,是無論如何也難以維持一座城市的正常運轉的,因此,近年來在都市空間的研究中導入了"都城圈"的概念,將研究的視野擴展到了都城的周邊。

"都城圈"的概念,較早出現在日本的中國考古學界。2010 年,西江清高針對"都城圈"做出了這樣的解釋:城牆確實是都城的一個要素或一種功能,但與此相對,都城的各種功能,有時是超越城牆、分散在更加廣闊的"地域"空間的。因此,所謂"都市圈",應該是涵蓋都城各種功能的一種"關係圈"。對這一觀點展開具體可視化探討的是茶谷滿關於漢魏洛陽"都城圈"的研究。[②]

鹽澤裕仁則將"都城圈"的概念表述爲"都城境域"。鹽澤指出:作爲王朝對國家實施經營的基礎城市(大聚落)——都城,雖然有自己獨立的地域空間,但是,"都城"一旦離開周邊的地域社會,它是否還能够獨立運作? 以往的中國都市史研究,都將重點放在由城牆包圍起來的區域(城郭)之内,缺乏將之與城郭之外的區域關聯起來的視點。

---

* 基金項目:2010 年度國家社科基金重大招標項目"江南地域文化的歷史演進"(10&ZD069)。

① 所謂"中國中世紀都城",是指始於曹魏鄴城終於隋唐長安城的都城模式,詳見張學鋒:《所謂"中世紀都城"——以東晉南朝建康城爲中心》,"東亞古代都城暨鄴城考古·歷史國際學術研討會"論文,2014 年 8 月。《社會科學戰線》2015 年第 8 期,第 71—80 頁。

② 茶谷滿:《後漢洛陽城の可視領域と皇帝陵との空間関係——洛陽都城圈の樣相に関する基礎的考察》,《年報 人類學研究》第 3 號,2013 年。西江清高《歷史的「地域」としての関中平原「周原地區」》見茶谷滿論文所引,原載《南山大學人類學博物館所藏考古資料の研究 高藏遺迹の研究·大須二子山古墳と地域史の研究(南山大學人類學博物館オープンリサーチセンター研究報告)》,2011 年。此處參見中村圭爾:《魏晉南北朝時期「都城圈」社會研究の意図》,載國際研究集會論文集《魏晉南北朝の主要都城と都城圈社會》,2014 年,第 4—5 頁。

然而,以都城爲中心形成的遠距離流通網絡,其重要性,在相對比較安定的王朝自不待言,即使是在社會動盪的時代,作爲官僚及其家族以及大量戰鬥人員集中居住的都城,缺少了來自周邊地區的物資供給,同樣也是無法正常運作的,這一點無須贅言。也就是説,圍繞都城的生産主體衛星聚落的存在,是都城正常運作不可或缺的條件。由這些衛星聚落和都城共同構成的地域空間,正是"都城"所具有的真正"境域"。在此基礎上,鹽澤認爲:所謂都城,其實存在着由城郭中小城、大城構成的"郭域"、由"郭域"之外陵墓、苑囿、郊壇等構成的"郊域"以及確保都城物資供給的衛星聚落"境域"等不同層次,都城境域實際上就是由"郭域""郊域""境域"這三個同心圓空間的擴展所構成的。①

考古學者眼中的"都城圈",更多集中在對聚落、墓葬、道路交通等遺存的考察上,強調都城圈的空間範圍,而歷史學者則似乎更多地關注這一區域内人們的活動。在"都城圈"這個概念被廣泛認知以前,中村圭爾已經對六朝建康城與周邊地區的關係展開過多種研究,如《建康與水運》《建康與三吴地區》《會稽郡在六朝史上所起的作用》等,②這些既有成果與"都城圈"概念的碰撞,形成了"都城圈社會"這一新的概念。③

在思考"都城圈"的問題時,既有成果中雖然已經較多地涉及了都城四周的山川地理、城市與城郊墓地的關係,以及都城與附近衛星城市的互動關係等具體問題,但是對"都城圈"這一最基本的概念卻未必已有明確的界定。不同時代不同地域的都城,其"都城圈"的範圍肯定是不一樣的。那麼,所謂的"都城圈",又應該通過哪些内涵來對之進行定義? 換言之,以都城所在地爲中心向四周擴展多大範圍,才能確保都城的正常運作和長期穩定? 但是,必須強調的是,"都城圈"絕不是單純的地理或空間概念,它應該是能夠在政治、軍事、經濟諸領域支撐都城正常運作和保持長期穩定的最小地域範圍。儘管如此,由於各都城圈的研究尚未充分展開,因此上述概念正確與否,必須等待更多的具體研究來對之進行驗證。

今江蘇省南京市市區是孫吴建業、東晉南朝都城建康所在地,號稱"六朝古都"。東漢末年的建安十六年(211),孫權自京口(今江蘇省鎮江市區)移鎮秣陵(治今南京市

① 鹽澤裕仁:《後漢魏晉南北朝都城境域研究》,東京:雄山閣,2013年,第1,3頁。
② 中村圭爾:《建康と水運》,載中國水利史研究會編《中國都市の歷史的研究》,1984年;《建康と三吴地方》,載唐代史研究會編《中國の都市と農村》,1992年;《會稽郡在六朝史上所起的作用》,載《六朝文化國際學術研討會暨中國魏晉南北朝史學會第六屆年會論文集》,1998年。後均收入其著《六朝江南地域史研究》,東京:汲古書院,2006年。
③ 中村圭爾:《魏晉南北朝時期「都城圈」社會研究の意図》,載國際研究集會論文集《魏晉南北朝の主要都城と都城圈社會》,2014年,第1—15頁。

江寧區秣陵鎮），次年，改秣陵爲建業，並將治所遷至今南京市區，稍後又置江南揚州（舊治壽春，今安徽壽縣），治建業，丹陽郡治（舊治宛陵，今安徽宣城市）亦遷至建業，揭開了南京作爲"六朝古都"的序幕。西晉平吳後，建業改名建鄴，後爲避晉愍帝諱改稱建康，東晉南朝繼續以此爲都。作爲3至6世紀南中國的政治、軍事、文化中心，各領域支撐其正常運作，使其保持長期穩定的最小地域範圍，即構成"建康都城圈"的基本内涵又是什麼呢？

單純從都城軍事屏障的角度來看，建康沿江上游的姑熟（今安徽省當塗縣）、牛渚（今安徽省馬鞍山市附近），下游的京口（今江蘇省鎮江市區），甚至江北的瓜步（今江蘇省南京市六合區沿江）、廣陵（治今江蘇省揚州市區北蜀岡），都已經進入了研究者的視野，[①]這些地點與建康在軍事上的互動關係，應該成爲考察建康都城圈的重要方面。本文擬以孫吳赤烏八年（245）意在溝通都城建業與太湖流域而開鑿的人工運河破岡瀆爲中心，對維持建康都城圈正常運作的經濟因素展開討論，以此爲契機，嘗試展開建康都城圈的研究。

一、孫吳定都前後建業地域社會概觀

據《漢書·地理志》《續漢書·郡國志》的記載，秦統一後，在今南京地區設有江乘、秣陵二縣；漢滅秦，又分秣陵縣置胡孰、丹陽二縣。武帝元朔二年（前128），景帝庶子江都王劉非之子劉胥行、劉將（一作"劉敢"）、劉纏（一名"劉漣"）因推恩令分別被封爲胡孰侯（治今南京市江寧區湖熟鎮）、丹陽侯（治今南京市江寧區丹陽鎮）和秣陵侯（治今南京市江寧區秣陵鎮）。丹陽、秣陵二侯因無子嗣，不久後即被除國，唯胡孰侯得以傳代。東漢以降，胡孰仍爲侯國。胡孰、秣陵、丹陽、江乘諸縣都集中在今南京市區西南→東南→東北這一條弧形線上，與今南京市區即孫吳建業城、東晉南朝建康城之間還有數十公里的距離。雖然從孫吳定都建業後省胡孰縣爲典農都尉這一現象中不難推測，兩漢時期這一帶的開發程度並不是很高，依然留下了許多未墾之地，但其開發程度卻遠勝於今長江岸邊的南京市區。

隨着土地的開發和社會發展水準的不斷提高，兩漢時期，胡孰、秣陵、丹陽一帶也逐

---

① 例如，鹽澤裕仁著《後漢魏晉南北朝都城境域研究》第七章《六朝建康の都市空間》，從"都城境域"的概念出發，對建康周圍的環境進行了概述。小尾孝夫：《六朝建康の墓域と都市空間》，六朝建康與都市研究探討會論文，東京大學，2011年12月18日。小尾孝夫：《建康"都城圈"社會及長江對岸》，載《第二屆中國中古史前沿論壇會議論文集》，華中師範大學歷史文化學院，2014年。

漸形成了以地方豪族爲首的地域社會。這些地方豪族在史籍中幾乎没有留下記載,但通過對考古資料的分析,不難發現他們的存在。

1989 年南京市博物館在湖熟鎮北的磚瓦廠清理了六座墓葬,其中四座爲土坑木槨墓,一座磚木混合結構墓,一座磚室墓。據 2 號墓出土的墨書告地策木牘可知,墓主爲"丹楊郡胡孰都鄉安平里公 乘 故吏朱建"。據告地策所記,朱建在東漢建武二十九年(53)"以誦書出補鄉小史",次年又"入給廷功曹小史學事",永平三年(60)"中府爲尉曹□",永平八年(65)"爲書佐",永元五年(81)卒。此外,在 5 號墓出土的耳杯内也發現了墨書"朱"字,因此,發掘者認爲這是一處東漢時期朱氏家族墓地。① 可見湖熟的朱氏家族與中原地區的諸多地方豪族一樣,參與到了地方政府的行政之中。

位於秦淮河東岸、方山以北的倪塘(今江寧區上坊街道泥塘社區),東漢孫吳時期屬秣陵縣還是胡孰縣,這一點不是很清楚,但這無關緊要,重要的是這個小區域在此後的建康都城圈中的意義。

倪塘之名,胡三省在注《資治通鑑》王恭被斬於倪塘時曰:"倪塘在建康東北方山埭南,倪氏築塘,因以爲名。"②據倪塘的實際地點,通行版本中的"倪塘在建康東北方山埭南"實爲"倪塘在建康東南方山埭北"之誤。胡三省注倪塘時,也許只是按照地名的一般命名方法推測其爲"倪氏築塘",但從結果上來説,胡氏的注解無疑是準確的。1979年,江寧縣上坊公社棱角山發掘了一座孫吳天册元年墓葬,③2008 年又在距離棱角山僅百餘米的沙石崗清理了一座同爲孫吳天册元年的墓葬。④ 據簡報,兩墓出土了完全一樣的銘文磚,綜合分散於不同墓磚上的銘文,可復原爲"天册元年七月十八日兒矦師李横作甓"。"兒矦"即"倪侯"。包括這兩座墓葬在内的棱角山、沙石崗孫吳墓葬,爲倪氏家族墓無疑。

2011 年秋,南京市博物館在江寧區上坊更東、接近句容市界的上峰張府倉村發掘了一批孫吳至東晉時期的墓葬。其中 4 號墓和 5 號墓的特殊形制引起了我們的關注。

---

① 南京市博物館、江寧縣文化館:《南京湖熟漢代朱氏家族墓地》,載南京市博物館編:《南京文物考古新發現:南京歷史文化新探二》,南京:江蘇人民出版社,2006 年,第 3—15 頁。又見南京市博物館編:《南京考古資料彙編》第壹册,南京:鳳凰出版社,2013 年,第 484—496 頁。

② 《資治通鑑》卷一一〇晉安帝隆安二年(398)九月條,北京:中華書局,1956 年,第 3478 頁。

③ 南京市博物館:《南京郊縣四座吳墓發掘簡報》,《文物資料叢刊》第 8 輯,北京:文物出版社,1983 年。

④ 南京市江寧區博物館:《南京江寧孫吳"天册元年"墓發掘簡報》,《東南文化》2009 年第 3 期。

4 號墓由前、中、後三個墓室組成。中室、後室構成的空間,是西晉時期建鄴地區比較常見的前室横長方形、後室長方形的雙室墓。墓葬排水溝被疊壓在 4 號墓前室鋪地磚之下,很明顯該墓的前室爲後世加築。中室、後室均出土了"太康六年歲在乙巳□□"、"太康六年太歲在乙巳□□"銘墓磚,證明墓葬建於西晉武帝太康六年(285)或稍後。中後室經後世修補,修補用磚中有"昇平二年八月""昇平二年八月廿二日作",修補用磚與前室一致,故前室加築於東晉穆帝昇平二年(358)或稍後。

5 號墓的後室、中室原本亦應爲一座舊墓,前室爲後世加築。加築新墓時,同樣爲了表示對舊墓的尊敬,對舊墓的前室進行了修整,並在舊墓的原甬道口設置了祭台,這應該是區別新、舊兩墓的依據。5 號墓後室出土了"鳳凰元年七月""鳳凰三年九月"銘文磚,墓葬應建於孫吳末帝孫皓鳳凰三年(274)或稍後。前室出土了"太寧三年閏月□□""咸和元年十月廿三日□"銘文磚。東晉明帝太寧三年爲 325 年,該年八月明帝崩,成帝即位,次年改元咸和(326)。太寧三年閏八月與咸和元年十月,兩個紀年之間相距約一年,可見前室的建築時間在咸和元年年底或稍後。

4 號墓、5 號墓均在舊墓的基礎上加築新墓,是所謂的"祔葬"。這種現象並不常見,南京大學北園東晉大墓是其一例。據 4 號墓前室出土的蟬紋金璫,可證墓主人生前曾任侍中或散騎常侍。曾經出過侍中或散騎常侍,葬地在今江寧、句容交界處的這個家族又是什麼樣的家族? 綜合考慮籍貫、職官、太寧三年紀年磚、昭穆制度及墓地規模等因素,筆者認爲 5 號墓的中、後室有可能是東晉初年大臣紀瞻的祖父、吳尚書令紀亮墓,前室則是紀瞻的祔葬墓;4 號墓的中、後室是紀瞻之父吳光禄大夫、中書令紀陟墓,前室則是紀瞻之孫、晉廷尉(三品官)、華容縣開國子(二品五等爵)紀友的祔葬墓。①

據《晉書》卷六八《紀瞻傳》載:"紀瞻,字思遠,丹楊秣陵人也。祖亮,吳尚書令。父陟,光禄大夫。"②紀瞻爲秣陵人,與吳郡顧榮等人在兩晉之際非常活躍,接納並幫助司馬睿、王導等在建康建立了東晉政權,官至常侍、驃騎大將軍,封臨湘縣侯,卒於太寧二年(324),贈開府儀同三司,追封華容縣開國子,謚曰穆,是東晉初年建康地方最熾熱的人物。

除上述朱氏、倪氏、紀氏外,文獻所見東漢以來即定居於此的著名家族還有甘氏、陶

---

① 發掘資料尚未正式公佈,近期刊出。關於墓主人與秣陵紀氏家族關係,是筆者目前的推測,待資料正式發表後再作詳細論述。

② 《晉書》,北京:中華書局,1974 年,第 1815 頁。

氏、繆氏等。① 綜上所述,在孫吳定都秣陵,改秣陵爲建業前後,在今南京市區西南→東南→東北的弧形地帶(以下簡稱"東部弧形地帶"),至少形成了紀氏、陶氏、甘氏、繆氏、朱氏、倪氏等一批地方豪族,以這批豪族爲中心形成的建業東部地域社會,是同爲漢代以來江南土著的孫氏家族在建業定都初期的社會基礎。

與南京東部弧形地帶的早期開發相比,孫吳建業、東晉南朝建康城所在的今南京市區則相對落後。② 春秋晚期越滅吳後,越國在今秦淮河南岸的長干里修築了越城;楚滅越後,楚國在秦淮河入江口北岸的石頭山南麓設置了金陵邑。但兩者的規模都非常小,從性質上來看只是控制秦淮河入江口的一個據點。從南京市區較多分佈的小型漢代墓葬來看,兩漢時期南京市區基本上還是秣陵縣人煙稀少的鄙鄉。2007 年南京市博物館在市區中華門外北宋長干寺(後改名"天禧寺")、明報恩寺遺址的發掘過程中,清理了多座兩漢時期的墓葬,其中 1 號墓和 2 號墓明確爲東漢墓葬。2 號墓出土了一件帶有建安二十四年(219)紀年的買地券,墓主爲龍桃杖。③ 今中華門外明報恩寺遺址一帶,就是古秦淮河南岸的長干里,位於越城的偏東南,是六朝時期建康人煙最密集的區域。然而,直至東漢最晚期,這一帶依然留下了較多的墓葬,可見,在孫吳定都建業之前,長干里的居民依然稀少,還沒有形成像樣的都市。究其原因,是這一帶位於秦淮河的入江口,由於當時的海潮可以回溯至牛渚一帶(今安徽馬鞍山市附近江面),因此,潮汐的危害相對嚴重,開發相對滯後,即使在東晉南朝時期,位於秦淮河口的石頭城還經常被潮水漂没。④ 因此可以説,孫吳建業、東晉南朝建康,是建立在遠離經濟發達區域、秦淮河入江口之北空曠地帶的一座都城。

① 丹楊秣陵甘氏、陶氏等,《三國志》《晉書》及南京地方志均有記載。繆氏見江寧區博物館《南京濱江開發區 15 號路六朝墓葬清理簡報》(《東南文化》2009 年第 3 期)載買地券,經筆者校訂爲:"建衡元年 [十][二]月[丁]巳朔五日辛酉,相府吏繆承,今還丹楊業建(建業之誤)□鄉梅府里,卜安塚宅。從地主古系買地三頃五十畝,直錢三百五十萬。鄉吏朱恂證知系賣承買,對共破莂,先立可信,乃爲手書。"見張學鋒:《南京濱江開發區吳墓出土"建衡元年"買地券補釋》,《東南文化》2010 年第 1 期,第 60—61 頁。
② 最近王志高撰文《秦漢秣陵縣治新考》(《學海》2014 年第 5 期)認爲,秦漢時期秣陵縣治並不在今江寧區秣陵鎮,而在今南京市區朝天宮至張府園之間,即六朝時期的揚州治西州城。這一觀點值得今後進一步探討。《陳書》卷一《高祖紀上》載,太平元年(556)北齊兵渡江作戰,"五月甲申,齊兵發自蕪湖,景(丙)申,至秣陵故治。高祖遣周文育屯方山,徐度頓馬牧,杜稜頓大航南。……辛丑,齊軍於秣陵故縣跨淮立橋柵,引渡兵馬,其夜至方山。……癸卯,齊兵自方山進及兒塘,遊騎至臺"。至少南朝時期人們認爲秣陵縣故治在今江寧區秣陵鎮秦淮河側。
③ 南京市博物館:《南京市東漢建安二十四年龍桃杖墓》,《考古》2009 年第 1 期。
④ 關於六朝時期海潮對建康近邊的侵害,可參考陳剛著《六朝建康歷史地理及信息化研究》第二章第三節表 2—5"東晉南朝時期的'潮水入石頭'記録"及其分析,南京:南京大學出版社,2012 年,第 43—44 頁。關於六朝時期長江與建康的關係,亦可參見其書第三章《湛湛長江水》,第 47—75 頁。

孫吳建業城的選址，起初完全是出於軍事目的，似乎沒有考慮到軍糧、物資等經濟因素。一旦定都以後，經濟方面的困難便迎面而來，原先東部弧形地帶的既有產業無法滿足都城巨大的消費需求。爲解決軍糧問題，孫吳首先在建業東部弧形地帶相對落後的胡孰、江乘兩地設典農都尉，專事屯田。以後，屯田範圍進一步擴大，先後在于湖（治今安徽當塗）設督農校尉，在溧陽（治今江蘇溧陽西南）設屯田都尉，又在更東的毗陵（治今江蘇常州）設置典農校尉，屯田區域不斷擴大。

孫氏家族是吳郡富陽人，在定都建業之前，曾經有過以會稽（治今浙江紹興）和吳郡（治今江蘇蘇州）爲根據地的歷史，他們非常清楚太湖平原及杭州灣地區的富庶。隨着三國鼎立局勢的基本穩定，建業的官私生活漸趨奢侈，向更東的太湖流域和杭州灣地區的索取便提上了日程。其中最重要的措施就是開鑿破岡瀆，打通建業與太湖流域、杭州灣地區的漕運通道。

二、破岡瀆的開鑿與走向

溝通都城建業與太湖流域、杭州灣地區的人工運河破岡瀆，又寫作"破崗瀆"。有關破岡瀆的記載，最早見於《三國志》卷四七《吳書·孫權傳》赤烏八年（245）八月條：

> 八月，大赦。遣校尉陳勳將屯田及作士三萬人鑿句容中道。自小其至雲陽西城，通會市，作邸閣。[①]

唐人許嵩所撰《建康實錄》卷二《太祖下》赤烏八年（245）八年條的記載更爲詳細：

> 使校尉陳勳作屯田，發屯兵三萬鑿句容中道，至雲陽西城，以通吳、會船艦，號破岡瀆，上下一十四埭，通會市，作邸閣。仍於方山南截淮立埭，號曰方山埭，今在縣東南七十里。

> 案，其瀆在句容東南二十五里，上七埭入延陵界，下七埭入江寧界。初，東郡船不得行京行江也，晉、宋、齊因之，梁避太子諱，改爲破墩瀆，遂廢之。而開上容瀆，在句容縣東南五里，頂上分流，一源東南三十里十六埭，入延陵界；一源西南流二十五里五埭，注句容界。上容瀆西流入江寧秦淮。後至陳高祖即位，又堙上容而更修破岡。至隋平陳，乃詔並廢此瀆。[②]

---

① 《三國志》卷四七《吳書·孫權傳》，北京：中華書局，1959 年，第 1146 頁。
② 許嵩撰，張忱石點校：《建康實錄》卷二《太祖下》，北京：中華書局，1986 年，第 53 頁。

此後的唐宋地志和江寧、鎮江、句容、丹陽等地方志以及顧祖禹《讀史方輿紀要》等相關記載均本於此。據上引《三國志》《建康實録》的記載,孫權赤烏八年(245),命校尉陳勳帶領屯田兵及其他勞動人員三萬人開鑿句容中道,往東至雲陽西城,打通了建業通往吳郡、會稽郡的運道。由於破岡瀆所經區域地勢高昂,因此沿水道築有十四埭調節水位,上七埭通往延陵界,下七埭通往江寧界。蕭梁立蕭綱爲太子後,爲避太子諱,改爲"破墩瀆"。後又廢破墩瀆,新開上容瀆以通漕。陳朝建立後,重開破岡瀆。隋平陳後,破岡瀆被徹底廢棄。

爲詳細了解破岡瀆的開鑿及其走向,在上引史料的基礎上將相關問題解釋如下。

1. 校尉陳勳

主持開鑿破岡瀆的陳勳時爲"校尉",參與開鑿的人員主要爲"屯兵",可知陳勳是當時在建業東部弧形地帶負責屯田事務的官員。孫吳的屯田官有典農都尉、督農校尉、屯田都尉、典農校尉等稱呼,但此處的"校尉"可能只是指屯田官,無法確定其爲何處的屯田官。

2. 句容中道

句容爲西漢所置縣,屬丹陽郡,治所即今江蘇省句容市區,位置没有發生過變化,這是探究破岡瀆位置、走向的重要參照點。"中道"一詞較難解。顧祖禹《讀史方輿紀要》卷二五《南直七》鎮江府丹陽縣曲阿城條曰:"赤烏八年,吳主使校尉陳勳鑿句容中道山,直至雲陽西城,通會市,作邸閣,蓋鑿茅山之麓以通道也。"①這裏,顧氏將"中道"理解爲"山"。雖然"中道山"史無所據,此或爲顧氏一家之言,但人工開鑿句容境内地勢高亢的岡隴地帶,這一點是無疑的。或許還有另一種可能性,即"句容中道"意爲橫貫句容中部的通道之意。蕭梁晚期廢破岡瀆新開上容瀆,與破岡瀆在句容縣東南二十五里相比,上容瀆在句容縣城東南五里,在破岡瀆之北,也就是所謂的"上"。如果説,以破岡瀆爲參照點,在其北更加靠近句容縣的運道稱爲"上容瀆"的話,那麽,橫貫句容縣境中部的通道就可以稱爲"句容中道"了。

---

① 顧祖禹:《讀史方輿紀要》卷二五《南直七》,北京:中華書局,2005 年,第 1258 頁。筆者所用句讀與之略有不同,下同。

3. 小其、雲陽東西城

"小其"是破岡瀆在句容境内的起點,具體地點不明。劉宗意認爲小其爲今秦淮河上游的小溪村,但没有給出任何證據。① 從破岡瀆利用赤山塘水源等因素及其總體走向來看,小其應在今句容縣東南的西塘莊至任巷、城蓋村所在的春城社區之間,這一帶正是往東進入茅山北麓高亢地勢的起點。

雲陽西城是破岡瀆的東端。關於雲陽西城及以東的雲陽東城,目前所知較早的線索是元代編纂的《至順鎮江志》卷二《地理·城池》雲陽東、西城條:"雲陽東、西城,在延陵鎮瀆南。二城相去七里。當丹陽、句容分界之所,即吴楚之境也。吴赤烏前已有之。"②《至順鎮江志》未注明史料來源。《讀史方輿紀要》卷二五《南直七》鎮江府丹陽縣延陵城條稱:"縣南三十里。本曲阿縣之延陵鄉,晉太康二年分置延陵縣,屬毗陵郡。……《志》云:鎮南有雲陽東西二城,相距七里,在運瀆南岸,蓋孫吴時所置。或以爲春秋時吴、楚分疆處。今丹陽、句容分界於此。"③所引《志》云,從同卷鎮江府丹陽縣破岡瀆條中可知是《輿地志》,④應該就是陳朝顧野王所作《輿地志》,是南朝史料。西晉分曲阿縣延陵鄉爲延陵縣,延陵建有吴季子廟。《至順鎮江志》卷八《神廟》嘉賢廟條稱:"嘉賢廟,在延陵鎮西北九里,即吴季子廟也。"自注中綜合山謙之《丹陽記》、殷仲堪《季子碑》等云:"季子舊有三廟,南廟在晉陵東郭外,北廟在武進縣博落城西,西廟即此是也。……至永初中,南廟被毁,遷碑於西廟。今廟前雙碑,左廡者,即殷仲堪所制,右廡者,梁天監十二年九月延陵縣令王僧恕所建。"⑤六朝時期延陵縣的治所應該不會有什麽變化,《至順鎮江志》所言"延陵鎮"指的是唐代重設延陵縣後的治所,即今丹陽市延陵鎮。延陵鎮西九里村是季子廟的所在地。九里村南尚有一村名舊縣村。這一帶應該就是六朝延陵縣的治所所在,雲陽東、西城就在延陵縣治所之南的"運瀆南岸"。這裏的"運瀆",應該就是破岡瀆無疑。

隋平陳後,六朝延陵縣被廢,隋在今鎮江市設置新延陵縣,爲江北的廣陵郡所轄。唐武德三年(620)廢改延陵縣爲丹徒縣,並於舊延陵縣境重置延陵縣。重置的延陵縣治即今

---

① 劉宗意:《秦始皇没有到過金陵》,《江蘇地方志》2014 年第 4 期,第 4—13 頁。

② 《至順鎮江志》卷二《地理》,"在延陵鎮南"之後有纂者自注"鎮即故延陵縣"。案:元代延陵鎮並非六朝延陵縣治所,詳見下文。南京:江蘇古籍出版社,1999 年,第 11 頁。

③ 顧祖禹:《讀史方輿紀要》卷二五《南直七》,第 1259 頁。

④ 顧祖禹:《讀史方輿紀要》卷二五《南直七》,第 1263 頁。

⑤ 《至順鎮江志》卷八《神廟》,南京:江蘇古籍出版社,1999 年,第 241—242 頁。

丹陽市延陵鎮,之所以將重置的延陵縣縣治設在這裏,至少這裏原本不是荒無人煙的地方,一定有着較長的開發歷史和相對稠密的人口。新延陵縣治位於季子廟所在的九里村、舊縣村之東直線距離約四公里,基本上符合七里的約數。因此,我們可以大膽地推定:今九里村、舊縣村一帶是雲陽西城,今延陵鎮之南爲雲陽東城,而雲陽西城正是破岡瀆的東端。

4. 上下一十四埭

由於破岡瀆流經的茅山北麓地勢高亢,爲確保航運的通暢,破岡瀆開鑿當初,就沿運道設置了十四個埭。所謂"埭",就是橫截水流所築的土壩,保證埭與埭之間的河道保持足以行船的水量。爲了船隻能順利地過埭,埭的兩側築成較緩的坡狀,頂部呈圓弧狀,船隻過埭時需要人力或畜力牽引,因此,破岡瀆的航行要比想象的艱難,這也是隋朝開通江南運河後破岡瀆立遭廢棄的原因之一。

據前引史料,破岡瀆"上七埭入延陵界,下七埭入江寧界"。這裏的"入"應該是"通往"的意思,上七埭通向延陵,下七埭通向江寧。即使在蕭梁時期破岡瀆一時湮塞另開上容瀆,上容瀆上同樣也要設埭,"頂上分流,一源東南三十里十六埭,入延陵界;一源西南流二十五里五埭,注句容界"。上容瀆通向延陵的水道上設有十六埭,説明上容瀆往東所經的地方地勢更加高亢,日常性的水量維持更加艱難,這也應該是陳朝廢上容瀆重開破岡瀆的主要原因。

破岡瀆上的十四埭,今已很難詳考。緊鄰雲陽西城的今鎮江市丹徒區寶堰鎮附近,應該是當時破岡瀆東端的一個埭,不僅堰即是埭,而且寶堰鎮附近在破岡瀆推測的線路上。六朝史料中尚見"破岡埭",則有可能是破岡瀆地勢最高處的一個埭,它控制着破岡瀆的核心地段,具有重要的軍事意義。此外,在調節破岡瀆水量的赤山塘附近尚有栢岡埭,在方山之南尚有截斷秦淮水的方山埭。目前所能考者唯以上四埭。

5. 狹義的破岡瀆和廣義的破岡瀆

許嵩在《建康實録》的自注中稱:"其瀆在句容東南二十五里。"又稱:"上容瀆,在句容縣東南五里。"一條水道不是一個點,爲什麼許嵩將破岡瀆和上容瀆的位置都定在一個點上? 這與中國歷史記載的傳統有着密切的關係。如《至順鎮江志》卷七《山水·瀆》記載丹陽簡瀆時,稱"在丹陽縣南五里"。[1]《讀史方輿紀要》卷二五《南直七》在敍

---

[1] 《至順鎮江志》卷七二《山水》,第 292 頁。

述簡瀆時,也稱"縣南五里"。① 今丹陽通往延陵的簡瀆河,其起點正在宋元丹陽南門外五里。可見,所謂在某方向多少里,指的是水道的起點。因此,嚴格説來,"句容縣東南二十五里"才是破岡瀆的起點,這個地點可能就在今句容縣西塘村至任巷村之間,由此往東至雲陽西城,這就是真正意義上的破岡瀆,亦即狹義的破岡瀆。六朝文獻中出現的"破岡"或"破岡埭",指的可能就是狹義上的破岡瀆,甚至是破岡瀆上地勢最高處附近的某個地點,關於這一點,下文還將涉及。

然而,如果僅是這麼一段運河,是無論如何也溝通不了建康與太湖平原的。據前引《建康實録》許嵩注開破岡瀆之後所稱"仍於方山南截淮立埭,號曰方山埭"。秦淮河有南北二源,南源出溧水縣東廬山,名溧水河;北源又稱東源,出出句容縣北寶華山,又稱句容河。二水在今南京江寧區方山之南匯合,西北流經南京市區入長江。據破岡瀆的走向及實地考察,破岡瀆的西延線利用了秦淮河北源的部分河道後,在秦淮河北源通往赤山塘的支流上建造了方山埭。不難想象,在東晉南朝人的心目中,船過方山埭往東,便駛入了通往東郡的航道,船過方山埭往西,便進入了都城建康,從這個意義上來説,方山埭無疑又是破岡瀆的起點,因此,起於方山埭迄於雲陽西城的運道又是廣義上的破岡瀆,這也是筆者前文將位於狹義破岡瀆以西的栢岡埭、方山埭列爲破岡瀆十四埭的理由。

通過以上説明,我們對破岡瀆的開鑿和走向已經有了一個基本了解。據此,我們可以對破岡瀆的走向做出一個大致的判斷:從都城建業東南方山腳下截秦淮河北源支流建埭,擡高水位,船行往東,利用南部絳岩等山匯水形成的赤山塘補充水量,東偏北行至秦淮河水系與太湖水系的分水嶺(茅山北麓高地),開嶺破岡,沿途築埭,直出屬於太湖流域的雲陽西城。

6. 破岡瀆的東延線

六朝文獻中均言破岡瀆至於雲陽西城,那麼,從雲陽西城往東的航路又是什麼?

上文推斷,雲陽西城在今丹陽市延陵鎮西九里村、舊縣村一帶;雲陽東城在今延陵鎮附近,二城相距七里。顧祖禹引《輿地志》云:"(延陵)鎮南有雲陽東西二城,相距七里,在運瀆南岸。"《至順鎮江志》卷七《山水·漕渠水》纂者據舊志所引唐孫處元《圖

---

① 顧祖禹:《讀史方輿紀要》卷二五《南直七》,第1264頁。

經》云:"雲陽西城有水道,至東城而止。"①可見,雲陽東西二城之間有水道相同。從感覺上判斷,東西二城之間的水道恐非自然水域,應該經過人爲的修鑿,有意識地將東西二城溝通了起來。當然,僅憑這一條還無法説明問題的。《讀史方輿紀要》卷二五《南直七》鎮江府丹陽縣破岡瀆條稱:破岡瀆"在縣西南。《輿地志》:'延陵縣西有東雲陽、西雲陽二瀆,相去七里,與句容縣接境。'赤烏中所鑿"。② 這是目前所知唯一一處關於"東雲陽瀆""西雲陽瀆"的記載。顧祖禹所引是否有誤,是否將相距七里的雲陽東西"二城"誤寫成了"二瀆"? 然而,顧祖禹所引爲六朝文獻《輿地志》,且"東雲陽、西雲陽二瀆"與"雲陽東西城"之間又不像是簡單的筆誤。因此,基於實地考察,參考鎮江、丹陽地方志,可以肯定,顧野王《輿地志》所言"東雲陽、西雲陽二瀆"是可信的。

如果將雲陽東西二城與"東雲陽瀆""西雲陽瀆"結合起來看,東雲陽瀆應該是起於雲陽東城的人工運瀆,西雲陽瀆應該是起於雲陽西城的人工運瀆。這兩條運瀆,即今溝通丹陽市區與延陵地區的簡瀆河、香草河。

簡瀆,今稱簡瀆河。《至順鎮江志》卷七《山水》簡瀆條稱:"簡瀆,在丹陽縣南五里。"纂者注曰:"俗云:晉諶母元君飛仙,擲簡其地。"③唐武德年間在今丹陽置簡州,亦因此瀆得名。簡瀆的開鑿歷史久遠,據《至順鎮江志》晉時已有其名。當地古老傳説此瀆爲孫吳時簡將軍所開,故名。直至民國時期,丹陽城南簡瀆與香草河的交匯處尚存一座"簡廟",稱是紀念簡將軍的祠廟。當然這不排除是紀念擲簡的諶母元君的廟,因爲道教中的諸神亦多以將軍爲號。簡瀆起自今丹陽城南門外,往西南迄於延陵鎮,這在譚其驤先生主編的《中國歷史地圖集·三國西晉時期》第26—27圖中作爲破岡瀆的東延線已作標注。這條起自延陵(雲陽東城)的簡瀆,應該就是《輿地志》中所説的"東雲陽瀆"。

經當代改造以前的香草河,源自茅山北麓諸水,經丹徒寶堰鎮流經丹陽九里村,西北行至丹陽,在丹陽城南接納簡瀆水後往東匯入江南運河。九里村附近推斷爲雲陽西城,那麼起自雲陽西城的這條運瀆應該就是《輿地志》中所説的"西雲陽瀆"。

顧祖禹在解釋簡瀆時,稱:"簡瀆,縣南五里。……東北接漕河,南通延陵。一名香草河。"④將簡瀆與香草河混爲一談,這不得不説是顧氏的失誤。⑤ 據丹陽故老所稱,香

---

① 《至順鎮江志》卷七《山水》,第277頁。
② 顧祖禹:《讀史方輿紀要》卷二五《南直七》,第1263頁。句讀據該版本。
③ 《至順鎮江志》卷七《山水》,第292頁。
④ 顧祖禹:《讀史方輿紀要》卷二五《南直七》,第1264頁。
⑤ 史爲樂主編《中國歷史地名大辭典》簡瀆河條亦因此致誤。北京:中國社會科學出版社,2005年,第2705頁。

草河水(西雲陽瀆)由於承接西南高地來水,水自南往北流;而簡瀆河水則自北往南流。如此,經破岡瀆往東的船隻,到了雲陽西城後可入西雲陽瀆,借水勢往北直驅曲阿(丹陽),而東郡來船,則借東雲陽瀆水南流之勢往雲陽東城,經東西二城之間的運瀆抵達西城,進入破岡瀆。

那麼,破岡瀆到達雲陽西城後,爲什麼不選擇直接往東直通毗陵的線路,而是北向迂迴曲阿?這其中也許存在着許多自然條件的因素,但作爲人爲因素,應該與孫吳時期曲阿的重要地位有着密切的關係。其中,傳統的丹徒水道經由曲阿,以及孫權之父孫堅高陵位於曲阿這兩點尤其關鍵。關於高陵,《吳録》《建康實録》等均有記載,據《光緒丹陽縣志》卷十二《陵墓》,孫堅高陵在縣西十五里吳陵港口。[①] 孫權晚年曾於太元元年(251)"冬十一月,幸曲阿,祭高陵",[②]此時破岡瀆已經開通數年。也許正是得益於破岡瀆東延線的迂迴北折,年屆古稀的孫權才得以前往曲阿祭陵。近三百年後的梁武帝,能以耄耋之年前往故里蘭陵東城里謁陵,同樣也得益於破岡瀆東延線的迂迴北折(參見附圖)。[③]

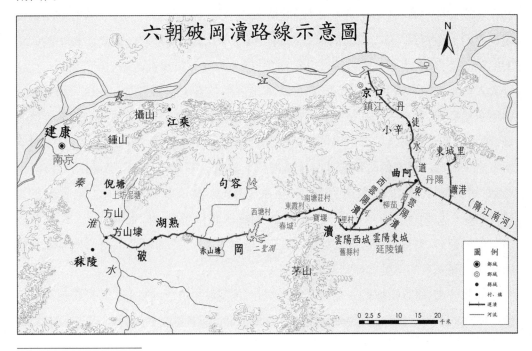

六朝破岡瀆路線示意圖

---

① 《光緒丹陽縣志》卷一二,光緒十一年編修,民國十六年續印,廣陵古籍刊印社再版承印,1985年。
② 許嵩:《建康實録》卷二,第60頁。
③ 《六朝破岡瀆路線示意圖》,由南京大學地學院陳剛副教授繪製。

三、建康都城圈與"東郡"

《太平寰宇記》卷九〇《江南東道二》昇州條及《資治通鑑》胡三省注均引《金陵記》稱:"梁都之時,城中二十八萬户,西至石頭城,東至倪塘,南至石子岡,北過蔣山,東西南北各四十里。"①《金陵記》所言雖是南朝蕭梁時期的情況,但作爲前後相繼的六朝都城建康,雖然在規模上各代有所差異,但總體的空間範圍應該没有什麽太大的變化。這裏值得關注的是都域概念的四至。

如果以位於今南京市區的建康都城爲參照點,那麽西至石頭城,南至石子岡,北過蔣山,這三個地點都不算太遠,距離建康都城的直線距離均在數公里之内,而都城東至倪塘,即今江寧區方山北麓的泥塘村一帶,與建康都城的直線距離卻在十餘公里(舊稱二十五里)。造成這一觀念的直接原因,筆者認爲與破岡瀆以及都城圈的概念有着密切的關係。

從破岡瀆十四埭"上七埭入延陵界,下七埭入江寧界"的叙述中不難發現,當時人們在認識破岡瀆時,是站在船隻由東往西航行的立場上來觀察的,因此,將破岡瀆最高處以東的七埭視爲"上",以西的七埭視爲"下",方山埭其實是當時人們心目中破岡瀆的終點。換言之,廣義上的破岡瀆自東而來,船隻到達方山埭就意味着到了都下,就像今天人們乘坐滬寧鐵路自上海來,過了棲霞山隧道就意味着到了南京一樣。如果在方山埭棄船登岸,北行不久就是倪塘,自此一路往西便可到達建康。從方山經倪塘直往都城,是當時東來商旅過了方山埭後通往都城的陸上主要通道,由於過於平常,反而没有留下多少記載。稍晚的《陳書》卷一《高祖紀上》載,太平元年(556)北齊兵渡江作戰,"五月甲申,齊兵發自蕪湖,景(丙)申,至秣陵故治。高祖遣周文育屯方山,徐度頓馬牧,杜稜頓大航南。……辛丑,齊軍於秣陵故縣跨淮立橋栅,引渡兵馬,其夜至方山。……癸卯,齊兵自方山進及兒塘,遊騎至臺"。②"兒塘"即倪塘,"臺"即臺城,指建康都城。齊兵走的就是這條交通要道。

如此一來,以方山埭這一交通樞紐爲中心,兩漢以來形成的東部弧形地帶就成了建康都城圈的東方。然而,若要確保建康都城的政治、軍事和經濟的穩定,單靠都城東部

① 《太平寰宇記》卷九〇《江南東道》,北京:中華書局,2007年,第1774頁。《資治通鑑》卷一六二梁武帝太清三年(549)胡三省注引略有異文,第5018頁。
② 《陳書》卷一《高祖紀下》,北京:中華書局,1972年,第10頁。

弧形地帶是遠遠不夠的,建康都城圈還有其更重要的"東",這就是破岡瀆以東的"東郡"。如果説東部弧形地帶是建康都城圈的"近東",那麼"東郡"就是建康都城圈的"中東"。

"東"或"東郡",頻見於六朝史料。如東晉阮裕"亦審時流必當逐己,而疾去,至方山不相及。劉恢嘆曰:'我入東,正當泊安石渚下耳,不敢復近思曠(阮裕字)傍。'"①劉宋"太宗遣建威將軍沈懷明東討,尚書張永係進,鎮東將軍巴陵王休若董統東討諸軍事。移檄東土曰:……"②吴郡人顧琛"景平中爲朝請,假還東,日晚至方山"。③"自破嶺以東,八十爲百,名曰東錢"。④元凶劉劭"遣人焚燒都水西裝及左尚方,決破柏崗方山埭以絶東軍"。⑤《建康實録》敍述破岡瀆時稱"東郡船不得行京江也"。⑥《宋書》卷八十三《吴喜傳》載,宋明帝即位之初,"四方反叛,東兵尤急。(吴)喜請得精兵三百,致死於東,上大悦……及泰始初東討,正有三百人,直造三吴,凡再經薄戰,而自破岡以東至海十郡,無不清蕩"。⑦這些史料中的"東""東郡""東兵",並不完全是《吴喜傳》中所稱"破岡以東至海十郡"的泛稱,在當時人們的心目中是有所特指的,這就是所謂的"三吴"。

"三吴"所指,《水經注》《通典》《資治通鑑》胡三省注各不相同,⑧王鏗《東晉南朝時期"三吴"的地理範圍》一文考證諸説,指出東晉南朝時期的三吴指的是吴郡、吴興郡和會稽郡。⑨

東郡三吴對都城建康的重要性,顧祖禹曾作如下總結:"(應天)府前據大江,南連重嶺,憑高據深,形勢獨勝。孫吴建都於此,西引荆楚之固,東集吴會之粟,以曹氏之强,而不能爲兼并計也。"⑩其實,顧祖禹的總結是基於六朝人言論的基礎上做出來的。沈約在《宋書》卷五四"史臣曰"中的描述最是耳熟能詳:

① 《晉書》卷四九《阮籍傳附阮裕傳》,第 1368 頁。
② 《宋書》卷八四《孔覬傳》,北京:中華書局,1974 年,第 2156 頁。
③ 《南史》卷三五《顧琛傳》,北京:中華書局,1975 年,第 919 頁。
④ 《隋書》卷二四《食貨志》,北京:中華書局,1973 年,第 690 頁。
⑤ 《宋書》卷九九《元凶劭傳》,第 2434 頁。
⑥ 許嵩:《建康實録》卷二《太祖下》,第 53 頁。
⑦ 《宋書》卷八三《吴喜傳》,第 2115、2117 頁。
⑧ 《水經注》以吴興、吴郡、會稽爲三吴,《水經注疏》,南京:江蘇古籍出版社,1989 年,第 323 頁。《通典》以吴郡、吴興、丹陽爲三吴,北京:中華書局,1988 年,第 4827 頁。《資治通鑑》晉成帝咸和三年條胡三省注以吴興、丹陽、義興爲三吴,第 2956—2957 頁。
⑨ 王鏗:《東晉南朝時期"三吴"的地理範圍》,《中國史研究》2007 年第 1 期,第 71—76 頁。
⑩ 顧祖禹:《讀史方輿紀要》卷二〇《南直二》應天府條,第 921 頁。

　　江南之爲國盛矣,雖南包象浦,西括邛山,至於外奉貢賦,内充府實,止於荆、揚二州。自漢氏以來,民户彫秏,荆楚四戰之地,五達之郊,井邑殘亡,萬不餘一也。自義熙十一年司馬休之外奔,至於元嘉末,三十有九載,兵車勿用,民不外勞,役寬務簡,氓庶繁息,至餘糧栖畝,户不夜扃,蓋東西之極盛也。既揚部分析,境極江南,考之漢域,惟丹陽會稽而已。自晉氏遷流,迄於太元之世,百許年中,無風塵之警,區域之内,晏如也。及孫恩寇亂,殲亡事極,自此以至大明之季,年逾六紀,民户繁育,將曩時一矣。地廣野豐,民勤本業,一歲或稔,則數郡忘飢。會土帶海傍湖,良疇亦數十萬頃,膏腴上地,畝直一金,鄠、杜之間,不能比也。①

其在《宋書》卷六六"史臣曰"中又稱:"江左以來,樹根本於揚越,任推轂於荆楚。"②其他史料中又有"三吳内地,國之關輔,百度所資",③"自晉氏渡江,三吳最爲富庶,貢賦商旅,皆出其地"等言論,④更是直接地道出了東郡三吳對整個六朝政權的重要意義。對都城建康而言,三吳才是真正的根本。保證三吳與建康水路交通的暢通,是六朝政權的重中之重。⑤

　　狹義的破岡瀆所經茅山北麓岡巒地帶,秦漢以來就是東部會稽郡和西部鄣郡的分界線,六朝時期,阻止"東軍"的進入或東軍試圖進攻建康城,這一帶是爭戰的舞臺之一,具有重要的軍事意義。⑥ 而廣義上的破岡瀆,作爲通往東郡三吳的交通要道,其對商旅的重要意義亦不待言。⑦ 然而,破岡瀆的經濟意義是最重要的,它是維繫都城建康的生命線。

　　儘管兩漢以來建康東部弧形地帶的土地開發也獲得了一定的發展,孫吳時期在胡孰、江乘、溧陽、姑熟等地也展開了屯田,但單憑"近東"來解決一方政治、軍事中心的糧食物資問題,顯然不可能。建康之所以成爲形勝之地,關鍵在於它能"東集吳會之粟"。

---

① 《宋書》卷五四史臣曰,第 1540 頁。
② 《宋書》卷六六史臣曰,第 1739 頁。
③ 《南齊書》卷二六《王敬則傳》,北京:中華書局,1972 年,第 482 頁。
④ 《資治通鑑》卷一六三梁簡文帝大寶元年(550)五月條,第 5045 頁。
⑤ 相關研究可參照蔣福亞《三吳地區經濟的發展與江南河的開鑿》,許輝《歷經滄桑的江南運河》,兩文均載唐宋運河考察隊編《運河訪古》,上海:上海人民出版社 1986 年,第 233—256 頁、257—275 頁。
⑥ 相關史料可參見《宋書》卷八四《孔覬傳》、《宋書》卷九九《元凶劭傳》、《梁書》卷一《武帝紀上》、《梁書》卷二二《鄱陽王蕭恢傳》、《梁書》卷四九《文學·袁峻傳》等。
⑦ 相關史料可參見《晉書》卷四九《阮籍傳附阮裕傳》、《宋書》卷五○《胡藩傳》、《南齊書》卷三一《荀伯玉傳》、《梁書》卷五三《良吏·沈瑀傳》等。

没有東郡三吴的糧食物資,建康無疑是一座死城。

"中東"三吴對建康的重要意義,是當時人的共識。正因爲是共識,反而在史料中没有留下太多的記載。《隋書》卷二四《食貨志》載:

> 晉自過江,凡貨賣奴婢馬牛田宅,有文券,率錢一萬,輸估四百入官,賣者三百,買者一百。無文券者,隨物所堪,亦百分收四,名爲散估。歷宋齊梁陳,如此以爲常。以此人競商販,不爲田業,故使均輸,欲爲懲勵。雖以此爲辭,其實利在侵削。又都西有石頭津,東有方山津,各置津主一人,賊曹一人,直水五人,以檢察禁物及亡叛者。其荻炭魚薪之類過津者,並十分稅一以入官。其東路無禁貨,故方山津檢察甚簡。①

建康城東西的方山津和石頭津,均是位於水路交通要道的課稅場所,從賊曹、直水的配置來看,同時還具有檢舉違法、捕拿姦賊的功能。城西的石頭津位於秦淮河入江口,主要負責對來自建康長江上游船隻貨物的課稅和檢舉,由於上游的江州、荊州長期以來是建康的軍事威脅,因此,這裏的檢舉盤查比較嚴格。與之相比,"其東路無禁貨,故方山津檢察甚簡"。方山津之所以"檢察甚簡",關鍵在於通過破岡瀆運至建康的糧食物資,不存在"禁貨",均是朝廷及民衆的生活必需品,來者不拒。

由於破岡瀆漕運的興盛,原本開發程度相對滯後的茅山北麓句容至延陵一帶,應該也呈現出了相應的繁榮景象,可惜我們很少能找到相關史料來進行論證。1984年,鎮江博物館對句容縣春城鎮東袁相村的一座六朝墓葬進行了發掘。通過紀年文字磚推斷,該墓應葬於劉宋元嘉十六年(439)。墓葬爲凸字形券頂磚室合葬墓,長5.06米,寬1.96米,高2.58米,墓室、棺床、棺木、隨葬器物等均保存良好。② 這一類墓葬,建康四郊數量衆多,但在狹義的破岡瀆沿岸發現這類墓葬實屬罕見。不僅是墓葬的規模,出土的隨葬器物更令人矚目。據報導,該墓共出土隨葬品78件,碗、盤、托盞、勺、三足爐、三足硯、鐎斗、銅鏡等銅器14件,雞首壺、盤口壺、唾壺、碗、盤等青瓷器21件,碗、木屐等漆木器21件,盤、釵等銀器2件,玻璃碗1件,此外還有滑石豬、五銖錢等遺物。其中青瓷雞首壺、銀胎漆盤、玻璃碗以及兩塊刻有草書的銘文磚共5件器物被定爲國家一級文物。在如此豐富且精美的隨葬器物中,數量較多的銅器、銅棺釘以及極具波斯薩珊朝風

---

① 《隋書》卷二四《食貨志》,第689頁。
② 鎮江博物館、句容市博物館:《江蘇句容春城南朝宋元嘉十六年墓》,《東南文化》2010年第3期,第37—43頁。

格的玻璃碗尤其引人注目,①説明墓主人的身份非同尋常。

元嘉十六年墓位於今句容春城與丹徒寶堰之間,這裏是狹義破岡瀆的中心區域,破岡瀆上下十四埭中軍事意義最爲重大的破岡埭即在其間。原先的僻壤之地出現了如此高等級的墓葬,應該可以排除是建康貴族的遠葬,因爲建康貴族各有其家族墓地,目前尚無資料説明今春城至寶堰之間有建康貴族的家族墓地。因此,我們推測墓主人爲當地豪族的可能性較大。當然,作爲鎮守破岡瀆和破岡埭的重要官員墓的可能性也不能完全排除。但無論如何,這座墓葬的發掘,都暗示着這一帶因破岡瀆的開鑿,區域地位有了很大的提高。

餘論: 建康都城圈的"遠東"

前引《三國志》卷四七《吴書・孫權傳》及《建康實録》卷二《太祖下》所述陳勳開鑿破岡瀆事中,均言及"通會市,作邸閣"。邸閣,通常被理解爲交通要道沿線或市場的物流設施,當然也包含客棧設施。從最新的研究來看,邸閣還具有軍用倉庫等軍事意義。② 從建康出發往東至曲阿(今丹陽市),水路行程通常需數日。大同十年(544)三月,八十一歲高齡的梁武帝事隔五十餘年往故里蘭陵東城里(今丹陽市東北三城巷北)謁陵,三月甲午離開建康都城,辛丑至修陵(時爲梁武帝郗皇后陵)。其經行路線經秦淮河至方山埭,入破岡瀆,至雲陽西城,然後經西雲陽瀆或東雲陽瀆至曲阿,然後由陵口(今丹陽市東南陵口鎮)經蕭港(今蕭梁河)至東城里修陵,一行途中費時七日。其他商旅及貨運船隻,從建康到曲阿所需日數恐亦如此。因此,在破岡瀆沿線設置邸閣,供漕運商旅存貨歇腳,這完全在情理之中。

問題是"通會市"三字。通常將其中的"會"作爲動詞,解釋爲交會、流通,將"市"理

---

① 迄今南京、鎮江一帶六朝墓出土的完整玻璃器主要有南京大學北園東晉墓(南京大學歷史系考古組:《南京大學北園東晉墓》,《文物》1973 年第 4 期)、南京象山 7 號東晉墓(南京市博物館:《南京象山 5 號、6 號、7 號墓清理簡報》,《文物》1972 年第 11 期)、南京富貴山 4 號東晉墓(南京市博物館、南京市玄武區文化局:《江蘇南京富貴山六朝墓地發掘簡報》,《考古》1998 年第 8 期)、南京仙鶴觀 6 號東晉墓(南京市博物館:《江蘇南京仙鶴觀東晉墓》,《文物》2001 年第 3 期)等。南大北園墓推測爲東晉成帝興平陵,象山 7 號墓推測爲琅邪王氏家族成員墓,富貴山 4 號墓爲東晉宗室墓,仙鶴觀 6 號墓爲東晉大臣高崧之父高悝墓。春城元嘉十六年墓出土玻璃器的相關研究,可參見劉建國著:《古城三部曲——鎮江城市考古》(南京: 江蘇古籍出版社,1995 年,第 101—102 頁),羅宗真、王志高著:《六朝文物》(南京: 南京出版社,2004 年,第 380—381 頁),陸建芳主編,左駿、王志高著:《中國玉器史・三國兩晉南北朝卷》(深圳: 海天出版社,2014 年,第 181 頁)。

② 參見伊藤敏雄:《長沙走馬樓簡牘中的邸閣・州中倉・三州倉について》(關於長沙走馬樓簡牘中的邸閣、州中倉和三州倉),《九州大學東洋史論集》第 31 輯,2003 年。

解爲交易、貿易,如此"通會市"就被理解成了"交通貿易"。然而,從古漢語的構詞原則出發,"通"和"會"兩個動詞放在一起構成一詞,這樣的現象是難以理解的。因此,這裏的"會"是否應該讀成"kuài",即會稽之會。若此説成立,那麼,"通會市"即意爲通往或溝通會稽郡的市場。[1]

被稱作"會市"的會稽郡市場,應該是當時人普遍認知的著名市場。那麼,在當時的會稽是否存在着這樣的市場呢?

會稽郡是先秦秦漢時期於越人活動的中心區域,關於越人的海外遷徙以及朝鮮半島西南部馬韓地區的越文化因素,拙稿《"卑離"、"夫里"與"buri"》一文曾對之展開了初步探討。[2]

遷向海外的越人或許被稱作"外越"。《越絶書》卷二《記吴地傳》中有"婁門外力士者,闔廬所造,以備外越","婁北武城,闔廬所以候外越也","富陽里者,外越賜義也","秦始皇三十七年……因徙天下有罪謫吏民置南海故大越(筆者注:大越即於越,核心地域在今浙江北部)處,以備東海外越"等數處,蒙文通先生認爲"外越"即爲遷向海外的越人。[3] 如果《越絶書》的這些記載可信的話,那麼,早在公元前五六世紀,從中國大陸通往海外的各航路都已基本形成,遷往海外的越人也時不時地回到故地來從事貿易。可見利用黑潮、臺灣暖流、對馬海流連接中國大陸東部沿海與朝鮮半島、日本列島之間的航路歷史非常悠久,並一直爲後代所繼承。《三國志》卷四七《吴書·孫權傳》載:"遣將軍衛温、諸葛直將甲士萬人,浮海求夷洲及亶洲。亶洲在海中,長老傳言秦始皇帝遣方士徐福,將童男女數千人入海,求蓬萊神山及仙藥,止此洲不還。世相承有數萬家。其上人民,時有至會稽貨布,會稽東縣人海行,亦有遭風流移至亶洲者。所在絶遠,卒不可得至,但得夷洲數千人還。"亶洲,通常認爲就是耽羅,即今韓國濟州島,夷洲則可能是倭。[4]

上引史料中的"至會稽貨布"應該是"至會稽貨市"之誤,字形近致誤。"外越"或海

<hr>

① 此説受北京大學歷史學系王鏗先生的指點。又,京都大學辻正博教授提示"會市"或許是"定期市場"之意,作爲觀點之一,留待今後探討。

② 張學鋒:《"卑離"·"夫里"그리고"buri"——馬韓早期社會의百越文化요소검토——》("卑離""夫里"與"buri"——馬韓早期社會中百越文化因素的探討之一),載《전남지역마한제국의사회성격과백제》(全南地區馬韓諸國的社會性質與百濟),학연문화사(學研文化社),2014年。

③ 蒙文通:《越史叢考》,北京:人民出版社,1983年,第102—108頁。

④ 夷洲,中國學者皆考證爲今臺灣島,也有人認爲在今菲律賓一帶,但從其與亶洲的位置關係及音韻學上來看,不排除其爲倭國的可能性,即"委奴"、"怡土"、"伊都"的首字音"i"。

外居民遠涉波濤來到會稽不可能單是爲了購買布匹,應該會在會稽市場購入各種物品,從這一點上來看,"貨布"亦應爲"貨市"之誤。

文物研究雖然無法爲我們描繪當時海外貿易的全景,但完全能够讓我們窺斑見豹。

韓國首爾風納洞土城、夢村土城等遺址出土了較多的中國六朝陶瓷器,其中主要有孫吳、西晉時期的錢紋釉陶器和東晉以後的青瓷器。錢紋釉陶罐和錢紋釉陶甕是長江下游地區孫吳西晉時期常見的大型貯藏器,今浙江地區和南京周邊地區的發現尤多。韓國境内以風納洞土城爲首的各遺址中出土的錢紋釉陶器,高度都在50釐米以上,很明顯也是貨物流通過程中的貯藏器。[①] 據報導,風納洞土城出土錢紋釉陶器内部還殘留有濃厚的魚醬味,這應該是從會稽市場即"會市"購回的貨物,而魚醬也正是越人的嗜好品。孫吳時期沈瑩所撰《臨海水土記》中稱越人"取生魚肉,雜貯大器中以鹵之,歷日月乃噉之,以爲上肴",[②]正是這種飲食習俗的體現。馬韓、百濟人渡海至"會市"大量購買魚醬的情景歷歷在目。4世紀以降,韓國各遺址出土的中國瓷器以越窯的青瓷和德清窯的醬釉瓷爲多,其中大多數無疑也是經過"會市"流轉至半島的。

日本列島雖然尚未發現六朝陶瓷器,但另一類文物——銅鏡,其圖像和"赤烏元年"、"赤烏七年"以及"丹陽"等鏡銘,也昭示着列島與孫吳之間的交往,三角緣神獸鏡研究中的"吳鏡"説和"吳國工人日本渡來製作"説都是在這樣的背景下提出的。

在以往的研究中,論者多從政權更替或政府間交往的角度來探討中外文化交流,但筆者認爲就六朝時期而言,民間自發的貿易交往更值得重視。從前引《隋書·食貨志》的記載中不難看出,交易税的收入在六朝歷代政府財税中所占的比例比較高。"會市"對於六朝政權的意義,除調達物資尤其是海外珍奇奢侈品外,還有一層重要的意義就是交易税的徵收,來自"會市"的物品,經破岡瀆運至方山埭時,還要再次徵税。因此,"通會市,作邸閣",作爲開鑿破岡瀆的重要目的之一,對都城建康來説又具有特殊的意義。經由"會市"而認知的東部沿海及海外地區,可以説是建康都市圈的"遠東"。

---

① 錢紋釉陶器的相關研究,可參見成正鏞:《百濟和中國的貿易陶瓷》,《百濟研究》第38輯,2003年;賀雲翔、馮慧、路侃:《南京新出土六朝錢紋陶瓷器標本研究》,(財)忠清文化財研究院編:《東亞考古論壇》創刊號,2005年,第337—372頁;賀雲翔、馮慧、李潔:《東亞地區出土早期錢紋陶瓷器的研究》,《考古與文物》2008年第2期,第84—95頁;韋正:《六朝墓葬的考古學研究》,北京:北京大學出版社,2011年,第331—352頁,等。

② 《太平御覽》卷七八〇《東夷一》引沈瑩《臨海水土志》佚文,北京:中華書局,1960年,第3456頁。

綜上所述,由於六朝建康城特殊的地理位置,其西其北以長江爲天塹,沿江的姑熟、京口以及江北的瓜步、廣陵等地點無疑是其軍事上的重要屏障,然而,爲了解決都城皇族貴戚、貴族官僚以及軍隊、居民龐大的經濟消費,朝廷只能將眼光伸向富庶的東方。作爲"近東"的建康東部弧形地帶,狹窄的空間和相對滯後的開發程度無法滿足都城的用度需求,作爲"中東"的三吳,終六朝之世成爲"百度所資"的"根本"所在。而由"中東"最東的會稽郡連接起來的"遠東",則在財税和物資上爲建康都城圈提供了更加豐富的内容。

《魏晉南北朝隋唐史資料》第三十二輯
2015 年 12 月,84—101 頁

跋"唐代天寶十三載宣城郡採丁課銀鋌"

呂　博

　　1963 年長安縣文化館在該縣秦渡地區北張村徵集到一枚銀鋌,《文物》1964 年第 6 期刊登報道,但所録銘文訛錯其多,不能卒讀。1964 年夏,黄永年先生到長安縣文化館查看了原物,糾正了若干録文錯誤,並在此基礎上進行了考釋。黄先生對銀鋌的來源、性質,以及宣城郡銀礦等問題進行了比較精當的討論。[①] 但銀鋌銘文關涉到的唐代課稅制度、行綱制度,結合新出《天聖令》令文,仍然有進一步探討的必要。現將銀鋌銘文轉抄如下,以資進一步研究。此銀鋌長 30 釐米,寬 8 釐米,重 2.1 公斤,正面有銘文一行,反面有銘文五行。

　　正面一行:

　　　　天寶十三載採丁課銀一鋌伍拾兩

　　反面五行:

　　　　　朝請大夫使持節宣城郡諸軍事守宣城郡太守□□
　　　　副使上輕車都尉清水縣開國男趙悦
　　　　朝議郎守司馬□□□
　　　　朝議郎行録事參軍□□
　　　　朝議郎行司士參軍李□
　　　　部送綱將仕郎守宣城縣尉員外置同正員劉銖[②]

一、"採銀户"與"採丁課銀"

　　唐長孺先生曾在《跋西安出土唐代銀鋌》一文中,對"天寶十載正月税山銀""宣城

---

　　① 黄永年:《唐天寶宣城郡丁課銀考釋》,《文史存稿》,西安:三秦出版社,2004 年,第 328 頁。筆者曾親於 2102 年 7 月自前往該博物館調查,發現黄先生所録銀鋌銘文準確。
　　② 黄永年:《唐天寶宣城郡丁課銀考釋》,第 328 頁。

郡和市銀""天寶二年貢銀""進奉銀"有過分析。① 無論這四個銀鋌以何種名目被徵收上來,從出土地點"大明宮"來看,這四個銀鋌均可能曾被當作"内庫銀"。而此處的"採丁課銀"自然與唐先生所論的四種銀鋌性質不同。

"採丁課銀"名之丁"課",所謂課,《令義解》卷三《賦役令》云:"課者,調及副物、田租之類也",②中國社科院歷史所《天聖令》讀書班認爲,天聖令所附唐令裏的課即指根據丁身徵收的租調。③ 銘文首行中的"課銀"應當指宣城縣采銀户課役中的租與調。而銀的輸送,按令文規定則應製成"鋌"狀,④標明斤兩。⑤ 故銀鋌首行云:"採丁課銀一鋌伍拾兩"。此種"採丁課銀"應當是針對"採銀户"這一類特殊職業民户而言的。《太平廣記》卷一〇四"銀山老人"條記載:"饒州銀山,采户逾萬,並是草産,延和中大發,萬室皆盡"。⑥ 僅饒州銀山一處,采户就達萬餘。這些"采户"應當是從事私人采礦的職業采丁。

如所周知,唐代前期的銅鐵礦允許私人開采,《唐六典》卷三〇《三府都護州縣官吏》載:

> 凡州界内有出銅、鐵處,官未采者,聽百姓私采。若鑄得銅及白鐵,官爲市取;如欲折充課役,亦聽之。其四邊,無問公私,不得置鐵冶及采銅。自餘山川藪澤之利,公私共之。⑦

雖然《唐六典》没有明確表明銀礦也可由私人開采。但是,推測而言,在唐代前期開采銀礦與開采銅鐵礦,可能並無多大差異。政府獲得這些礦冶産品的途徑有三。第一,通過"官收其稅的方式",即"凡天下諸州出銅鐵之所,聽人私采,官收其稅"。政府

---

① 唐長孺:《跋西安出土唐代銀鋌》,《山居存稿續編》,《唐長孺文集》,北京:中華書局,2011 年,第 353 頁。
② [日]黑板勝美編輯:《律·令義解》,《新訂增補國史大系》第 22 卷,東京:吉川弘文館,2000 年,第119 頁。
③ 詳參《〈天聖令·賦役令〉譯注稿》,中國政法大學法律古籍整理研究所《中國古代法律文獻研究》,北京:社會科學文獻出版社,2012 年,第 352—352 頁。不過,以往中日學者關於課的定義也有不同看法。相關學術史梳理詳參滋賀秀三:《課役の意味及び沿革》,《國家學會雜誌》10、11、12 合刊号,1948 年,第 63 頁。礪波護:《課と稅に關する諸研究について》,《東洋史研究》(1962),20(4):497—507 頁。綜合來看,關於課,因時代不同定義也有所差別。唐代的課在具體的使用例子當中也有所不同,這裏丁課銀的課,應當是指"租調"。
④ 有關金銀的鋌制,可參[日]加藤繁:《唐宋時代金銀之研究——以金銀之貨幣機能爲中心》第四章《唐宋時代的金銀種類及其形制》,北京:中華書局,2006 年,第 236—254 頁。
⑤ 《天一閣藏明鈔本天聖令校證(附 唐令復原研究)》載:"諸輸金、銅、銀者,皆鑄爲鋌,鏨題斤兩、守主姓名。其麩金不在鑄限。"(第 496 頁,第 34 條)
⑥ 《太平廣記》,北京:中華書局,1961 年,第 701 頁。
⑦ 《唐六典》,北京:中華書局,2008 年,第 749 頁。

采取"二八抽分"制,對礦業收取稅山銀。第二,官府可以通過"和市"的行爲來購買,所謂"若白鐵錯,則官爲市之"。第三,從事礦業開采冶煉的民户,也可以將勞動産品"折充課役"。

這裹的採丁課銀,應當是用來折充採丁的租調。現在發現類似"唐代天寶十三載宣城郡采丁課銀鋌"的還有"天寶十三載楊國忠進伊陽縣窟課銀""楊國忠進鄱陽郡采丁課銀"等。

唐前期的賦税之制有租、調、庸、户税、地税,按照丁身徵收的賦税只有"租、庸、調"。所謂"課役",即租、調與正役三項。銀如同布帛一樣,可以折充三項中的任意兩項。比如此前發現的"渮安縣庸調銀""懷集縣庸調銀",①銀只是充當了庸與調。所謂庸,即輸庸代役。《天聖令·賦役令·唐令24》云:"諸丁匠不役者,收庸。無絹之鄉,布絁參受"。② 作爲"工匠"的采銀丁"輸庸代役"之物自然是銀。

重量: 10 兩
年代: 唐
銘文: 渮安縣開元十九年庸調銀拾兩,專知
　　　官令彭崇嗣,典梁海、匠王定
圖片: 攝自陝西省博物館

由上文論證可知,"課銀"應當是折充租與調的銀,是指這些"採銀户"交納賦税的特殊方式。這裹涉及采銀户納課服役的問題。在北周、隋代,"課"似乎同均田制緊密捆綁,《隋書·食貨志》載:"未受地者皆不課。"③雖然我們同樣不否認均田制對於唐代

---

① 鎮江市博物館、陝西省博物館編:《唐代金銀器》後附圖版,北京:文物出版社,1985年,第151頁。

② 《天一閣藏明鈔本天聖令校證(附 唐令復原研究)》,第275頁。

③ 《隋書》卷二四《食貨志》,北京:中華書局,1975年,第680頁。

前期的税收制度的重要性,但租調的收取可能不儘然同"均田"相聯繫。① 如所周知,唐代有很多特殊的户口,比如"染户"②"鹽户"③"酒户""織錦户"等,他們的勞動有時候並没有直接同耕種土地相聯繫。而且,工商業者的永業和口分田的給授過程也與正常課丁不同。《天聖令·田令·復原唐令 21 條》載:"諸以工商爲業者,永業、口分田各減半給之。在狹鄉者並不給"。④ 按照令文規定,唐代身處寬鄉的工商業者可以獲得半數的永業田和口分田。不過,如果他們身在授田不足的狹鄉,政府就不給田。給田的納課服役自不例外,但不給田的工商業者恐怕也得交納租庸調。唐代的課,由課户承擔,是否是課户,其區别標準只看是否有"課口",即丁身,⑤所謂"户内有課口者爲課户,無課口者爲不課户"。⑥ 並没有一定要與"均田制"有所聯繫。而且,每個區域因爲出産的差異,經常存在"風土異宜,租庸須别"的狀况。⑦ 况且,均田制是否在南方實施,至今没有直接的證據,那麽,如果南方没有實施均田制,將如何交納租庸調?顯然租庸調所收物品不儘然是令文規定的,也不儘然同"均田"捆綁。

工商手工業者交納的賦税不全是糧食、布帛,有很多是經過他們再生産的勞動産品。敦煌 S1344"開元户部格"殘卷,對"采户"及手工業者的課役狀况就作出過規定:

> 采取及造物者,計所納物,不得多於本課,亦不得追家人車牛馬驢雜畜等折功役使及雇人代役。⑧

按照開元户部格,以采取及造物爲職業的民户,所要交納的産品,不得多於本課。

---

① 内藤湖南在二十世紀二十年代提出的一個重要論斷:"從六朝中期到唐太宗時期實施的班田制,都不承認土地的私有權,只允許永業田爲私有。……以班田法爲基礎納税的租庸調制度,從唐朝中期開始已不能實行。……過去曾用於防備貴族兼并的班田收授遂廢止。""班田制"就是現在一般所説"均田制"。由於内藤在日本學界所具有的巨大影響力,此説一出就成爲一個影響廣泛的學術假説。
　關於中國唐代均田制與租庸調的關係問題,史學界一向有不同的看法。自從 1954 年《歷史研究》第 4 期刊登了鄧廣銘先生所寫的《唐代租庸調法研究》一文後,重新引起了國内史學工作者對這個問題的重視,並展開了比較廣泛的討論。直接參加討論的,繼鄧文之後,在各刊物上還先後發表了岑仲勉先生的《租庸調與均田有無關係》、韓國磐先生的《唐代的均田制與租庸調》、胡如雷先生的《唐代均田制研究》等。有關中日學者對於均田制與租庸調關係研究的學術回顧,可以參考山根幸夫主編《中國史研究入門》第五章有關財政、經濟的部分(北京:社會科學文獻出版社,2000 年,第 399—410 頁)。
② 《太平廣記》卷四〇九"湖州染户"條,第 3322 頁;卷三六"益都然工李清"條,第 231 頁。
③ 《太平廣記》卷四一二"羅浮竹"條,第 335 頁。
④ 《天一閣藏明鈔本天聖令校證(附 唐令復原研究)》,北京:中華書局,2006 年,第 387 頁,復原唐令第 19 條。
⑤ 《通典》卷七《食貨典》,杜佑論曰:"舊制,百姓供公上(朝廷),計丁定庸調及租……"第 157 頁。
⑥ 《通典》卷七《食貨典》,第 155 頁。
⑦ 《全唐文》卷二六九《請河北遭旱澇州准式折免表》,上海:上海古籍出版社,第 1208 頁。
⑧ 劉俊文:《敦煌吐魯番唐代法制文書考證》,北京:中華書局,1989 年,第 276 頁。

不得多於本課,大概是指價值不得多於課户每丁交納的租與調,即"課户每丁租粟二石;其調隨鄉土所産綾、絹、絁各二丈,布加五分之一,輸綾、絹、絁者綿三兩,輸布者麻三斤……"。①

二、銀鋌所見唐代行綱制度

"部送綱將仕郎守宣城縣尉員外置同正員劉銖"一行銘文涉及唐代的行綱制度。黄永年先生曾在文中指出"這行題名的開頭有'部送綱'三字,唐宋時代的運輸隊叫綱,即押送運輸隊的意思。"黄永年先生進而在注釋中補充道:"北宋宣和時的'花石綱'已衆所周知。其實唐代早有此稱,如《册府元龜》卷四八七'賦税'開元九年十月敕'天下諸州送租庸行綱,發州之日,依數收領,至京都不合有欠'。"②黄先生雖然指出了問題所在,但他的討論就此而止。所謂"部送綱"制度,也就是"行綱"制度,中日學者都有研究。其中,陳明光先生曾有過較爲詳細的探討;③青山定雄先生在他的《唐宋時代の交通と地誌地圖》中也有過涉及。④ 不過,根據新出"天聖令",結合其他傳世、出土文獻,還可以對行綱制度,及其關涉到的倉廩制度獲得一些新的認知。今擬在諸位先生研究的基礎之上,再對行綱制度作些補論。

"部送"一詞常見於行綱,但不止用於行綱。《唐律疏議》卷一○《職制》"公事應行而稽留"條謂:"凡公事應行者,謂有所部送,不限有品無品……"⑤又同書卷二六"從征從行身不送還鄉"條載:"官人在任,以理身死,家道既貧,先無手力,不能自相運致以還故鄉者,卒官之所,部送還鄉。稱'部送'者,差人部領,遞送還鄉。依令去官家口纍弱,尚得送還;況乃身亡,明須准給手力部送。違而不送者,亦杖一百。"⑥

概而言之,"部送"是指官府因公事而差派人員進行的遠距離押送。《天聖令·關市令·唐令2》云:"諸丁匠上役度關者,皆據本縣虛名,共所部送綱典堪度。……"⑦再如,天寶初長沙尉成珪"部送河南橋木,始至揚州,纍遭風水,遺失差衆。揚州所司謂珪

---

① 《唐六典》卷三《尚書户部》,第 77 頁。
② 黄永年:《唐天寶宣城郡丁課銀考釋》,《文史存稿》,第 340 頁。
③ 陳明光:《略論唐朝的州縣行綱》,《慶祝寧可先生八十華誕論文集》,北京:中國社會科學出版社,2008年,第 309—318 頁。
④ 青山定雄:《唐宋時代の交通と地誌地圖》,東京:吉川弘文館,1963 年,第 395 頁。
⑤ 《唐律疏議》,北京:中華書局,1983 年,第 213 頁。
⑥ 《唐律疏議》卷二六《雜律》,第 491 頁。
⑦ 《天一閣藏明鈔本天聖令校證(附 唐令復原研究)》,第 539 頁,復原唐令第 3 條。

盜賣其木,拷掠行夫。不勝楚痛,妄云破用……"。①

部送的責任人則被稱爲綱或者典。"奉使有所部送",謂差爲綱、典,部送官物及囚徒、畜產之屬。被差遣爲部送之人,從品官到無品均有可能,只是因具體的公務而不同。而押送租庸調、户稅等行綱的綱領,一般則需要有品級的州縣官員來充當。這點在比"律"更具體詳細的"令"中有所體現。

(一) 綱之正、副

以租調庸綱爲例,《天聖令·賦役令·復原唐令第 7 條》規定:"諸輸租調庸,應送京及外配者,各遣州判司充綱部領。其租仍差縣丞以下爲副,不得儌句,隨便糴輸。若外配之後,損缺不充數,及增減廢置,入城鎮輸納早晚,須別迴改者,度支申奏處分。"②

租調庸的去向,可以分爲三種,留州、送京、外配。送京的例子比較多見。"外配",即當州租庸調送往它地。如《儀鳳三年度支奏抄、四年金部符旨》規定:"每年伊州貯物三萬段,瓜州貯物一萬段,劍南諸州庸調送至涼府日,請委府司,各准數差官典部領,並給傳送往瓜、伊二州。"③

天聖令所言,"租庸調"需要州僚佐充綱。但《天聖令·賦役令》第 2 條、第 3 條記載租庸調由州配送的時間應該有所不同。④ 因而,"租庸調"的配送應當分爲"租綱"和"庸調綱"。⑤《儀鳳三年度支奏抄、四年金部符旨》只説庸調,不説租,看來兩者也是判若有別的。倘若運送的是租綱的話,除州僚佐充綱外,還需要副手,即"仍差縣丞以下充副"。"仍"一詞似乎表明令文只在強調"租綱"。嚴格按照令文來看,押送"庸調"的綱似乎不需要副綱。

按《天聖令》云"州判司充綱""縣丞以下爲副"。所謂"副",根據洛陽含嘉倉出土

---

① 《太平廣記》卷一一"成珪"條,第 768 頁。

② 《天一閣藏明鈔本天聖令校證(附 唐令復原研究)》,第 475 頁,復原唐令第 7 條。

③ 大津透:《唐律令制國家的預算——儀鳳三年度支奏抄、金部符試釋》,《日本中青年學者論中國史》(六朝隋唐卷),上海:上海古籍出版社,1995 年,第 441 頁。

④ 《天一閣藏明鈔本天聖令校證(附 唐令復原研究)》:"諸庸調物,每年八月上旬起輸,三十日內畢。九月上旬各發本州。庸調車舟未發間,有身死者,其物卻退。其運脚出庸調之家,任和雇送達。所須裹束調度,並折庸調充,隨物輸納。""諸租,准州土收穫早晚,斟量路程險易遠近,次第分配。本州收穫訖發遣,十一月起輸,正月三十日納畢。江南諸州從水路運送之處,若冬月水淺,上埭艱難者,四月以後輸送。五月三十日納畢。若無粟之鄉輸稻麥者,隨熟即輸,不拘此限。納當州未入倉窖及外配未上道,有身死者,並卻還。"第 474 頁,復原唐令第 3、4 條。

⑤ 《儀鳳三年度支奏抄、四年金部符旨》則只説庸調,不説租,看來兩者是分開的。《太平廣記》諸州庸車條,似乎表明"庸"的輸送有時候也獨立。詳參大津透:《唐律令制國家的預算——儀鳳三年度支奏抄、金部符試釋》,《日本中青年學者論中國史》(六朝隋唐卷),第 441 頁。

的磚銘,可以證明“縣丞以下爲副”之“副”應當指副綱。而且,正綱與副綱由州與縣不同級別的官員來充當。張弓、李錦繡等先生以往雖然指出磚銘體現了唐代的租綱制度,[①]不過,諸位先生可能並没有根據唐令令文來仔細甄別。故將銘文抄録如下,以資進一步分析研究。[②]

銘磚一:(窖19:銘磚1)出於距窖底1.7米的填土中,爲一每邊32.5釐米的正方形磚,磚厚6.5釐米,保存較完整。銘文直下左行,共十行,每行三至十七字不等,正書。録文如下:

含嘉倉

　東門從南第廿三行從西第五窖

　合　納 蘇州通天二年租糙米白多一萬三

　□□十五石耗在内

　右聖曆二年正月八日納了

　□典劉長　正綱録事劉爽　倉史王花

　監事楊智　丞吕徹　丞趙環　令孫忠令□思

　寺丞知倉事張琮　左監門王宣(?)□右監門賈

　立長上庬昉　押倉使孫亮　監倉御史陸慶

　　　卿□璿□□同

銘磚二(窖19:銘磚2)出於倉窖底部。磚長33釐米,殘寬22釐米。銘文殘存十行,每行三至十八字不等,正書。録文如下:

含嘉倉

　倉中門東西大街北南北豎街東從西向東數

　窖從南向北數行第八行第三窖

　合納邢州長壽元年租小□七千五百石九

　斗八升耗在内

　　　　　長壽二年三月廿四日納了

　輸 典 王簡　副綱青山縣丞張謙

---

①　李錦繡:《唐賦役令復原研究》,《天一閣藏明鈔本天聖令校證(附 唐令復原研究)》,第461頁。又參張弓:《唐代倉廩制度研究》,北京:中華書局,1986年,第71頁。

②　《洛陽隋唐含嘉倉的發掘》,《文物》1972年第3期,第54—56頁。

    張僑　倉史趙□　丞田□

       知倉事張琮

  銘磚三(窖 19：銘磚 3)出土於填土的下部。殘長 25.1 釐米,殘寬 14 釐米。銘文殘存三行,每行二至九字不等,正書。錄文如下:

    冀州

    第十□行從西第三窖

    萬肆千貳佰捌拾碩

  銘磚四(窖 19：銘磚 4)出土於填土的下部。殘長 19 釐米,殘寬 12 釐米。銘文殘存四行,每行五至十六字不等,正書。錄文如下:

    向東第七窖

    拾柒碩□□五合柒勺壹撮捌抄

    口州

    六千七百十八石六斗六升八合正

    六十七石一斗八升六勺八撮耗

  銘磚五(窖 50：銘磚 1)出土於距窖口深 2.63 米的窖中部填土中。殘長 36 釐米,殘寬 18—23 釐米,厚 6.3 釐米,錄文如下:

    含嘉倉

    倉中門東西大街北南北豎街東從西數窖 從 南

    向北數第十二行第十二窖

    合納德濮魏滄等州天授元年租粟八千六百九十五

    石耗在内

    六千廿石德州一千二百八十石濮州六百石滄州七百九

  銘磚六(窖 50：銘磚 2)出於窖底南部邊沿處。殘長 20.5 釐米,殘寬 26 釐米,厚 6.5 釐米。銘文殘存八行,每行殘存三至十二字不等,正書。錄文如下:

    東從西

    十二行第

    米租一萬三

    升五合六勺

    斗二升一合三勺四撮四抄正

四合一勺五撮六抄耗

廿日納了典王儁

　　縣尉孫賓

銘磚七（窖182：銘磚1）現存三碎塊，分別出土於距地表深約6.5米的填土中。綴合以後，殘長20釐米，殘寬36釐米，厚6.5釐米。銘文殘存十一行，每行殘存一至九字不等，正書。錄文如下：

含 嘉 倉

　倉中

　向北

合 納 □ 州

　內

輸典范亮

正綱□□張超　　倉 史譚

右金吾衛長

　　□道　左監門校

　　　押倉使姚朗

　　　卿李玄挺檢

銘磚八（窖182：銘磚2）已殘二碎塊，可以綴合，分別出於接近窖底的部分。殘長26釐米，殘寬19釐米。銘文殘存八行，每行殘存一至十二字不等，正書。錄文如下：

□石

耗

調 露　　　十八日納了 窖

楚州租典郭□　副綱淮陰縣□

滁州租典□□　副綱清□縣丞劉

窯近口鎮 兵 □

倉史周儉　倉官監事王感

左監門革滿　右監門校尉張琰

以上所錄這些銘文內涵豐富，從較爲完整的銘文一來看，銘文內容包括倉名、窖的

位置、藏粟的來源、性質、品種、數量、入窖日期,以及繳納、收納雙方官員的職銜、姓名等。這些磚銘的性質、所處窖藏的位置可以根據新出天聖令作出判斷。磚銘的撰寫,實際是倉庫保管的一個重要環節。整理者根據《天聖令·倉庫令·復原的唐令第3條》如下:

> 諸窖底皆鋪棄,厚五尺。次鋪大稭,兩重,又週迴着稭。凡用大稭,皆以小稭拼縫。着稭訖,並加苦覆,然後貯粟。鏨磚銘,記斛數、年月及同受官吏姓名,置之粟上,以苦覆之。加棄五尺,大稭兩重。築土高七尺,並豎木牌,長三尺,方四寸,書記如磚銘。倉屋戶上,以版題牓如牌式。其麥窖用棄及籧篨。①

這些磚銘關涉到唐王朝的倉廩管理制度,非常值得關注。此前,張弓、余扶危、礪波護、清木場東等中日學者已經做了非常有益的研究。② 不過,現在根據《天聖令》還有許多可補苴、校正之處。③ 本文所討論的主題暫且關注行綱制度。從新出天聖令來看,正綱、副綱的制度應當進一步細緻區分。

> 銘磚一:□典劉長□　正綱錄事劉爽
>
> 銘磚二:輸典王簡□　副綱青山縣丞張謙
>
> 銘磚六:廿日納了典　王俊□縣尉孫賓
>
> 銘磚七:輸典範亮　正綱□□張超
>
> 銘磚八:楚州租典郭□□　副綱淮陰縣□
>
> 滁州租典□□□　副綱清□縣丞

從銘文二、八來看,所謂副綱均由縣丞,或者縣尉來充當。天聖令所謂"縣丞以下充副",縣丞以下有品官員則爲主簿、縣尉。"正綱",只有銘文一和銘文七記載。"銘文一"爲"錄事"劉爽來充當;銘文七"正綱"前缺兩字,推測而言,可能應補"錄事"二字。並且此"錄事"應當是指州"錄事參軍事",屬於天聖令所說的"州判司"。銘文恰證明瞭令文所說的州判司充"綱"與縣丞以下爲"副"。這裏的綱就應當指"正綱","副"應當指副綱。由此是否也可以進一步說,有"副綱"稱謂的銘文,均指縣佐曾押送的是"租

① 《天一閣藏明鈔本天聖令校證(附 唐令復原研究)》,第494頁,復原唐令第3條。

② 張弓:《唐代倉廩制度研究》,第60頁。余扶威:《從洛陽含嘉倉的發現看我國隋唐時期的糧食儲備》,1994年,第3期;清木場東:《唐代財政史研究(運輸編)》第二章《施設—國倉》第一節《北太倉の所在》,福岡九州大學出版會,1996年6月,第135—179頁。礪波護:《隋唐時代の太倉と含嘉倉》,《東方學報》,京都第五二冊,1980年3月。

③ 詳見筆者另撰文《含嘉倉銘文再研究》,未刊稿。

綱"? 當然,這也涉及令文文本規定與實際操作問題。

在《太平廣記》摘錄的各種故事中,經常能看到縣佐充"租綱"的例子。根據天聖令判斷,這些縣佐雖名"充租綱",但他們所充之綱可能皆爲"副綱"。馬子雲"充本郡租綱赴京",但他並不屬於州判司,而屬於涇原縣的縣尉,他所充當之綱應當爲"副綱"。天寶初年,東平(今山東東平縣)縣尉李麞在"充租綱入京"途中發生了娶狐仙爲婦的奇遇。[①] 李麞所充任之綱恐怕也是副綱。因而,銀鋌所見"部送綱將仕郎守宣城縣尉員外置同正員劉銖"所充當之綱也頗有可能指副綱,正綱當由州判司官員充當。《太平廣記》卷二一六"李老"條記載:"開元中,有一人劉姓,不得名,⋯⋯爲開封縣尉,⋯⋯至州果爲刺史委任,生⋯⋯大取財賂。及滿,貯積千萬,遂謁州將,請充綱使,州將遣部其州租稅至京。⋯⋯明日納州賦於左藏庫。"[②] 劉某由縣到州,爲刺史委任,理應當充任的是"正綱"。

從《太平廣記》中勾連的材料來看,綱亦有租綱、稅綱的區別。"開元末,金壇縣尉王甲,以充綱領戶稅在京,於左藏庫輸納。"[③] 而稅綱也可以由縣尉充當。劉銖押送的應當屬於租綱。根據 P. 2507"開元水部式殘卷"記載,並不是所有州縣的租庸調綱都由州縣官員直接押送到京,桂、廣二府及嶺南諸州的租調庸應首先運送至揚州,由揚州差綱統一配送。[④]

唐玄宗開元年間曾對"綱"之級別做出了新的規定,縣令也被鼓勵親自出任綱領。開元二十八年(740)三月,玄宗發佈一道有關官員考課的詔令,强調"縣令知倉庫、供奉、技術及充綱領等"有所優待。《大唐新語》卷七《寬恕》記載玄宗時期,"時有敕令上佐、縣令送租",臨朐縣令劉童遂"自送租"到司農寺倉場輸納。[⑤] 開元後期"敕"起到律令的作用,這也體現了王言與律令格式相互補充的特點。

(二) 綱、典及其責任

令文"不得傭句",按唐律,州縣官員被派充綱、典,都必須親自出行,不能出錢請別人替代,或者私下輪流,也不能把自己名下的行綱托別的行綱納典代領,違者要受到處

---

① 《太平廣記》卷四五一"李麞"條,第 3689 頁。

② 《太平廣記》,第 156 頁。

③ 《太平廣記》,第 3034 頁。

④ 《敦煌吐魯番唐代法制文書考釋》P. 2507"開元水部式殘卷":"桂、廣二府鑄錢及嶺南諸州租庸調並和市,折租等物,遞至揚州訖,令揚州差綱部送。"第 331 頁。

⑤ 《大唐新語》卷七《寬恕》,北京:中華書局,1986 年,第 107 頁。

罰。此即《唐律疏議》"奉使部送雇寄人條"所規定的:"諸奉使有所部送,而雇人寄人者,杖一百;闕事者,徒一年。受寄雇者,減一等。即綱、典自相放代者,笞五十;取財者,坐贓論;闕事者,依寄雇闕事法。仍以綱爲首,典爲從。"①

運送的責任人"綱爲首,典爲從",典非官,無品級,因而應是胥吏之流。《天聖令·雜令·唐令15》云:"州縣録事、市令、倉督、市丞、府事、史、佐、計史、倉史、裏正、市史,折衝府録事、府、史,兩京坊正等,非省補者,總名'雜任'。其稱典吏者,'雜任'亦是"。②典,主也,銘文所見諸輸典、租典當屬於州縣雜任。

唐律當中對於綱與典在部送過程中的責任,做出了比較清晰的界定:

"奉使有所部送",謂差爲綱、典,部送官物及囚徒、畜産之屬。而使者不行,乃雇人、寄人而領送者,使人合杖一百。"闕事者",謂於前事有所廢闕,合徒一年。其受寄及受雇者,不闕事杖九十,闕事杖一百,故云"減一等"。或綱獨部送而放典不行,或典自領行而留綱不去,此爲"自相放代",笞五十。受財者,坐贓論。其闕事及不闕事,並受財輸財者,皆以綱爲首,典爲從。假有兩綱、兩典,一綱、一典取財代行,一綱、一典與財得住,與財者坐贓論減五等,縱典發意,亦以綱爲首,典爲從;取財者坐贓論。其贓既是"彼此俱罪",仍合没官。其受雇者,已減使罪一等,不合計贓科罪,其贓不征。若監臨官司將所部典行放取物者,並同監臨受財之法,不同綱、典之罪。即雖監臨,元止一典,放住代行者,亦同綱、典之例。③

唐代對於租綱押送的租庸調及貨物驗收有比較詳細的規定,對綱運物品的品質也有申明。《天聖令·倉庫令·復原唐令第37條》規定:

諸庸調等應送京者,皆依送物數色目,各造解一道,函盛封印,付綱典送尚書省,驗印封全,然後開付所司,下寺領納,旋具申。若有欠損,隨即理(征)填。其用(有)濫惡短狹不依式者,具狀申省,隨事推決。④

這條令文體現的行政程式是送京的庸調等物,在送京之前,應該盤點清楚物品數目,並且製作一種名叫"解"的行政文書,用函封好,簽署印章,隨綱和典一并送達尚書都省。尚書都省如若檢查封函印章完好無損,就將"解"交給户部處理,然後,由户部命

① 《唐律疏議》卷一一《職制》,第216頁。
② 《天一閣藏明鈔本天聖令校證(附 唐令復原研究)》,第752頁,復原唐令第42條。
③ 《唐律疏議》卷一一《職制》,第216—217頁。
④ 《天一閣藏明鈔本天聖令校證(附 唐令復原研究)》,第496頁,復原唐令第37條。

令太府寺,具體負責收納行綱運來的貨物,送達左藏。

在收納貨物的時候,太府卿和御史要親臨現場監察。《唐六典》卷二〇《太府寺》載:"凡天下賦調,先於輸場簡其合尺度斤兩者,卿及御史監閱,然後納於庫藏,皆題以州縣、年月,所以別窳良,辨新舊也。"①根據唐令,在收納的過程中綱也要參與進來,"諸受租,皆令乾淨,以次第收牓。同時者先遠後近。對倉官、租綱,吏人執籌數函。……"②開元八年(728)二月玄宗曾針對行綱運送庸調濫惡短狹的狀況采取過權宜的方式:"頃者以庸調無憑,好惡須准,故遣作樣,以頒諸州,令其好不得過精,惡不得至濫。任土作貢,防源斯。……"③

如果太府寺收納完畢,就再向尚書户部報告。在具體的收納過程中,依照解賬,如果發現缺損,就立即責令行綱理賠。如果貨物品質低劣,不堪使用,就根據勘檢情況彙報給尚書省,根據具體貨物狀況作出行政處罰。從令文來看,對於貨物品質標準的規定,有具體的"式"。

開元六年(718)五月,玄宗敕有更爲詳細的規定:

> 諸州每年應輸庸調資課租,及諸色錢物等,令尚書省本司預印紙送部。每年通爲一處,每州作一簿,預皆量留空紙,有色、數,並於腳下具書綱、典姓名,郎官印置。如替代,其簿遞相分付。④

按照唐朝法律,押送之物,綱典似乎必須同時部送,缺一不可。但是,在具體的操作環節中,往往或見綱或見典。比如"陽朔縣天拾府口前限税銀"銘文有"典徐延"。"懷集縣庸調銀""涪安縣庸調銀"分別存有典陳友、典梁海。而"唐代天寶十三載宣城郡丁課銀鋌"只有"部送綱將仕郎守宣城縣尉員外置同正員劉銖"。

唐代亦將州綱典列爲殿中侍御史的監察對象,以防止"諸州綱典貿易隱盗"。⑤以磚銘一爲例,銘文上刻有"監倉御史"的銘文。

> 諸兩京在藏庫及倉,差中郎將一人專押。在外凡有倉庫之處,覆囚使及御史出日,即令案行。其貯掌蓋覆不如法者,還日奏聞。⑥

---

① 《唐六典》,《太府寺》,第545頁。
② 《天一閣藏明鈔本天聖令校證(附 唐令復原研究)》,第493頁,復原唐令第2條。
③ 《通典》卷六《食貨》,第107頁。
④ 《唐會要》卷五八《户部尚書》,第1186頁。
⑤ 《唐六典》卷一三《御史臺》,第381頁。
⑥ 《天一閣藏明鈔本天聖令校證(附 唐令復原研究)》,第496頁,復原唐令第36條。

天聖令令文規定"外配之後,損缺不充數,及增減廢置,如城鎮輸納早晚,須別迴改者,度支申奏處分"。即便有嚴格的律令制度對行綱過程作出規範,不過,在日常的行政過程中,行綱仍然積弊不淺。開元九年(721)十月玄宗依然下敕,對行綱存在的"缺損"弊端進行規範:

> 如聞天下諸州送租庸行綱,發州之日,依數收領,至京都不合有欠。或自爲停滯,因此損耗。兼擅持貨易,交折遂多,妄稱舉債,陪填至州,重征百姓;或假托貴要,肆行逼迫。江淮之間,此事尤甚,所由既下文牒,州縣遞相稟承,戶口艱辛,莫不由此。自今以後,所有損欠,應須陪填,一事以上,並勒行綱,及元(原)受領所由人知。其受納司不須行下文牒,州縣亦不得征打(折)。[①] 仍委按察司,采訪,如有此色,所由官停卻,具狀聞。[②]

皇帝三番五次對於行綱制度作出行政敕令,是因爲行綱制度關涉到帝國財政收納。運送物資的綱與典要由地方要員來充當,從州出發的時候,依照數目點清貨物,到達京都就不應有缺欠。可是,行綱往往無良,在運送的過程中,他們私自停運或者出售運送之物,最終造成的損耗都轉嫁給州縣的百姓償還。江淮地區是唐代中後期轉運的重要區域,因而這種事情也尤爲多見。針對行綱、漕運存在的弊病,玄宗規定,以後綱運但凡有缺損似乎都由行綱負責。

嚴格從令文來看"缺損"似乎和"其用(有)濫惡短狹不依式者"的處理辦法不同。後者的處理方式是"具狀申省,隨事推決"。開元二十一年(733),楊慎矜由汝陽縣令升遷爲監察御史,知掌太府出納,他對於綱運貨物"濫惡短狹"之狀的理賠采取了新的措施:"慎矜奏諸州所輸布帛有漬汙穿破者,皆下本州徵折估錢,轉市輕貨。"史言:"徵調始繁矣。"[③]儘管玄宗對"陪填至州,重征百姓"做法曾以敕命告誡,但是在具體的行政過程中"征折"的現象依然存在。

行綱雖然常常轉嫁州縣理賠,但充綱之人也不得不隨時面臨着危患、强盜之事。而且由於時間限定,路途艱險,行綱用船也常有傾覆之危。比如歷史上著名的"砥柱

---

① 《册府元龜》作"打",推測應爲"折"之誤。
② 《册府元龜》卷四八七《邦計部》,第5829頁。這段材料大意通曉,但是在許多細節處,還是難以準確理解。所謂"妄稱舉債",從主語來看是"州送租庸行綱",他們如何冒稱自己借債?"所由既下文牒","州縣稟承",大概是指太府寺對缺損一事作出判斷,以"牒"的形式向州縣下達征填要求?"一事以上,並勒行綱,及元(原)受領所由人知"與令文"若有欠損,隨即理(征)填",相對應,應當是要求行綱立即理賠,而不是攤派百姓。
③ 《資治通鑑》卷二一三"玄宗開元二十一年條",第6804頁。

之險":

> 唐時運漕,自集津上至三門,皆一綱船夫並牽一船,仍和雇側近數百人挽之。河流如激箭,又三門常有波浪,每日不能進一二百船。觸一暗石,即船碎如末,流入漩渦中,更不復見。上三門篙工,謂之門匠,悉平陸人爲之。執一標指麾,以風水之聲,人語不相聞,陝人云:"自古無門匠墓。"皆言沉死也。故三門之下,河中有山,名米堆、穀堆。每綱上三門,無損傷,亦近百日方畢,所以漕運艱阻。①

綱典亦因貨物丢失常受責罰,比如上文所舉長沙尉成珪之例。但是,爲什麼還有官員願意來承擔這樣的運送任務呢? 這是因爲在考課的過程中,部送税綱,容易書得上考,對於官員的升遷來説這往往是一條捷徑。史稱:"故事,州縣官充綱,送輕貨四萬書上考。"②唐文宗開成年間,甚至形成了"長定綱",因行綱所獲得的官職遷轉時間,大大縮短,官員只要運送兩税滿於十萬,就可升遷一官;如果往來運送十年的話,就可以授予縣令。史謂:"開成初,爲長定綱,州擇清强官送兩税至十萬遷一官,往來十年者授縣令。"③

三、餘論:"日常"與"變局"

租綱的運送日復一日,天寶十三載由宣城縣尉劉銖押運的行綱亦很平常。這不過是唐帝國龐大行政體系裏的一件毫不起眼的小事。劉銖只是像很多唐王朝的基層官僚一樣在執行自己的日常工作。或許,他對於政局潛移默化地變動没有感知? 宣城縣尉劉銖在那個時代的所思所想,今人毫無所知。銀鋌透露出的不過是地方官員按照唐王朝的"律令格式""制敕"所進行的日常行政工作。

---

① 《類説》卷二《鄴侯家傳》,福州:福建人民出版社,1996 年,第 46 頁。

② 《新唐書》卷五三《食貨志》,第 1371 頁。又《唐會要》卷八四《租税下》:"四年十月,中書門下奏:'准開成元年三月十日敕,宜令兩税州府,各於見任官中揀擇清强,長定綱;往來送五萬至十萬爲一綱;綱官考滿,本州便與依資奏改,通計十年往來優成,與依資選,遷當處令録長馬;如本州官資望無相當者,許優成奏他處官者。伏以諸道有上供兩税錢物者,大小計百餘處。舊例差州縣官充綱,亦不聞過有敗闕。若依敕以長定綱爲名,則命官不以才能,賦禄難憑僥速。況江淮財賦大州,每年差綱十餘輩。若令長定,則官員长占於此流;若只取數人,綱遷當虧其大半。臣等商量,長定綱起來年已後勒停。臣又准開成元年已前旨條,州縣官充綱送輕貨四萬已上,無欠少,不逾程限者,書上考。十萬減選一;其餘優獎,猶以稍輕。送二萬至五萬,依舊書上考。十萬減選一;其餘優獎,猶以稍輕。送二萬至五萬,依舊書上考;五萬至七萬,與減一選;七萬至十萬,減兩選。十萬至十五萬,減三選。如一度充綱,優勞未足,考秩之内,情願再差者,旨條先有約絶,此後望令開許。如年少及材質不當,但令准舊例以課料資陪,不必一例依次差遣。其餘並望准前旨條處分。'敕旨:'宜依。'"第 1827 頁。

③ 《新唐書》卷五三《食貨志》,第 1371 頁。

劉鉄運送的銀鋌,應當保存在長安的什麼地方呢?唐令規定:"諸州庸、調及折租等物應送京者,並貯左藏。"①太府寺左藏署藏天下賦調,宣城縣尉劉鉄運往長安的銀鋌應歸於是處。本來,租綱運送是維持帝國行政的正常財政收入途徑。但在天寶年間,楊國忠卻能不斷地把財政稅收轉變爲天子私人"内庫"的奢侈性消費:

時海内豐熾,州縣粟帛舉巨萬,國忠因言:古二十七年耕,餘九年食,今天置太平,請在所出滯積,變輕賫,内富京師;又悉天下義倉及丁租地課,易布帛以充天子藏。②

按照唐令規定,凡天下賦調在歸於左藏之前,先要"於輸場簡其合尺度斤兩者",在這個過程中太府卿要同御史一并監閲③。天寶八載起楊國忠知太府卿事,在這個過程裏,劉鉄作爲部送綱,應同楊國忠有所接觸。以上材料雖云"丁租地課,易布帛以充天子藏",但我想在楊國忠掌政的背景下,銀鋌大概不須變易私貨,會直接入天子私藏,以供大量金銀器、奢侈品的製造使用。

時至天寶後期,楊國忠由御史至宰相,凡領四十餘使。據宋人洪邁考證,其所領四十餘使中,不少應是有關財政方面的使職。④ 開元天寶年間,使職的大量出現改變了原來的行政體制中的官員的職責和權力。使職的盛行,最先出現於軍事,財政領域,所謂"大抵生於置兵,盛於興利,普於銜命,於是爲使則重,爲官則輕"。⑤ 楊國忠便是這樣"因使得權"的典型代表。原有的相對正常、理性的財政收入支出體系,逐漸由個別的官僚所掌握。一人身兼數職,擁有極大的財政支配權力。原本依照國家"律令格式"指導的日常財政運作機制,可因楊國忠這樣的權臣個體隨時改變。以上"易布帛以充天子藏"破壞"律令"的舉動,正是隨着這種權力的變化而出現。不過"生於置兵"與"盛於興利"是並行依賴而不是相互分離的。開天之際,邊疆坐大的藩鎮,持續的戰爭使得唐

① 《唐六典》卷二〇《太府寺》,第540頁。
② 《新唐書》卷二〇六《楊國忠傳》,第5847頁。
③ 《唐六典》卷二〇《太府寺》,第545頁。
④ 《容齋續筆》卷一一《楊國忠諸使》:"楊國忠爲度支郎,領十五餘使,至宰相,凡領四十餘使。……《新、舊唐史》皆不詳載其職。案,其拜相制前銜云:'御史大夫判度支、權知太府卿事兼蜀郡長史、劍南節度支度·營田等副大使、本道兼山南西道采訪處置使、兩京太府、出納、監倉、祠祭、木炭、宫市、長春九成宫等使、關内道及京畿采訪處置使,拜右相兼吏部尚書、集賢殿崇玄館學士、脩國史、太清太微宫使。'自餘所領,又有管當租庸、鑄錢等使。以是觀之,概可見矣。"(《全宋筆記》第五編,大象出版社,2012年,第353頁)
⑤ 《唐國史補》卷下,收入《唐代筆記小説大觀》,上海:上海古籍出版社,2000年,第191頁。

王朝需要不斷地迅速收集軍費，①加之龐大的官僚機構的俸禄、日用支出，②奢侈的皇家宗室消費，使得國家財政也面臨着巨大的壓力。誠如陳明光先生所言，財政收入的分散性與支出的集中性矛盾，始終困擾着唐王朝的財政脈搏。③ 迅速集中財富的需要也始終要求有一個集權角色的出現。楊國忠就是這樣一個被時代造就的人物。

在楊國忠等人盤剥之下，倉滿庫盈。巨額的財政收入往往會被目爲經濟繁榮，但殊不知，所謂的經濟繁榮也最容易讓人忘記社會深層變動的種種暗流。杜佑指出"其時錢穀之司，唯務割剥，回殘賸利，名目萬端，府藏雖豐，閭閻困矣"。④ 天寶之際實際的經濟狀況則可能是"國富民貧"。

宣城縣尉劉銖應當不會想到在天寶十三載的這次運送之後，唐王朝在下一年所出現的動盪與變局。也許他不會在乎"采丁課銀"的去向。因爲，他只是像無數唐王朝的基層官僚一樣在的執行自己的日常工作。也許，他更關心的是通過數次的綱運，自己員外官的身份何時能變成正員，以增加"職田"的收入。

可是，令人唏噓的是，因劉銖這些基層官僚運送而充實的國庫，在天寶十四載的安史叛亂發初期，楊國忠仍然不舍動用，轉而於河東度僧納錢援軍。《舊唐書·食貨志》云："及安禄山反於范陽，兩京倉庫盈溢而不可名。楊國忠設計，稱不可耗正庫之物，乃使御史崔衆於河東納錢度僧尼道士，旬日間得錢百萬。"⑤貪鄙如此，令人感慨。等到潼

---

① 《通典》卷五《食貨六》："自開元中及於天寶，開拓邊境，多立功勳，每歲軍用日增。其費糴米粟則三百六十萬疋段，（朔方、河西各八十萬，隴右百萬，伊西、北庭八萬，安西十二萬，河東節度及群牧使各四十萬。）給衣則五百二十萬，（朔方百二十萬，隴右百五十萬，河西四十萬，伊西、北庭四十萬，安西五十萬，河東節度四十萬，群牧二十萬。）別支計則二百一十萬，（河東五十萬，幽州、劍南各八十萬。）饋軍食則百九十萬石。（河東五十萬，幽州、劍南各七十萬。）大凡一千二百六十萬，（開元以前每歲給夷戎所用不過二百萬貫，自後經費日廣，以至於此。）而錫賚之費此不與焉。其時錢穀之司，唯務割剥，回殘賸利，名目萬端，府藏雖豐，閭閻困矣。"軍費達"一千二百六十萬"這個數字，點校者指出，諸本不同。但不管版本如何，一千二百萬左右則是無疑。上述引文類似的内容亦見於《通典》卷一七二《州郡二》，只是殘存"開元、天寶每歲邊用不過二百萬"，點校本整理者指出《舊唐書·地理志》作"開元以前每年邊用不過二百萬，天寶中至於是數"。不過此説顯誤，天寶中早超二百萬。但此句之上内容卻涉及邊用的兩方面："又於邊境置節度、經略使，式遏四夷。（節度使十，經略守捉使三。）大凡鎮兵四十九萬人，戎馬八萬餘疋。每歲經費：衣賜則千二十萬疋段，軍倉則百九十萬石，大凡千二百萬。"第4479頁。

② 官吏日常消耗，早在開元二十年後就十分龐大。《唐六典》卷三《尚書户部》引開元二十二年敕云："開元二十二年敕，諸司繁冗，及年支色役、年支、雜物等，總六十五萬八千一百九十八，官吏稍簡而費用省焉。"（第80頁）據《通典》載，時至開元二十五年，内外文武官員凡萬八千八百五。各色内外雜職掌的胥吏達三十四萬九千八百六十三員，規模巨大，與隋相比，多至幾倍。參見《通典》卷四〇《職官典》，第206頁。

③ 陳明光：《略論唐朝的州縣行綱》，《慶祝寧可先生八十華誕論文集》，北京：中國社會科學出版社，2008年，第309—318頁。

④ 《通典》，第4479頁。

⑤ 《舊唐書》卷四八《食貨志》，第2087頁。

關失守時,正倉卻面臨着付之一炬的局面:

> 玄宗西幸,車駕自延英門出,楊國忠請由左藏而去,上從之。望見千餘人持火炬以俟,上駐蹕曰:“何用此爲?”對曰:“請焚庫積,無爲盜守。”上斂容曰:“盜至若不得此,當厚斂於民,不如與之,無重困吾子也。”命撤火炬而後行。……①

附記:本文曾於2103年9月13日在中國唐史學會與南京師範大學社會發展學院舉辦的“唐代江南社會國際學術研討會暨中國唐史學會第十一屆年會第二次會議”上宣讀。文章曾得到魏明孔、黄樓等老師的批評指正,謹致謝意!唯文責自負。

---

① 李德裕:《次柳氏舊聞》,收入《教坊記(外三種)》,北京:中華書局,2012年,第56頁。

《魏晉南北朝隋唐史資料》第三十二輯

2015 年 12 月,102—130 頁

從史館到中書[*]

——中唐李景儉案的政治空間

張達志

一、問題的提出

南宋葉適讀《新唐書》,有這樣一段議論:

> 李景儉善言王霸大略,高自負,王叔文比於管、葛;叔文成敗雖已往,然終未可定論。景儉固俊傑人也,前輕蕭俛、段文昌,後罵王播、崔植、杜元穎。朝士信無侵辱宰相之理,然如此輩人爲百辟首,何以服士大夫心? 不至於見陵者幸也。史家疏略,不能記其語言行事,無以考驗是非,可恨爾! 前代亦多如此,唐事差未遠,或尚有逸書可求也。①

李景儉前後兩次"侵辱宰相",引起葉適的極大關注。而葉適所稱"史家疏略,不能記其語言行事,無以考驗是非",從現存史料的字面來看,確實如此。考諸史籍可以發現,李景儉"前輕蕭俛、段文昌"之事較之"後罵王播、崔植、杜元穎"更爲簡略,缺乏有關矛盾雙方發生衝突的時間、地點、具體情節的直接記載。因此,本文所謂"李景儉案"專門針對"後罵王播、崔植、杜元穎"一事展開討論。對此,葉適所讀《新唐書·李景儉傳》原文如下:

> 與馮宿、楊嗣復、溫造、李肇等集史官獨孤朗所,景儉醉,至中書,慢罵宰相王播、崔植、杜元穎,吏②爲遜言厚謝,乃去,坐貶漳州刺史,宿等皆逐矣。③

＊ 本文爲國家社會科學基金青年項目"唐代前後期州縣置廢比較研究"(批準號:12CZS017)的階段性成果。

① 葉適:《習學記言序目》卷四〇《唐書三》,北京:中華書局,1977 年,第 593—594 頁。

② 唯有《新唐書》記載遜言制止李景儉的是"吏",而非宰相,且又"遜言厚謝",或爲曲筆。

③ 《新唐書》卷八一《三宗諸子列傳附李景儉傳》,北京:中華書局,1975 年,第 3600 頁。

《新唐書》以"其事則增於前,其文則省其舊"①著稱,對於李景儉案而言,《舊唐書》在記述上較《新唐書》更加細微,但並未呈現更多的情節。《舊唐書·李景儉傳》原文如下:

> (長慶元年)十二月,景儉朝退,與兵部郎中知制誥馮宿、庫部郎中知制誥楊嗣復、起居舍人温造、司勛員外郎李肇、刑部員外郎王鎰等同謁史官獨孤朗,乃於史館飲酒。景儉乘醉詣中書謁宰相,呼王播、崔植、杜元穎名,面疏其失,辭頗悖慢。宰相遜言止之,旋奏貶漳州刺史。是日同飲於史館者皆貶逐。②

關於李景儉"詣中書謁宰相"的其他記載,《册府元龜·總録部·酒失》可爲補充:

> 景儉乘醉,遂入中書,遍詣時宰,面詰侮王播、崔植、杜元穎,皆呼其姓名,詞頗慢易。播等知其狂酒,且遜止之,以事聞。詔曰:"丞相府署,國家樞機,上法三臺,下臨百辟,若等威可紊,則堂陛不嚴。諫議大夫李景儉,乃因酣醉,輒肆叨瀆,昏呶侮慢,靡所不爲。詢其狂態,甚用驚聽,宜加譴責,以守退荒。予非深尅,勉自循省,可漳州刺史,仍馳驛發遣。"③又貶獨孤朗爲韶州刺史,温造朗州,李肇澧州,王鎰郢州,坐與景儉同飲也。④

文本對讀可以發現,葉適寄希望於"有逸書可求"以補史載之闕,但現存史料相比南宋並不能展現更多的歷史細節。那麽,李景儉案還有可供解讀的餘地嗎?菊地利夫認爲:"一切歷史事件,都是在時間和空間裏發生的,所以不能將其同空間、場所分離開來,對其立地不能不給予關心。"⑤如果我們借用羅伯特·戴維·薩克所提示的"空間的區分及其與現象相結合的視角,這一視角強調空間、空間關係以及場所的含義",⑥將李景儉案的聚焦點由事件經過轉移到事件發生的場所與空間,或許會有深入探求的可能。

至於場所與空間二者之間的關係,包弼德認爲:"存在'場所'這一概念構成了地域史研究的前提,該'場所'是作爲歷史性的有特定意義的實體,即作爲一種可將事實與故事聯接起來的實體而存在的。""'空間'通過地理學這一研究方法變成了'場所',在

---

① 曾公亮:《進唐書表》,《新唐書》卷末,第6472頁。
② 《舊唐書》卷一七一《李景儉傳》,北京:中華書局,1975年,第4455—4456頁。
③ 此詔令另見《全唐文》卷六五穆宗《貶李景儉漳州刺史詔》,上海:上海古籍出版社,1990年,第301頁。
④ 《册府元龜》卷九一四《總録部·酒失》,北京:中華書局,1960年,第10825頁。
⑤ 菊地利夫著,辛德勇譯:《歷史地理學的理論與方法》,西安:陝西師範大學出版總社有限公司,2014年,第135頁。
⑥ 羅伯特·戴維·薩克(Robert David Sack)著、黃春芳譯:《社會思想中的空間觀:一種地理學的視角》,北京:北京師範大學出版社,2010年,第3頁。

‘場所’中,地理性部分較歷史性部分更受重視。”①換言之,“場所”重在其地理性,“空間”重在其歷史性。

段義孚在辨析空間與地方(場所)的内涵時指出:“如果我們將空間(space)視爲允許移動,那麼地方(place)就是暫停;移動中的每個暫停,使得區位(location)有可能轉變成地方。”②在“物質形式的地方”之外,他還揭示“虚擬的地方”的存在,“地方不一定像人們普遍認爲的那樣固定在一個位置”。③ 這爲我們在動態考察歷史事件時更多地關注空間轉移提供了依據。

誠如亨利·勒菲弗所言:“空間不是一個被意識形態或者政治扭曲了的科學的對象,它一直都是政治性的、戰略性的。”④而城市又是“政治性”空間的物質聚合體,即松本保宣所謂的“物質性建築構成的空間秩序”。⑤ 李孝聰認爲“城市内部的空間結構,即街道佈局以及功能建築的選址和配置”。⑥ 魯西奇將城市視爲“權力的中心和權力運作的場所”,“城市產生與存在的‘理由’和‘目的’,乃是爲了給權力的集中和運作提供場所”。⑦ 因此,回到唐代政治性極强的都城空間内部,“城市形態和城市空間的變化、整合都可以從政治這個角度來加以考量”。⑧

平田茂樹進一步提出“政治空間”的概念。他認爲,從政治史角度考察城市空間時,“有必要考察城市的各個具體的‘場’中結成了哪些關係,進行了什麼樣的政治活動。其關鍵在於所謂的政治空間”。⑨ 並將宋代政治空間分爲物理性空間(都城與宮城

---

① Peter K. Bol(包弼德)著,鈴木弘一郎譯:《地域史と後期帝政國家について——金華の場合——》,《中國—社會と文化》第 20 號,2005 年。

② Yi-Fu Tuan(段義孚), *Space and Place: The Perspective of Experience*, Minneapolis: University of Minnesota Press, 1977, p. 6.

③ 宋秀葵:《地方、空間與生存——段義孚生態文化思想研究》,北京: 中國社會科學出版社,2012 年,第 44 頁。

④ 亨利·勒菲弗(Henri Lefebvre)著,李春譯:《空間與政治》(第 2 版),上海: 上海人民出版社,2008 年,第 46 頁。

⑤ 松本保宣:《從朝堂至宫門——唐代直訴方式之變遷》,收入鄧小南、曹家齊、平田茂樹主編:《文書·政令·信息溝通: 以唐宋時期爲主》,北京: 北京大學出版社,2012 年,第 238 頁。

⑥ 李孝聰:《唐代城市的形態與地域結構——以坊市制的演變爲線索》,收入氏主編:《唐代地域結構與運作空間》,上海: 上海辭書出版社,2003 年,第 249 頁。

⑦ 魯西奇:《中國歷史的空間結構》,桂林: 廣西師範大學出版社,2014 年,第 325—326 頁。

⑧ 李永:《從州邸到進奏院: 唐代長安城政治格局的變化》,《南都學壇》(人文社會科學學報)2010 年第 2 期。

⑨ 平田茂樹:《宋代城市研究的現狀與課題——從宋代政治空間研究的角度考察》,收入中村圭爾、辛德勇編:《中日古代城市研究》,北京: 中國社會科學出版社,2004 年,第 117 頁。

結構、宮殿與官府佈局等)、具有功能性的抽象政治空間(皇帝的空間與官僚的空間)、皇帝與官僚間的距離所見政治空間。① 在此基礎上,提出分析政治空間的三個視點:立足於政治過程論觀點的政治的"場";關係到皇帝權力、權威的"場";連接中央—地方政治之"場"的各種信息傳達、監視裝置。② 這種解讀宋代政治空間的視角,對於唐代政治史的研究,深具啓發意義。

綜上可見,場所是空間的物理基礎,空間是場所的政治延伸。③ 具體到唐穆宗長慶元年(821)發生的李景儉案,史館、中書即爲其"場所",從中可以析出諸多維度,如方向、位置、距離、內外等,將其所涉及的政治空間逐層放大,④進而又可以從不同側面提出諸多疑問。以上《舊唐書·李景儉傳》、《新唐書·李景儉傳》與《册府元龜·總錄部·酒失》三段有限史料所拼合出的李景儉案,其面貌是不完整的,除了闕失衝突雙方的"語言行事"之外,李景儉與馮宿等六人爲何在史館聚飲?期間所談何事?李景儉酒後入中書,從史館到中書省距離如何?二者地理方位怎樣?李景儉入中書省謾罵宰相,則宰相辦公地點與中書省是何關係?李景儉謾罵宰相所爲何事?史館與史官在史料收集與整理過程中,以及在歷史評價與歷史書寫方面處於何種地位?發揮何種作用?李景儉案的後續發展對中晚唐政治運作有何影響?在嘗試解答這些疑問的過程中,政治空間的視角或許是梳理線索與深入剖析的有效途徑。

二、中書省與史館移置

李景儉聚飲地史館爲修史機構,其隸屬關係與地理位置在初唐曾發生顯著變化與

① 平田茂樹:《解讀宋代的政治空間》,收入井上徹、楊振紅編:《中日學者論中國古代城市社會》,西安:三秦出版社,2007 年,第 235—240 頁。另,此篇同名收入平田茂樹著,林松濤、朱剛等譯:《宋代政治結構研究》,上海:上海古籍出版社,2010 年;節略版《宋代的政治空間:皇帝與臣僚交流方式的變化》,收入"信息通進與文書制度:以宋代爲重心"筆談,《歷史研究》2008 年第 3 期。
② 平田茂樹:《宋代政治史研究的新的可能性——以政治空間和交流爲線索》,收入平田茂樹、遠藤隆俊、岡元司編:《宋代社會的空間與交流》,開封:河南大學出版社,2008 年,第 22—23 頁。
③ 關於場所與空間的意義,參閱渡辺信一郎:《天空の玉座——中國古代帝國の朝政と儀礼》,東京:柏書房,1996 年,第 94—104 頁;妹尾達彦:《唐長安城の儀礼空間——皇帝儀礼の舞台を中心に——》,《東洋文化》72,1992 年,黃正建中譯文《唐長安城的禮儀空間——以皇帝儀禮的舞臺爲中心》,收入溝口雄三、小島毅主編:《中國的思維世界》,南京:江蘇人民出版社,2006 年;穴澤彰子:《關於唐代皇帝誕辰節場所的考察——從門樓到寺院》,收入井上徹、楊振紅編:《中日學者論中國古代城市社會》,第 199 頁。
④ 此"政治空間的逐層放大"受啓發於榮新江《從王宅到寺觀:唐代長安公共空間的擴大與社會變遷》之"公共空間的擴大"(收入氏著:《隋唐長安:性別、記憶及其他》,上海:復旦大學出版社,2010 年,第 68 頁);以及王靜《城門與都市——以唐長安通化門爲主》之"空間擴展"(榮新江主編:《唐研究》第 15 卷,北京:北京大學出版社,2009 年,第 27 頁)。

移改:

> 歷代史官,隸秘書省著作局,皆著作郎掌修國史。武德因隋舊制。貞觀三年閏十二月,始移史館於禁中,①在門下省北,宰相監修國史,自是著作郎始罷史職。及大明宫初成,置史館於門下省之南。館門下東西有棗樹七十四株,無雜樹。②

貞觀三年(629),太宗因修國史所需,在秘書省著作局之外别置史館,並由皇城移至宫城内門下省之北。至高宗朝大明宫落成後,史館隨之遷入東内,仍然隸屬於門下省,只是由原來位於"門下省北"改爲"門下省之南"。史館門下種植有七十四株清一色的棗樹,被作爲具有高度識别性、地標性的景觀載入史册。但是,此處的史館是中唐時期李景儉聚飲之所嗎?

如所周知,大明宫行政區以含元殿、宣政殿、紫宸殿爲南北中軸線,又以宣政殿爲中軸線的核心,皇帝望朔受朝、常朝、大會群臣等大多在此進行。根據建築考古學的研究成果,宣政殿四周有廊廡圍成寬約 300 餘米的巨大殿庭,東廊之外爲門下省,西廊之外爲中書省。③ 也就是説,如果李景儉酒後是從門下省之史館前往中書省謁宰相,就必須穿過日華門、月華門之間的宣政殿前寬 300 餘米的殿庭,步行至少一里路才能到達,似乎不太現實。

高宗朝廷遷入大明宫後,三省之中距離皇帝最近的門下省與中書省的地位,以及宰相集議場所,也在悄然發生變化。

> 舊制,宰相常於門下省議事,謂之政事堂。至永淳二年④七月,中書令裴炎以中書執政事筆,其政事堂合在中書,遂移在中書省。開元十一年,張説奏改政事堂爲中書門下,其政事印亦改爲中書門下之印。⑤

學界有關政事堂與中書門下的研究成果十分豐碩,要言之,政事堂遷至中書省,表明中書省在政事堂的主導地位得以確認。袁剛指出,此舉"加强了宰相和中書省的關

---

① 《唐六典》卷九《中書省》(北京:中華書局,1992 年,第 281 頁)爲"别置史館於禁中"。
② 《舊唐書》卷四三《職官志二》,第 1852 頁。
③ 楊鴻勛:《大明宫》,北京:科學出版社,2013 年,第 101 頁。
④ 《舊唐書》卷四三《職官志二》(第 1842 頁)亦爲"永淳二年"。《唐會要》卷五一《官號》(上海:上海古籍出版社,2006 年新 1 版,第 1036 頁)爲"永淳三年",即光宅元年。另李華撰《中書政事堂記》(《全唐文》卷三一六,第 1415 頁)稱"光宅元年,裴炎自侍中除中書令,執事宰相筆,乃遷政事堂於中書省"。關於政事堂由門下省遷往中書省的時間與深層原因,最爲詳盡而深入的研究,見羅永生:《三省制新探——以隋和唐前期門下省職掌與地位爲中心》,北京:中華書局,2005 年,第 234—252 頁。遷移的重要意義在於三省核心轉到中書省,門下省封駁之權漸被架空。
⑤ 《通典》卷二一《職官典三》,北京:中華書局,1988 年,第 542 頁。

係,使核心機密偏於中書".① 而中書門下體制的確立,使中書門下超然於三省之上,成爲最高決策機關。内藤乾吉即認爲:"作爲宰司的中書門下實際是貴族官僚的最高機構,重要國策經該機構與天子合意後得以決定。"②而中書門下成爲宰相獨立府署後,又與中書省逐漸分離,後者向以中書舍人爲長官的專門負責撰寫制敕的機構過渡。③

問題隨之而來,作爲宰相府署的中書門下位於何處? 由於《唐六典》記載大明宫佈局時,只有門下省和中書省,而無"中書門下"的空間位置。因此劉後濱推測:"中書門下的地理位置,應是設於中書省。開元十一年(723)改政事堂爲中書門下,只是名稱的改變,並未有遷址的記載。"④

關於中書門下與中書省的空間合一,杜甫有詩《奉答岑參補闕見贈》可供佐證:

窈窕清禁闥,罷朝歸不同。君隨丞相後,我往日華東。

冉冉柳絲碧,娟娟花蕊紅。故人得佳句,獨贈白頭翁。⑤

蕭宗至德、乾元間,杜甫任左拾遺,如岑參贈杜甫詩《寄左省杜拾遺》之標題所示,於"左省"門下省辦公。岑參時任右補闕,則在"右省"中書省辦公。因此杜甫稱"我往日華東",意即退朝後返回日華門東的門下省衙署。而"罷朝歸不同"的岑參,則隨宰相返回與日華門相對的月華門西的中書省衙署。詩中的空間描述,無意中印證了宰相辦公地點正在中書省。

此外,上引《册府元龜·總録部·酒失》所載李景儉案發後,朝廷頒行《貶李景儉漳州刺史詔》,稱"中書"爲"丞相府署,國家樞機",亦可證明中書門下位於中書省。

再來看史館。原設於門下省的政事堂移至中書省⑥並改稱中書門下⑦後,史館發生了創置以來的又一次移址:

① 袁剛:《隋唐中樞體制的發展演變》,臺北:文津出版社,1994 年,第 67 頁。
② 内藤乾吉:《唐の三省》,收入氏著:《中國法制史考證》,東京:有斐閣,1963 年。徐世虹中譯文《唐代的三省》,收入劉俊文主編:《日本學者研究中國史論著選譯》第八卷,北京:中華書局,1992 年,第 232 頁。
③ 劉後濱:《唐代中書門下體制研究——公文形態·政務運行與制度變遷》,濟南:齊魯書社,2004 年,第231 頁。
④ 劉後濱:《唐代中書門下體制研究——公文形態·政務運行與制度變遷》,第 188 頁。
⑤ 楊倫箋注:《杜詩鏡銓》卷四,上海:上海古籍出版社,1981 年,第 184 頁。
⑥ 徐松撰、張穆校補:《唐兩京城坊考》卷一《西京·大明宫》(北京:中華書局,1985 年,第 20 頁)載"月華門外爲中書省(注:省有政事堂)"。
⑦ 參嚴耕望:《唐代文化約論》,原載《大陸雜誌》第 4 卷第 8 期,1952 年,後收入氏著:《嚴耕望史學論文集》,上海:上海古籍出版社,2009 年;周道濟:《漢唐宰相制度》,臺北:大化書局,1978 年,第 321—324 頁;謝元魯:《唐代中央政權決策研究》,臺北:文津出版社,1992 年,第 78 頁。

开元二十五年①三月，右相李林甫以中書地切樞密，記事者官宜附近，史官尹愔奏移史館於中書省北，以舊尚藥院充館也。②

杜希德指出："雖然史館在某種程度上具有一種非常規的、准獨立的地位，處於常規的官僚科層體制之外，但爲了行政管理的目的，它還是從屬於中樞各機構中的一個部門。……由於中書省已成爲最關鍵與重要的政府機構，……對史館進行督導的職責就正式轉移到了中書省。"③可見，大明宮建成前，史館位於宮城（西内）門下省北，此後則移至東内門下省南，這是第一次位置發生變化。開元二十五年（737）時，中書門下的辦公地點已在中書省，李林甫以宰相監修國史，而史館位於門下省南，不便監控，故有"中書切密之地，史官記事隸門下省，疏遠"④的建議。⑤ 同年正月，道士尹愔剛剛出任諫議大夫、史館修撰，⑥隨即諂附其意，上奏將史館移至中書省北，位於"地近樞密"的中書門下⑦旁邊，這是第二次位置發生變化。⑧ 説明史館與最高權力機構密切關聯，從空間距離上越來越靠近權力核心。王維有詩《和尹諫議史館山池》：

雲館接天居，霓裳侍玉除。春池百子外，芳樹萬年餘。

洞有仙人籙，山藏太史書。君恩深漢帝，且莫上空虛。⑨

---

① 《舊唐書》與《通典》卷二一《職官典三》（第568頁）爲"開元二十五年"，《唐會要》卷六三《史館上·史館移置》（第1285頁）爲"開元十五年"，《新唐書》卷四七《百官志二》（第1214頁）爲"開元二十年"，後二者均誤，因李林甫開元二十四年方爲宰相。杜希德（Denis C. Twitchett）著，黃寶華譯《唐代官修史籍考》（上海：上海古籍出版社，2010年，第17頁）已指出這一點。另，楊志玖《唐代史館移置中書省的年代》通過考證李林甫爲相年代以及史官尹愔任職年代，認爲史館移置在開元二十五年，原載《鄭天挺紀念論文集》，北京：中華書局，1990年；後收入《陋室文存》（南開史學家論叢·楊志玖卷），北京：中華書局，2002年。

② 《舊唐書》卷四三《職官志二》，第1852頁。

③ 杜希德：《唐代官修史籍考》，第15—17頁。

④ 《新唐書》卷四七《百官志二》，第1214頁。

⑤ 朱維錚：《史官與官史——韓、柳的史官辯》（《復旦學報》〔社會科學版〕2006年第3期）認爲："李林甫將史館移至中書省内，而史官仍由監修國史的宰相從其它朝官中選派，看來史官成爲樞密官成員，其實更喪失'史權'。"

⑥ 《舊唐書》卷九《玄宗紀下》（第207頁）載：開元二十五年春正月"道士尹愔爲諫議大夫、集賢學士兼知史館事"。《唐會要》卷六三《史館上》（第1299頁）："開元二十五年正月八日，以道士尹愔爲諫議大夫、集賢院學士，兼知史館事，特賜朝散階。愔上表懇讓，優詔許衣道士服視事，愔乃受職。"

⑦ 朱維錚：《史官與官史——韓、柳的史官辯》有言"將史館移至内廷的宰相所處的政事堂邊上"，此時政事堂已改爲中書門下。

⑧ 參張榮芳：《唐代的史館與史官》，臺北：私立東吳大學中國學術著作獎助委員會，1984年，第50頁；岳純之：《唐代官方史學研究》，天津：天津人民出版社，2003年，第12—15頁；牛潤珍、吳海蘭、何曉濤：《中國史學思想史》（隋唐卷），合肥：黃山書社，2004年，第83—84頁；謝保成：《隋唐五代史學》，北京：商務印書館，2007年，第94—96頁。

⑨ 趙殿成箋注：《王右丞集箋注》卷七《近體詩三十九首》，上海：上海古籍出版社，1984年新1版，第116頁。

其中"雲館接天居"一語,道出了史館地近權力中心區域的特殊位置。此種格局一直延續到唐代後期。德宗至憲宗時,①寶牟有詩《史館候別蔣拾遺不遇》:

千門萬户迷,佇立月華西。畫戟晨光動,春松宿露低。

主文親玉扆,通籍入金閨。肯念從戎去,風沙事鼓鼙。②

如圖1所示,大明宫正殿含元殿後爲宣政殿,宣政殿"殿前東廊曰日華門,門東門下省","西廊曰月華門,門西中書省"。③寶牟於"佇立月華西"的史館候別蔣拾遺,正説明是時史館已經移置中書省,而並非如張榮芳所言"(宣政殿)東側日華門外爲門下省與

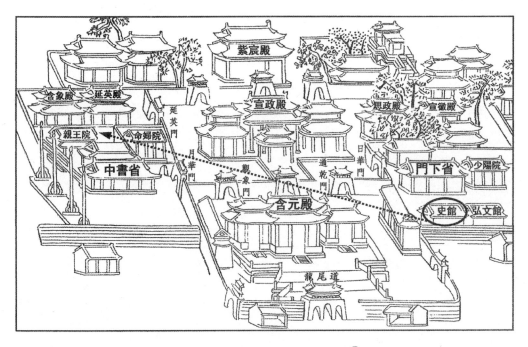

圖1　大明宫史館移置中書省示意圖④

① 《舊唐書》卷一五五《寶群傳附寶牟傳》(第4122頁)載:"貞元二年登進士第,試秘書省校書郎、東都留守巡官。歷河陽、昭義從事,檢校水部郎中,賜緋,再爲留守判官。入爲都官郎中,出爲澤州刺史,入爲國子祭酒。長慶二年卒。"另據韓愈撰《唐故國子司業寶公(牟)墓誌銘》(馬其昶校注:《韓昌黎文集校注》卷七《碑誌》,上海:上海古籍出版社,1987年,第525頁)載:"舉進士登第。佐六府五公,八遷至檢校虞部郎中。元和五年,真拜尚書虞部郎中,轉洛陽令、都官郎中、澤州刺史,以至司業。年七十四,長慶二年二月丙寅,以疾卒。"可知寶牟作《史館候別蔣拾遺不遇》的年代約在德宗至憲宗時。

② 《全唐詩》卷二七一《寶牟》,北京:中華書局,1999年,第3027頁。

③ 《唐六典》卷七《尚書工部》,第218頁。

④ 此圖據平岡武夫編《唐代的長安與洛陽(地圖)》(上海:上海古籍出版社,1991年)第三〇圖《大明宫圖》(引自沈青崖:《陝西通志》卷七二《唐東内圖》)修改而成。

弘文館、史館"。① 日本學者足立喜六在實地踏勘的基礎上,指出中書省"在大明宫則居宣政殿左側月華門之西",習慣上稱之爲西省,②可供佐證。

史館移置中書省之北的意義除了更加接近權力中心之外,在日常公務往來方面還有什麽現實需要? 宣政殿雖爲常朝正殿,但常朝並非每天都有,那麽,真正圍繞在皇帝周圍的帝國最高權力空間又落脚於何處?

安史之亂以後,代宗始召宰相對延英,德宗更是"詔今後有陳奏宜延英門請對,勿令正衙奏事",③使得延英殿成爲事實上的朝政中心。德宗基本上是在延英殿聽取宰相和朝臣的奏議,並隨時召宰臣到延英殿顧問咨詢,評述時政得失。憲宗曾於李景儉案發以前不久的元和十四年(819)八月對宰臣曰:"天下事重,一日不可曠廢。若遇連假不坐,有事即詣延英請對。"④可見,延英殿在中唐時期已是凌駕於宣政殿之上的所在,"與一般朝會不同,倘天子於朝會中想到某項問題應與宰相討論,不在朝堂而臨延英"。⑤由此逐漸區分出以朝堂爲中心的公共空間和以延英殿爲中心的機密空間。如圖1所示,"宣政之左曰東上閣,右曰西上閣。次西曰延英門,其内之左曰延英殿,右曰含象殿"。⑥ 而最終完成移置的史館,正位於中書省之北、延英殿之南。

《唐會要·史館》所載"諸司應送史館事例"顯示,以史館爲中心的録送網絡牽涉面甚廣,在信息匯聚方面應屬敏感機構。由中書省、尚書省吏部、户部、禮部、兵部、刑部以及鴻臚寺、秘書省、太常寺、太府寺、宗正寺與地方州縣等機構録送而來的方方面面的信息,諸如蕃夷入寇、來降表狀,文官除授,州縣廢置、孝義旌表、水旱災異、賑貸存恤,祥瑞,蕃夷露布、武官除授,法令變改、斷獄新議,藩國朝貢,天文祥異,變改音律、新造曲調,諸色封建,諸王來朝,長官薨卒,公主、百官定諡,水旱災異、賑貸存恤、善政異迹、碩學異能、高人逸士、義夫節婦、長吏薨卒,等等,均由史官集中整理並删定修入國史。除此之外,朝廷賦予史官一定的特權,"如史官訪知事由,堪入史者,雖不與前件色同,亦

---

① 張榮芳:《唐代的史館與史官》,第70頁。書中詳考西都宫城、大明宫、興慶宫以及東都四處史館的地理位置,但並未措意四處史館存在時間的前後交替。另,傅熹年從建築遺址考古與實測的角度指出"宣政殿東側有門下省、弘文館、史館、少陽院",亦爲史館移置之前的狀態,未能展現後來的變化。見傅熹年主編:《中國古代建築史》(第二卷:三國、兩晉、南北朝、隋唐、五代建築),北京:中國建築工業出版社,2001年,第376頁。
② 足立喜六著,王雙懷、淡懿誠、賈雲譯:《長安史迹研究》,西安:三秦出版社,2003年,第131頁。
③ 程大昌:《雍録》卷四《延英召對》,北京:中華書局,2002年,第67頁。
④ 《舊唐書》卷一五《憲宗紀下》,第469頁。
⑤ 楊樹藩:《唐代政制史》,臺北:正中書局,1967年,第98頁。
⑥ 《唐六典》卷七《尚書工部》,第218頁。

任直牒索。承牒之處,即依狀勘,並限一月内報"。① 這爲史官評論、探究事由提供了活動空間與制度保障。

三、宣諭使與河朔復叛

李景儉入中書謾罵時宰王播、②崔植、杜元穎終至被貶。上引《册府元龜·總録部·酒失》所載由宰相主導的處理方案《貶李景儉漳州刺史詔》中,將李景儉的行爲定性爲"乃因酣醉,輒肆叨瀆,昏呶侮慢,靡所不爲",明顯是在混淆視聽,掩人耳目,實在不足爲信。在探尋衝突雙方的矛盾根源時,《舊唐書·穆宗紀》的一段記載,頗值注意:

> (長慶元年秋七月)甲寅,幽州監軍使奏:"今月十日軍亂,囚節度使張弘靖別館,害判官韋雍、張宗元、崔仲卿、鄭塤。軍人取朱滔子洄爲留後。"丁巳,貶張弘靖爲太子賓客分司。己未,再貶張弘靖爲吉州刺史。朱洄自以年老,令軍人立其子克融爲留後。初劉總歸朝,籍其軍中素難制者送歸闕庭,克融在籍中。宰相崔植、杜元穎素不知兵,心無遠慮,謂兩河無虞,不復禍亂矣,遂奏劉總所籍大將並勒還幽州,故克融爲亂,復失河北矣。③

正如杜希德所指出的,《舊唐書》本紀部分的史料來源於歷任史官陸續編修的國史、實録、起居注、時政記、日曆以及其他官方記録與私家撰述。④ 但細讀這段材料可以發現,幽州監軍使上奏的内容屬於照録奏章,兩次貶張弘靖屬於轉述朝廷詔令,朱洄立其子朱克融爲幽州留後屬於事件進展,至此以上部分均爲客觀歷史事實的記載,五代時期撰寫本紀時當各有所本。

但以下部分就比較複雜了,先是在歷時性的敘述脈絡之外插入補充説明,幽州軍亂以前,節度使劉總歸順朝廷並將朱克融等人送至京師以防後患。之後,李景儉案所針對的主角開始出現,筆鋒也隨之一轉,甚至脫離了正史本紀平允持重的筆法,開始加入帶有明顯傾向性的隱形評價。"宰相崔植、杜元穎素不知兵,心無遠慮"就是典型的評價

---

① 《唐會要》卷六三《史館上》,第1285—1286頁。
② 王播時任刑部尚書、領鹽鐵轉運等使、兼中書侍郎、同中書門下平章事。《舊唐書》卷一六四《王播傳》(第4276頁)僅言"長慶中,内外權臣,率多假借。播因銅鹽擢居輔弼,專以承迎爲事,而安危啓沃,不措一言。"《新唐書》卷一六七《王播傳》(第5116頁)亦稱"時權倖競進,播賴其力至宰相,專務將迎,居位無所裨益。"兩篇傳記均未明言王播與河北復叛之間的直接關係,但其專事逢迎,已令士人不滿;加之居相位卻對幽州危局"不措一言""無所裨益",因此間接成爲李景儉辱罵的對象。
③ 《舊唐書》卷一六《穆宗紀》,第490頁。
④ 杜希德:《唐代官修史籍考》,第178頁。

性語言,[①]帶有極強的價值評判的主觀色彩。更加耐人尋味的是,接下來的"謂"字透露出"兩河無虞,不復禍亂矣"這句話爲宰相崔植、杜元穎等人的私下議論,歷史書寫者正是基於流傳出來的宰相謀議才得出不知兵、無遠慮的評價。而"奏"的内容"劉總所籍大將並勒還幽州"是宰相私下議定以後的公開上奏。[②] 最終,《舊唐書》的歷史書寫者將朱克融爲亂引發朝廷復失河北的根本原因,歸結於崔植、杜元穎處置失當。雖然無從得知後半部分的評論是唐朝史官於事發後所加,還是五代時期編修《舊唐書》的史臣所加,但可以明確的是,崔植、杜元穎"奏"的内容是客觀記録,而"謂"的内容從何渠道得來、爲何能經史官之筆得以公開,則成爲最值得深究的命題。杜希德認爲:"唐代歷史中的某些曠世之謎之所以撲朔迷離,就因爲其記載扭曲以至無以還原,也無獨立的證據留存下來破解它們。"[③]而此處"謂"的來龍去脈最有可能成爲破解李景儉案諸多謎團的關鍵突破口。因此,以上文本分析有助於我們展現兩組互相對應的空間範疇:朝廷與幽州,仗下謀議與朝堂上奏。

先來看李景儉案牽出的從朝廷到地方的空間轉換。羅志豪從地名的空間分佈角度考察唐代幽州地區,指出這一地區部署了"高密度地名網絡","是關乎國家安危的戰略要地"。[④] 安史之亂以後,朝廷被藩鎮問題深度困擾,特別是以河朔三鎮爲代表的叛逆藩鎮跋扈不臣,代宗、德宗二朝雖然未能徹底解決,但始終對這一地區保持高度重視。憲宗元和年間,先後打平西川劉闢、浙西李錡、淮西吳元濟、淄青李師道,魏博田弘正、成德王承宗相繼歸服。至元和十四年,僅有幽州劉總歸心初定,但尚未入朝。因此,天下藩鎮均服朝命至爲關鍵的最後一步就在幽州,可謂衆望所歸。

元和十五年(820)穆宗即位,次年長慶元年年初,劉總果然奏請入朝並提出裂分幽州的構想,"奏分所屬爲三道:以幽、涿、營爲一道,請除張弘靖爲節度使;平、薊、嬀、檀

---

① 《資治通鑑》評價崔植、杜元穎處理幽州張弘靖、朱克融問題時"無遠略,不知安危大體"(卷二四一唐穆宗長慶元年六月條,北京:中華書局,1956 年,第 7792 頁);又評價二人處理魏博田布、史憲誠問題時"皆庸才,無遠略","由是再失河朔,迄於唐亡,不能復取"(卷二四二唐穆宗長慶二年二月條,第 7809 頁)。

② 這種"評—謂—奏"的書寫模式,被壓縮改寫入《舊唐書》卷一八〇《朱克融傳》(第 4673 頁):"宰相崔植、杜元穎不知兵,且無遠略,謂兩河無虞,遂奏勒歸鎮。"同書卷一一九《崔祐甫傳附崔植傳》(第 3443 頁)亦有類似表述:"植與同列杜元穎素不知兵,且無遠慮。"此外,北宋歐陽修等在編撰《新唐書》卷一四二《崔祐甫傳附崔植傳》(第 4670 頁)時,在《舊唐書》基礎之上既有精簡,又有改寫,尤其值得重視:"植與杜元穎不知兵,謂藩鎮且平,不復料天下安危事。"

③ 杜希德:《唐代官修史籍考》,第 177 頁。

④ 羅志豪(Erhard Rosner):《朝廷的地方關注:地名的證據》,收入復旦大學歷史地理研究中心、哈佛大學哈佛燕京學社編:《國家視野下的地方》,上海:上海人民出版社,2014 年,第 31 頁。

爲一道,請除平盧節度使薛平爲節度使;瀛、莫爲一道,請除權知京兆尹盧士玫爲觀察使"。① 還將都知兵馬使朱克融等送至京師,以絶後患。在此背景之下,參與史館聚飲的溫造正式登場:

> 長慶元年,授京兆府司録參軍。奉使河朔稱旨,遷殿中侍御史。既而幽州劉總請以所部九州聽朝旨。穆宗選可使者,或薦造,帝召而謂之曰:"朕以劉總輸忠,雖書詔便蕃,未盡朕之深意。以卿素能辦事,爲朕此行。"造對曰:"臣府縣走吏,初受憲職,望輕事重,恐辱國命,無能諭旨。"帝曰:"我在東宮時,聞劉總請覲,及我即位,比年上書不絶,及約以行期,即瘖默不報。卿識機知變,往喻我懷,無多讓也。"乃拜起居舍人,賜緋魚袋,充太原、鎮州、幽州宣諭使。造初至范陽,劉總具槖鞬郊迎,乃宣聖旨,示以禍福。總俯伏流汗,若兵加於頸矣。及造使還,總遂移家入覲,朝廷遂以張弘靖代之。②

"宣諭"乃朝廷自上而下地宣佈命令、曉諭,非戰時行動。穆宗以溫造爲宣諭使赴幽州宣聖旨、示禍福,能够讓劉總直面天威,所以才有"俯伏流汗,若兵加於頸"的效果。雖然所宣聖旨内容不存,但溫造"奉使河朔稱旨",恩威並施,一方面使劉總消除歸朝的後顧之憂,另一方面也使穆宗切實感受到劉總的誠意,朝廷與幽州之間持續半個多世紀的敵對與不信任,在溫造抵達范陽後撥雲見日,中央與地方政治空間的隔絶狀態發生了實質性的轉變。更何況,幽州是最後一個尚未歸順的叛藩,溫造宣諭使的象徵意義非同小可,得到朝廷以及天下士人的高度贊許,故而在其傳記中留下濃墨重彩的一筆。

出人意料的是,張弘靖任河東節度使時以寬簡得衆著稱,但到任幽州後卻驕貴淩人,幽州士卒頗爲怨憤。且張弘靖並未完全執行劉總的計劃,僅割瀛、莫二州歸盧士玫,其餘諸州皆自相統領,不再割分。加之朝廷將在京"人質"朱克融勒還幽州,放虎歸山,使朝廷借由"人質"牽制幽州的政治平衡被打破,最終釀成以朱克融爲首的幽州軍亂。③

---

① 《資治通鑑》卷二四一唐穆宗長慶元年六月條,第7792頁。司馬光將劉總奏分所屬爲三道以及崔植、杜元穎勒朱克融還幽州事置於長慶元年六月之後,七月之前,不能確知事件發生更爲準確的時間。

② 《舊唐書》卷一六五《溫造傳》,第4315頁。《舊唐書》此段描述前後順序稍顯混亂,參《新唐書》卷九一《溫大雅傳附溫造傳》(第3784—3785頁):"長慶初,以京兆司録爲太原幽鎮宣諭使,召見,辭曰:'臣,府縣吏也,不宜行,恐四方易朝廷。'穆宗曰:'朕東宮時聞劉總,比年上書請覲,使問行期,乃不報。卿爲我行喻意,毋多讓。'因賜緋衣。至范陽,總槖鞬郊迎。造爲開示禍福,總懼,墨然若兵在頸,籙籍所部九州入朝。還,遷殿中侍御史。"另,《通鑑考異》(《資治通鑑》卷二四一唐穆宗長慶元年二月條,第7789頁)根據《穆宗實録》指出:"長慶元年正月己巳,以造爲太原、鎮州等道宣慰使。二月己卯,劉總奏乞爲僧。計造奉使尚未還。三月癸亥,總已卒。八月丁亥,以殿中侍御史溫造爲起居舍人、充鎮州四面諸軍宣慰使。造前以京兆司録宣慰兩河,衆推其材,故有是命。舊傳誤也。"當以《通鑑考異》爲是。

③ 參拙著:《唐代後期藩鎮與州之關係研究》,北京:中國社會科學出版社,2011年,第153—156頁。

無獨有偶,與幽州軍亂同月,鎮州又開始失控。長慶元年八月,朝廷收到鎮州監軍宋惟澄的上奏:"七月二十八日夜軍亂,節度使田弘正並家屬將佐三百餘口並遇害。軍人推衙將王廷湊爲留後。"穆宗隨即下令:"公卿大臣至中書議幽、鎮討伐之謀。"①此時位於中書省的宰相府署中書門下,已經徹底喪失了之前崔植、杜元穎聲稱"兩河無虞,不復禍亂"的高度自信,②開始進入曠日持久但又久戰無功的征討指揮狀態。而就在同年八月,曾觸怒蕭俛、段文昌的李景儉,因元稹爲相而得以復任諫議大夫。③

從劉總入朝到幽州復叛,前後不到半年時間。出於作戰所需,朝廷再次派溫造出使,"以起居舍人復宣慰鎮州行營"。《舊唐書·溫造傳》:④

> 及朱克融逐弘靖,鎮州殺田弘正,朝廷用兵,乃先令造銜命河東、魏博、澤潞、橫海、深冀、易定等道,喻以軍期,事皆稱旨。俄而坐與諫議大夫李景儉史館飲酒,景儉醉謁丞相,出造爲朗州刺史。⑤

"宣慰"有戰爭前夕宣揚政令、慰問軍隊之意,屬於戰時行動。出使幽州與出使鎮州,性質截然相反,溫造的心理落差可想而知,從上引對其兩次出使所用的篇幅,即可察覺出歷史書寫者對於河朔復叛的態度。溫造的本職爲起居舍人,日常辦公地點與史館同在中書省,從河北返回京師後,隨即就與李景儉等人聚飲於史館。溫造出使與聚飲時間上的緊密銜接,可能會爲我們提供新的線索。雖然史載未能明示溫造宣慰鎮州的具體時間,但最早不會早於長慶元年八月,即公卿大臣中書謀議與李景儉復任諫議大夫的同月。此後,同年十二月,李景儉案發;次年正月,朝廷再失魏博,河朔三鎮重回叛逆不臣的狀態。⑥

由此反觀葉適所謂李景儉"前輕蕭俛、段文昌"一事,與"後罵王播、崔植、杜元穎"存在直接的對應關係。先來看《舊唐書·蕭俛傳》:

> 穆宗乘章武恢復之餘,即位之始,兩河廓定,四鄙無虞。而俛與段文昌屢獻太平之策,以爲兵以靜亂,時已治矣,不宜黷武,勸穆宗休兵偃武。又以兵不可頓去,請密語天下軍鎮有兵處,每年百人之中,限八人逃死,謂之"消兵"。帝既荒縱,不

---

① 《舊唐書》卷一六《穆宗紀》,第490頁。
② 《舊唐書》卷一四二《王廷湊傳》(第3887頁)再次出現對崔植的評價:"宰相崔祐甫不曉兵家,膠柱於常態,以至復失河朔。既無如之何,遂議休兵而赦廷湊。"
③ 《舊唐書》卷一六《穆宗紀》,第491頁。
④ 《新唐書》卷九一《溫大雅傳附溫造傳》,第3785頁。
⑤ 《舊唐書》卷一六五《溫造傳》,第4315頁。
⑥ 《資治通鑑》卷二四二唐穆宗長慶元年七月條、八月條、長慶二年正月條,第7796—7807頁。

能深料，遂詔天下，如其策而行之。而藩籍之卒，合而爲盗，伏於山林。明年，朱克融、王廷湊復亂河朔，一呼而遺卒皆至。朝廷方徵兵諸藩，籍既不充，尋行招募。烏合之徒，動爲賊敗，由是復失河朔，蓋"消兵"之失也。[①]

此段表述又是明顯的逆推式批評寫法，出發點與李景儉案相同，均爲分析河朔復失的根本原因。而崔植、杜元穎所謂"兩河無虞，不復禍亂"，與蕭俛、段文昌所獻銷兵之策"兵以靜亂，時已治矣，不宜黷武"，實屬一脈相承。特別是《舊唐書·穆宗紀》所言"宰臣蕭俛等不顧遠圖，乃獻銷兵之議，請密詔天下軍鎮，每年限百人内破八人逃死"，[②]"不顧遠圖"爲主觀評價，"議"的内容爲私下謀議的銷兵，"請"的内容是頒佈銷兵密詔，其"評—議—請"的書寫模式與上文分析的同卷"評—謂—奏"如出一轍，或出自同一人之手。

穆宗銷兵密詔下達後，立即引起河朔三鎮的强大反彈，雖然不是河朔復叛的直接導火線，但可以稱得上是間接誘因。同時，遵旨銷兵的恭順藩鎮卻由此導致兵力過於薄弱，最終在河朔復叛時嚴重缺乏戰鬥力。[③] 所以，李景儉無論對蕭俛、段文昌還是對崔植、杜元穎，態度是一貫的，即堅決反對銷兵，反對放鬆對河朔藩鎮的警惕與戒備，並非全是宰相所謂的"狂酒"。

兩《唐書·杜元穎傳》未見杜元穎相位受到李景儉案的直接衝擊，"再期"，[④]服喪兩年後，"帶平章事出鎮蜀川"。[⑤] 河朔復叛的追責，由中書侍郎、同中書門下平章事崔植一

---

① 《舊唐書》卷一七二《蕭俛傳》，第4477—4478頁。
② 《舊唐書》卷一六《穆宗紀》，第486頁。
③ 王壽南：《唐代藩鎮與中央關係之研究》，臺北：大化書局，1978年，第257—258頁。
④ 《新唐書》卷九六《杜如晦傳附杜元穎傳》，第3862頁。
⑤ 《舊唐書》卷一六三《杜元穎傳》，第4264頁。另，唐長孺認爲："杜元穎於長慶二年三月任平章事，可能此時已例加監修國史，閏十月敕撰《憲宗實録》，次年十月即出任西川節度使。"（《唐修憲穆敬文四朝實録與牛李黨爭》，收入氏著：《山居存稿》，北京：中華書局，2011年，第206頁）結合《舊唐書》卷一六《穆宗紀》（第486頁）"（長慶元年二月壬申）以朝散大夫、尚書户部侍郎、知制誥、翰林學士、上柱國、建安縣開國男杜元穎守本官、同中書門下平章事"與《舊唐書·杜元穎傳》"長慶元年三月（"三月"疑爲"二月"之誤），以本官同平章事，加上柱國、建安男"之記載，以及《新唐書·杜元穎傳》之"再期"，加之《舊唐書》卷一六《穆宗紀》（第500頁）"（長慶二年閏十月）己亥，敕翰林侍讀學士諫議大夫路隨、中書舍人韋處厚兼充史館修撰《憲宗實録》"，可知杜元穎拜相時間順序爲：長慶元年二月任平章事，監修國史，同年服喪（十二月發生李景儉案）；二年閏十月敕修《憲宗實録》時，仍掛名監修；三年十月出鎮西川。則"杜元穎於長慶二年三月任平章事"之説誤。此外，關於杜元穎出鎮，史料記載存在差異。《舊唐書》卷一六《穆宗紀》（第503頁）載"（長慶三年十月）宰相杜元穎罷知政事，除成都尹、劍南西川節度使"；而《舊唐書·杜元穎傳》載"三年冬，帶平章事出鎮蜀川，穆宗御安福門臨餞"（且從元年拜相至此超過兩年半時間内史事闕如，疑爲史家有意爲之）；《新唐書·杜元穎傳》載"甫再期，出爲劍南西川節度使、同平章事，帝爲御安福門臨餞"；《資治通鑑》卷二四三唐穆宗長慶三年十月條（第7829頁）載"己丑，以中書侍郎、同平章事杜元穎同平章事、充西川節度使"。可見，杜元穎雖已不預政事，但帶平章事出鎮，是爲"使相"，與崔植早於長慶二年二月即罷知政事出爲華州刺史的貶黜全然不同。

人承擔。"國家復失河朔,職植兄弟之由。乃罷知政事,守刑部尚書,出爲華州刺史。大和三年(829)正月卒,年五十八。植雖器量謹厚,而無開物成務之才,及喪師異方,天下尤其失策。"①"天下尤之,植内慚",②説明天下公議的影響力確實不能小覷。劉總歸朝之前,"憲宗皇帝削平群盜,河朔三鎮復入提封",③曾經讓多少士人振奮鼓舞,如劉禹錫稱頌"今朝天子聖神武,手握玄符平九土"。④憲宗"政治權威"⑤的得而復失,又讓多少士人肝腸寸斷,"觀一時事勢,何止可爲痛哭!"⑥李景儉等七人僅僅是這其中的一小部分。

至此,我們似乎已經梳理出李景儉謾罵宰相的原因,在於崔植、杜元穎縱朱克融回幽州引發幽州復叛,這也基本上是上引史料所能直接展現給我們的全部情節。但是,更棘手的問題隨之而來,既然李景儉對宰相處置幽州强烈不滿,卻爲何遲至幽州兵亂近半年之後的十二月才前往中書省責難宰相?李景儉等六人是在等待即將從鎮州返回京師的溫造嗎?是在等待溫造從前線帶回的最新動態和軍情戰況嗎?溫造的所見所聞所感會成爲史館聚飲的核心話題嗎?對於此類新的疑問,現有史料並不能提供直接答案,但我們有理由相信,溫造宣慰鎮州所掌握的第一手情報,是身居深宮的其他六人無從瞭解的,至少會成爲聚飲時最重要的話題之一。

四、聖政紀與仗下謀議

既然史籍已經明示李景儉案的矛盾衝突聚焦於究竟誰該爲朝廷復失河朔擔責,那麼就必須解決下一個問題:宰相謀議的機密内情是在何處謀議的?又是如何流傳出去被李景儉等人知曉的?這或許也會成爲史館聚飲的核心話題之一。由此我們將視線轉移到李景儉案牽出的第二組空間:仗下謀議與朝堂上奏。

與李景儉等人史館聚飲時,剛剛宣諭河朔歸來的溫造本職依然是起居舍人,屬於史官之一。而史官按所屬機構又分爲起居郎、起居舍人、史館史官(包括史館修撰與直史

---

① 《舊唐書》卷一一九《崔祐甫傳附崔植傳》,第 3443 頁。

② 《新唐書》卷一四二《崔祐甫傳附崔植傳》,第 4670 頁。

③ 《舊唐書》卷一一九《崔祐甫傳附崔植傳》,第 3443 頁。

④ 劉禹錫:《平齊行二首》,瞿蜕園箋證:《劉禹錫集箋證》卷二五《雜體詩》,上海:上海古籍出版社,1989年,第 768 頁。

⑤ 陸揚:《從西川和浙西事件論元和政治格局的形成》,榮新江主編:《唐研究》第八卷,北京:北京大學出版社,2002 年,第 245 頁。

⑥ 洪邁:《容齋隨筆·容齋五筆》卷八《長慶表章》,北京:中華書局,2005 年,第 928 頁。

館,宰相監修國史除外)三類。在唐代,經過多次調整,逐漸建立以隸於門下省的起居郎爲左史,隸於中書省的起居舍人爲右史的史官制度,即所謂的"兩省起居"。"起居郎掌録天子之動作法度,以修記事之史";①"起居舍人掌修記言之史,録天子之制誥德音,如記事之制,以紀時政之損益"。② "每皇帝御殿,則對立於殿,有命則臨陛俯聽,退而書之,以爲起居注。凡册命、啓奏、封拜、薨免悉載之,史館得之,以撰述焉"。③ 因此,起居郎、起居舍人所記録並編修的起居注,成爲史館編修國史的重要資料來源,形成一套完整的記録、匯總、編修的著史鏈條。

上文"諸司應送史館事例"所列事例之外,還有兩種具有歷史記録性質的特殊史書,也應在録送史館之列。五代時期,後唐同光二年(924)史館上奏"本朝舊例,中書並起居院諸司及諸道州府,合録事件報館如右:時政記(中書門下録送),起居注(左右起居郎録送)",其後所列才是與唐代制度規定相一致的事項。④ 值得注意的是,起居注與時政記在唐代也在録送史館之列。

杜希德曾如此總結時政記的特性:"與起居注在整個唐朝屬於常規修撰不一樣,時政記是一種更加非常規的記録,僅在一些短暫的時期中得到修撰,主要是在衆多政務由宰執大臣們私下而非公開的朝廷上做出決策時,以及當人們普遍關注於要求有一種關於這些過程的可靠記録時。它在唐王朝的歷史進程中由各色官員撰修,但不同於起居注之由名義上公正持平的起居郎所修,出於保密的理由,它通常是由謀議的實際參與者之一撰寫的。"⑤

與李景儉案發同一年,長慶元年四月,宰相崔植、杜元穎針對《聖政紀》曾有奏議。《聖政紀》之名僅見於穆宗朝,與《時政記》名異實同。先來看《舊唐書·穆宗紀》:

> (長慶元年夏四月)戊寅,宰臣崔植、杜元穎奏請,坐日所有君臣獻替,事關禮體,便隨日撰録,號爲《聖政紀》,歲終付史館。從之。事亦不行。⑥

再來看《唐會要·史館》所載中書門下奏文,即崔植、杜元穎所奏:

> (長慶元年)四月,修聖政紀,中書門下奏:"伏以堯舜之政,二典存焉,君臣之間,

---

① 《唐六典》卷八《門下省》,第248頁。
② 《唐六典》卷九《中書省》,第278頁。
③ 《通典》卷二一《職官典三》,第556頁。
④ 王溥:《五代會要》卷一八《諸司送史館事例》,上海:上海古籍出版社,2006年,第293頁。
⑤ 杜希德:《唐代官修史籍考》,第49頁。
⑥ 《舊唐書》卷一六《穆宗紀》,第489頁。

都俞之旨,罔不備載。厥後雖代有史官,多出於追書,所以其事或紀,其言蓋略。太宗文皇帝躬勤庶政,朝多良臣,論思獻替,動可紀録。故能遠繼堯舜,煥乎其文章。國朝舊制,每正衙奏事,史官載筆於玉階之下,所有議論政事,悉得聞之。及永徽已後,仗下便退,宰臣謀議,外莫得聞。長壽二年,宰相姚璹,以爲帝王謨訓,不可闕於紀述,史官疏遠,無因得書。請自今已後,所論軍國政要,委宰相一人撰録,號爲時政紀。此事久廢,史官不得復聞,唯寫誥詞、記除授而已。臣等常竊憤悱,大懼皇猷未有以光揚於天下。伏望天恩,許臣等每坐日,所有謀議事關政事者,便日撰録,號爲聖政紀。書紀緘封,至歲末,則付史官,永爲常式。庶得睿謀所載,如日月高懸;聖政惟新,與天地廣運。臣等不勝大願。"從之。①

初唐時期,起居郎、起居舍人"分侍左右仗下,秉筆隨相入禁殿,命令謨猷,皆得詳録。若伏在紫宸閣内,則夾香案,分立殿下,正直第二螭首。和墨濡翰,皆即螭首之坳處,由是諺傳謂螭頭有水。官既密侍,號爲清美",屬於可以出入禁殿、與聞機密的清要官。② 高宗永徽年間是兩省起居職能演變的重大分水嶺,"起居郎雖得對仗承旨,仗下後謀議皆不得聞",③兩省起居與百官一起仗下俱退,"宰臣謀議,外莫得聞",由此區分出"對仗"與"仗下""外"與"内"兩個難以逾越的政治空間。④ 前者爲公開的朝堂,皇帝坐朝聽政,必設儀仗,百官當廷言事,無所隱秘;後者爲私密的場所,兩省起居無從得知仗下謀議的具體内容。所以武周長壽年間,時相姚璹奏請由宰相一人撰録起居郎、起居舍人無法聽到的軍國政要,這就是十分特殊的史書體裁——時政記,每月録送史館,但不久即廢止。"及起居既録自宰臣,事同銘述,於是推美讓善之義行,而信史直書之義闕。既而歲月稍久,樞務復繁,注記漸簡,未幾皆廢。其後執事者時或修綴,百無一二。而左史所守,猶因於制敕,時存筆削。至於左史,職在記言,但編集詔書,繕寫而已"。⑤

此後,歷任皇帝時常問及此事,《時政記》的編修也是時斷時續。⑥ 德宗朝宰相賈

① 《唐會要》卷六四《史館下》,第1312—1313頁。
② 姚合有詩《寄右史李定言》爲證:"纔歸龍尾含雞舌,更立螭頭運兔毫。閶闔欲開金漏盡,冕旒初坐御香高。"見《全唐詩》卷四九七《姚合二》,第5691頁。
③ 《唐會要》卷五六《省號下》,第1129頁。
④ 《唐會要》卷二五《百官奏事》(第556—557頁)載玄宗開元六年七月二十八日詔:"百官及奏事,皆合對仗公言,比日以來,多仗下獨奏。宜申明舊制,告語令知,如緣曹司細務,及有秘密不可對仗奏者,聽仗下奏。"
⑤ 《唐會要》卷五六《省號下》,第1129—1130頁。
⑥ 參謝保成:《隋唐五代史學》,第101頁。

耽、齊抗曾經撰録;貞元十二年(796),德宗又於延英奏對時問及宰相趙憬,當即表示
"君舉必書,義存勸誡。既嘗有時政記,宰臣宜依故事爲之"。① 但不久趙憬去世,時政
記亦不行。元和八年(813)十月,憲宗又於延英殿特別問及時政記:"其間或修或不修
者,何也?"②監修國史李吉甫對曰:"面奉德音,未及施行,總謂機密,故不可書以送史
官;其間有謀議出於臣下者,又不可自書以付史官;及已行者,制令昭然,天下皆得聞知,
即史官之記,不待書以授也。且臣觀時政記者,姚璹修於長壽,及璹罷而事廢;賈耽、齊
抗修之於貞元,及耽、抗罷而事廢。然則關時政化者,不虛美,不隱惡,謂之良史也。"③
對於此次問對,朱維錚認爲李吉甫大講《時政記》"所以從永徽到貞元百餘年間,僅修過
兩次,原因在於保密,也在於避免臣下侵犯君權。這話在皇帝聽來悦耳,但對當殿聆聽
的大臣和史官,不啻是公開警告,不許亂説亂寫"。④ 誠如斯言,宰相李吉甫一針見血地
指出《時政記》最諱莫如深之處就在於"保密"。所謂"機密",關鍵要看謀議後是否施
行,已經施行的會由詔敕昭告天下,因此也就無所謂機密;没能施行的才是真正的機密,
無論是皇帝與宰臣還是宰臣之間的謀議,都不宜交付史官,對史官的輕視⑤之態躍然紙
上。李吉甫此言在現存有關《時政記》的史料中十分罕見地觸及高層權力運作的本質,
雖然在史官與士人看來此種言論或許難以接受。

　　由於兩省起居與最高權力中樞在與聞機密上的距離漸行漸遠,以致元和十二年
(817)史官"起居舍人庾敬休上疏求復故事",故九月有敕:"記言記事,史官是職,昭其
法誡,著在典常。如聞近者,難得詳實,思有釐改,用存舊章,舉而必書,朕所深望。自今
以後,每坐日,宰臣及諸司對後,如有事可備勸誡合紀述者,委其日承旨宰相,宣示左右
起居,令其綴録。仍准舊例,每季送史館,以爲常例。"⑥可見,憲宗准許恢復《時政記》的
編修,所不同的是改由承旨宰相口述"宣示左右起居",由後者撰録成文。還有一個變
化,就是由以前每月送史館改成每季送史館。但結果依然事與願違,"既而宰相以事關
機密,不以告之,事竟不行。自左右史失職,於今幾一百五十年,中間往往有時政記出
焉。既録因宰相,事同稱讚,推美讓善之道行,而信史直書之義闕。然於時尚十得其四

① 《舊唐書》卷一三八《趙憬傳》,第3799頁。
② 《唐會要》卷六四《史館下》,第1310頁。
③ 《舊唐書》卷一四八《李吉甫傳》,第3995—3996頁。
④ 朱維錚:《史官與官史——韓、柳的史官辯》,《復旦學報》(社會科學版)2006年第3期。
⑤ 張榮芳:《唐代的史館與史官》,第84頁。
⑥ 《唐會要》卷五六《省號下》,第1129頁。

五,今則全廢,君子惜之"。① 宰相拒絕將核心機密告訴左右史,後者也就無從爲文,《時政記》的編撰形同虛設,再一次無果而終。

爲什麼朝廷君臣與天下君子均認爲應該編修《時政記》,並藉此將相應内容寫入國史,但在付諸施行的過程中卻總是困難重重、阻力不斷呢？ 這就可能需要從"對仗"與"仗下"兩種隱形政治空間的博弈來加以闡釋。唐代實行宰相集議制度,皇帝與宰相或者宰相之間的仗下謀議,與朝堂公開的奏答全然不同,其中必然會含有大量高層機密。無論是由集體宰相中的其中一位撰録,還是由承旨宰相口授左右史撰録《時政記》,都必然會涉及到底何種層面、何種級別、何種内容的機密可以寫入《時政記》並録送史館。而對機密的評判標準,宰相之間又會因人而異,因政見、派系、利益等複雜因素而異。可以想見對於仗下謀議所涉機密的篩選是極其慎重的,因爲無論一月還是一季,一旦送至史館,其中的内容就會被史官知曉,更極有可能因史官的政治取向與價值判斷,而在短時間内迅速擴散,其可能造成的對於宰相的負面影響很可能會失去控制。

有鑑於此,我們再來看崔植、杜元穎的奏請,改《時政記》名爲《聖政紀》,由宰相撰録"所有謀議事關政事者"。與憲宗朝相比,此次改制最大的特點是將録送史館的時間改爲"歲末(歲終)",也就是説,録送周期由每月一送或每季一送改成每年一送,這是《時政記》創立以來從未有過的大變化。那麼,爲何要改成每年一送？ 其中有何玄機？與同年年底發生的李景儉案是否有所關聯？ 可能迫於來自皇帝與時議的壓力,宰相崔植、杜元穎親自出面上奏恢復《時政記》的編修,但又不得不考慮機密泄露的不良後果,所以在此前《時政記》録送史館周期一再延長的基礎上,這一次直接延長爲一年。其中的關鍵在於録送周期越長,所載内容的機密性、敏感度越低,可能被史官以及天下士人詬病的幾率就越小。

由此又必須考慮穆宗朝《聖政紀》是否真正編修過的問題。上引《舊唐書·穆宗紀》載"從之,事亦不行",就是説雖然穆宗批准上奏,但是編修《聖政紀》還是沒有成功。然而,上引《唐會要·史館》開頭便稱"四月,修聖政紀",後面附上奏文以明原委,恰恰説明穆宗朝編修《聖政紀》的工作已經開始進行了。如果這種情況成立的話,那麼"事亦不行"就可以理解爲編修《聖政紀》雖然沒能常年持續下去,但也並非完全沒有編修過。

繼續考察李景儉案之後《時政記》的編修狀況可以發現,"歲末"送史官僅曇花一現

---

① 《唐會要》卷六四《史館下》,第 1310 頁。

般地出現於穆宗一朝。文宗大和五年(831)四月下詔恢復撰録,"每季送史館"。① 開成三年(838)二月,甚至恢復到最初的"月終送史館"。"中書門下奏:'延英對,宰臣須紀録。伏以陛下躬勤庶政,超邁百王,每對宰臣,日旰忘倦。正衙決事,二史在前;便殿坐日,全無紀録。……今請每至延英坐日,對宰臣往復之詞,關教化政刑之事,委中書門下直日紀録,月終送史館。所冀政猷不墜,國史有倫。昨日延英面奏,已蒙允許。'敕旨依奏"。② 但最終還是未能推行。當時,李景儉案史館聚飲參與者之一的楊嗣復已貴爲宰相,中書門下奏文即出自其手。"是時延英訪對,史官不及知。嗣復建言:'故事,正衙,起居注在前;便坐,無所紀録。……臣請延英對宰相語關道德刑政者,委中書門下直日紀録,月付史官。'它宰相議不同,止"。③ 楊嗣復親歷崔植、杜元穎改《聖政紀》爲每年送史館,卻在擔任宰相後建言改回每月送史館,個中因由,頗耐人尋味,或許當年李景儉案對其影響至深,在得預樞機後不想招致史官及士人抨擊,雖然已經得到文宗當面允許,無奈其他宰相反對,其議終不得實施。

武宗會昌三年(843)十月,中書門下奏请《時政記》"季末送史館",並在論及修史體例時特別談到諱莫如深的"禁中之語"問題:

"臣等伏見近日實録,多云禁中言者。伏以君上與宰臣及公卿言,皆須衆所聞見,方合書於史策。禁中之語,向外何由得知。或得於傳聞,多出邪佞,便載史筆,實累鴻猷。向後日録中如有此類,並請刊削,更不得以此記述。"……敕旨:"宜依奏。"④

史書的製作過程極其複雜。大體言之,在綜合《起居注》、《時政記》等史料的基礎上編纂《日曆》,在《日曆》的基礎上編修各個皇帝的《實録》,在《實録》的基礎上編修從唐朝創建開始的《國史》,⑤之後才有朝代結束後繼起王朝編纂的所謂前代"正史"。武宗朝中書門下上奏中"禁中之語,向外何由得知"的發問不可謂不深刻,直接觸及史書編修過程中史料采信與甄別的實質性問題。此外,"禁中之語"所提示的更爲重要的意義,在於爲我們展現了中樞決策的場域中内、外天隔的政治實態。上文多次出現的"坐

---

① 《舊唐書》卷一七下《文宗紀下》,第541頁。
② 《唐會要》卷六四《史館下》,第1313—1314頁。
③ 《新唐書》卷一七四《楊嗣復傳》,第5239頁。
④ 《唐會要》卷六四《史館下》,第1314—1315頁。
⑤ 杜希德:《唐代官修史籍考》,第50、106、142頁。

日”，即指延英奏對而言。國家每有大事，皇帝必召宰相入延英，問對謀劃，以制定政策。① 延英殿是“史官不及知”的難以進入歷史書寫的君臣機密空間，問對時其餘任何人都不得在場，以保持對外的高度機密性與權威性。② 所以，李景儉等人能够知曉宰相崔植、杜元穎“謂”的内容實屬不易，而移置於延英殿與中書省之間的史館，因匯集《時政記》、《起居注》等史料，最有可能成爲高層機密的信息源頭，雖然時間上肯定會滯後。

行文至此，有必要重新回到穆宗朝，我們最關心的問題是截止到長慶元年“歲末”，從四月至十二月的第一年的《聖政紀》是否編修完成？ 是否已經送到史館？ 當然，現存史料基本無法支撑這樣的判斷，我們只能嘗試將李景儉案的相關疑點，置於朝廷謀議與河朔復叛的空間背景之中進行適度的推測。長慶元年正月，幽州節度使劉總奏請入朝，穆宗遣溫造宣諭幽州稱旨，劉總送朱克融至京師以絶後患。三月，以張弘靖爲新任幽州節度使。四月，宰相崔植、杜元穎奏請編修《聖政紀》，並改爲每年送史館，以防機密泄漏，降低仗下謀議的敏感度。三月至六月期間，崔植、杜元穎仗下謀議認爲“兩河無虞，不復禍亂矣”，准許朱克融勒還幽州。七月，幽州軍亂，隨後鎮州軍亂，朝廷復失幽州、成德。八月，朝廷再遣起居舍人溫造宣慰河朔，同月李景儉復任諫議大夫。十一、十二月間，溫造返回京師。十二月，正值“歲末”，宰相編修完成第一年度的《聖政紀》送至史館。李景儉、溫造等六人齊聚史官獨孤朗處，此時，有關朝廷處置幽州的公開政令之外，溫造帶回的河北第一手情報與局勢分析，之前“緘封”最新公開的宰相崔植、杜元穎的仗下謀議内容，成爲史館聚飲的最新素材。最終，興論焦點指向崔植、杜元穎“兩河無虞，不復禍亂矣”的誤判，衆人一致認爲宰相“素不知兵，心無遠慮”，是河朔復叛的直接誘因，③應該爲此承擔罪責。尤其是李景儉，酒後直接前往位於中書省的宰相府署，責難謾罵宰相，是爲案件的全過程。因“禁中之語”觸發的李景儉案，對宰相的名望、仕途

① 袁剛：《隋唐中樞體制的發展演變》，第172頁。
② 謝元魯：《唐代中央政權決策研究》，第62頁。
③ 吴偉斌《元稹考論》(鄭州：河南人民出版社，2008年，第66頁)認爲李景儉案爆發的原因是長慶元年十二月王播、崔植、杜元穎竭力主張赦免朱克融引起李景儉等人的強烈不滿，因此同月才有“使酒罵座”事件，時間倒置，誤。《舊唐書》卷一六《穆宗紀》(第492—493頁)所載時間線索甚明，長慶元年十二月“丁卯，貶諫議大夫李景儉爲楚州刺史。據《舊唐書》卷一七一《李景儉傳》(第4456頁)“景儉未至漳州而元稹作相，改授楚州刺史”。也就是説，“使酒罵座”事件發生在十二月丁卯之前。接下來，《舊唐書》卷一六《穆宗紀》(第493頁)繼續記載“乙酉，以幽州都知兵馬使朱克融檢校右散騎常侍，充幽州盧龍軍節度使，其拘囚張弘靖、殺害府僚之罪，一切釋放。雖然赦免朱克融是崔植等宰相所爲，但從時間序列上並不是“使酒罵座”事件的原因，而是後續發展。吴偉斌站在元稹的立場論述其爲河朔罷兵的堅決反對者，此論點可以成立，但引用發生在河朔罷兵之前而非之後的李景儉案作爲證據，似乎不妥。

與現實利益造成了巨大衝擊,導致原本即存在分歧的《聖政紀》編修工作戛然而止,因此史稱"事亦不行"。

五、餘　　論

《舊唐書·李景儉傳》文末史臣曰:"景儉自負太過,蕩而無檢,良驥跅弛之患也。"[①]五代史官的評價代表何方立場,多大程度上能够做到公正允當,值得反思。南宋葉適認爲雖然"朝士信無侵辱宰相之理",但宰相招致此辱實在難以服士大夫心。李景儉於長慶元年八月復任諫議大夫,當時諫議大夫分左右,左諫議大夫隸門下省,右諫議大夫隸中書省,李景儉應爲右諫議大夫,[②]與知制誥、起居舍人、史館修撰同在中書省辦公。諫議大夫"掌侍從贊相,規諫諷諭",[③]論事不須令宰相先知,可以"直論得失,無假文言"。[④] 李景儉於史館聚飲聽聞多方情報均直指宰相,其義憤填膺、直陳時弊的道德心與正義感,驅使他等不及去朝堂進諫,而是借酒直接前往中書門下謁見宰相,面疏其失,可以説在道義上正是在履行諫議大夫的職責。但其上疏的場合和方式,卻嚴重觸犯了官府行政運作的基本法則,"若等威可紊,則堂陛不嚴",故在後世留下"慢罵宰相""侵辱宰相"之名。兩任諫議大夫均是如此,顯然是其秉性使然,並非全爲酣醉狂態。

元和十五年,因"與元稹、李紳相善,時紳、稹在翰林,屢言於上前",[⑤]穆宗初遷李景儉爲諫議大夫。李景儉"性既矜誕,寵擢之後,凌蔑公卿大臣,使酒尤甚",[⑥]遂有"前輕蕭俛、段文昌"事件,被貶建州刺史。長慶元年二月,元稹任中書舍人、翰林承旨學士。同年八月,將李景儉召還復任諫議大夫。同年十月,裴度彈劾元稹結交宦官,元稹罷學士,出爲工部侍郎。[⑦] 此後至十二月,就發生了"後罵王播、崔植、杜元穎"事件,李景儉被貶漳州刺史。

此時的元稹由地近樞密到出任外省,對李景儉這一次的被貶顯然已經無能爲力,所

---

① 《舊唐書》卷一七一《李景儉傳》,第 4457 頁。

② 白居易撰《論左降獨孤朗等狀》(朱金城箋注:《白居易集箋校》卷六〇《奏狀三》,上海:上海古籍出版社,1988 年,第 3399 頁)稱"獨孤朗與李景儉等皆是僚友,旦夕往來,一飯一飲,蓋是常事",説明李景儉之諫議大夫與獨孤朗之史館修撰均隸中書省。

③ 《舊唐書》卷四三《職官志二》,第 1845 頁。

④ 《通典》卷二一《職官典三》,第 555 頁。

⑤ 《舊唐書》卷一七一《李景儉傳》,第 4455—4456 頁。

⑥ 《舊唐書》卷一七一《李景儉傳》,第 4456 頁。

⑦ 元稹歷官參周相録:《元稹年譜新編》,上海:上海古籍出版社,2004 年,第 196—203 頁;吳偉斌:《元稹考論》,第 126—131 頁。

以賦詩一首《別毅郎》以表心迹:

> 爾爺只爲一杯酒,此別那知死與生? 兒有何辜才七歲,亦教兒作瘴江行。
>
> 愛惜爾爺唯有我,我今憔悴望何人? 傷心自比籠中鶴,剪盡翅翎愁到身。①

毅郎即李景儉之子,"爾爺只爲一杯酒"指李景儉使酒罵座一事,對於自己的仕途前景,元稹毫無把握,所以不知此別是否還能再相見。"愛惜爾爺唯有我,我今憔悴望何人",既道出其與李景儉情誼深厚,又流露出官場失勢後的無奈。

但隨後形勢急轉直下,從七月幽州復叛、八月朝廷征討,到十二月李景儉案發之後,"幽、鎮用兵久無功,府藏空竭,勢不能支。執政乃議:'王庭湊殺田弘正而朱克融全張弘靖,罪有輕重,請赦克融,專討庭湊。'上從之。"②《資治通鑑》之"執政",《舊唐書·穆宗紀》爲"朝議",③均指向崔植等宰相無疑。十二月乙酉,"以幽州都知兵馬使朱克融檢校右散騎常侍,充幽州盧龍軍節度使,其拘囚張弘靖、殺害府僚之罪,一切釋放"。④ 但還是事與願違,至長慶二年(822)正月,不但朱克融並未收手,反而魏博再發軍亂,河朔三鎮聯結,局面失控。同年二月,又下詔赦免王庭湊,朝廷顏面盡失,威嚴掃地。在此重壓之下,朝廷開始對宰相班子作出調整,二月辛巳,崔植罷知政事,"以工部侍郎元稹守本官、同平章事;以翰林學士、中書舍人李德裕爲御史中丞;司勳員外郎、知制誥李紳爲中書舍人,依前翰林學士"。⑤

元稹爲相後,迅即對崔植等奏貶李景儉爲漳州刺史的決議進行補救。"景儉未至漳州而元稹作相,改授楚州刺史。議者以景儉使酒,凌忽宰臣,詔令才行,遽遷大郡。稹懼其物議,追還,授少府少監。從坐者皆召還。而景儉竟以忤物不得志而卒"。⑥《舊唐書·穆宗紀》載長慶二年"五月辛卯朔,以德州刺史李景儉爲諫議大夫"。⑦ 而兩《唐書·李景儉傳》均未載其曾第三次任諫議大夫,疑五月時李景儉已卒,"諫議大夫"爲朝廷追授。"忤物不得志",或曰"湮阨不得志"⑧,觸犯權貴,沉淪困頓,壯志難酬,孤寂憤懣,應該是李景儉悲涼晚景的内心寫照。時光倒轉五年,時任江州司馬的白居易曾於元

---

① 周相録校注:《元稹集校注》卷二一《律詩》,上海:上海古籍出版社,2011年,第638頁。但周相録校注將此詩繫於李景儉輕蕭俛、段文昌被貶建州刺史之時,誤。

② 《資治通鑑》卷二四二唐穆宗長慶元年十二月條,第7804頁。

③ 《舊唐書》卷一六《穆宗紀》(第493頁)載:"時朝議以克融能保全弘靖,王廷湊殺害弘正,可赦燕而誅趙。"

④ 《舊唐書》卷一六《穆宗紀》,第493頁。

⑤ 《舊唐書》卷一六《穆宗紀》,第495頁。

⑥ 《舊唐書》卷一七一《李景儉傳》,第4456頁。

⑦ 《舊唐書》卷一六《穆宗紀》,第497頁。"德州刺史"疑爲"楚州刺史"之誤。

⑧ 《新唐書》卷八一《三宗諸子列傳附李景儉傳》,第3600頁。

和十二年賦詩《聞李六景儉自河東令授唐鄧行軍司馬以詩賀之》與李景儉：

> 誰能淮上靜風波，聞道河東應此科。不獨文詞供奏記，定將談笑解兵戈。
>
> 泥埋劍戟終難久，水借蛟龍可在多。四十著緋軍司馬，男兒官職未蹉跎。①

當時白居易眼中年已不惑的李景儉正值仕途上升期，不僅"文詞供奏記"，還能"談笑解兵戈"，文武全才，意氣風發，頗值稱羨。尚永亮指出："古代士人的價值實現與其同君主間的距離密切相關。""由高官降爲卑職，由清要之所到閑散之地，由廟堂之邇到江湖之遙，無論從哪種意義上説，都意味着與君主在空間距離和心理距離上的擴大和疏遠，都意味着政治理想和人生價值的弱化和淪落。"②縱觀李景儉的一生，江陵、澧州、建州、漳州四次被貶，多次改遷，驟升驟降之間，對於朝廷之恩與威的理解，當別有深意。青史留名或許非其預料，但歷史書寫的尺度與法則，卻是我們關注此案的根本初衷。《舊唐書·李景儉傳》評論道："景儉疏財尚義，雖不屬名節，死之日，知名之士咸惜之。"③

與李景儉同飲者有六人，在敏感場所史館中形成了有別於朝堂、仗下、中書、河朔的特殊的政治空間，並觸動了中樞權力最爲敏感的神經。李景儉案發後，朝廷對從坐六人區別處置，其中獲貶者僅有四人，另二人因先起，未貶官。

> （長慶元年十二月）丁卯，貶諫議大夫李景儉爲楚（漳）州刺史。④ ……戊寅，……貶員外郎獨孤朗韶州刺史，⑤起居舍人溫造朗州刺史，司勳員外郎李肇澧州刺史，刑部員外郎王鎰郢州刺史，坐與李景儉於史館同飲，景儉乘醉見宰相謾罵故也。兵部郎中知制誥馮宿、庫部郎中知制誥楊嗣復各罰一季俸料，亦坐與景儉同飲，然先起，不貶官。⑥

前引《舊唐書·李景儉傳》明言聚於史館，而《新唐書·李景儉傳》則記爲"史官獨孤朗所"。聚飲場所在史館，史官獨孤朗自然難脱干係。如前所述，史館史官包括史館修撰與直史館，"貞觀初，別置史館於禁中，專掌國史，以他官兼領；或卑品有才，亦以直

---

① 《白居易集箋校》卷一六《律詩》，第1021頁。
② 尚永亮主撰：《唐五代逐臣與貶謫文學研究》，武漢：武漢大學出版社，2007年，第115頁。
③ 《舊唐書》卷一七一《李景儉傳》，第4456頁。
④ 李景儉初貶漳州刺史，事在長慶元年十二月。長慶二年二月元稹爲相後才改授楚州刺史，不應繫於長慶元年十二月。故"德"當爲"漳"之誤。
⑤ "韶州刺史"，《舊唐書》卷一六八《獨孤郁傳附獨孤朗傳》（第4382頁）爲"漳州刺史"，郁賢皓《唐刺史考全編》卷一五五《漳州》（合肥：安徽大學出版社，2000年，第2209頁）指出《舊唐書·獨孤朗傳》誤以爲獨孤朗出爲漳州刺史。
⑥ 《舊唐書》卷一六《穆宗紀》，第492—493頁。

館焉"。① 高宗更"命所司曲加推擇,如有居其職而闕其才者,皆不得預於修撰。由是史臣拜職,多取外司"。②"元和六年(811)六月,宰臣集賢院大學士裴垍奏:'史館請登朝官入館者,並爲修撰,非登朝並爲直館,修撰中以一人官高者判館事。其餘名目,並請不置,仍永爲常式。'從之"。③ 杜希德指出:"修撰們在一位或數位宰相的全面督導下進行工作,……監修一般由宰相中的品級較次者擔任。……所有具體的寫作事宜都是由修撰們做的,不過,監修們常常會干預他們的工作。"④穆宗長慶初年,杜元穎即曾以宰相監修國史。

從坐六人之中,隸於中書省的史官起居舍人溫造前文已論,宣慰河朔返京後聚飲史館,當提供了大量地方情報以及對朝廷政令的反饋。獨孤朗本官爲都官員外郎,充史館修撰,⑤平日在中書省史館辦公。聚飲之時,或許提供了剛剛録送至史館的《聖政紀》中宰相崔植、杜元穎仗下謀議的機密內容。此外,司勳員外郎李肇、刑部員外郎王鎰,在聚飲七人中排序居末,正史無傳。"司勳員外郎"、"刑部員外郎"當爲二人本官,與都官員外郎史館修撰獨孤朗均爲從六品上⑥之登朝官,⑦且從聚飲其餘五人均在中書省辦公的情況來看,此二人以本官充史官修撰的可能性較大。果如此,則與獨孤朗同在史館辦公。

其餘二人爲兵部郎中知制誥馮宿與庫部郎中知制誥楊嗣復,均爲以尚書省本官知制誥⑧,與史館修撰一樣屬於"以官充職",⑨專門負責爲皇帝起草各種制誥如詔令、任官敕書、賜書等。賴瑞和認爲:"唐代郎官知制誥都不在尚書省工作,而轉到中書省輪直,和中書舍人相同。"⑩因此,馮宿、楊嗣復二人平日在中書省辦公,所起草制誥均爲政事的最終執行文件,屬於公開的空間範疇,對於仗下謀議的決策過程可能並不知情。史官聚飲之時,此二人應該提供不了人所未知的新信息,但當飲酒過程中獨孤朗、溫造所提供的機密

---

① 《唐六典》卷九《史館》,第281頁。
② 浦起龍通釋:《史通通釋》卷一一《史官建置》,上海:上海古籍出版社,2009年,第294頁。
③ 《唐會要》卷六三《史館上·修史官》,第1300頁。
④ 杜希德:《唐代官修史籍考》,第13—15頁。
⑤ 《舊唐書》卷一六八《獨孤郁傳附獨孤朗傳》,第4382頁。
⑥ 都官員外郎見《唐六典》卷六《尚書刑部》,第192頁;司勳員外郎見《唐六典》卷二《尚書吏部》,第40頁;刑部員外郎見《唐六典》卷六《尚書刑部》,第180頁。
⑦ 唐代文官五品以上以及中書、門下兩省供奉官、監察御史、員外郎、太常博士,每日參見皇帝,稱常參官,或登朝官。
⑧ 唐初中書舍人掌草擬詔敕,稱知制誥。玄宗開元以後,或以尚書省諸司郎中等官領其職,稱兼知制誥。其後翰林學士入院一年即加此銜,專掌內制,草擬機密詔令;以他官兼者則掌外制,起草政府文書。參礪波護:《唐代政治社會史研究》,京都:同朋舍,1986年,第171—172頁;中村裕一:《隋唐王言の研究》,東京:汲古書院,2003年,第379頁。
⑨ 賴瑞和:《唐代中層文官》,北京:中華書局,2011年,第184頁。
⑩ 賴瑞和:《唐代中層文官》,第174頁。

內容與二人起草制誥的專業性牴牾過大時,二人很可能出於政治敏感性與自我保護意識,提前離席。從楊嗣復後來官至宰相來看,此二人在政治上比其餘諸人更加成熟、圓通,既要獲得士人心目中的聲望,[①]又無大損於自身的仕途。因此,宰相奏請的貶黜方案中,此二人因"先起,不貶官",僅"各罰一季俸料"。此外,遍覽兩《唐書·馮宿傳》與兩《唐書·楊嗣復傳》,對其參與李景儉案一事隻字不提,亦可見聚飲七人在政見與立場上的微妙差異。

李景儉案的政治風波在當時還引發了更爲廣泛的爭議。被辱宰相處置聚飲七人的決議一出,時任中書舍人的白居易,[②]便於當年當月十一日上《論左降獨孤朗等狀》,發出了不同的聲音:

> 都官員外郎史館修撰獨孤朗可富州刺史,[③]起居舍人溫造可朗州刺史,司勳員外郎李肇可澧州刺史,刑部員外郎王鎰可郢州刺史。
>
> 右,今日宰相送詞頭,左降前件官如前,令臣撰詞者。臣伏以李景儉因飲酒醉詆忤宰相,既從遠貶,已是深文。其同飲四人又一例左降。臣有所見,不敢不陳。伏以兩省史館,皆是近署,聚飲致醉,理亦非宜。然皆貶官,即恐太重。況獨孤朗與李景儉等皆是僚友,旦夕往來,一飯一飲,蓋是常事。景儉飲散之後,忽然醉發,自猶不覺,何況他人? 以此矜量,情亦可恕。臣又見貞元之末,時政嚴急,人家不敢歡宴,朝士不敢過從,[④]眾心無憀,以爲不可。自陛下臨御,及此二年,聖慈寬和,天下欣戴,臣恐此詔或下,眾情不免驚憂。兼恐朝廷官寮,從此不敢聚會。四方諸遠,不知事由,奔走流傳,事體非便。伏惟宸鑑,更賜裁量。免至貶官,各令罰俸。感恩知失,亦足戒懲。臣不揆愚,輒敢塵黷。豈不懼罪? 豈不惜身? 但緣進不因人,出於聖念,自忠州刺史累遷中書舍人,已涉二年,一無裨補。夙夜慚惕,實不自安。前後制敕之間,若非甚不可者,恐煩聖聽,多不備論。今者所見若又不奏,是圖省事,

---

① 李景儉案發以前,《楊嗣復可庫部郎中知制誥制》(《白居易集箋校》卷四九《中書制誥二》,第 2916—2917 頁);案發以後,《馮宿除兵部郎中知制誥制》(《白居易集箋校》卷四八《中書制誥一》,第 2877 頁)與《兵部郎中知制誥馮宿侍御史裴注義武軍行軍司馬御史中丞蕭籍饒州刺史齊照鄭州刺史渾鍼並可朝散大夫同制》(《白居易集箋校》卷四九《中書制誥二》,第 2931 頁)均由白居易撰寫,如楊嗣復"根於義訓,播爲令器,文煥發而才秀出",馮宿"立身守事,端方精敏"等言詞,飽含稱頌。

② 《韓昌黎文集校注》卷四《韋侍講盛山十二詩序》(第 291 頁)有言"忠州白使君爲中書舍人,李使君爲諫議大夫",此白使君爲白居易,李使君爲李景儉。

③ 郁賢皓《唐刺史考全編》卷二七七《富州》(第 3265 頁)指出《舊唐書·穆宗紀》與《新唐書·獨孤朗傳》均作"韶州刺史",據白居易《論左降獨孤朗等狀》,知獨孤朗先貶富州,封還詞頭後又改韶州。

④ 《舊唐書》卷一三《德宗紀下》(第 387 頁)載貞元十四年止月敕:"比來朝官或相過從,金吾皆上聞。其間如是親故,或嘗同僚,伏臘歲時,須有還往,亦人倫常禮,今後不須奏聞。"

有負皇恩。伏希天慈,以此詳察,知臣所奏不是偶然。其獨孤朗等四人出官詞頭,臣已封訖,未敢撰進,伏待聖旨。①

白居易認爲李景儉獲罪遠貶,已是重罰,獨孤朗、温造、李肇、王鎰四人不宜再貶,否則人人自危,對朝政不利。因此執行中書舍人的權力,在政令未頒之際封還詞頭,希望朝廷能够改貶官爲罰俸。詞頭是宰相記録下來的皇帝旨意,多爲人事任免方面的處理意見,中書舍人以此爲依據草詔後正式生效。② 白居易封還詞頭在唐代十分罕見,需要承擔巨大的風險,"豈不懼罪?豈不惜身"確非虛語。封還詞頭的程序僅在中書門下内部進行,一旦詔出,再有不同意見,則由門下省給事中行使封駁之權。③ 但最終四人貶官的詔令還是得到執行,白居易雖然未獲成功,但字裏行間均流露出對宰相措置的不滿,與對史館聚飲諸君的同情。此狀得以收入其文集並廣泛流傳,對於後世評價此案有着引導輿論的重要意義。

元稹爲相後,不僅召還李景儉,《舊唐書·李景儉傳》稱其還將"從坐者皆召還",《新唐書·李景儉傳》記爲"悉還宿等"。其中馮宿、楊嗣復並未獲貶,召還主要涉及白居易封還詞頭的獨孤朗、温造、李肇、王鎰四人。但是,《舊唐書·李景儉傳》所言不實,真正召還的只有獨孤朗一人。《舊唐書·獨孤朗傳》載"出爲漳(韶)州刺史。入爲左司員外郎,遷諫議大夫"。④《新唐書·獨孤朗傳》載"出爲韶州刺史。召還,再遷諫議大夫"。⑤ 可知獨孤朗被召還任左司員外郎。⑥

———————

① 《白居易集箋校》卷六〇《奏狀三》,第3398—3399頁。
② 宋靖:《唐宋中書舍人研究》,哈爾濱:黑龍江大學出版社,2010年,第142—143頁。
③ 中村裕一:《唐代制敕研究》,東京:汲古書院,1991年,第192頁。
④ 《舊唐書》卷一六八《獨孤郁傳附獨孤朗傳》,第4382頁。
⑤ 《新唐書》卷一六二《獨孤及傳附獨孤朗傳》,第4993頁。
⑥ 與李景儉素相善且曾因李景儉受累遭貶的李翶曾爲獨孤朗撰寫墓誌銘,涉及李景儉案前後的經歷如此:"遷殿中,尋加史館修撰,入省爲都官外郎,修史如前。出刺韶州,復入虞部、左司二員外,得郎中。數月,遷權知諫議大夫。"(《全唐文》卷六三九李翶《唐故福建等州都團練觀察處置等使兼御史中丞贈右散騎常侍獨孤公(朗)墓誌銘》,第2857頁)其中看不到志主參與李景儉案的任何蛛絲馬迹。而同樣是這一段經歷,由史官編修的《舊唐書·獨孤朗傳》則作出相對客觀的記述:"長慶初,諫議大夫李景儉於史館飲酒,憑醉謁宰相,語辭侮慢,朗坐同飲,出爲漳(韶)州刺史。入爲左司員外郎,遷諫議大夫。"(《舊唐書》卷一六八《獨孤郁傳附獨孤朗傳》,第4382頁)兩相比較,李翶回避維護之意,十分明顯。正如陸揚指出的,墓誌作者"對書寫對象的成就和身份有很强的理解和認同"(陸揚:《論唐五代社會與政治中的詞臣與詞臣家族——以新出石刻資料爲例》,《北京大學學報》〔哲學社會科學版〕2013年第4期)。另,《册府元龜》卷九二五《總録部·譴累》(第10928頁)在敍述李景儉案七人或貶或罰情況之後,又言"考功員外郎、史館修撰李翶與景儉相善,景儉除諫議,薦翶自代,及景儉獲譴,翶亦出爲朗州刺史",容易令人産生李翶貶朗州刺史也與李景儉案有關的誤解。考《舊唐書》卷一六《穆宗紀》,元和十五年正月,"貶諫議大夫李景儉爲建州刺史"(第476頁)。六月,"以考功員外郎、史館修撰李翶爲朗州刺史,坐與李景儉相善故也"(第478頁)。則李翶貶朗州發生在李景儉第一次由諫議大夫貶官之後,《册府元龜》將其綴於李景儉第二次由諫議大夫貶官之後,誤。

而其餘三人僅予加階,並未召還。此事又由白居易經手,所撰《李肇可中散大夫郢州刺史王鎰朗州刺史溫造可朝散大夫三人同制》記:

> 敕:朝請大夫、使持節澧州諸軍事、澧州刺史、上柱國、賜紫金魚袋李肇等:乃者李景儉使酒獲戾,而肇等與之會飲,失於檢慎,宜有所懲。由是左遷,分為郡守。今首坐者既復班列,緣累者亦當徵還。但以長吏數易,其弊端頗甚。況聞三郡皆有政能,人方便安,不宜遷換。故吾以采章階級並命而就加之。蓋漢制進爵秩,降璽書,慰勞良二千石之二日也。爾當是命,得不勉哉?①

雖然白居易封還詞頭未能如願,但他始終堅持認為李肇、王鎰、溫造與李景儉會飲,僅屬"失於檢慎",依然蘊含對當初宰相處置的微詞。三人貶官後政績卓著,或許成為朝廷發現治才的曲折途徑。溫造即於長慶二年在朗州武陵縣開後鄉渠,經九十七里,溉田二千頃,民獲其利,號"右史渠";並增修堤堰,人稱"右史堰"。② 劉禹錫曾作詩《寄朗州溫右史曹長》,對溫造徵詔返京充滿期待:

> 暫別瑤墀鵷鷟行,綵旗雙引到沅湘。城邊流水桃花過,簾外春風杜若香。
>
> 史筆枉將書紙尾,朝纓不稱濯滄浪。雲臺功業家聲在,徵詔何時出建章?③

長慶二年二月元稹為相,但同年六月又以"工部侍郎、平章事元稹為同州刺史",以李逢吉取而代之。④ 我們不擬對元稹罷相原因及其政治漩渦展開討論,但在其為相約四個月的短暫時段內,對李景儉與從坐者的挽救力度與決心是十分堅定的。加之白居易封還詞頭與起草"三人同制"所彰顯的心志,"元白"相互酬詠的文化大觀在李景儉案聚集,想必會讓當時以及後世士人為之動容。

杜希德認為:"在整個唐王朝,存在着一個由朝廷記事官及其他負責收集資訊、保存朝廷記錄的官員構成的群體。同時還有一批官方的修史者始終負責將這些材料轉化為優雅精緻的本朝歷史,還要撰寫較早時期的各種歷史。"⑤然而,史官作為歷史書寫者,往往很難保持"秉筆直書"的最高標準與"志趣相投"的價值取向之間的平衡,"清"與"濁"的心理抵觸與行為衝突,往往會使事件及其影響無限放大,最終經過史官的選

---

① 《白居易集箋校》卷五〇《中書制誥三》,第 2977—2978 頁。
② 《新唐書》卷四〇《地理志四》,第 1029 頁;《新唐書》卷九一《溫大雅傳附溫造傳》,第 3785 頁。
③ 《劉禹錫集箋證·外集》卷五《雜詩》,第 1328 頁。
④ 《舊唐書》卷一六《穆宗紀》,第 497—498 頁。
⑤ 杜希德:《唐代官修史籍考》,第 25 頁。

擇改寫進入史書。前文所引起居郎、起居舍人"官既密侍,號爲清美",①史館修撰也一定不遑多讓,"暨皇家之建國也,乃別置史館,通籍禁門,西京則與鸞渚爲鄰,東都則與鳳池相接。而館宇華麗,酒饌豐厚,得厠其流者,實一時之美事"。②杜希德還指出,史館修撰與直史館"都是爲文官中的學術精英,即公認的文才卓著及門第清高之士預備的顯赫的'清要'之職"。③剖析李景儉案的政治空間,有助於我們在陸揚揭示的知制誥、中書舍人、翰林學士、禮部侍郎知貢舉等政治精英文化群體即"清流"之外,④考察起居郎、起居舍人、史館修撰等史官的"隱性"話語權在政治生態中的影響與意義。歷史書寫的專業技能終歸掌握在史官手中,儘管李吉甫曾經暗示史官不得越界出格,但史書中還是會在史官堅守的原則問題上滲入適度的評價,並留下破解謎案的細微線索。在李景儉案所聯結的兩個場所中,如果史館在士人心目中被視爲"清"之地的話,中書門下所在的中書省無疑已被視爲"濁"之所。而與李景儉聚飲史館的史官以及與其相善的史官所秉持的價值判斷與歷史書寫,對流傳後世的史料當會産生一定程度的影響。當然,我們無意拼湊李景儉案的全部細節和關係網絡,但通過展現其背後錯綜複雜的權力運作與政治空間,可以對歷史形成與歷史演繹等宏觀命題提供進一步思考的維度。由此再次反觀葉適關於史家疏略未能留下語言行事的遺恨,頗有"此時無聲勝有聲"之慨。

附記:本文曾提交武漢大學中國三至九世紀研究所"珞珈中古史青年學術沙龍"討論,得到劉安志、魏斌、吳羽、朱海、黄樓、姜望來、崔世平等先生的教示,謹此致謝。

---

① 另參張榮芳:《唐代的史館與史官》附錄一《唐代起居郎舍人表》,第225—252頁。
② 《史通通釋》卷一一《史官建置》,第294頁。
③ 杜希德:《唐代官修史籍考》,第13頁。另參張榮芳:《唐代的史館與史官》附錄二《唐代史館史官表》,第253—269頁。
④ 陸揚:《唐代的清流文化——一個現象的概述》,收入北京大學中國古代史研究中心編:《田餘慶先生九十華誕頌壽論文集》,北京:中華書局,2014年,第556頁。

《魏晉南北朝隋唐史資料》第三十二輯

2015 年 12 月,131—149 頁

元和元年長安國忌行香制度研究[*]

——以新發現的《續通典》佚文爲中心

聶順新

國忌行香是唐代皇家宗廟祭祀與佛、道兩教相結合的一種特殊禮儀制度,歷來備受學者們的關注和研究。大谷光照出版於 1937 年的《唐代の仏教儀礼》一書,應是現代學術規範下研究唐代國忌行香制度的最早成果。該書從佛教禮儀的視角討論了唐代的國忌法會(即國忌日設齋行香禮儀)。① 次年,那波利貞在其向京都帝國大學提交的博士論文中,首次將唐代國忌行香分爲狹義(皇帝親赴京城寺觀行香)和廣義(地方官員在天下諸州指定寺觀行香)兩種;并在唐代政治社會史的視角下,將國忌行香制度的産生作爲論證開元、天寶時期唐代政治社會轉型以及玄宗君主集權加强的一個表現。② 古瀬奈津子討論了圓仁在唐所見數次國忌行香的相關禮儀,並對唐、日之間國忌行香禮儀的差異,以及造成這種差異的兩國不同的政治結構進行了比較分析。③ 高橋佳典通過梳理唐代國忌行香法會的沿革來考察唐代佛教政策的演變。④ 中村裕一則以年中行事的視角對圓仁所見晚唐國忌行香禮俗進行分析。⑤

我國學者的相關研究成果同樣豐富。如陳祚龍和劉俊文分別對 P.2504《天寶令式

　＊　本文爲國家社科基金重大項目“絲綢之路歷史地理信息系統建設”(14ZDB031)、陝西師範大學中央高校基本科研業務費(GK261002039)、陝西師範大學科研啓動費(999649)的階段性成果之一。

　①　大谷光照:《唐代の仏教儀礼》,東京:有光社,1937 年。
　②　那波利貞:《唐代社會文化史研究》,東京:創文社,1974 年,第 33—48 頁。該書第一編《唐の開元・天寶初期の交が時世の一変転期たるの考証》,即作者 1938 年向京都帝國大學申請博士學位時提交的博士論文。
　③　古瀬奈津子著、鄭威譯:《遣唐使眼裏的中國》,武漢:武漢大學出版社,2007 年,第 24—33 頁。
　④　高橋佳典:《国忌法会を通じて見た唐代の仏教政策》,載《アジア文化の思想と儀礼:福井文雅博士古稀記念論集》,東京:春秋社,2005 年,第 629—646 頁。
　⑤　中村裕一:《中国古代の年中行事》,第四冊《冬》,東京:汲古書院,2011 年,第 561—578 頁。

表》之"祠部新式"的研究;①趙和平和吳麗娛分別對 S.6537v《大唐新定吉凶書儀》"祠部新式第四"的研究;②嚴耀中對文宗時期廢行香風波的討論;③馮培紅通過對多種敦煌寫本《國忌行香文》的綜合研究,討論了張氏歸義軍時期敦煌的國忌行香實踐及其所體現的歸義軍與唐中央的關係。④ 張文昌以國忌行香爲例,討論了佛教因素在唐宋禮典中的影響。⑤ 霍存福和吳麗娛已分別指出,唐代的國忌日數與同時期皇家太廟中供奉的神主數相對應,⑥即唐代的國忌日數隨太廟中神主之遷祔而變化。此點實際上已觸及唐代國忌行香制度的本質,對筆者啓發尤大。

長安城作爲唐帝國的都城和當時東亞地區的文化中心,城中林立的寺觀一直都是宗教學、歷史學、考古學、文學等學科關注和研究的焦點,相關成果十分豐富。⑦ 這些有關隋唐長安寺觀的研究成果中,管見所及,論及唐代長安寺觀之國忌設齋行香活動者只有兩種⑧,且均未進行深入分析。

上述研究成果中,探討唐代國忌行香制度者,討論重點均是地方諸州,對於都城長安的情況卻鮮有提及;關注唐代長安寺觀者,論及其中國忌行香活動者亦不多見。之所以出現這種情況,主要原因即在於,有關唐代長安國忌行香制度的記載十分匱乏且分散。

此前,學界對唐代長安國忌行香制度的認識主要是基於《唐六典》和《唐會要》的相

---

① 陳祚龍先生將該文書定名爲"國忌日曆表",參見氏著《關於玄、代二宗之間通行的"國忌"日曆表》,《大陸雜誌》第53卷第4期,1976年,第166—167頁;劉俊文《天寶令式表與天寶法制——唐令格式寫本殘卷研究之一》,氏著《敦煌吐魯番唐代法制文書考釋》,北京:中華書局,1989年,第355—403頁。

② 趙和平:《敦煌寫本鄭餘慶〈大唐新定吉凶書儀〉殘卷研究》,周一良、趙和平《唐五代書儀研究》,北京:中國社會科學出版社,1995年,第146—190頁;吳麗娛:《唐禮摭遺——中古書儀研究》,北京:商務印書館,2002年,第232—234頁。

③ 嚴耀中:《從行香看禮制演變——兼析唐開成年間廢行香風波》,載同氏編《論史傳經——程應鏐先生紀念文集》,上海古籍出版社,2004年,第149—163頁。

④ 馮培紅:《敦煌本〈國忌行香文〉及其相關問題》,《出土文獻研究》第7輯,上海:上海古籍出版社,2005年,第287—308頁。

⑤ 張文昌:《論唐宋禮典中的佛教與民俗因素及其影響》,《唐史論叢》第十輯,西安:三秦出版社,2008年,第17—39頁。

⑥ 霍存福:《唐式輯佚》,北京:社會科學文獻出版社,2009年,第335—337頁;吳麗娛:《敦煌書儀與禮法》,蘭州:甘肅教育出版社,2013年,第128頁。

⑦ 主要成果有:井ノ口泰淳《長安寺院史料の集成と研究》,京都:龍谷大學,1986—1987年;小野勝年:《中國隋唐長安·寺院史料集成》史料篇、解說篇,京都:法藏館,1989年;辛德勇:《長安城寺院的分佈與隋唐時期的佛教》,氏著《舊史輿地文錄》,北京:中華書局,2013年,第325—330頁;孫昌武:《唐長安佛寺考》,《唐研究》第二卷,北京:北京大學出版社,1996年,第1—48頁;龔國強:《隋唐長安城佛寺研究》,北京:文物出版社,2006年。

⑧ 孫昌武:《唐代長安道觀及其社會文化活動》,氏著《道教與唐代文學》,北京:人民文學出版社,2001年,第434—435頁;魏嚴堅:《唐代長安寺院之研究》,臺灣"中國文化大學"2004年博士學位論文,第248—251頁。

關記載。據《唐六典》卷四《尚書禮部》"祠部郎中·員外郎"條，[1]及《唐會要》卷五〇《雜記》所載玄宗開元二十七年五月二十八日敕，[2]可知開元時期長安的國忌行香地點爲指定的大觀、寺各二所。[3] 然這兩則記載僅限於開元時期，且對於四所大觀、大寺的名稱，設齋人數等，均未予説明。

日本入唐求法僧圓仁的《入唐求法巡禮行記》，則詳細記載了晚唐長安的三次國忌行香活動（詳見後文）。中唐長安的國忌行香制度如何運作？ 是因襲開元舊制，還是有所發展變化？ 傳世文獻中的幾條零星記載顯然無法回答這一問題。[4]

最近，筆者發現，岳珂《愧郯録》卷一三《國忌設齋》條，保存了宋白《續通典》的大段佚文，其中系統記載了元和元年（806）長安七帝七后的國忌日、設齋寺觀、設齋規模等内容，爲了解中唐長安的國忌行香制度提供了重要的資料基礎。本文即主要利用這段佚文，并結合其他史料，嘗試對元和元年長安國忌行香制度進行研究，希望將問題的討論引向深入。

一、《續通典》佚文所載唐代長安國
忌行香制度及其年代

南宋人岳珂在其《愧郯録》一書中，有大段文字涉及唐代長安的國忌設齋行香制度，該書卷一三《國忌設齋》條記載：

> 祖宗以景靈爲原廟，每國忌用時王禮，集緇黄以薦時思焉。珂簿正大農日，嘗隨班行香。清晨，宰執率百官入班，定緇黄鐘磬螺鈸如法，僧職宣疏，齋僧道各二十五員，以爲常制。珂按《續通典》，在唐已有之。高祖五月六日忌，勝業、會昌各設五百齋。太穆皇后竇氏五月二十一日忌，興福寺、興唐觀各二百五十人齋。太宗五

<hr/>

① 李林甫等撰、陳仲夫點校：《唐六典》卷四《尚書禮部》"祠部郎中·員外郎"條，北京：中華書局，1992 年，第 127 頁。

② 王溥：《唐會要》卷五〇《雜記》，上海：上海古籍出版社，1991 年，第 1030 頁。

③ 據杜光庭《道德真經廣聖義》卷一，歐陽修《集古録跋尾》卷六《唐石臺道德經》，及歸有光《震川先生集》卷五《跋唐石臺道德經》，可知開元時期長安舉行國忌行香禮儀的兩所大觀可能是左街興唐觀和右街金仙觀，然此是孤證，尚需其他資料印證。詳參拙文《長安開元觀與唐玄宗的都城宗教政策》（待刊）。

④ 如代宗永泰元年（765），章敬太后忌日，京官赴長安興唐寺行香。王欽若等編：《册府元龜》卷四五九《臺省部·公正》，北京：中華書局影印，1960 年，第 5454 頁；同書卷六六九《内臣部·恣横》亦記此事，第 7995 頁。大曆七年（772）應光天觀道士申甫之請，玄真觀、開元觀和光天觀皆因"并載先帝（肅宗）聖諡"的特殊情況，而被增列爲肅宗國忌日行香道觀。《册府元龜》卷五四《帝工部·尚黄老二》，第 606 頁。德宗貞元二年（786）年章敬寺被增列爲代宗忌日行香寺院。見《唐會要》卷四九《雜録》，第 1007 頁；《唐會要》卷四八《寺》，第 992 頁。

月二十一日忌,青龍、經行寺各五百人齋。文德皇后長孫氏六月二十一日忌,慈恩、溫國寺各二百五十人齋。睿宗六月二十日忌,安國、西明寺各三百人齋。昭成皇后竇氏十一月二日忌,慈恩寺、昭成觀各三百人齋。玄宗四月五日忌,千福寺、開元觀各設三百人齋。元獻皇后楊氏三月二十三日忌,資聖、化度寺各二(三?)百人齋。肅宗四月十八日忌,崇聖寺、昊天觀各設三百人齋。章敬皇后吳氏正月二十二日忌,章敬寺、元(玄)都觀各設三百人齋。代宗五月二十一日忌,聖興(興聖?)、惠日寺各設五百人齋。睿真皇后沈氏十月二日忌,總持寺、肅明觀各設二百五十人齋。德宗正月二十三日忌,莊嚴寺、光天觀各設五百人齋。昭德皇后王氏十一月十一日忌,福壽寺、元(玄)真觀各設五百人齋。然則唐制固甚侈,今幾止二十之一。祖宗威神在天,要無取乎此,姑惟示存羊之意可也。然祝唄之詞,頌臺每付之常程,不復刊定,如"文武官僚,祿位常居"等語,要於宗廟,非所宜言,亦鄰於俚云。①

《四庫全書總目》對《愧郯錄》評價頗高,稱:"是書多記宋代制度,參證舊典之異同。……其徵引可云博洽,與《石林燕語》諸書亦如驂有靳矣。……然大致考據典贍,於史家、禮家均爲有裨,不可謂非中原文獻之遺也。"②所謂"考據典贍"與"不可謂非中原文獻之遺",當與該書徵引博洽、保存有大量史料有關。

據"珂按《續通典》,在唐已有之"一句按語,可知這段文字的史源即出自《續通典》。《續通典》,二百卷,北宋咸平三年至四年(1000—1001),翰林學士承旨宋白等奉真宗詔編纂的續修杜佑《通典》之作。所記典制上起唐至德初,下迄五代後周顯德末年。全書今已亡佚。日本學者船越泰次曾據《通鑑》胡注、胡三省《通鑑釋文辨誤》、王應麟《通鑑地理通釋》、洪遵《泉志》等書,輯出《宋白續通典輯本》八卷,並在所附解題中,詳考《續通典》的編纂過程、參編人員、内容特色、版本流傳等。③ 然船越先生並未注意到宋元時期其他文獻中零散徵引的《續通典》佚文,岳珂《愧郯錄》引自《續通典》的文字即是其中之一。

據船越先生研究,《續通典》一書的具體内容基本均是依據當時既存的原典忠實抄

---

① 岳珂:《愧郯錄》卷一三"國忌設齋"條,《四部叢刊續編》影印鐵琴銅劍樓藏宋本,第8—9頁。筆者又核對《中華再造善本》影宋本、《知不足齋叢書》本等,除"玄"字避清聖祖玄燁諱或缺筆或改作"元"字外,其餘文字完全相同。

② 永瑢等:《四庫全書總目》卷一二一《子部·雜家類五》,北京:中華書局影印,1965年,第1046頁。

③ 船越泰次:《宋白續通典輯本附解題》,東京:汲古書院,1985年,第211—219頁。

録;①且該書在南宋及元初尚有一定程度的流傳。因此,身處南宋前期的岳珂,在其《愧郯録》中完整引用《續通典》有關唐代長安國忌行香制度的大段原文,其真實性毋庸置疑。

此段《續通典》佚文詳載唐代高祖、太宗、睿宗、玄宗、肅宗、代宗、德宗及其皇后共七帝七后的國忌日、設齋寺觀、設齋人數等內容。可以説,包括了除具體的設齋行香儀式之外唐代國忌行香制度的所有內容,即追福對象、設齋時間、設齋地點、設齋規模。然此段佚文所載究係何時制卻需略作考證。

從佚文中所列最晚的追福對象爲德宗及其昭德皇后,可知《續通典》佚文反映的至少應是德宗去世之後,即順宗朝或以後的制度。這一判斷可得佚文中兩則內證的支持。

首先,睿宗昭成皇后的國忌日,《唐六典》作"正月二日",與表中所作"十一月二日"不同。《唐會要》卷二三《忌日》部記載:

> 永貞元年十二月,中書門下奏:"昭成皇后竇氏,按《國史》長壽二年正月二日崩。其時緣則天臨御,用十一月建子爲歲首。至中宗復舊用夏正,即正月行香,廢務日須改正,以十一月二日爲忌。"②

貞元二十一年八月四日,順宗內禪,稱太上皇,隨後降誥將貞元二十一年追改爲永貞元年(805)。八月九日,憲宗即位。次年正月,憲宗改元元和。永貞元年十二月已是憲宗即位四個月以後。《續通典》所載睿宗昭成皇后忌日作"十一月二日",顯然應在永貞元年十二月改正之後。

其次,《續通典》佚文所載追福對象中缺少高宗、中宗及其皇后的國忌日及相關規制。這應與唐代國忌日數的變化有關。霍存福和吳麗娛已分別指出,唐代的國忌日數與同時期皇家太廟中供奉的神主數相對應,即唐代的國忌日數隨太廟中神主之遷祔而變化。③大曆十四年(779),在顏真卿的主持下,唐代確立太祖、高祖、太宗爲三不遷之宗,以及三昭三穆爲六親廟的太廟制度,以後依次祧遷。④佚文中未見高宗、中宗及其皇后的忌日,正是太廟神主祧遷的結果。《册府元龜》卷五九一記載:

---

① 船越泰次:《宋白續通典輯本附解題》,第231頁。
② 《唐會要》卷二三《忌日》部,第524頁。此句標點應誤。因爲中宗時期唐代國忌行香制度尚未產生,自無法在昭成皇后忌日"即正月行香";同時,官員廢務是其參與行香的前提,不廢務的國忌日亦無需官員行香。參見拙文《唐代國忌行香制度淵源考論》(待刊)。筆者頗懷疑"即正月"之"正"字爲"十一"兩字之訛,俟考。若如此,則應作"至中宗復舊用夏正,即十一月。行香廢務日須改正,以十一月二日爲忌。"
③ 霍存福:《唐式輯佚》,第335—337頁;吳麗娛:《敦煌書儀與禮法》,第128頁。
④ 《舊唐書》卷二五《禮儀志五》,第954—956頁。

蔣武爲司勳員外郎,順宗山陵將畢,議遷廟之禮。……宰相奏下公卿重議。翌日,兵部侍郎李巽等集議,並與武同。由是竟遷中宗神主。於是禮儀使奏:"高宗皇帝十二月四日忌,則天皇后十二月二十六日忌,中宗皇帝六月二日忌,和惠(思)皇后四月七日忌。謹按,《禮記》云'舍故而諱新',此謂已遷之廟則不諱也。今順宗神主升祔禮畢,高宗、中宗神主上遷,則忌日並不合行香,仍依禮不諱。"制可。①據此可知,高宗、中宗(及其皇后)神主上遷,國忌日行香被廢止,正是"今順宗神主升祔禮畢"的結果。《愧郯録》所引《續通典》佚文中,缺少高宗、中宗及其皇后忌日,即因此四人神主祧遷之故。順宗崩於元和元年(806)正月甲申(十九日);七月,葬豐陵。禮儀使杜黃裳奏請因順宗神主已升祔太廟、中宗神主應準禮祧遷的時間是元和元年七月二十四日,②可知此段佚文反映了元和元年七月以後唐代國忌行香制度的最新變化。

需要注意的是,高宗神主因德宗神主祔廟而祧遷於永貞元年十一月③,時任禮儀使杜黃裳卻並未提出因高宗神主祧遷而廢止其國忌日行香的奏議。這表明,元和元年七月應是唐代確立並實行所謂"舍故而諱新"即先朝帝后神主上遷則其國忌日行香廢止制度之始。理論上,順宗神主祔廟,意味著其忌日(正月十九日)成爲新的國忌日,須舉行設齋行香等禮儀。然而,首次爲順宗舉行國忌行香禮儀卻須在其去世一年之後,即元和二年正月十九日。故《續通典》佚文缺少順宗忌日及相關儀制,適可證其反映元和元年七月至元和二年正月之間的長安國忌行香制度。

與此相應,正因順宗神主雖已祔廟,而其忌日尚未成爲新的國忌日,故《續通典》佚文所載七帝七后的國忌日設齋人數規模仍係順宗朝制度,尚沿未改。這也解釋了何以德宗及其昭德皇后的忌日設齋人數爲諸帝后國忌設齋規模之最的原因:德宗及其昭德皇后乃是順宗親生父母。

至於追福對象中缺少三不遷之宗之一的太祖。吳麗娛已注意到,敦煌文書S.6537v《大唐新定吉凶書儀》"祠部新式第四"中同樣存在缺少太祖的情況,吳先生認爲存在兩種可能:"少太祖或因遺落,但也可能因其是遠年之祖,屬於忌日'設齋不廢務'而非書儀所説廢務行香者,因此沒有與其他諸帝列在一起。"④筆者認爲吳先生的第二種解釋更具説服力。

---

① 《册府元龜》卷五九一《掌禮部·奏議一九》,第7065頁。
② 《舊唐書》卷二五《禮儀志五》,第956—957頁。
③ 《舊唐書》卷二五《禮儀志五》,第955—956頁。
④ 吳麗娛:《敦煌書儀與禮法》,第128頁。

此外，德宗昭德皇后的設齋寺院"福壽寺"亦需注意。福壽寺並不存在於元和元年的長安城中，該寺即武宗滅佛時長安保留未毀的四所寺院之一"西明寺"，宣宗即位後於會昌六年五月改額爲福壽寺，[①]故元和元年此寺寺額應作"西明寺"。由此可知，此段《續通典》佚文在晚唐會昌六年五月之後還曾經過改動。但整段佚文所反映的仍是元和元年七月至元和二年正月之間長安的國忌行香制度。

二、元和元年長安的國忌日

設齋的追福對象可以幫助我們將《續通典》佚文所載長安國忌設齋禮儀考定爲元和元年制度。國忌日則反映國忌行香禮儀的舉行時間。以下就佚文所載七帝七后的國忌日與傳世文獻、敦煌寫本、石刻史料等所載略作考辨，以確定元和元年長安城内僧道設齋、京官行香的具體日期。

高祖忌日，《續通典》佚文作"五月六日"，與河北正定廣惠寺唐代玉石佛座銘文（以下簡稱"廣惠寺佛座銘文"）、[②]《唐六典》、[③]敦煌文書 P. 2504《天寶令式表》之"祠部式"（以下簡稱《天寶式》）、[④]S. 6537v《大唐新定吉凶書儀》之"祠部新式第四"（以下簡稱敦煌本《鄭氏書儀》）、[⑤]《唐會要》卷一《帝號上》，[⑥]所載均同，應無誤。高祖太穆皇后竇氏忌日，《續通典》佚文作"五月二十一日"，與廣惠寺佛座銘文、《天寶式》所載相同，而《唐六典》作"五月一日"，敦煌本《鄭氏書儀》作"五月二十三日"。正定廣惠寺唐代玉石佛座銘文乃開元十五、十六兩年恒州刺史及當州龍興寺僧衆爲先朝帝后舉行國忌行香設齋禮儀的實況記錄，[⑦]而《天寶式》成書年代較早，又是官方法典所繫，兩相對照，應以"五月二十一日"爲是。《續通典》佚文所載無誤。

---

① 《舊唐書》卷一八下《宣宗本紀》，第 615 頁。相關研究參見季愛民：《會昌六年寺院存毀與改名史事》，載陳金華、孫英剛編：《神聖空間：中古宗教中的空間因素》，上海：復旦大學出版社，2014 年，第 134—149 頁。

② 錄文見郭玲娣等：《正定廣惠寺華塔内的二尊唐開元年白石佛造像》，《文物》2004 年第 5 期，第 82 頁。以下引自廣惠寺佛座銘文的諸帝后忌日見此頁。

③ 《唐六典》卷四《尚書禮部》"祠部郎中·員外郎"條，第 126 頁。以下引自《六典》的諸帝后忌日均見該書第 126—127 頁。

④ 錄文見劉俊文：《敦煌吐魯番唐代法制文書考釋》，第 356 頁。以下引自《天寶式》的諸帝后忌日均見此頁。

⑤ 錄文見周一良、趙和平：《唐五代書儀研究》，第 184—185 頁。以下引自敦煌本《鄭氏書儀》的其他帝后忌日均見此頁。

⑥ 《唐會要》卷一《帝號上》，第 2 頁。以下引自《唐會要·帝號上》的其他諸帝忌日均見該書第 2—9 頁。

⑦ 關於此銘文的詳細討論，參見拙文《河北正定廣惠寺唐代玉石佛座銘文考釋——兼議唐代國忌行香和佛教官寺制度》，《陝西師範大學學報（哲學社會科學版）》2015 年第 2 期，第 72—79 頁。

太宗忌日，《續通典》佚文作"五月二十一日"。廣惠寺佛座銘文、《唐六典》、《天寶式》、敦煌本《鄭氏書儀》、《唐會要》卷一《帝號上》均作"五月二十六日"。顯然，《續通典》佚文應是"五月二十六日"之訛。太宗文德皇后長孫氏之忌日，《唐六典》、《天寶式》均作"六月二十一日"，與《續通典》佚文所載相同；而敦煌本《鄭氏書儀》作"六月二十三日"，當係傳抄中訛誤；①《唐會要》作"五月二十六日"，②與太宗忌日完全相同，顯然訛誤。文德皇后忌日應以"六月二十一日"爲是，《續通典》佚文所載無誤。

睿宗的忌日，最爲複雜，共有五種説法。《唐六典》作"六月十日"，《天寶式》作"六月二十一日"，《唐會要》卷一《帝號上》作"五月二十日"，《唐會要》卷二三《忌日》作"六月二十日"，③《資治通鑑》作"六月癸亥"。④ 首先可以排除"五月二十日"説，因爲兩《唐書》睿宗、玄宗本紀均明載睿宗崩於開元四年六月，只是具體日期略有不同。《舊唐書》卷七《睿宗紀》和卷八《玄宗紀》分別作"開元四年夏六月甲子"和"（夏六月）癸亥"；⑤《新唐書》卷五《睿宗紀》僅云"開元四年六月"，同書同卷《玄宗紀》則載同年"六月甲子"。⑥ 按，開元四年"六月甲子"即"六月二十日"，"癸亥"即"六月十九日"。⑦《資治通鑑》據《舊唐書·睿宗紀》、《唐歷》以及同年六月"己巳，睿宗一七齋，度萬安公主爲女道士"一事，將睿宗忌日定爲"六月癸亥"。《通鑑》采信"癸亥"固不無道理，然如《通鑑考異》所示，《睿宗實録》、《玄宗實録》皆作"甲子"。馮培紅先生曾據此及上引《新唐書·玄宗紀》所載，認爲應取"六月甲子"之説。⑧ 筆者同意馮先生的看法。因爲若取《通鑑》所采"六月癸亥"，則其他四種記載均無法解釋；若采"甲子"説，則其他四種記載均可通過脱、衍、訛、誤來解釋。《續通典》佚文睿宗忌日作"六月二十日"，不僅與

---

① 敦煌本《鄭氏書儀》既將高祖太穆皇后忌日從"五月二十一日"訛爲"五月二十三日"，復將太宗文德皇后忌日由"六月二十一日"訛爲"六月二十三日"，此點頗可證明該文書傳抄過程中存在類似訛誤。

② 《唐會要》卷三《皇后》，第25頁。

③ 《唐會要》卷二三《忌日》部，"大和七年三月"條，第525頁，有"十五年五月，太常禮院奏：'睿宗神主祧遷，其六月二十日忌，並昭成皇后十二月二日忌，準禮合廢。'從之"。其中昭成皇后忌日有誤，應作"十一月二日"。此處十五年應爲元和十五年，《唐會要》將此段文字繫於大和七年之後顯爲錯簡。

④ 《資治通鑑》卷二一一《唐紀二十七·玄宗開元四年》，第6837頁。

⑤ 《舊唐書》卷七《睿宗紀》，第162頁；《舊唐書》卷八《玄宗紀》，第176頁。

⑥ 《新唐書》卷五《睿宗紀》，第120頁；《新唐書》卷五《玄宗紀》，第125頁。

⑦ 方詩銘、方小芬：《中國史歷日和中西曆日對照表》，上海：上海人民出版社，1987年，第418頁。以下所考玄宗、肅宗、肅宗章敬皇后吳氏、代宗、德宗、德宗昭德皇后王氏之忌日，分別見該書第429、429、430、433、440、435頁。

⑧ 馮先生據"甲子即二十一日，癸亥即二十日"，故認爲"敦煌本《天寶令式表》所載睿宗'六月二十一日忌'，與兩宗《實録》同，是正確可信的。"參見馮培紅：《敦煌本〈國忌行香文〉及其相關問題》，第297頁。

"六月甲子"相合,又有《唐會要》卷二三《忌日》部的直接記載爲證,應無誤,可補正史及敦煌文獻之不足。睿宗昭成皇后竇氏忌日,《續通典》佚文作"十一月二日",而廣惠寺佛座銘文、《唐六典》、《天寶式》均作"正月二日"。其實兩説並不矛盾,只是同一日期在武周和李唐兩種曆法中的不同表現,上節所引《唐會要》卷二三《忌日》部記載已有清楚説明。故《續通典》佚文作"十一月二日",不僅準確無誤,且及時反映了永貞元年改正的結果。

玄宗忌日,《舊唐書》卷九《玄宗紀下》作"上元二年四月甲寅"。① 查肅宗上元二年四月並無"甲寅"日,此處顯爲誤繫。兩《唐書·肅宗紀》、《通鑑》均已將此事改繫於寶應元年建巳月(即四月)"甲寅"。② 寶應元年建巳月"甲寅"即"四月五日"。《續通典》佚文所記不誤。玄宗元獻皇后楊氏,《舊唐書·后妃傳》僅載其薨於開元十七年,而未記具體月日,其他文獻中亦未見其忌日。《續通典》佚文是目前所見有關玄宗元獻皇后楊氏忌日的惟一記載,作"三月二十三日"。準確與否,只能留待新資料來訂正。

肅宗忌日,兩《唐書》之《肅宗紀》分別作寶應元年四月"丁卯"和四月"丙寅",③《唐會要》卷一《帝號上》作"四月十八日",敦煌本《鄭氏書儀》作"四月廿八日",各不相同。寶應元年四月丁卯即"四月十八日","丙寅"即"四月十七日"。考慮到《唐會要》已定爲四月十八日,且《續通典》佚文與此相同,故敦煌本《鄭氏書儀》所載"四月廿八日"應是"四月十八日"之訛。肅宗章敬皇后吳氏忌日,兩《唐書》之《后妃傳》、《唐會要》均未載其忌日時間,只記其薨於開元二十八年。敦煌本《鄭氏書儀》作"廿月廿二日",顯然有誤,霍存福先生徑改爲"七月廿二日",④但並未提供任何依據。其實,《册府元龜》卷四五九已明載"永泰元年(765)正月壬子,章敬皇太后忌辰,百僚於興唐寺行香"。據此,章敬皇后忌日應在正月無疑。永泰元年正月壬子爲"正月二十日"。《續通典》佚文所載章敬皇后忌日作"正月二十二日",應爲"正月二十日"之訛。

代宗忌日,兩《唐書》之《代宗本紀》均作大曆十四年"五月辛酉",⑤《唐會要》卷一《帝號上》作"大曆十四年五月二十日",而敦煌本《鄭氏書儀》作"五月廿二日"。大曆

① 《舊唐書》卷九《玄宗紀》,第235頁。
② 《舊唐書》卷一〇《肅宗紀》,第263頁;《新唐書》卷六《肅宗紀》,第165頁;《資治通鑑》卷二二二《唐紀三十八·肅宗寶應元年》,第7241頁。
③ 《舊唐書》卷一〇《肅宗紀》,第263頁;《新唐書》卷六《肅宗紀》,第165頁。
④ 霍存福:《唐式輯佚》,第331頁。
⑤ 《舊唐書》卷一一《代宗紀》,第305頁;《新唐書》卷六《代宗紀》,第180頁。

十四年"五月辛酉"即"五月二十一日",則《續通典》佚文所載代宗忌日準確無誤。代宗睿真皇后沈氏忌日,兩《唐書》之《后妃傳》均不載睿真皇后忌日。《唐會要》卷三《皇后》解釋了睿真皇后忌日被定爲發哀日的原因,因睿真皇后失蹤於安史亂中,後多方查找無果,最終只能以發哀日十一月二日作爲忌日。敦煌本《鄭氏書儀》作十一月二日,無誤。《續通典》佚文作"十月二日",應是在流傳過程發生脱誤,應以"十一月二日"爲是。

德宗忌日,兩《唐書》之《德宗本紀》均載德宗崩於貞元二十一年"正月癸巳"。① 敦煌本《鄭氏書儀》所載爲"正月廿三日",《續通典》佚文亦作"正月二十三日"。貞元二十一年"正月癸巳"即"正月二十三日"。三者完全相符,可知《續通典》佚文記載無誤。德宗昭德皇后王氏忌日,《舊唐書》卷五二《后妃傳》載其貞元二年"十一月甲午,册爲皇后,是日崩於兩儀殿";②同書卷一二《德宗紀》所載更加詳細,云"十一月甲午,册淑妃王氏爲皇后。……丁酉,册皇后王氏;是日后崩,謚曰昭德"。③《唐會要》卷三《皇后》則云"德宗皇后王氏。貞元二年十一月册爲皇后,其月二十一日忌"。④ 似乎其忌日爲十一月二十一日。若細繹《舊唐書》兩處記載,可知《后妃傳》應是對《德宗紀》的删節。貞元二年"十一月甲午"爲"十一月初八","丁酉"爲"十一月十一日"。對照《續通典》所載可知,德宗昭德皇后忌日應以《續通典》佚文所載"十一月十一日"爲是。《唐會要》與敦煌本《鄭氏書儀》所載分别存在衍、脱之誤。

《續通典》佚文所載七帝七后共十四人的國忌日中,僅太宗皇帝、肅宗章敬皇后、代宗睿真皇后三人的忌日時間略有訛誤;其餘十一位帝后的忌日中,絶大部分均可與其他資料所載相符,或可補其他文獻的訛誤或缺載。

綜上,本節考證出元和元年長安七帝七后國忌日的時間分佈如下:正月2人:肅宗章敬皇后(正月二十日)、德宗(正月二十三日);三月1人:玄宗元獻皇后(三月二十三日);四月2人:玄宗(四月五日)、肅宗(四月十八日);五月4人:高祖(五月六日)、高祖太穆皇后(五月二十一日)、代宗(五月二十一日)、太宗(五月二十六日);六月2人:睿宗(六月二十日)、太宗文德皇后(六月二十一日);十一月3人:睿宗昭成皇后(十一月二日)、代宗睿真皇后(十一月二日)、德宗昭德皇后(十一月十一日)。尤可注意的

---

① 《舊唐書》卷一三《德宗紀下》,第400頁;《新唐書》卷七《德宗紀》,第205頁。
② 《舊唐書》卷五二《后妃傳下》,第2193頁。
③ 《舊唐書》卷一二《德宗紀上》,第355頁。
④ 《唐會要》卷三《皇后》,第32頁。

是,五月二十一日和十一月二日兩天,分別是兩位先聖的國忌日。亦即,元和元年的這十二天,須在長安(及天下諸上州)的指定寺觀舉行僧道設齋、京官(地方官)廢務行香的禮儀。

三、元和元年長安國忌日的設齋行香寺觀

《續通典》佚文已列出元和元年長安七帝七后的國忌日設齋行香寺、觀。其中有兩點需要注意。其一,前已論及,德宗昭德皇后的設齋寺院"福壽寺"應作"西明寺",此寺乃會昌法難中長安保留的四所寺院之一,會昌六年被改額爲福壽寺。其二,代宗設齋寺院之一"聖興寺",唐代長安並無此寺,筆者推測,此寺或即貞觀元年以高祖龍潛舊宅設立之興聖尼寺。①

對照《唐六典》所載開元時期的長安國忌行香制度,即所有先朝帝后國忌日均在指定的大觀、大寺各二所中設齋行香,可知元和元年長安的國忌行香制度已發生明顯變化:每位先朝帝后的國忌日設齋行香寺觀均爲2所(兩所寺院,或一寺一觀)。由於慈恩寺同時是太宗文德皇后和睿宗昭成皇后的忌日設齋寺院,西明寺也同時是睿宗和德宗昭德皇后的忌日設齋寺院,故元和元年長安先朝七帝七后的國忌日設齋行香寺觀共涉及26所,除慈恩寺和西明寺外,其餘24所寺觀均是每位帝后獨立的追福空間。

這一變化應發生於德宗貞元九年(793)以前。《册府元龜》卷三〇記載,貞元九年"六月癸亥,詔定國忌日寺、觀齋僧、道人數有差"。②由於開元二十七年之後地方指定州府的國忌行香禮儀例在當州開元觀、寺舉行,且直至晚唐並無變化。③故德宗此詔顯然是針對長安(或長安、洛陽兩京)而頒。此敕"詔定"的對象爲(國忌日寺觀的)"齋僧道人數"等級,可知,此前對長安城內的國忌日設齋行香寺觀已有明確規定。

通過將七帝七后的國忌日設齋寺觀定位於唐代長安城地圖,可得元和元年長安國忌日設齋行香寺觀分佈圖如下(詳見下頁)。

圖中26所寺觀中,佛寺18所,道觀8所(寺觀比爲2.25∶1)。若對比開元十年長安城

---

① 周叔迦、蘇晉仁:《法苑珠林校注》卷一〇〇《傳記篇第一百·興福部第五》,北京:中華書局,2003年,第2894頁;《唐會要》卷四八《寺》,第990頁。

② 《册府元龜》卷三〇《帝王部·奉先三》,第329頁。《册府元龜》卷五二《帝王部·崇釋氏二》,第578頁,只將此事繫於貞元九年六月,未云"癸亥"。

③ 敦煌的情況稍有不同,參見馮培紅:《敦煌本〈國忌行香文〉及其相關問題》一文,及拙文《張氏歸義軍時期敦煌與內地諸州府國忌行香制度的差異及其原因初探》,《敦煌研究》2015年第6期。

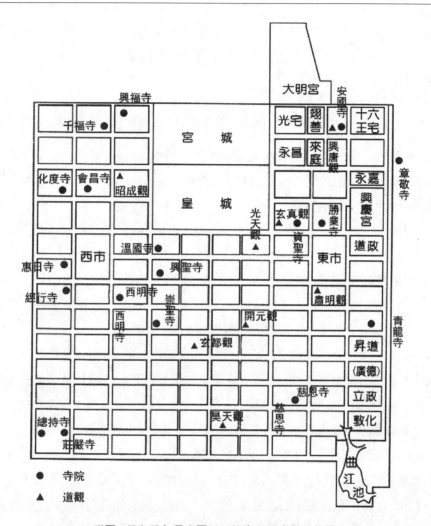

附圖：元和元年長安國忌日設齋行香寺觀分佈圖

（底圖來源：辛德勇《隋唐兩京叢考》所附《興慶宮擴建後的長安城》圖，西安：三秦出版社，2006年，第205頁。）

內"僧寺六十四、尼寺二十七、道士觀十、女觀六"的寺觀數量(寺觀比爲5.69：1)，①可知元和元年長安國忌日設齋行香的寺、觀中，道觀比例明顯偏高，這應與李唐皇室追尊老子爲遠祖及其刻意尊崇道教的舉措有關。

這18所寺院中，僧寺占17所，尼寺僅興聖寺1所；8所道觀全部爲道士觀，無一女冠觀。蓋因當時須參加行香儀式的京官(文武五品以上與清官七品以上)皆爲男性，他

---

① 辛德勇：《兩京新記輯校·大業雜記輯校》卷二，西安：三秦出版社，2006年，第12—13頁。

們大批進入尼寺或女冠觀行香會產生不便。從這個意義上講,筆者將原文的聖興寺推定爲興聖尼寺,可能還需更有力的資料支持。

還有一點值得注意,即每位帝后的設齋行香寺觀均爲 2 所,或爲兩所寺院,或爲一寺一觀。七帝七后的忌日設齋行香寺觀中,除代宗的興聖寺和惠日寺均位於朱雀大街以西外,其餘十三位帝后的忌日設齋行香寺觀,均呈現朱雀大街以東和以西各一所的對稱分佈格局。筆者推測,這或許是爲了便利散居於城内各坊的京官前往行香。①

至於這批寺觀何以獲得國忌日設齋行香資格,目前似乎只能從其沿革來了解。這26 所寺觀中,除經行、化度、惠日三寺外,其餘均爲隋唐兩代的皇家寺觀。這一背景或許可以解釋部分原因。然而,唐代長安的皇家寺觀數量遠超 23 所,何以只選擇這23 所,仍無法解釋。

筆者注意到,部分唐代皇家寺觀的沿革,與該寺觀設齋追福的先朝帝后之間存在較爲明顯的聯繫。如勝業寺和會昌寺,均是高祖生前所立。② 興福寺即太宗爲其母太穆皇后追福而立。③ 慈恩寺乃高宗爲其母文德皇后追福而立。④ 安國寺是睿宗於景雲元年敕舍龍潛舊宅而立,以其本封安國爲寺額。⑤ 昭成觀即玄宗於開元二十七年爲其母昭成皇后追福而改額。⑥ 這些唐代皇家寺觀,或爲皇帝本人生前所敕立,或因爲該帝后追福而立或改額。筆者推測,這種較爲明顯的聯繫,或即這些寺觀獲得國忌日設齋行香資格的主要原因。當然,也可能存在其他原因,只是至今已無從確考。

其他寺觀之所以獲得國忌設齋資格的原因,均已無考,只能寄望於未來新材料的發現了。

四、元和元年長安國忌日的设齋規模與設齋行香儀式

前引《續通典》佚文,已明確記載元和元年長安七帝七后的國忌日設齋規模,分別

---

① 妹尾達彦:《唐長安城の官人居住地》,《東洋史研究》第 55 卷第 2 号,1997 年,第 35—74 頁。認爲唐代中期以後,由於大明宮和興慶宮的吸引作用等原因,在唐長安城的東部,逐漸形成了居住比較密集的官僚住宅區。國忌日設齋行香寺觀的選擇,或與此關係不大。

② 《法苑珠林校注》卷一○○《傳記篇第一百・興福部第五》,第 2894 頁。

③ 《兩京新記輯校・大業雜記輯校》卷三,第 30 頁。

④ 《續高僧傳》卷四《唐京師大慈恩寺釋玄奘傳》,北京:中華書局,2014 年,第 127 頁。

⑤ 《唐會要》卷四八《寺》,第 992 頁。

⑥ 《唐會要》卷五○《觀》,第 1027 頁。

是：高祖、太宗忌日兩所寺院各設五百人齋，合計各一千人；太穆、文德皇后兩所寺觀各二百五十人，合計各五百人；除玄宗元獻皇后忌日兩所寺觀各設二百人齋外，睿宗及其昭成皇后、玄宗、肅宗及其章敬皇后均爲兩所寺觀各三百人，合計各六百人；代宗、德宗及其昭德皇后均爲兩所寺觀各五百人，合計各一千人，代宗睿真皇后則爲兩所寺觀各二百五十人，合計五百人。

唯玄宗元獻皇后的忌日設齋人數需略作修訂。諸本《愧郯録》均作"資聖、化度寺各二百人齋"。基於睿宗、玄宗、肅宗三帝及其皇后與順宗血緣關係均較爲疏遠，且睿宗及其昭成皇后、玄宗、肅宗及其章敬皇后的忌日設齋人數均爲兩所寺觀"各三百人"。筆者認爲，玄宗元獻皇后的忌日設齋人數不應獨作兩所寺院"各二百人"，疑應作"資聖、化度寺各三百人齋"，合計共設六百人齋。

如此，則元和元年長安七帝七后的國忌日設齋人數可大致分爲三等：高祖、太宗及其皇后爲一等；睿宗、玄宗、肅宗及其皇后爲一等；代宗、德宗及其皇后爲一等。高祖、太宗貴爲"不遷之宗"，故其忌日設齋人數爲最高一等(各一千人)，太穆、文德皇后則減半(各五百人)；睿宗、玄宗、肅宗及其皇后均爲各六百人；代宗和德宗分別爲順宗之祖、父，故代宗與其睿真皇后、德宗的忌日設齋規模分別與"不遷之宗"的高祖、太宗及其皇后相同。需要特別留意的是，德宗昭德皇后的忌日設齋人數，與"不遷之宗"高祖、太宗的忌日設齋規模相等，爲一寺一觀，合計一千人。筆者推測，這是由於，昭德皇后雖貴爲順宗生母，但貞元二年早薨，順宗即位后已無從盡孝，只能通過擴大忌日設齋規模來爲其母親乞求冥福，使母親盡享哀榮，同時藉以表達哀思。因此，德宗昭德皇后的忌日設齋規模可能並非常制。

"不遷之宗"高祖、太宗及其皇后，睿宗、玄宗、肅宗三帝及其皇后，以及代宗、德宗及其皇后，三個等級的設齋人數規模，體現了每位帝后在禮制上的地位尊卑及其與當朝皇帝(順宗)在血緣上的親疏關係，反映出儒家禮制中"尊尊"與"親親"的基本原則。

這種設齋人數的等級之分可能存在更早的淵源。如前所引，德宗曾在貞元"九年(793)六月癸亥，詔定國忌日寺、觀齋僧、道人數有差"。此次詔定的具體設"齋僧道人數"及其等級，雖未留下記載，然元和元年距貞元九年僅十三年，且其間未見其他重新規定長安國忌設齋人數的詔敕頒布。故筆者推測，《續通典》佚文所載元和元年長安的國忌日設齋人數應即德宗貞元九年"詔定"的結果。

這一推測可得文宗大和八年(835)五月詔令的印證：

忌辰修齋,雖出近制,斟酌損益,貴於得中,況在不遷之宗,允資異數之禮。五月六日、二十六日兩忌,設齋人數宜各加至二千人;太穆、文德皇后忌日,亦宜各加倍數。其寺觀仍舊。十二月八日忌,宜於五所寺觀共設四千人,宜令所司準式。①

"五月六日、二十六日兩忌"分別爲高祖和太宗忌日,"十二月八日"則是敬宗忌日。據敕令中"太穆、文德皇后忌日,亦宜各加倍數"一句,可知高祖、太宗忌日設齋人數"各加至二千人"同樣屬於"各加倍數"。苟此解不誤,則文宗此敕之前高祖、太宗兩帝的國忌日設齋人數應是各一千人。同樣,太穆、文德兩位皇后的忌日設齋人數應爲各五百人。對照《續通典》佚文所載,可知兩種記載完全相符,且高祖、太宗的忌日設齋人數是其皇后忌日設齋人數的兩倍(等差爲二比一)。

由此可知,文宗大和八年所增高祖、太宗及其皇后的忌日設齋人數,應以《續通典》佚文所載元和元年長安國忌日設齋規模爲基礎,而《續通典》佚文所載元和元年國忌日設齋規模又是德宗貞元九年六月"詔定"的結果。

至此,本文已系統分析《續通典》佚文所載元和元年長安國忌行香制度的追福對象、國忌日、設齋寺觀、設齋規模等四項内容。然國忌行香制度不僅包括僧道設齋,官員行香也是必不可少的一部分。前揭《續通典》佚文所載尚缺少僧道如何設齋、官員如何行香的具體儀式。記載元和元年長安的國忌日設齋行香禮儀的資料至今闕如,三十餘年後,圓仁所記開成三年(838)揚州開元寺在敬宗國忌日的設齋行香禮儀可作參考:

> [十二月]八日,國忌之日。從捨五十貫錢於此開元寺設齋,供五百僧。早朝,[諸]寺衆僧集此當寺,列坐東北西廂裏。辰時,相公及將軍入寺,來從大門。相公、將軍雙立,徐入來步。陣兵前後左右咸衛,州府諸司,皆隨其後。至講堂前磚砌下,相公、將軍東西別去。相公[東]行,入東幕裏,將軍西行,入西幕下。俄頃,改鞋澡手出來。殿前有二砌橋,相公就東橋登,將軍就西橋登。曲各東西來,會於堂中門,就座。禮佛畢,即當於堂東西兩門,各有數十僧列立,各擎作蓮花並碧幡。有一僧打磬,唱"一切恭敬、敬禮常住三寶"畢。即相公、將軍起立取香器,州官皆隨後取香盞,分配東西各行。相公東向去,持花幡僧等引前,同聲作梵,如來妙色身等二行頌也。始一老宿隨,軍亦隨衛,在廊簷下去。盡僧行香畢,還從其途,指堂回

---

① 《册府元龜》卷三〇《帝王部·奉先三》,第332頁。《唐大詔令集》卷七八《典禮·國忌》將此詔定名爲《增忌辰設齋人數敕》,北京:中華書局,2008年,第447頁。對照下頁所引圓仁開成五年和會昌元年的在長安的記載,可知大資聖寺應即文宗時期所定敬宗忌日設齋的"五所寺觀"之一。

來,作梵不息。將軍西向行香,亦與東儀式同,一時來會本處。此頃,東西梵音,交響絕妙。其唱禮,一師不動獨立。行打磬,梵休,即亦云"敬禮常住三寶"。相公、將軍共坐本座,擎行香時受香之爐,雙坐。有一老宿圓乘和上,讀咒願畢。唱禮師唱爲天龍八部等頌,語旨在嚴皇靈。每一行尾云敬禮常住三寶。相公諸司共立禮佛,三四遍了,即各隨意。相公等引軍至堂後大殿裏喫飯,五百衆僧,於廊下喫飯。隨寺大小,屈僧多少。大寺卅,中寺廿五,小寺二十,皆各坐一處長列。差每寺之勾當,各自弁供。處處勾當,各自供養。其設齋不遂一處,一時施飯,一時喫了。即起散去,各赴本寺。於是日,相公別出錢,差勾當於兩寺,令涌湯,浴諸寺僧衆,三日爲限。[1]

圓仁筆下的相公和將軍,分別爲時任淮南節度使李德裕和監軍使楊欽義。[2] 揚州開元寺在敬宗忌日的具體設齋行香儀式,慈覺大師的記載已十分清楚,無需贅述。其中有四點尚需留意:其一,行香由李德裕和楊欽義共同舉行,兩人分別代表地方最高長官和皇帝本人,[3]從東、西兩個方向同時行香,州府諸司官員亦隨之分配東西兩列行香;其二,因在開元寺行香,故行香之前須先禮佛,且行香過程中持花幡僧引導、打磬、唱頌梵唄等佛教儀式相始終,諸司官員行香之後,僧人亦參與行香;其三,設齋環節在行香之後,設齋供養的五百僧衆,係據寺院大小分別請自揚州城內諸寺;其四,行香、設齋儀式完成之後,李德裕出錢供養諸寺僧衆沐浴。

之所以認爲圓仁所記開成三年(838)揚州開元寺的國忌行香儀式可作爲當時長安國忌行香禮儀的參考,是因爲這些儀式均可與兩年後圓仁在長安所見相印證。如開成五年(840)十二月八日,敬宗忌日,"當寺(即大資聖寺)李德裕宰相及敕使行香"。[4] 此時李德裕已入居宰相,行香仍由其和敕使同時進行。因爲李德裕此時代表的是文武百官,敕使則代表皇帝本人。開成六年(841)正月四日,文宗忌日,"國忌,奉爲先皇帝、準敕於薦福寺,令行香,請一千僧"。[5] 此一千僧同樣並非薦福寺常住,而應是分請自京城

① 小野勝年:《入唐求法巡礼行記の研究》第一卷,京都:法藏館,1989 年,第 309—310 頁,開成三年十二月八日條。

② 關於楊欽義及其與李德裕的關係,參見陳仲安:《唐代後期的宦官世家》,中國唐史學會編:《唐史學會論文集》,西安:陝西人民出版社,1986 年,第 201—206 頁。

③ 監軍使在唐代藩鎮中的地位和職能,參見張國剛:《唐代藩鎮研究(增訂版)》第九章《唐代藩鎮宦官監軍制度》,北京:中國人民大學出版社,2010 年,第 102—120 頁。

④ 小野勝年:《入唐求法巡礼行記の研究》第三卷,開成五年十二月八日條,第 318 頁。

⑤ 小野勝年:《入唐求法巡礼行記の研究》第三卷,開成六年正月四日條,第 329 頁。

諸寺。會昌元年(841)十二月八日,敬宗忌日,"當寺(即大資聖寺)官齋,城中諸寺有浴"。① 這些均表明,當時京城長安與揚州地方的國忌日設齋行香儀式基本相同。遺憾的是,受材料之限,我們無法了解同時在道觀舉行的國忌行香禮儀究竟如何展開。對照圓仁所記揚州開元寺國忌行香禮儀細節,如官員行香前須先禮佛、大量佛教儀式、官員行香之後僧人亦參與行香等,可推知道觀中進行的國忌行香儀式應與此相類,應包含不少道教儀式在内。

元和元年(806)長安的國忌行香禮儀雖無明確記載,但圓仁所記開成五年至會昌元年(840—841)長安的國忌行香禮儀在基本程序、參與人員、後續活動等方面,應與元和元年的情況相去不遠,可作爲我們了解元和元年長安國忌行香禮儀的基礎。

五、結　語

《大唐開元禮》反映儒家禮儀,國忌行香蓋因明顯屬於佛道儀式而未被收入;《通典·禮典》之《開元禮纂類》又係《大唐開元禮》之縮編,亦未記述此制。《唐六典》雖有記載,但僅限於開元時期,且十分疏略。保存於《愧郯録》卷一三《國忌設齋》條的此段《續通典》佚文無疑值得重視,尤其是其中關於元和元年長安國忌行香制度的詳細記載,不僅彌補了《通典》缺載唐代國忌行香制度的遺憾,也是對《唐六典》所載不及中唐以後且疏略模糊的有益補充。

據此段佚文及其他史料,我們可以考證出元和元年長安國忌行香制度之追福對象、國忌日、設齋寺觀、設齋規模等四項内容如下表:

追福對象	國忌日	設齋寺觀	設齋人數
高　祖	五月六日	勝業寺、會昌寺	各五百人
太穆皇后	五月二十一日	興福寺、興唐觀	各二百五十人
太　宗	五月二十六日	青龍寺、經行寺	各五百人
文德皇后	六月二十一日	慈恩寺、温國寺	各二百五十人
睿　宗	六月二十日	安國寺、西明寺	各三百人
昭成皇后	十一月二日	慈恩寺、昭成觀	各三百人

---

① 小野勝年:《入唐求法巡礼行記の研究》第三卷,會昌元年十二月八日條,第410頁。

續表

追福對象	國　忌　日	設　齋　寺　觀	設　齋　人　數
玄　宗	四月五日	千福寺、開元觀	各三百人
元獻皇后	三月二十三日	資聖寺、化度寺	各三百人
肅　宗	四月十八日	崇聖寺、昊天觀	各三百人
章敬皇后	正月二十日	章敬寺、玄都觀	各三百人
代　宗	五月二十一日	興聖寺、惠日寺	各五百人
睿真皇后	十一月二日	總持寺、蕭明觀	各二百五十人
德　宗	正月二十三日	莊嚴寺、光天觀	各五百人
昭德皇后	十一月十一日	西明寺、玄真觀	各五百人

　　表面上看,此表僅反映元和元年一年之制,實際上,由於元和元年是唐代實行"舍故而諱新",即神主已遷出宗廟的先朝帝后其國忌行香禮儀相應廢止制度之始,故此表實爲元和元年以後長安國忌行香制度的基本模式。此後的變化也僅限於新去世皇帝的國忌日取代已遷出宗廟的先朝帝后的忌日,設齋行香寺觀亦隨之變化,而設齋行香的基本禮儀及設齋人數等級應大體承襲此制。如敦煌文書 S.6537v 鄭餘慶《大唐新定吉凶書儀》所載敬宗時期的國忌日即按"舍故而諱新"的原則變化;①在文宗頒布《增忌辰設齋人數敕》之前,高祖、太宗及其皇后的設齋人數及等差均與元和元年的制度規定完全一致。這種基本模式至少延續至武宗滅佛之前。②

　　對照《唐六典》所載開元時期長安的國忌行香制度,可知元和元年長安國忌日設齋寺觀的數量和設齋人數規模的等級,均發生了巨大變化,尤其是設齋規模等級的確定更加引人注目。而國忌日設齋規模等級的確立,正是德宗貞元九年六月"詔定國忌日寺觀齋僧道人數有差"的結果。那麼,此次"詔定"爲何發生於德宗貞元時期?

---

① 參見拙文《唐代國忌行香制度與敦煌寫本〈大唐新定吉凶書儀〉的成書年代》(待刊)。

② 每位帝后之國忌日分別在兩所寺觀舉行國忌行香禮儀的模式,除文宗開成四年(839)十月至開成五年三月短暫廢止國忌行香外,至少應延續至武宗會昌五年(845)七月拆寺滅佛前夕,當時京城及諸上州佛寺的國忌行香資格均被取消,官員國忌日行香皆轉至道觀舉行。參見《舊唐書》卷一八上《武宗本紀》,第604—605頁。同時,滅佛期間長安城內僅保留慈恩、薦福、西明、莊嚴四所寺院,宣宗即位后雖敕令恢復國忌行香,但很難在短時間內恢復每位帝后擁有兩所國忌行香寺觀的舊制。《唐摭言》卷九"芳林十哲"條記載,咸通十三年,"會列聖忌辰,宰執以下於慈恩寺行香",可證此説。《唐摭言》,西安:三秦出版社,2011年,第140頁。

　　筆者認爲,這應與貞元、元和時期唐代禮制的變革有關。姜伯勤先生曾首倡此説,①吳麗娛先生又撰文予以論證和響應。② 然而,姜、吳兩位先生所論均以儒家禮儀和皇帝禮爲主,對國忌行香等涉及佛道兩教的宗教性禮儀則關注不够。

　　近年來,吳麗娛先生又在討論唐宋皇帝的兩重喪制與佛道典禮,以及唐代皇帝私禮與國家公制的關係時,注意到國忌行香作爲皇帝及其家族私禮的意義,③並在皇帝"私"禮的公制化的範疇内展開討論。④ 這一判斷無疑十分正確和深刻。然而,吳先生似乎並未注意到國忌行香制度在貞元、元和時期的變化。這或許與吳先生的討論以皇帝禮爲主有關。

　　事實上,德宗、憲宗時期國忌行香制度至少出現了三點變化。首先,貞元五年八月,德宗詔令天下諸上州同時獲得國忌行香資格,⑤使國忌行香的地域範圍突破了開元時期規定的"同、華等八十一州";其次,貞元九年六月,"詔定國忌日寺觀齋僧道人數有差",即確定京城國忌日寺觀的設齋僧道人數及其等級;再次,憲宗元和元年,正式開始實行國忌日設齋行香的"舍故而諱新"之制。這三點變化的集中出現,應非偶然,而是與唐代貞元、元和之際的禮制整備密不可分。這些變化似可作爲對貞元、元和之際唐代禮制變革這一命題的補充,説明德宗、憲宗時期的禮制整備應是一個整體,不僅包括傳統的儒家禮儀和皇帝禮,還包括涉及佛道兩教的宗教性禮儀。

　　附記:本文寫作過程中,關於《續通典》及其流傳問題,曾得李裕民教授指點;日本大谷大學井黑忍博士、北京林業大學郎潔博士、山東大學尹承博士,或提供重要資料,或提出寶貴修改意見,特致謝忱! 又,蒙鶴間和幸教授、中村弘一教授邀請,本文主體部分曾以《國忌行香制度與唐代長安寺觀體系的重建》爲題,於 2015 年 1 月 16 日在學習院大學"國際長安學"特別演講會上發表,謹致謝忱!

---

　　① 姜伯勤:《唐貞元、元和間禮的變遷——兼論唐禮的變遷與敦煌元和書儀文書》,見氏著《敦煌藝術宗教與禮樂文明:敦煌心史散論》,北京:中國社會科學出版社,1996 年,第 442 頁。

　　② 吳麗娛:《禮用之辨:〈大唐開元禮〉的行用釋疑》,《文史》2005 年第 2 輯,第 97—130 頁。

　　③ 吳麗娛:《試論唐宋皇帝的兩重喪制與佛道典禮》,《文史》2010 年第 2 輯,第 203—227 頁。

　　④ 吳麗娛:《皇帝"私"禮與國家公制:"開元后禮"的分期及流變》,《中國社會科學》2014 年第 4 期,第 160—181 頁。

　　⑤ 《唐會要》卷五〇《雜記》,第 1030 頁;《册府元龜》卷三〇《帝王部·奉先三》,第 329 頁。

《魏晉南北朝隋唐史資料》第三十二輯
2015 年 12 月,150—164 頁

温庭筠改名補證

牟懷川

温庭筠改名及名字對應事頗爲複雜有趣。筆者嘗撰《温庭筠改名案詳審》,[①]其文偏重改名事對温一生的影響;對改名事本身考證有所審不詳者,且有紕漏。今試專就改名事本身予以重證補證。

一、"本名岐"初論

"温庭筠"三字,唯"温"無異文。"庭筠"之名,是依《舊傳》(其弟曰"庭皓");[②]依《新傳》則作"廷筠"(其弟曰"廷皓")。[③] 廷、庭,二字音同義近,已被宋人通用或互用;《新傳》作"廷筠",而《新唐書·藝文志》作"庭筠",[④]是其例。至於"筠",孫光憲云"温庭雲,字飛卿。或云作'筠'字,舊名岐"——就提出了其異文"雲"。[⑤] 而其"舊名岐"之説,上引兩《唐書》本傳皆作"本名岐"。"本名",換個説法,其實就是舊名,即原名;故"庭筠"者,由原名"岐"改後所用名也。事實果真如此嗎?

在"岐"是不是本名未得確證以前,我們能知的是,温確曾名"岐"。由《唐摭言》卷二"等第罷舉"條下開成四年明文記"温岐",可確定温開成四年應京兆府試而名在"等第"時,榜上之名爲"温岐";而"爲等第後久方及第"條下亦有"温岐濫竄於白衣"的話;又"元和元年登科記京兆等第榜敍"記曰:"天府之盛,神州之雄,選才以百數爲名,等列以十人爲首,起自開元、天寶之世,大歷、建中之年;得之者搏躍雲衢,階梯蘭省,即六月

---

① 《文史》第 38 輯,1994 年,第 181—202 頁。
② 《舊唐書》卷一九〇下《文苑下·温庭筠傳》,北京:中華書局,1975 年,第 5078—5079 頁。
③ 《新唐書》卷九一《温大雅傳附温庭筠傳》,北京:中華書局,1975 年,第 3787—3788 頁。
④ 《新唐書》,第 1542、1564、1607 頁。
⑤ 見《北夢瑣言》卷四,上海:上海古籍出版社,1981 年,第 29—30 頁。

衝宵之漸也。今所傳者始於元和景戌歲(807),次敍名氏,目曰《神州等第録》。"①由此可看出,《唐摭言》的記載是根據當時尚流傳的"始於元和景戌歲"的《神州等第録》這樣的基本史料,應是十分可靠的。所以溫開成四年得"等第"時用"岐"爲名應是不容懷疑的基本歷史事實。由此事實推理,則有兩種可能性存在:第一個可能是應試後由原名岐改名庭筠;有不少人持這種觀點。第二個可能是應試時由原名庭筠改名岐;此種看法雖易推求,卻並沒有得到過詳盡證明。

我們如果能找到史料證據,顯示溫在開成四年之前被叫作庭筠或飛卿,那麼我們就可以直接證實第二個可能性。但現存溫同時代人提到溫的名、字的詩文並不多,而且大都是開成(精確一點講,大中)以後寫的;表明開成四年後,人們皆稱溫爲庭筠或飛卿,而不稱之爲"岐"。例證很多,如紀唐夫《送溫飛卿尉方城》、②李商隱《聞著明凶問哭寄飛卿》、③段成式《寄飛卿箋紙》《嘲飛卿七首》《柔卿解籍戲贈飛卿》④《與溫飛卿書八首》、⑤魚玄機《冬夜寄飛卿》《寄飛卿》等。⑥ 相比于開成四年溫應京兆府試時之名岐,這些含有對溫稱呼的材料,確實很像是表明了溫開成四年後把其名由岐改成庭筠了。但細考究起來,上引詩文及類似例證只能證溫開成四年後以庭筠爲名,而不能證"庭筠"是改掉"岐"而換上的新名。溫既有弟名庭皓,就不可能改後方與其弟共有"庭"字而一致,也不可能與其弟在開成四年之後都依"庭"字輩而同時改名。我們由此完全否定第一種可能。

我們現在回到上述第二個可能:由溫弟名"庭皓",而逆推溫的原名就是"庭筠";溫爲應京兆府試,將原名庭筠改爲"岐"。夏承燾《溫飛卿繫年》早就說過"(江淮)被辱後乃改名岐,旋復本名。飛卿弟名庭皓,其一證也"。⑦ 其中所謂"改名岐,旋復本名",是應予以十分肯定的;我們要補充的是:應將改名的時間從"被辱(開成元年)後"改成"應京兆府試(開成四年)時"。改名事泄、達不到改名目的,所以無必要或可能再用所改之名,故開成四年"罷舉"之後仍用原名庭筠。這就是我們簡捷的推論,也將是我們以下必須確證的結論。要證明這個結論,只證溫確在應試前爲應試而有改名之舉便可。

① 姜漢椿:《唐摭言校注》,上海:上海社會科學出版社,1981年,第31、32、28頁。
② 《全唐詩》,卷五四二,北京:中華書局,1961年,第6257頁。
③ 同上書卷五三九,第6150頁。
④ 同上書卷五八四,第6767、6769頁。
⑤ 《全唐文》卷七八七,北京:中華書局影印,1983年,第8233頁。
⑥ 《全唐詩》卷八〇四,第9049、9053頁。
⑦ 《唐宋詞人年譜》,上海:上海古籍出版社,1979年,第383頁。

爲證明温是在開成四年由本名庭筠改名岐而應試、其後"旋復本名"的結論,我們不得不先澄清關於温改名事的兩種混亂説法,皆見于《北夢瑣言》卷四。首先温的改名事要澄清:"吳興沈徽云:温(舅)曾於江淮爲親表檟楚,由是改名焉。"這裏把改名的原因用一個"由是",而全歸之于開成元年江淮受辱(而且是歪曲了真相的江淮受辱),除了在時間上相差三年,還帶有明顯的毀謗性而易導致誤解。此説流毒甚大,上述"被辱后改名"之説便源于此。其次是"由是改名焉"之後,緊接的"又每歲舉場,多爲舉人假手"的説法,[①]也要糾正;因爲它把改名與前文的"爲人假手"二事不加區別地放在一起。我們應指出,本文論及的温改名舉場之行爲,不是冒名頂替而"攪擾科場"(所謂以文爲貨,爲人假手,其事發生在大中朝;這是另一個問題,本文不論),而是爲求自身功名采用的權宜和冒險手段。追其改名之原由,確實與令温忍耻蒙垢的江淮受辱有關,但改名的直接目的則是隱瞞自己的身份,從而避開因江淮受辱而被蠻横加身的惡毒誣蔑,以參加開成四年的京兆府試。

裴廷裕亦有大中十三年(859)"不中選者言(柳)翰於諗處先得賦題,托詞人温庭筠爲之"及"進士紀唐夫嘆庭筠之冤"等語,都提到温的名是庭筠;又提到裴坦《貶温庭筠制》"敕鄉貢進士温庭筠"云云,亦稱"早隨計吏、夙著雄名"的温爲"庭筠"。[②]而温之成"鄉貢進士"且"早隨計吏"顯然是開成四年(839)試京兆府得"等第"之時;所謂"等第",就是京兆府所貢"鄉貢進士"。可見連官方也承認:當年試京兆而成爲"鄉貢進士"者即等第榜上名曰温岐的温庭筠。温庭筠作爲温的正名,是連等第榜上赫然登出的"温岐"也取代不了的,而"温岐"者,不過爲能應京兆府試而取的權宜之名,或曰化名而已。我們順便應該説明的是,裴坦代表皇家所撰《貶温庭筠(隋縣尉)制》,等於爲温多年困於場屋作了結論;雖稱爲"貶",卻等於讓温釋褐得官,中了進士;此即紀唐夫《送温庭筠尉方城》詩所謂"鳳凰詔下雖霑命"之"霑命"以及《唐摭言》卷二"爲等第後久方及第"條下所論"温岐濫竄于白衣";亦即温"等第罷舉"而終於及第的經歷。人們習慣把温的多年不第當成終生不第,是受兩《唐書》以來的誤導而已。

以上温改名岐參加考試的推論可由《百韻》[③]詩意的推求得到證實。

① 《北夢瑣言》卷四,上海:上海古籍出版社,1981年,第30頁。
② 《東觀奏記》卷下,北京:中華書局,1997年,第133頁。
③ 劉學鍇:《温飛卿全集校注》(以下簡作《温集》)卷六《開成五年秋,以抱疾郊野,不得與鄉計偕至王府。將議遐適。隆冬自傷,因書懷奉寄殿院徐侍御、察院陳、李二侍御,回中蘇端公,鄂縣韋少府,兼呈袁郊、苗紳、李逸三友人一百韻》,北京:中華書局,2007年。第501頁。

二、《百韻》對改名事的表述

《百韻》詩對溫參加京兆府試之前因後果有詳細的描述,當然也應提到自己改名應試的行爲。只要我們從《百韻》本身找出確鑿的詩句證明溫之爲應京兆府試而改名,我們的問題就解決了。爲此,我們回瞰一下《百韻》詩中關於"等第罷舉"的描寫。

第 11 至 16 韻是寫應試前的情勢的。爲方便起見,我們以下每兩韻簡釋其意。拙作《溫庭筠〈百韻〉詩考注》①有詳盡的説明。

11 定爲魚緣木,曾因兔守株。這裏以所謂"緣木"、"守株"暗示自己從遊莊恪太子李永而因太子橫死未有所成的經歷(837—838)。12 五車堆縹帙,三徑閟繩樞。此乃依序寫其閉門苦讀群書。13 適與群英集,將期善價沽。14 葉龍圖夭矯,燕鼠笑胡盧。第 13 韻寫正與群彦聚集,欲以才學博取功名。第 14 韻寫考試前已見選士者空稱好才,實是害怕真才而不辨賢愚。15 賦分知前定,寒心畏厚誣。第 15 韻:因爲自己有天賦之文才而有以應試,因爲自己畏懼(宦官勢力的)惡毒的誣蔑而難以中試。16 躡塵追慶忌,操劍學班輸。第 16 韻:所以用勝過慶忌的奔逸絶塵(改名)來避開誣蔑;所以能效法魯班超絶的運斧操劍(意匠經營)而發揮自己"冠絶一時"的文思來應試。

這裏特別應予注意的是第 15、16 二韻的解釋:其一,這兩韻從內容上講是錯綜相承的因果關係;就是説,因爲"賦分知前定",所以"操劍學班輸";因爲"寒心畏厚誣",所以"躡塵追慶忌"。其二,下文第 17、18 兩韻寫參加考試而得"等第",則第 15、16 兩韻自然是承上第 11 至 14 韻繼續寫考試前的情勢。其三,第 15 韻直言自己應試前的利弊因素(所長和所懼),第 16 韻則用了兩個比喻道出自己如何因應其利弊。所懼的"厚誣"要設計避開,所以決定奔逸絶塵勝過慶忌;比慶忌奔跑更快,是比喻一種非常的行爲——非常的速度,乃至於快過謠言的翅膀,這種行爲只能是改名應試。而詩人所擅的長項,當然要發揮到極致;那就是效法"班輸"一樣超絶的文才,考出無愧才名的好成績。用今天的話説,溫一要做好"專業上"的準備,二要做好"政治上"的準備。溫的"專業成績"極其優秀而沒有問題,必有很好的表現。但他出身不好,其父被宦官害死,他就有了"政治"問題;具體地説,他得罪了宦官、是專權宦官的仇人。對科舉取士也有相當發言權的宦官,極力誣蔑他而不會容他考取,所以他不得不改名應試,以期掩蓋自己的身份。"躡塵追慶忌"五個字,真是踢起一團塵霧,迷惑了多少代讀者的視聽! 這個

---

① 待刊。

比喻確實新奇,但仔細琢磨,卻發現其貼切恰當,實無以過之。下文將見溫還有出人意表的新奇和貼切,支持我們關於"躡塵追慶忌"的解釋。

我們繼續看第17至第22韻關於應試當時和應試之後的描寫,是寫溫得"等第"後,因爲改名事泄,立即被"罷舉"的情事。

17 文闈陪多士,神州試大巫。18 對雖希鼓瑟,名亦濫吹竽。原注:"余去秋試京兆,薦名,居其副"。開成四年秋應京兆試,文章出衆,榜上有名。19 正使猜奔競,何嘗計有無。20 劉愜虛訪覓,王霸竟揶揄。21 市義虛焚卷,關譏漫棄繻。22 至言今信矣,微尚亦悲夫。以上行爲(應指改名應試),正好使某些人猜忌自己爲奔競名利之徒,自己有口難辯;只好自認晦氣的"張憑",虛受了"劉愜"訪覓識拔,而落得如忠君的王霸一般被揶揄。那位"市義"的某公也枉然允許自己"焚卷"(喻改名而隱瞞身份),致使自己空有終軍出關"棄繻"的豪氣,卻在"關"前受譏笑。詩人承認終於相信了所謂"至言",而悲嘆自己區區的致君報國之志難以實現。

據前引《唐摭言》卷二:"元和元年登科記京兆等第榜敘"條及同卷"京兆府解送"條:"神州解送,自開元、天寶之際,率以在上十人,謂之等第,必求名實相副,以滋教化之源。小宗伯(知貢舉)倚而選之,或至渾化,不然,十得其七八。苟異於是,則往往牒貢院請落由。暨咸通、乾符,則爲形勢吞嚼,臨制近,同及第,得之者互相誇詫,車服侈靡,不以爲僭。"可見"等第"這種由京兆府解送的"鄉貢進士"是何等榮耀!"等第"者經過知貢舉的甄別,往往是"渾化"(全部錄取中第)。不中者,京兆府竟可"牒貢院請落由"。這又可見,能得"等第"而被京兆府解送,真是"同及第"了。"等第"之後而慘遭"罷舉"者,必是有特殊原因的例外。

溫就是這種例外。在這裏我們應再次強調指出,詩人按常規同衆文人一起應考,究竟有什麼罪過?縱憂慮考官不識賢愚(第14韻),縱畏懼(宦官勢力的)惡毒誣蔑(第15韻下句),但他發憤精讀群書,發揮超群的文學才能(第12韻及第15韻上句、第16韻下句),終於參加考試(第17韻)而名登"等第"之金榜(第18韻),都是無可非議的。那麼,畢竟何事導致詩人不但沒有絲毫金榜題名的榮耀,反而陷入惶恐尷尬,以至於被公然猜忌爲奔競之徒(第19韻)、而徒然受了知遇者賞拔、慘然遭衆人揶揄(第20韻)?以至於連"市義"的某公"焚卷"來幫助他也毫無作用(第21韻)、以至於詩人明明考試成功了,卻黯然銷魂、頹然喪志,而淒然接受失敗?

我們的回答是,溫改名事泄了。而改名之事的原委,早就在第11—21韻的描寫之中有所透露。首先,改名溫岐而應試,藏在"寒心畏厚誣"與"躡塵追慶忌"這一對因果

之中;蓋"等第"之後,改名事泄,所以未享分毫"等第"之榮,而備嘗"罷舉"之辱也。一個詩人的改名,在一般情況下,並不構成任何罪名。但對溫而言,由於宦官的"厚誣",以溫庭筠爲名去應試當然絕對不會中;以溫岐爲名應試雖可蒙混一時,如一旦暴露本名,就馬上觸犯宦官而必須立即除名,中第之夢也立成泡影;當時事實正是如此。其次,改名應京兆府試其實是得到當時某公認可的,而一旦改名事泄,這種認可就難以爲繼了。他的改名詳情當時恐只有少數人知道,而用所改名之時間其實很短:也就是從報名參加京兆府試到發榜而得京兆薦名,大概幾個月時間而已。

温開成元年在《上吏部韓郎中啓》曾説自己"弦弧未審,可異前朝",①我們的解釋是,温因與宦官爲仇,連應舉而一展文才的機會都没有,這和前朝(大和朝)劉蕡下第之事有什麽不同嗎?温爲仇家宦官所制,不得應舉;爲能應舉,他不得不改名應試;改名應試而得"等第",然後改名事泄而終遭"罷舉"。這和劉蕡落第事確同爲當時宦官干預科舉的典型事例。劉蕡在對策中激切陳辭,痛斥宦官,震動朝野,而考官雖然嘆服劉蕡的對策,"畏中官睚眥,不敢取"。②據《玉泉子》:"劉蕡,楊嗣復之門生也。既直言忤,中官尤所嫉怒。中尉仇士良謂嗣復曰:'奈何以國家科第,放此風漢耶?'嗣復懼,答曰:'嗣復昔與蕡及第時,猶未風耳。'"③可見牛黨要人楊嗣復何等畏懼宦官。開成四五年間執政的牛黨乃至考官,必然也懼怕宦官而不敢取宦官嫉恨仇視的温庭筠。温在極端艱難的形勢下,采取特殊手段改名應試而"等第",而終"罷舉"。這種過程本身,也確實是宦官專權形勢下南北司之爭的一個生動案例。

我們從第11韻開始追朔的詩意中,發現温"等第"之後,有爭名者之猜忌,援引者之無奈,當然最重要的,還有以"厚誣"加害於己者之强橫,使詩人努力成空,壯志成灰,功敗垂成,不得不悲嘆失敗而自認晦氣。總之,没有第16韻的"躡塵追慶忌"這種權宜冒險的變化騰挪和瞞天過海、改名應試的驚人手筆,上述所有"等第"後的苦惱難堪便都成了毫無理由的空穴來風,也找不出温慘遭"罷舉"的特殊原因之所在了。

以下第23至29韻的描寫,則是對"等第罷舉"事件的反思。23白雪調歌響,清風樂舞雩。24脅肩難電俛,搔首易嗟吁。自嘆曲高和寡,只好聊效曾晳,以賦閑林下自樂。不能勉强自己阿諛奉承,當然要爲清高付出代價。25角勝非能者,推賢見射乎?

---

① 《温集》卷一一,第1213頁。
② 《新唐書》卷一七八《劉蕡傳》,第5205頁。
③ 《玉泉子》,上海:上海古籍出版社,1986年。

26 兕觥增恐竦,杯水失錙銖。——自己在文場爭勝並非能人,因當時科舉之以文選士並非君子之爭。眾人飲酒的兕觥滿裝恐竦,個人杯子中的些許酒水也就失去(比喻考官畏宦官,不敢公平取士,溫個人的微不足道的志業自然不得實現)。是爲溫被"罷舉"的直接原因。

這裏應注意的是:兕觥,本商周時以兕角製的酒器,即角爵,猶後代之酒樽或者酒壺,所以注酒入杯供眾客之飲者。"兕觥"而能"增恐竦",必喻人;與"杯水"相對,當分別喻授人名第的考官和接受名第的應舉者,即溫本人。這又是一個別具匠心的精妙的比喻。與"躡塵追慶忌"一樣,似乎出人意表,卻是完全入情入理的比喻。

27 粉垛收丹采,金䯄隱僕姑。箭靶已收,良箭只好藏了;喻考場對己不開,故不得不放棄求進士之努力,而接受失敗。28 垂橐羞盡爵,揚觶辱彎弧。——自己如"垂橐"而無弓之人,無以射,即"等第"之後不能應禮部試,而羞對"鄉飲酒禮"中"盡爵"的應禮部試者。因爲那"洗而揚觶"的宦官"杜蕡"侮辱我這"彎弧"之臣。本聯動詞"羞""辱"之主語明顯指人,動詞的賓語也應指人。又,垂橐、彎弧皆有關射事乃至"鄉射禮"(喻應禮部試);盡爵、揚觶皆有關飲事乃至"鄉射禮"前的"鄉飲酒禮",這也正合溫參加"鄉飲酒禮"(長吏主持的宴請鄉貢進士之盛會)而不能應禮部試的窘境。歸根結底一句話,溫的罷舉,是因爲宦官的嫌忌和仇恨。這種情勢,頗像他的同時代人劉蕡之下第一樣,是考官"畏宦官,不敢取"所致。29 虎拙休言畫,龍希莫學屠。二句可讀作:(人)拙休言畫虎,(術)希莫學屠龍。當是自嘲無能,徒然效劉蕡抨擊宦官,而遭致迫害。"(術)希"云云,是因而反省滅除宦官之智術罕見成功,而難以學到。這其實也是當時很多有志之士的無奈。

綜上所言,溫用詩歌語言表明了:開成四年,爲避宦官厚誣,他是改名溫岐應試而得"等第"的。溫岐之名,因而被記在《神州等第錄》上,記在《唐摭言》"等第罷舉"條下。我們也因此證明了:開成四年以前溫之本名就是庭筠。

三、改名岐及表字在蒙

溫改名岐之事與後漢的趙岐(108—201)很可比較一下。

"岐字邠卿,京兆長陵人也。初名嘉,生于御史臺,因字臺卿;後避難,故自改名字,示不忘本土也"。① 趙岐得罪宦官中常侍唐衡及唐術,懼禍逃難四方,賣餅北海市中,過

① 《後漢書》卷六四《趙岐傳》,第2121—2124頁。

孫嵩,孫自稱:"我北海孫賓石,闔家百口,定能相濟";趙因而藏於孫嵩家複壁中多年,後遇赦得出。又據趙岐《孟子解》,可以看出,趙岐就是在逃宦官之迫害時(遘屯離蹇)"自改名字"(詭姓遁身),而在孫嵩家複壁中作《孟子章句》的。①

今存溫文中幾次用了趙岐的典故自喻。溫在《上裴舍人啓》説"孫嵩百口,繫以存亡",②言裴恰似孫嵩幫助趙岐一樣救助自己免於被宦官捉獲,自己的存亡繫於裴之全家人。溫還在《上蔣侍郎啓》二首之一説過"越石父彼何人也,夙佩遺文;趙臺卿敢欺我哉,敬承餘烈",③言蔣侍郎曾經如晏嬰薦拔越石父一樣賞識自己,而自己則亦當如趙岐那樣不負對方之擢舉。又在《上杜舍人啓》言"孫賓(石)車上,欲引凡姿",④言杜舍人亦曾如孫嵩那樣"停車呼與共載",幫助困境中的自己。溫再三以趙岐自喻,而自己就改名溫岐,這應是受趙岐的啓發。趙岐是爲避宦官之迫害把自己的原名嘉(字臺卿),改成岐(字邠卿)的。溫也是爲避宦官之迫害將原名庭筠(字飛卿)改成岐的。趙岐的身世遭遇乃至所改名給溫足夠的啓示,使他效趙之改名行爲而用趙所改名。

《詩經·魯頌·閟宮》:"后稷之孫,實維大王。居岐之陽,實始翦商。"⑤又《詩經·大雅·公劉》:"豳(邠)居允荒。篤公劉,于豳斯館。"⑥《孟子·梁惠王下》:"昔太王居邠,狄人侵之,去之岐山之下居焉。"⑦以上引文中的岐(山)、邠(豳),皆周人舊地,趙嘉籍貫長陵在陝西咸陽,所謂頭接岐山之地;故趙嘉爲之改名岐,而字邠卿,自謂岐山之民、邠土之卿,而能以"示不忘本土也"。但溫之改名"岐",除受趙岐之啓發外,還另存用意。"岐山,……山有兩岐,因以名焉"。⑧ 岐之義,從山,從支;本義,山名,因山有兩支,故名岐山。所以岐字首要的兩個意義就是山名之義與"分岐"之義。《詩·大雅·綿》"古公亶父,來朝走馬,率西水滸,至于岐下",⑨其"岐"字是用"岐"之第一義。《爾

① 見《孟子注疏》之《孟子正義序》,《十三經注疏》本,北京:中華書局影印,1979年,第2663頁。"遘屯離蹇,詭姓遁身,經營八紘之內,十有餘年。心勤性瘁,何勤如焉! ……于是乃述己所聞,證以經傳,爲之章句"。以下引《十三經》內書,皆只引該經名、卷次和頁碼。
② 《溫集》,第1187頁。
③ 《溫集》,第1090頁。
④ 《溫集》,第1208頁。
⑤ 《毛詩正義》,第615頁。
⑥ 《毛詩正義》,第543頁。
⑦ 《孟子注疏》,卷二下,第2681頁。
⑧ 《西京賦》"岐梁"引《説文》,《文選》,北京:中華書局,1971年,第37頁。
⑨ 《毛詩正義》卷一六,第247頁。

雅·釋宮》“二達謂之岐旁”,①用“岐”之第二義。溫之名“岐”,則專取第二義“岐路”之
“岐”(唐以後多寫成“歧”)。溫的以下詩句皆可見出他強調對“岐”的這種身世攸關的
理解。“愛憎防杜蕢,悲嘆似楊朱”(《百韻》),詩人踏上仕途之初便因宦官的迫害而在
入仕與否的人生岐路上悲嘆踟躕;“無限高秋淚,扁舟極路岐”,懷抱無窮悲苦,乘舟東
歸而走到人生岐路的盡頭;以及“見説楊朱無限淚,豈能空爲路岐分”,②因博山香爐而
詠嘆從遊太子經歷,表明自己的岐路之哭有更悲傷的底蘊。“岐路”之哭,用了《淮南
子·説林訓》的典故:“楊子見逵路而哭之,爲其可以南可以北。”③

溫改名爲“岐”,當有相應的表字,顧學頡先生《溫飛卿傳論》提出溫“本名岐,字飛
卿,或曰亦字在蒙”之説,且謂“字在蒙之説,僅見於《北夢瑣言》溫庭筠條下‘……或云
作筠,字在蒙’”。④ 按顧先生所引,與前引及下引今本《北夢瑣言》卷四文字有所不同,
因爲今本無“在蒙”二字。研究這段文字,筆者認爲不是顧引述有誤,而是他當年看到
的是有“在蒙”的另一種版本。筆者嘗在 1994 年所發拙文《溫庭筠改名案詳審》中請教
顧先生“字在蒙”的出處而未蒙賜答,又與先生緣慳一面而不得問,今先生已仙逝而不
能復問,只好自作主張,有以下看法。

其一是研究李商隱《有懷在蒙飛卿》詩所得。“薄宦頻移疾,當年久索居。哀同庾
開府,瘦極沈尚書。城綠新陰遠,江清返照虛。所思惟翰墨,從古待雙魚”。⑤ 首聯言溫
當年長期隱居,至今沉淪下僚(在蒙);頷聯言溫人瘦如尚書沈約,哀如開府庾信(在蒙
飛卿);頸聯言己與溫遠隔綠城新陰,而虛見清江返照(有懷);尾聯則盼得溫之筆墨,而
待其書信之來(有懷)。全詩字面上緊扣“有懷”、“在蒙”、“飛卿”諸詞組的文字本義,
兼關溫之才高命蹇與自己思慕之切。起承轉合之中,文心貫通,一氣流轉,誠爲一人而
發,而此人即“在蒙”之“飛卿”也。或以“在蒙”二字另指一人,則難辨出原詩有分贈二
人之意,不唯無以知何人也。又,在本詩語境中,“蒙”指特定地名的可能性可以排除;
因爲或水或山或泉或縣,多處地名爲“蒙”,都與詩意沒有關連。

---

① 《爾雅注疏》卷五,第 2598 頁上。
② 見《溫集》卷八《東歸有懷》及《博山》,第 705、709 頁。
③ 見劉文典:《淮南鴻烈集解》卷一七,北京:中華書局,1989 年,第 583 頁。其中“逵”字,《太平御覽》“居處
部”二十三“道路”所引作“歧”。《列子》卷八《説符》“楊子之鄰人亡羊,……歧路之中又有歧焉”也提到“楊子戚然
變容”。上海:上海古籍出版社,1985 年,第 221 頁上。又王利器校注應劭《風俗通義》卷一《皇霸》亦有“楊朱哭於
歧路”之語。北京:中華書局,1981 年,第 1 頁。則“楊朱泣歧”成後人習用之典事出有因也。
④ 見《史地叢刊》1947 年創刊號,第 15—18 頁。
⑤ 馮浩:《玉谿生詩集箋注》卷二,上海:上海古籍出版社,1979 年 10 月。第 524 頁。

前引顧先生《溫飛卿傳論》在引用了"字在蒙"諸語後説到,本詩與《北夢瑣言》"字在蒙"之説似合,然義山又有《聞著明凶聞哭寄飛卿》詩,"飛卿之上,又不連在蒙二字。若係一字一號,古人有以名號相連稱人者,但無以字號相連稱人者。或謂'在蒙'係地名,而遂相連稱者,理或然歟? 但細檢輿地群書,尚未查出,俟異日再考"。顧先生所論的字號相連或名號相連的可能與否,知道溫改名的原委之後,馬上變成毫不相關的題外話。

如前文所論,溫庭筠是在受宦官迫害的情況下,不得已而采取權宜冒險手段、爲參加京兆試而改名、字,以至於得到"等第"的;改名事泄後,掌文闈者知其改名事而擯落之,溫自然無須繼續用所改之名了。雖然他用所改名之時間很短,但"溫岐"這個名卻從此便留在《神州等第錄》,通過《唐摭言》的載錄而被後代史家記入本傳,且被誤會爲"本名"。李商隱作爲溫庭筠的摯友,在其詩題中以"在蒙飛卿"把改名前後的兩個表字連在一起,其實是今存最早把溫庭筠(字飛卿)和溫岐(字在蒙)放在一起的文字記録。如筆者在《溫庭筠改名案詳審》中所言,李商隱稱溫"在蒙"的"飛卿","猶言暗投的明珠,'不能奮飛'的鴻鵠,親密的戲謔中含有多少深摯的相知和同情"。以溫改名前後的兩個表字來稱呼他,當然可謂没有前例,畢竟連溫這樣改名的事也極罕見。

溫、李詩札往還今存者只有兩首,另一首《聞著明凶聞哭寄飛卿》"昔嘆讒銷骨,今傷淚滿膺。空餘雙玉劍,無復一壺冰。江勢翻銀漢,天文露玉繩。何因攜庾信,同去哭徐陵"。詩題中之所以用庭筠的本字正常地稱呼他,是因爲同樣的戲謔不必再重複了。但此詩更顯李對溫的了解和服膺。

其二,我們再從"岐"與"在蒙"文字的配合上研究。

"岐"可指痛哭岐路,不知所之;則"蒙"指猶受蒙蔽,而待引發;"在蒙"二字確能表"岐"名之義,而與"岐"構成非常契合的名、字搭配。其實"蒙"解爲卦名解,尤見妙契。《易·蒙》:"《彖》曰:蒙,山下有險,險而止,蒙",王弼注:"退則困險,進則閡山,不知所適,蒙之義也。"這不正是徘徊歧路,進退兩難嗎?"《象》曰:山下出泉,蒙;君子以果行育德"。① 也含蓄君子處艱險歧路,能坦然面對、"以果行育德"的襟抱。綜《彖》辭與《象》義,更見以"在蒙"之字表"岐"之名的豐富深刻含義。

"在蒙"之詞組,恰又僅見於溫的業師李程《蒙泉賦》:"蒙彼東山,山下有泉。……

---

① 皆見《周易正義》,第20頁。

宜習坎以爲德，胡止艮而莫前？① ……朝宗路阻，未歸朝夕之池；②潤下功微，③空浸尋常之地。且夫壅則止，理則通。能致遠邇，任決西東。荷四氣之平均，潛生麗藻；處重陰而蒙蔽，尚阻清風。亦有舒女化而稱異，④耿恭感而成功。⑤ 彼皆因人而有托，此獨居然而在蒙。⑥ 當其一勺而可挹，豈待成川而後知。倘理水之有便，諒餘波而可期。他日敢以勝載之力，冀裨舟楫之時。"⑦

　　本賦正引申《易·蒙》之旨，借寫蒙泉，抒發作者不與濁世溷同、以果行育德、待時而動的操守。尤"彼皆因人而有托，此獨居然而在蒙"句，正是"在蒙"表字所出。以自己敬愛的業師文中之字眼爲己名，當然是大有深意的。

四、"在蒙"之證的進一步推論

　　筆者舊文《溫庭筠從遊莊恪太子考論》⑧曾考《謝襄州李尚書啓》而確定：（1）由啓中語"畫舸方遊，俄升於桂苑；蘭扃未染，已捧於芝泥"推斷溫是由李推薦從莊恪太子遊。（2）又由《洞戶二十二韻》的敍事，知溫自開始從太子遊至太子開成三年十月被害，始末只有一年多時間，故當始于開成二年。（3）根據《舊唐書·文宗紀下》，"開成元年三月李程兼吏部尚書……二年三月，以左僕射李程爲山南東道節度使"，推斷《謝襄州李尚書啓》之啓主就是李程。（4）根據啓中語"此皆寵自升堂，榮因著録"而確定啓主李程應是溫的真正意義上的業師。（5）《舊傳》云李程"藝學優深，然性放蕩，不修儀檢，滑稽好戲，而居師長之地，物議輕之"，"真溫庭筠之師也"。（6）《新傳》云："程爲人辯給多智，然簡兌無儀檢，雖在華密，而無重望，爲帝所遇。嘗曰：'高飛之翮，長者在

----

① 坎德，指水就下的性質。因以喻君子謙卑的美德。《易·坎》，象曰"水洊至"，《周易正義》，第 42 頁。《易·艮》："《彖》曰：艮，止也。時止則止，時行則行，動靜不失其時，其道光明。艮其止，止其所也。"第 62 頁。

② 《尚書·禹貢》："江漢朝宗于海。"第 149 頁。朝夕池：海的別名。古南方方言。《漢書》卷五一《枚乘傳》："枚乘復說吳王曰：遊曲臺，臨上路，不如朝夕之池。"顏師古注引蘇林曰："吳以海水朝夕爲池也。"北京：中華書局，1964 年，第 2364 頁。唐徐堅等《初學記·海》卷六引漢應劭《風俗通》："海，一云朝夕池。"北京：中華書局，1985 年，第 115 頁。

③ 《書·洪範》："水曰潤下。"

④ 《述異記》："宣城蓋山有舒姑泉，俗傳有舒氏女與父析薪，女坐泉處，忽牽挽不動，父遽告家，及再至，其地惟見清泉湛然。其母曰：女好音樂。乃作絃歌，泉乃湧流。"

⑤ 《後漢書》卷一九《耿恭傳》載，耿恭在被匈奴圍困的絕境下求水成功，"乃整衣服向井再拜，爲吏士禱。有頃，水泉奔出，衆皆稱萬歲"。北京：中華書局，1965 年，第 721 頁。

⑥ 此句與"蒙彼東山，山下出泉"皆雙關地名"蒙泉"與《易·蒙》卦辭，謂處逆境而安然待時也。在蒙：被困之象。《易·蒙》："六四，困蒙，吝。"第 20 頁。

⑦ 《全唐文》卷六三二，第 6379 頁。

⑧ 載《唐代文學研究》第一輯，太原：山西人民出版社，1988 年。

前,卿朝廷羽翮也'。"而温庭筠《上蔣侍郎》二首之一:"頗識前修之懿圖。蓋聞長者之餘論。"所言"長者",恰是引文宗語指李程。這裏"長者"作爲特殊用語指李程,確實出人意表,然而正是温庭筠之特殊的風格所在。(7)筆者《温庭筠"江淮受辱"本末考》①引李程《鼓鐘于宫賦》"禮失所讒,想杜賁之揚觶"(《全唐文》卷六三二)之"杜賁",認爲與温詩"愛憎防杜摯(按當作賁)"之"杜摯"、温文"杜摯(按當作賁)相傾"之"杜摯"、"摧殘膳宰之前"之"膳宰",所指都是宦官杜賁。(8)上文引李程《蒙泉賦》"在蒙"含義,恰爲與"岐"名相匹配之字;下文引李程文《竹箭有筠賦》中"筠"的繹釋,正是温之名由"庭雲"改成"庭筠"的原因,若合符契地解決了名岐字在蒙及温庭雲改成温庭筠兩個問題。

如果我們對温之生命歷程的考察不符合歷史事實的話,在浩如煙海而從未言及温庭筠與李程師生關係的舊籍之中,我們豈能如此巧合幸運地找到許多相合的材料?因此,温庭筠敬佩其業師李程、開成二年被李程推薦從遊莊恪太子、在爲文、爲人上深受李程影響、乃至以李程文章中的字眼當成自己的名、字,也就是一度名岐字在蒙之細節,這一系列事實都互相支持而得到强化的證明。

我們既把温庭筠一度改名"岐"而字"在蒙"說得如此鑿鑿,那麽,爲什麽毫無文獻記載可查此事呢?連"岐"名也只用了幾個月,而遭人誤解,其對應的表字"在蒙"更鮮爲人知了。當然並非毫無記載,可惜的是惟見的有關記載在流傳中也被漫漶了。根據前引顧學頡先生"字在蒙之說,僅見于《北夢瑣言》温庭筠條下'……或云作筠,字在蒙'",竊以爲,《北夢瑣言》"温庭雲,字飛卿。或云作'筠'字,舊名岐"其實本來在"或云作筠字"後是有"在蒙"的。這段文字本身的問題就在其中短句"或云作'筠'字"中。"云"後似缺"雲",而"筠"後則羨"字",略所不當略,不略所當略,是其問題所在。

"或云"後("云"字時可省略,又網上有"云"字作"雲"的版本,反比經過點校的正本好),若說幾件事,應用平行句,在這裏古漢語没有省略第一個平行短句之主語"雲"的道理,雖然讀者可猜出並且補入這個字。其實,"云"很可能由"雲"漫漶模糊而成,原句本應是"或'雲'作'筠'(字)";即使如此,其最後的"字"字仍是多餘的,可以不要;而保留"字"字的這種用法,頗爲近代。觀全句,所謂"字飛卿"之"字","表字"之"字"也;而"或'雲'作'筠'字"之"字","文字"之"字"也,一字兩用,在這個語境下扞格不通。遍查舊籍,言及人之名、字時,宋以前决無以"文字"之義與表字之義同時混用者。所

---

① 《中華文史論叢》2014 年第 1 期。

以,“字”這个字在這裏特定的上下文中,應該與前文一致,是對名而言的“表字”之字,而不是“文字”之字。《北夢瑣言》原文,應作“溫庭雲,字飛卿。或‘雲’作‘筠’;字在蒙,舊名岐。”這樣,“或”字,表示另一種説法,覆蓋三個短句;第一句對溫的名字,提出“雲”的異文“筠”;第二、三兩句則提出另一套名、字來。這種提法,雖仍小有不足,卻是對溫之名、字最接近事實的記録。唯不知何時原文失去“在蒙”二字,被後來校者以“字”字屬上,勉强成句,成今本半通不通的模樣。

馮浩(1719—1801)對《有懷在蒙飛卿》(見前)之詩題有注:“《北夢瑣言》曰溫庭筠字飛卿或云作筠字在蒙無考”(筆者故意略去了標點)。筆者無以得窺最早的《玉谿生詩集箋注》原貌,但可以猜測,馮浩所引《北夢瑣言》,雖精益求精,在三易其稿的傳抄過程中亦難免傳抄生誤。馮注所引《北夢瑣言》缺“舊名岐”三字,又因當時無新式標點,似將引文與他自己的評論混淆在一起了,因而造成文有歧義,以至于今人的標點,也令人將信將疑。上海古籍出版社印行的《玉谿生詩集箋注》是這樣爲之標點的:《北夢瑣言》曰:溫庭雲字飛卿,或云作“筠”字。“在蒙”無考。

此處“在蒙”,恰好在“字”的後面,我們因此猜測,馮浩所引《北夢瑣言》,應是有“在蒙”二字的,也許正是顧先生所本。無論如何,讀沒有標點的馮浩注,容易引起兩種不同理解。我們以本文的理解,標點如:《北夢瑣言》曰:“溫庭雲字飛卿。或‘雲’作‘筠’,字在蒙”——無考。這樣,所謂“無考”者,指的當是全部引文,而不僅是“在蒙”二字。

五、結　論

最後一個問題,是“溫庭雲”和“溫庭筠”孰爲正的問題。

明錢希言《桐薪》據《北夢瑣言》“溫岐(原文爲舅)曾于江淮爲親表檟楚,由是改名焉”的記載推斷“故改名庭雲,字飛卿,而他書或作庭筠,不曉所謂”。[①] 錢以爲,溫原名岐,既改名而表字飛卿,則所改之名應作庭雲,而與表字“飛卿”對應;他於是否定公認的“庭筠”之説,謚之爲“不曉所謂”。錢説唯一正確者是看到“雲”與“飛卿”二者之名、字對應。夏承燾《繫年》則從反面推論,“本名庭筠或庭雲;字飛卿,則(本名)應作雲”,也是但從表字“飛卿”能與“雲”相匹配,推出名爲“溫庭雲”。但由此否認“庭筠”也是“飛卿”之“字”所表的溫之名就錯了。“庭筠”實際上比“庭雲”更廣被接受,是不爭的

---

① 《溫飛卿詩集箋注》附録四《諸家詩評》,上海:上海古籍出版社,1980年,第257頁。

事實。既然"雲"字有書證,又與表字"飛卿"相合,而不容否定爲溫之名,"筠"字當應更有其道理。蓋"筠"者,本竹之別稱也,自有接天之勢,淩雲之心,而與"飛卿"表字相合。又,《禮記·禮器》:"其在人也,如竹箭之有筠也,如松柏之有心也"。① 鄭玄注:"筠,竹之青皮也。"溫庭筠之業師李程有《賦得竹箭有筠》②詩和《竹箭有筠賦》,③即以《禮記》之句爲題。其詩曰:"常愛淩寒竹,堅貞可喻人。能將先進禮,義與後凋鄰。冉冉猶全節,青青尚有筠。陶鈞二儀内,柯葉四時春。待鳳花仍吐,停霜色更新。方持不易操,對此欲觀身。"④——全詩把這個"筠"當成歲寒全節、君子節操和出處的象征了。

尤其是其《竹箭有筠賦》,是溫將其名由"庭雲"改爲"庭筠"直接所本:"喻人守禮,如竹有筠,……將以御冬,且見檀欒而守節;比於藏器,⑤詎可須臾而去身?若乃清霜翻,玄律改,彼眾卉之具落,受氣於真宰,何翳薈而自异,乃嫣娟而有待。苟常其性,寒竹何患於時移;不易其心,志士當懷於道在。豈不以和澤自润,表裏相質。竹無筠不能固其節,人舍禮曷以法於時。伊先哲之善喻,作後代之元龜。企於禮者,勤而行之;苞本之時,已包周身之防;疏莖之勢,更叶淩雲之期。當其冒霰停霜,雲披風靡,諒青青而斯在,何冉冉而居彼!是知禮之於已,如我有徒,筠之於竹,如我有膚。理無特立,義必相須,堅剛自持,雖貫四時而莫改,賞玩不足,奚可一日而或無。"

其中加點部分可見出溫改名的原委。全文"喻人守禮,如竹有筠",所以固節,所以防身,堅剛自持,豪氣如雲。時移道在,不失其真。聚焦在"筠"字上:以己有膚喻竹有筠,以己有徒喻己守禮。竹有筠而能固其節,己守禮而能法其時。如此,則己有膚便能固其節,己有徒便能法其時也。李程本人,"居師長之地",想必也是"學筵開絳帳",⑥弟子眾多,溫庭筠也在其高足之中。李程行文之中,其實也包含着對其學生的頗爲詼諧的厚望。溫庭筠正是在從師李程後取這個字爲自己的名字,以表達自己對先生的服膺和敬慕的。一字之改,而不變字音,直到如今仍有如此改名的習慣,是不算正式改名的。溫庭筠幼慧,"庭雲"之名已頗爲人知,是其偶見載于雜書之由。而從師李程之後,溫平生主要時間,皆以庭筠爲名,故多數文字記載是"庭筠",而罕見"庭雲"。"雲"之存在,

---

① 《禮記正義》,第 1430 頁下。
② 《全唐詩》卷三六八,第 4145 頁。
③ 《全唐文》卷六三二,第 6383 頁。
④ 《老子》第五十四章:"以身觀身,以家觀家,以鄉觀鄉,以國觀國,以天下觀天下。"
⑤ 《易·繫辭卜》:"君子藏器十身,待時而動。"第 88 頁上。
⑥ 《溫集》卷三,《秘書李尚書輓歌詞二首》之一,第 266 頁。

亦《北夢瑣言》之貢獻。

至于温庭筠開始從師李程之準確時間,筆者只能估計是在元和十二、三年(温二十歲左右、李程知貢舉期間)。當時温庭筠"橫經稷下,因得仰窮師法,竊弄篇題。思欲紐儒門之絶帷,恢常典之休烈",①即其早年入洛陽太學之際。二人師徒相得,交誼深厚,至李程842年逝世,對温爲人爲文,影響至巨。二人交遊詳細本末雖尚難以深考,推薦温從遊莊恪太子及改名二事之影響,已橫亘温的一生,事關重大。觀兩《唐書》本傳,李爲貞元十二年狀元,又是宗室宰相,出入臺閣、主政地方,事唐庭近五十年,經歷自德宗至武宗的重大事變,滑稽多智而深得文宗信任。及觀其與柳宗元、劉禹錫、韓愈等人之交契,②尤值得稱道的是李程子養柳宗元之子的態度"遺孤之才與不才,感同己子之相許",③更可見李程其人之高風。當晚唐風雨飄搖之際,温有此師,經終生多難之難,誠一世不幸之幸也。

結論:温庭筠,初名温庭雲;元和中從師李程,深慕李之學問人品,遂用李《賦得竹箭有筠》詩及《竹箭有筠賦》中"筠"之義,自改爲温庭筠。此非正式改名也。至開成四年應京兆府試,爲避宦官之傾陷,乃正式改名岐,字在蒙。所以名岐者,慕趙岐而自比,故效之也。然亦不取"岐山"之義而獨取"岐路"之義,以有所異。所以字在蒙者,不唯"在蒙"本有徘徊歧路,進退失據、以果行育德、待時而動等義,而與"岐"名相合,爲絶佳之名、字配置,亦取李程文章《蒙泉賦》"此獨居然而在蒙"有關文意以自勵也。改名事延數月,至"等第"而泄露,于是罷舉,乃復其本名庭筠,字飛卿,而不復用其所改名岐、所改字在蒙也。然温岐之名,記於等第榜,而載于《神州等第録》,被後來作者誤爲本名,爲人隨意沿用不已而至今。至其所改字在蒙,偶有記録,多爲人所不解,而在千年版本輾轉中,僅見之真實記録也被"校正"而失其原貌。若非李商隱之有懷"在蒙飛卿"與顧學頡先生之緒言,幾近失傳也。④

---

① 語見《上裴相公啓》,《温集》卷一一,第1101—1103頁。據徐松《登科記考》卷一八李程引《舊唐書·李程傳》:"元和十一年,拜中書舍人,權知京兆尹事。十二年,權知禮部貢舉。十三年四月,拜禮部侍郎。"北京:中華書局,1975年,第672頁。

② 詳見卞孝萱:《劉禹錫叢考》,收於《卞孝萱文集》第二卷,南京:鳳凰出版社,2010年,第299—304、324—326、342—349頁。

③ 瞿蜕園:《劉禹錫集箋證》外集卷一〇,上海:上海古籍出版社,1989年,第1536頁。

④ 與本文結論似乎相左者,《文苑英華》卷八七《再生檜賦》署名温岐。此温岐與該書卷六五三、六五五、六五七、六六二、六六六之署名温庭筠者被《英華》編者並列而分明爲兩人,至清人編輯《全唐文》方將此賦與温其他文章都放在卷七八六温庭筠名下。其文筆則不但毫無時代特點可尋,而且呆滯重複,即使視爲少年之作,也毫無温文靈動飛騰之勢。疑爲另一名温岐者所作。

《魏晉南北朝隋唐史資料》第三十二輯

2015 年 12 月,165—186 頁

五代正統性與司空圖形象的重塑

——《舊五代史》原文有無《司空圖傳》問題再探討

羅　亮

衆所周知,現在我們看到的《舊五代史》並非完璧,而是清朝四庫館臣邵晉涵等在編修《四庫全書》時利用《永樂大典》、《册府元龜》、《資治通鑑》、新舊《唐書》、《新五代史》等書輯佚而成的,爲保存史料做出了突出貢獻,使我們今天能大致看清《舊五代史》的面目。然限於當時的條件,輯本《舊五代史》也存在不少問題,諸如録文錯誤、引用《永樂大典》卷數錯誤、對"夷狄"一類的清代避諱逕改原文、將不屬於《舊五代史》的内容誤輯入其中等。其中最嚴重的也是最令人遺憾的就是許多史料的漏輯。其他的錯誤我們還可以通過他校的方式進行一些修正,但是隨着《永樂大典》的散佚,再次輯補的工作也變得越來越困難。

然而前輩學者們並没有放棄對《舊五代史》進行重新整理的努力。早在 20 世紀三十年代,陳垣先生就出版了《〈舊五代史〉輯本發覆》一書,對如何重新整理《舊五代史》制定了許多科學可行的計畫和條例,得到了學術界的重視。[①] 2006 年,陳尚君先生完成了《舊五代史新輯會證》這一著作,雖然在具體條目上還存在着一些爭議,但不可否認,這是目前最新最爲完備的《舊五代史》輯本。[②] 此外還有馮家昇、[③]張凡、[④]郭武雄[⑤]等先生都分别撰文,希望能儘量地輯補《舊五代史》。其中又以陳智超先生呼籲最爲强烈,

---

① 陳垣:《〈舊五代史〉輯本發覆》,陳智超主編:《陳垣全集》第七册,合肥:安徽大學出版社,2010 年。此外陳垣先生還有《舊五代史引書卷數多誤例》、《以册府校薛史計畫》等文,收入《陳垣學術論文集》第二集,北京:中華書局,1982 年。

② 陳尚君:《舊五代史新輯會證》,上海:復旦大學出版社,2005 年,第 9—10 頁。此外陳尚君先生還有《〈舊五代史〉補傳十六篇》,《文獻》1995 年第 3 期;《清輯〈舊五代史〉評議》,《學術月刊》1999 年第 9 期。

③ 馮家昇:《〈遼史〉與〈金史〉、新舊〈五代史〉互證舉例》,《馮家昇論著輯萃》,北京:中華書局,1987 年。

④ 張凡:《〈舊五代史〉輯補——輯自〈永樂大典〉》,《歷史研究》1983 年第 4 期。

⑤ 郭武雄:《五代史輯本補正》,臺北:臺灣商務印書館,1976 年。

他連續四年(2011—2014)在《隋唐遼宋金元史論叢》上發表論文討論如何重新輯補《舊五代史》,尤其對增輯的工作提出了許多寶貴的意見,值得我們重視。然其認爲唐末著名文士司空圖在《舊五代史》中有傳,此點或可商榷。而且筆者在仔細研究《司空圖傳》的歷史書寫過程中,發現其中關涉甚多,特別是牽扯到五代各朝對自身正統性塑造的問題,頗爲重要。而以往對司空圖的研究多側重於文學、思想方面,從傳記形成的角度來探討司空圖的成果還較少。[①] 故筆者不揣淺陋,撰成此文,以求教於專家學者。

一、《司空圖傳》的歸屬

陳智超先生判斷某人是否在《舊五代史》中有傳,主要依據四組"密碼",即:一、如果《通鑑》中稱"某某,某地人也",則其有傳;二、如果《通鑑》中稱"某地某人",則其有傳;三、如果《通鑑》指出某人家世,如"某某,某某子也",則其有傳;四、如果今輯本《舊五代史》本紀中記載了某人的卒時及死因,則其有傳。陳先生依據此四組密碼開列了三批增輯名單,[②]特別是第三批名單是不見於《新五代史》和今輯本《舊五代史》的人物,這尤其值得注意。

然而這批名單既然没有新舊《五代史》的依據,則需要以一種更爲審慎的態度去針對每一個人物進行討論。名單中列出了唐末五代著名文士司空圖,就有值得商榷之處。陳先生認爲《舊五代史》有《司空圖傳》的主要原因有四:

一、輯本《舊五代史》卷六〇《李敬義傳》稱:"圖,《唐史》有傳。"[③]此條是經過《永樂大典》驗證過的,確係《舊五代史》原文。

二、《通鑑》卷二六五天祐二年八月條云"圖,臨淮人也",符合第一組密碼。

三、司空圖卒於"唐祚亡時之明年",已入後梁。

四、北宋王禹偁的《五代史闕文》,[④]其中一則中集中記述了司空圖的事迹(具體内容詳後),並在事迹末稱"以上《梁史》舊文"。

我們可以看到,這四點理由中,第二、三點其實只是間接證據,並不能直接證明司空

---

① 如呂興昌:《司空圖詩論研究》,臺北:學生書局,1989年。王潤華:《司空圖新論》,臺北:東大圖書股份有限公司,1989年。陶禮天:《司空圖年表匯考》,北京:華文出版社,2002年。王步高:《司空圖評傳》,南京:南京大學出版社,2006年。
② 陳智超:《輯補〈舊五代史〉列傳導言(下)》,《隋唐遼宋金元史論叢》第4輯,上海:上海古籍出版社,2014年。據作者後記,還有第四批七十一人的名單。
③ 《舊五代史》卷六〇《李敬義傳》,北京:中華書局,1974年,第807頁。
④ 《五代史闕文》,杭州:杭州出版社,2004年。

圖在《舊五代史》中有傳。最有力的還是第一、第四點,然而這兩點卻存在着矛盾。一稱在《唐史》有傳,一稱《梁史》舊文。這兩條記載孰是孰非? 所謂的《唐史》、《梁史》是否又真的指《舊五代史》中的《唐書》、《梁書》? 帶着這些疑問,我們需要對這些史料進行詳細分析。

　　首先看第一條,《舊五代史》中所謂的"唐史"有兩種用法,其中一種是概指唐代史書,如《舊五代史》卷七九《晉高祖紀五》天福六年四月辛丑條云:"宰臣監修國史趙瑩奏:'奉詔差張昭遠等五人同修唐史,內起居郎賈緯丁憂去官,請以刑部侍郎呂琦、侍御史尹拙同與編修。'"①此處"唐史"尚未成書,還只屬於一個概念的範疇。

　　另一種用法則是指具體的某一本書,也與《舊五代史·李敬義傳》所言的"圖,《唐史》有傳"的敘述模式相同。這樣的用法在《舊五代史》中還有四條。分別是《舊五代史》卷二四《李珽傳》云:"李珽,字公度,隴西敦煌人。五世祖忠懿公憕,有大節,見《唐史》。"②卷六〇《李德休傳》云:"李德休,字表逸,趙郡贊皇人也。祖絳,山南西道節度使,《唐史》有傳。"③卷九二《王權傳》云:"王權,字秀山,太原人,積世衣冠。曾祖起,官至左僕射、山南西道節度使,冊贈太尉,諡曰文懿,《唐史》有傳。"④以上三條爲傳的例子,還有一條在《舊五代史·樂志下》,是引述後周樞密使王樸顯德六年的奏疏,其詞云:"其五郊天地、宗廟、社稷、三朝大禮,合用十二管諸調,並載《唐史》、《開元禮》,近代常行。"⑤

　　李珽是後梁時人,他的五世祖李憕不可能生活在五代時期,《舊五代史·唐書》當然不會有李憕的傳記。王樸所稱的"並載《唐史》、《開元禮》"也有問題。我們知道《舊五代史》的結構分爲《梁書》、《唐書》、《晉書》、《漢書》、《周書》、外藩(包括《世襲》、《僭偽》、《外國》等傳)、《志》七大部分。五郊天地、宗廟、社稷、三朝大禮等內容都不可能記載到紀傳體爲主的《唐書(史)》中去,而應屬於《志》的部分。而且王樸上奏之時,尚無《舊五代史》,他所言的當然不會是《舊五代史》中的《唐書》。

　　其實《唐史》的指代很明確,就是《舊唐書》。李憕在《舊唐書》卷一八七下《忠義傳下》有傳,李絳在卷一六四有傳,王起亦在卷一六四有傳,附於《王播傳》後。五郊天地、

①　《舊五代史》卷七九《晉高祖紀五》,第 1406 頁。
②　《舊五代史》卷二四《李珽傳》,第 321 頁。
③　《舊五代史》卷六〇《李德休傳》,第 810 頁。
④　《舊五代史》卷九二《王權傳》,第 1222 頁。
⑤　《舊五代史》卷一四五《樂志下》,第 1940 頁。

宗廟、社稷、三朝大禮等則見於《舊唐書·禮儀志》。這樣看來,所謂的“圖,《唐史》有傳”的《唐史》指的應該是《舊唐書》,而且《舊唐書》卷一九〇下《文苑傳下》確實也有司空圖的傳記。

然而我們還有疑慮,是否此處《唐史》與他處用法不同,就是指《舊五代史·唐書》呢? 因爲我們確實發現了《梁史》、《梁書》;《晉史》、《晉書》混用的例子。如《舊五代史》卷九一《李頎傳》云:“李頎,陳州項城人,即河陽節度使、兼侍中罕之子也。罕之,《梁書》有傳。”①李罕之,卷一五《梁書》有傳。卷六四《霍彥威傳》云:“霍彥威,字子重,洺州曲周人也。梁將霍存得之於村落間,年十四,從征討。存憐其爽邁,養爲己子。存,《梁史》有傳。”②霍存,卷二一《梁書》有傳。這説明《舊五代史》中的《梁書》、《梁史》都指的是《舊五代史·梁書》。後晉的情況也一樣。③ 但《李敬義傳》中的“《唐史》”用法則並非如此。

梁晉的書、史混用,是因爲之前歷史上雖然有過《梁書》、《晉書》,但那都是唐初編撰的史籍,不會和五代的人物事件發生混淆。然而李淵之大唐與李存勗之後唐時代相隔很近,甚至李存勗還自認是李唐的後繼者。那麼記録大唐歷史的《舊唐書》(《舊五代史》中稱《唐史》)與記録後唐歷史的《唐書》就極其容易混淆,需要對其嚴格區分。我們在《舊五代史》中發現十例“某某,《唐書》有傳”、“事具《唐書》”的用法,④其中《唐書》全部指的是《舊五代史·唐書》,無一例外。⑤ 加上我們之前對“《唐史》”用法的考察,我們可以確定,《舊五代史·李敬義傳》中所謂的“圖,《唐史》有傳”,指的是司空圖在《舊唐書》中有傳,而與《舊五代史》無涉。而且從情理上來説,司空圖並未活至後唐時期,也未曾出仕河東李克用政權,《舊五代史·唐書》中不應有他的傳記。

我們再來看第四點理由,也即《五代史闕文》中所謂的“以上《梁史》舊文”的説法,

---

① 《舊五代史》卷九一《李頎傳》,第1206頁。

② 《舊五代史》卷六四《霍彥威傳》,第851頁。

③ 後晉的例子,《舊五代史》卷一二五《王守恩傳》云:“王守恩,字保信,太原人。父建立,潞州節度使,封韓王,《晉書》有傳。”第1639頁。王建立,《舊五代史》卷九一《晉書》有傳。《舊五代史》卷五六《符存審傳》云:“存審次子彥饒,《晉史》有傳。”第760頁。符彥饒,《舊五代史》卷九一《晉史》有傳。這説明《晉書》、《晉史》均指《舊五代史·晉書》。後漢中没有“某某,《漢書(史)》有傳”的例子,後周只有《舊五代史》卷九一《王建立傳》云:“子守恩,《周書》有傳”,第1199頁。未見“《周史》”的用法。

④ 這十例分別是史建瑭、唐明宗即位經過、李嗣昭、周德威、符存審、張承業、高行珪、蕭頃、孫重進(即李存進)、閻寶。

⑤ 如史建瑭,《舊五代史》卷八八《史匡翰傳》云:“父建瑭,事莊宗爲先鋒將,敵人畏之,謂之‘史先鋒’,累立戰功,《唐書》有傳。”第1150—1151頁。史建瑭本人確在《舊五代史·唐書》卷五五有傳。

是否足以證明司空圖在《舊五代史·梁書》中有傳。上面已經指出,《舊五代史》中確實有以《梁史》指代《梁書》的用法,而且司空圖活到了入梁之後。這樣看來《五代史闕文》的記載是合理可信的。然而《四庫全書總目提要》關於《五代史闕文》的一段評述卻帶來了一些疑問,其文稱:

> 其結銜稱翰林學士,則作於真宗之初。是時薛居正等《五代史》已成,疑作此以補其闕。然居正等書凡一百五十卷,而序稱"臣讀《五代史》總三百六十卷",則似非指居正等所修也。①

則王禹偁所見的《五代史》有三百六十卷,而薛居正《舊五代史》只有一百五十卷,兩者並不相合,當非一書。今《舊五代史》雖是輯本,然而卷數卻是清楚的。如《宋史·藝文志二》即云:"薛居正《五代史》一百五十卷",可見四庫館臣所言並非《舊五代史》散佚之後的卷數,而是原本便只如此。而一百五十與三百六十,數值、字形都相差較大,也不大可能是傳抄的訛誤。故四庫館臣猜測王禹偁所見《五代史》並非《舊五代史》,是有其合理性的。

又王禹偁在《五代史闕文》的序言中稱:

> 臣讀《五代史》總三百六十卷,記五十三年行事,其書固亦多矣。然自梁至周君臣事迹,傳於人口而不載史筆者,往往有之,或史氏避嫌,或簡牘漏略,不有紀述,漸成泯滅,善惡鑑誡,豈不廢乎! 因補一十七篇,集爲一卷,皆聞於耆老者也。孔子曰:"吾述而不作。"又曰:"我猶及史之闕文。"此其義也。宋翰林學士王禹偁撰進。②

細繹此節,我們發現王禹偁在《五代史》後用了一個"總"字,又稱"其書固亦多矣",似乎是在暗示他所見的五代史是分散的,而非一體。而他所要補的闕文也是針對他所見的五代史中"或史氏避嫌,或簡牘漏略,不有紀述,漸成泯滅"的部分,其指定性是很強的,就是要補他所見的五代史。而其在正文中屢屢提及各朝實錄闕而不書的缺陷,其實就已經很能説明問題。

那麼王禹偁所見的三百六十卷《五代史》究竟是什麼呢? 臺灣學者郭武雄先生認爲就是五代各朝實錄。他説:

> 《玉海》云:"范質以五代實録共三百六十卷爲繁,遂總爲一部,命曰《通録》。"

---

① 《四庫全書總目提要》卷五一《史部·雜史·五代史闕文》,石家莊:河北人民出版社,2000年,第1412頁。
② 《五代史闕文·序》,第2447頁。

據此則五代實録共計三百六十卷。王禹偁《五代史闕文》序文云:"臣讀《五代史》總三百六十卷。"所謂《五代史》者,即五代實録也。①

郭先生認爲《五代史》即五代實録,但卻没有詳細論述,恐怕是僅因其皆三百六十卷而作出的判斷。他開列了各朝實録的卷數如下:《梁太祖實録》三十卷;《大梁編遺録》三十卷;《梁功臣列傳》十五卷;《唐懿祖紀年録》一卷;《唐獻祖紀年録》二卷;《唐太祖紀年録》十七卷;《唐莊宗實録》三十卷;《唐莊宗功臣列傳》三十卷;《唐明宗實録》三十卷;《唐閔帝實録》三卷;《唐廢帝實録》十七卷;《晉高祖實録》三十卷;《晉少帝實録》二十卷;《漢高祖實録》二十卷;《漢隱帝實録》十五卷;《周太祖實録》三十卷;《周世宗實録》四十卷,合書十七部共三百六十卷,正與《五代史闕文》所言相合。陳尚君先生也贊成其説法。② 數字相合,當是郭、陳二位先生認爲《五代史闕文》所言"五代史"即五代實録的主要原因。

其實,我們可以從具體事目中發現一些綫索。首先引發我們注意的是,《五代史闕文》全文僅十七條,卻有八條都明確地提到了五代各朝實録,幾乎占到了一半。這是否代表各朝實録和他所見的《五代史》存在某種關係呢? 答案是肯定的。《五代史闕文》之"王淑妃許王從益"條云:

> 王淑妃,明宗妃也。從益,明宗幼子也。而見於《漢史》者,爲漢祖所殺故也。……臣謹按隱帝朝,詔史臣修《漢祖實録》,敘淑妃、從益傳,但云:"臨刑之日,焚香俟命"。蓋諱之耳。③

此處先説王淑妃、李從益的事迹記載在《漢史》之中,後又提到《漢祖實録》(即《漢高祖實録》)下附有王淑妃、李從益的附傳。然今輯本《舊五代史》並無王淑妃的傳記,李從益則見於卷五一《唐書·宗室傳》,與《五代史闕文》所言的情況並不相同。這説明前文所言的《漢史》並非指《舊五代史·漢書》,而是與《漢高祖實録》相互指代的。

以上還只能屬於間接證據,《五代史闕文》除"司空圖"條外,還有其他直接提到《梁史》之處。《五代史闕文》之"張全義"條云:

> 《梁史》稱:"上不豫,厭秋暑,幸宗奭(即張全義)私第數日,宰臣視事於仁岐亭,崇政使(注:梁改樞密爲崇政)諸司並止於河南令廨署。"④

---

① 郭武雄:《五代史料探源》,臺北:臺灣商務印書館,1987年,第1頁。
② 陳尚君:《舊五代史新輯會證》前言第2節《五代史官制度與五代實録》,第9—10頁。
③ 《五代史闕文·王淑妃許王從益》,第2457頁。
④ 《五代史闕文·張全義》,第2453頁。

今輯本《舊五代史》卷六《梁太祖紀六》亦有此節，這是否說明兩者就是一回事呢？恐怕並非這麼簡單。輯本《舊五代史》這條其實是輯自《册府元龜》卷二〇五《閏位部·巡幸門》，其文云：

> （乾化五年）七月，帝不豫，稍厭秋暑。自辛丑幸會節坊張宗奭私第，宰臣視事於歸仁亭子，崇政使、内諸司及翰林院並止於河南令廨署。①

仔細比較以上兩條史料，還是能發現諸多不同之處。重要的有：一、《五代史闕文》稱梁太祖爲"上"，《册府》稱"帝"；二、《册府》交待時間地點更爲明確，爲"辛丑幸會節坊"，《五代史闕文》籠統成爲"數日"；三、宰臣視事的地方，《五代史闕文》記爲"仁岐亭"，《册府》記爲"歸仁亭子"；四、《五代史闕文》提到其他機構是"崇政使諸司"，《册府》則稱"崇政使"、"内諸司"、"翰林院"。總的來說，《册府》提供的材料要比《五代史闕文》更爲細緻一些。這麼多差異，已經足以證明兩者雖然同記一事，卻有着不同的史源。要判斷二者史源到底爲何，恐怕要從第一點入手。

據郭武雄先生考證，後梁的實録（或相當於實録）共有三種，分别爲《梁太祖實録》、《大梁編遺録》、《梁功臣列傳》。② 關於《梁功臣列傳》，《舊五代史》卷一〇《梁末帝紀下》龍德元年二月條云：

> 史館上言："（前略）臣今請明下制，敕内外百官及前資士子、帝戚勳家，並各納家傳，具述父祖事行源流及才術德業灼然可考者，並纂述送史館。如記得前朝會昌已後公私，亦任抄録送官，皆須直書，不用文藻。兼以兵火之後，簡牘罕存，應内外臣僚，曾有奏行公事，關涉制置，或討論沿革，或章疏文詞，有可采者，並許編録送納。候史館修撰之日，考其所上公事，與中書門下文案事相符會，或格言正辭詢訪不謬者，並與編載。（後略）"詔從之。③

這裏説的就是《梁功臣列傳》的編撰情況，可見其内容主要是内外百官、前資士子、帝戚勳家的家傳，兼有一些"奏行公事，關涉制置，或討沿革，或章疏文詞"的奏疏典章等内容。然而前引兩條史料是有關梁太祖行迹的記載，並不在此之列，故不可能屬於《梁功臣列傳》。

而《梁太祖實録》、《大梁編遺録》兩書都被《通鑑》所大量徵引，對梁太祖的稱謂都

---

① 《册府元龜》卷二〇五《閏位部·巡幸門》，北京：中華書局，1960 年，第 2466 頁。
② 關於《大梁編遺録》、《梁功臣列傳》的性質，參見《五代史料探源》，第 3—5 頁。
③ 《舊五代史》卷一〇《梁末帝紀下》，第 145—146 頁。

是"上"。如《通鑑》卷二六三天復二年正月條《考異》云:"《梁太祖實錄》:'正月,戊申朔,上總御戎馬,發自三原,復至武功縣駐焉。'"①又如《通鑑》卷二六二光化三年七月條考異云:"按《編遺録》八月中云:'前月二十五日,上於毬場饗士。'"②其實最爲直接的證據是《通鑑》卷二六四天祐元年二月條胡注引《考異》,其詞云:

> 《梁實錄》:"丁巳,詔以今月二十二日,先遣士庶出京,朕將翌日命駕。壬戌,襄宗發自秦、雍;甲子,暨華州。二月,丁卯,上至河中。乙亥,天子駐蹕陝郡,翌日,上來覲於行在。"《編遺録》:"正月,丁酉,上聞闕下人心不遑,遂往河中以審都邑動靜。己酉,離梁園,行至汜水,聞崔胤死。是時皆言崔胤已下潛諫帝,不令東遷雒陽,又密與岐、鳳交通,及斯禍也。洎上至蒲津,帝謀東幸,決取二十一日屬車離長安。"③

其中"至河中"、"至蒲津"的"上"爲梁太祖朱全忠,"駐蹕陝郡"的天子、"謀東幸"的"帝"則是唐昭宗。由此可見,兩種實錄中由於同時存在着兩個皇帝,對筆法更爲注重。"天子"、"帝"、"上"等詞彙是有明確的指代對象的。在實錄中,梁太祖的稱謂只能是"上",而不會是其他。

正史則不同,"帝"、"上"混用的情況十分普遍。以我們討論的《舊五代史·梁書》爲例,卷四《梁太祖紀四》開平三年正月條稱:"甲午,上御文思殿宴群臣,賜金帛有差。"④此條出自《永樂大典》卷一三七一九,確係《舊五代史·梁書》原文。同卷同年同月又稱:"辛卯,祀昊天上帝於圜丘。是日,降雪盈尺,帝升壇而雪霽。"⑤此條出自《永樂大典》卷四三七六,也可確認爲《舊五代史·梁書》原文。同書同卷,而筆法混淆如此。

明乎於此,我們就能得出結論:出現了"帝"的《册府》引文,當出自《舊五代史》;而稱"上"的《五代史闕文》引文,則來源與實錄。加之之前的分析,可以確認王禹偁所見所引的三百六十卷《五代史》確係五代實錄,"司空圖"條則當出自後梁實錄。

那麽它到底屬於後梁三種實錄中的哪一種呢? 郭武雄先生懷疑《梁太祖實錄》中當有《司空圖傳》,然並未給出解釋。⑥又《直齋書録解題》卷五云:"《朱梁興創遺編》二

---

① 《資治通鑑》卷二六三天復二年正月條,北京:中華書局,1956 年,第 8567—8568 頁。下簡稱《通鑑》。
② 《通鑑》卷二六二光化三年七月條,第 8532 頁。
③ 《通鑑》卷二六四天祐元年二月條,第 8627 頁。
④ 《舊五代史》卷四《梁太祖紀四》,第 67 頁。
⑤ 《舊五代史》卷四《梁太祖紀四》,第 67 頁。
⑥ 《五代史料探源》,第 32 頁。

十卷,梁宰相敬翔子振撰。自廣明巢賊之亂,朱温事迹,迄於天祐弑逆,大書物書,不以爲愧也。其辭亦鄙俚。"①據此《編遺録》斷限止於天祐五年(即梁貞明二年,908)二月二十一日哀帝被弑,司空圖卒於其後,似不當編入其中。然《通鑑》卷二六七開平三年六月條胡注引《考異》云:"《編遺録》:'六月乙未,初奏本道軍民遮留,尋聞擒使臣及將送鳳翔。'"②則是《編遺録》之斷限超過了《直齋書録解題》所云,《司空圖傳》亦可編入其中。而上引《梁功臣列傳》稱"敕内外百官及前資士子、帝戚勳家,並各納家傳,具述父祖事行源流及才術德業灼然可考者",既以家傳爲底本,則必多褒美之詞,與《五代史闕文》中的司空圖的負面形象差距較大。故而入《梁功臣列傳》的可能性最小。《五代史闕文》中有關司空圖的内容到底歸屬如何,確實難以判斷。只能説以《梁太祖實録》和《大梁編遺録》最爲可疑。下文提到相關内容時,只能概稱後梁實録《司空圖傳》了。

綜合以上分析,我們可以得出以下幾個結論:

一、《舊五代史》中稱《舊唐書》爲"唐史",稱《舊五代史·唐書》爲唐書。

二、《五代史闕文》中所言"五代史"指的是五代各朝實録,並非《舊五代史》。

三、基於以上二點,可以判定司空圖在《舊五代史》中無傳,而在《舊唐書》、後梁實録中有傳,然具體爲何種實録,難以判斷。

其中,第三點是我們開始提出問題的答案,也是引發下一個問題的起點。即爲何在後梁實録有傳的司空圖,在經過五代宋初歷代史臣的加工取捨之後,並未被編入以五代實録爲主要史源的《舊五代史》,而是被編入了兩《唐書》,其動因何在?又蘊含着何種歷史意義?要弄清這些問題,還須從司空圖形象的改變説起。

二、司空圖的形象轉變

司空圖作爲唐末梁初的著名文士,在後梁實録中的形象卻頗爲不堪。《五代史闕文》云:

> 圖字表聖,自言泗州人,少有俊才。咸通中,一舉登進士第。雅好爲文,躁於進取,頗自矜伐,端士鄙之。初,從事使府,泊登朝,驟歷清要。巢賊之亂,車駕播遷,圖有先人舊業在中條山,極林泉之美。圖自禮部員外郎因避地焉,日以詩酒自娯。

---

① 陳振孫:《直齋書録解題》卷五《雜史類·〈朱梁創興遺編〉》,北京:中華書局,1987年,第148頁。按此書名與《大梁編遺録》相近,卷數不同。然作者與之相同(所謂"敬翔子振撰"者,子振爲敬翔之字,非有敬翔之子名振撰),兩者當爲一書,書名、卷數差誤或爲傳抄時別名,訛誤所致。

② 《通鑑》卷二六七開平三年六月條,第8710頁。

屬天下版蕩,士人多往依之,互相推獎,由是聲名藉甚。昭宗反正,以户部侍郎徵至京師。圖既負才慢世,謂己當爲宰輔,時要惡之,稍抑其鋭。圖憤憤謝病,復歸中條,與人書疏,不名官位,但稱"知非子",又稱"不辱居士"。其所居曰禎貽谿,谿上結茅屋,命曰休休亭,常自爲《亭記》云。①

在傳記的開頭,稱司空圖"自言泗州人",實際上就否定了其籍貫,並給人一種負面的印象。這種例子最爲著名的就是魏收將楊愔的郡望從"弘農華陰人"改爲了"自云弘農"。②唐長孺先生在《魏書楊播傳"自云弘農華陰人"辨》一文末尾指出:"魏收作《楊播傳》以北齊時楊氏的盛衰爲姓族之真偽,誠然是曲筆,但'曲筆'恐不僅體現在於後加'自云'二字,而且也在於先無此二字。"③由此可見"自云"一詞,確係史官態度之體現,後梁實録當然也不例外。果然,後世史書即受到了影響,《舊唐書》稱"本臨淮人",④暗示司空圖如今並非臨淮人,⑤不過相較於後梁實録委婉一些,《新唐書》更是直書其爲"河中虞鄉人"。⑥

《新唐書》改換司空圖籍貫的依據,可能是來源於上文"圖有先人舊業在中條山"的記載。《元和郡縣圖志》卷一二"河中府解縣"條云:"武德元年改虞鄉縣爲解縣,屬虞州,因漢舊名也,仍於蒲州界別置虞鄉縣。貞觀十四年,廢虞州,解縣屬河中府。中條山,在縣南二十里。"⑦可見中條山雖在解縣,但原來仍屬虞鄉縣的範圍之内。司空圖的先人舊業既然在中條山,《新唐書》便將其注籍與河東虞鄉縣了。這説明雖然《新唐書·司空圖傳》在許多記述上都與後梁實録不同,立場更是相反(詳見下文),但仍不免受到其影響。

傳中又稱司空圖"一舉登進士第。雅好爲文,躁於進取,頗自矜伐,端士鄙之",這顯然是一種負面的評價。所謂的"躁於進取",其實是針對"一舉登進士第"而言。科場艱難,人所共知,士子多蹉跎累年而無所得,故所謂"五十少進士"是也。司空圖能一舉登第,在某些"端士"看來,自然便是"躁於進取"。然則在有的人眼中,卻又是另一番景

① 《五代史闕文·司空圖》,第2450頁。
② 《北齊書》卷三七《魏收傳》,北京:中華書局,1972年,第495頁。
③ 唐長孺:《魏書楊播傳"自雲弘農華陰人"辨》,《山居存稿續編》,北京:中華書局,2011年,第98頁。
④ 《舊唐書》卷一九〇下《文苑傳下·司空圖傳》,北京:中華書局,1975年,第5082頁。
⑤ 按臨淮即爲泗州治所,《新唐書》卷三八《地理志二》云:"泗州臨淮郡,上。本下邳郡,治宿預,開元二十三年徙治臨淮。"北京:中華書局,1975年,第990頁。
⑥ 《新唐書》卷一九四《卓行傳·司空圖傳》,第5573頁。
⑦ 《元和郡縣圖志》卷一二"河中府解縣"條,北京:中華書局,1983年,第328頁。

象。《北夢瑣言》卷三云：

> （王凝）曾典絳州，於時司空圖侍郎方應進士舉，自別墅到郡謁見，後更不訪，親知閽吏遽申司空秀才出郭矣。或入郭訪親知，即不造郡齋。瑯琊知之，謂其專敬，愈重之。及知舉日，司空一捷列第四人登科，同年訝其名姓甚暗，成事太速，有鄙薄者號爲“司徒空”。瑯琊知有此説，因召一榜門生。開筵宣言於衆曰：“某叨忝文柄，今年榜帖全爲司空先輩一人而已。”由是聲采益振。①

可以看到在孫光憲筆下，“躁於進取”的司空圖對王凝只是一見即回，並無更多交往，是“專敬”的表現。上文的“端士”到了這裏反而成了嫉妒他人的“鄙薄者”。其立場則與後梁實録截然相反。故而王禹偁也抱有相同的看法，並結合司空圖之後事迹極力爲之辯護：

> 圖，河中虞鄉人。少有文彩，未爲鄉里所稱。會王凝自尚書郎出爲絳州刺史，圖以文謁之，大爲凝所賞嘆，由是知名。未幾，凝入知制誥，遷中書舍人，知貢舉，擢圖上第。頃之，凝出爲宣州觀察使，辟圖爲從事。既渡江，御史府奏圖監察，下詔追之。圖感凝知己之恩，不忍輕離幕府，滿百日不赴闕，爲臺司所劾，遂以本官分司。久之，徵拜禮部員外郎，俄知制誥。故事中有文曰：“戀恩稽命，黜繫洛師，於今十年，方參綸閣。”此豈躁於進取者耶？舊史不詳，一至於是。②

歐陽修幾乎完全接受了王禹偁的説法，將其記入到《新唐書·司空圖傳》之中。如司空圖由王凝的宣州幕僚召爲殿中侍御史，後又被貶爲光禄寺主簿，分司東都一事。《舊唐書·司空圖傳》稱其原因是“赴闕遲留”，③《新唐書·司空圖傳》則稱“不忍去凝府”，④正與王禹偁所言相同，刻畫了一個重恩情的形象。而即使司空圖“戀恩稽命，黜繫洛師，於今十年，方參綸閣”，在後梁實録筆下還是“洎登朝，驟歷清要”，一個“驟”字，仍不免“躁進”之嫌。

其實後梁實録所言固然有偏頗之處，《北夢瑣言》所載亦未必皆是事實。如王凝刺絳一事，在兩《唐書》中無載，司空圖爲王凝所寫行狀亦未言及此事。須知司空圖初受凝知，後又入其幕府，如有其事而不書，實非常情，故而王凝刺絳一事殊爲可疑。⑤ 基本

---

① 孫光憲：《北夢瑣言》卷三，北京：中華書局，2002 年，第 46 頁。
② 《五代史闕文·司空圖》，第 2450—2451 頁。
③ 《舊唐書》卷一九〇下《文苑傳下·司空圖傳》，第 5082 頁。
④ 《新唐書》卷一九四《卓行傳·司空圖傳》，第 5573 頁。
⑤ 參見《唐才子傳校箋》卷八《司空圖》條校箋，第 3 册，北京：中華書局，第 518 頁。

前提既已如此,後續事件則更非確鑿。如今我們再去爭論司空圖到底是"躁進"還是"專敬"已無太大意義。只是想説明當時對司空圖流傳着兩種價值判斷,而後梁實録選取了較爲負面的評價,而宋初史家則將其視爲了文士楷模。

此外,值得一提的還有後梁實録中"圖既負才慢世,謂己當爲宰輔,時要惡之,稍抑其鋭"的記載。王禹偁對此仍有辯駁:

> 圖見唐政多僻,中官用事,知天下必亂,即棄官歸中條山,尋以中書舍人徵,又拜禮部、户部侍郎,皆不起。及昭宗播遷華下,圖以密邇乘輿,即時奔問,復辭還山。故詩曰:"多病形容五十三,誰憐借笏趨朝參。"此豈有意乎相位耶?①

此處還是在强調司空圖志行高潔,不汲汲於名利,更談不上什麼"謂己當爲宰輔"了。王禹偁所引司空圖的詩句,在兩《唐書》的記載中,更成了一個故事。《舊唐書·司空圖傳》云:

> 昭宗遷洛,鼎欲歸梁,柳璨希賊旨,陷害舊族,詔圖入朝。圖懼見誅,力疾至洛陽,謁見之日,墮笏失儀,旨趣極野。②

《新唐書·司空圖傳》所記大抵相同,唯記載其墮笏事稱"圖陽墮笏"。③ 所謂"陽",就是假裝,也即證明其"力疾"、"多病"均爲虚假,只是司空圖用以來表示自己不與朱全忠集團合作的手段而已。

後梁實録中所謂的"時要",指的就是柳璨。而《舊唐書》所言的"陷害舊族",指的就是著名的白馬驛之變。《通鑑》卷二六五天祐二年(905)六月條云:

> 六月,戊子朔,敕裴樞、獨孤損、崔遠、陸扆、王溥、趙崇、王贊等並所在賜自盡。時全忠聚樞等及朝士貶官者三十餘人於白馬驛,一夕盡殺之,投屍於河。初,李振屢舉進士,竟不中第,故深疾搢紳之士,言於全忠曰:"此輩常自謂清流,宜投之黄河,使爲濁流!"全忠笑而從之。④

兩《唐書·柳璨傳》也備載其事:

> 二年五月,西北長星竟天,掃太微、文昌、帝座諸宿。全忠方謀篡代,而妖星謫見,占者云:"君臣俱災。宜刑殺以應天變。"蔣玄暉、張廷範謀殺衣冠宿望難制者,璨即首疏素所不快者三十餘人,相次誅殺,班行爲之一空,冤聲載路。傷害既甚,朱

---

① 《五代史闕文·司空圖》,第 2451 頁。
② 《舊唐書》卷一九〇下《文苑傳下·司空圖傳》,第 5083 頁。
③ 《新唐書》卷一九四《卓行傳·司空圖傳》,第 5573 頁。
④ 《通鑑》卷二六五天祐二年六月條,第 8643 頁。

全忠心惡之。①

則白馬驛之變首要誅殺的對象是裴樞、獨孤損這樣的"衣冠宿望難制者",而柳璨在其中夾雜私人恩怨,擴大了打擊面,借機將其"素所不快者"加以誅除。朱全忠亦素來不滿這些衣冠清流,故而能對李振投其濁流的建議"笑而從之"。然而這種放縱勢必帶來惡果,"怨聲載路"的輿論反彈就是直接表現。加之柳璨竟然狐假虎威,肆意報復,卻讓朱全忠來承擔政治壓力,這自然會引起朱全忠的不滿。

爲了避免引起更强烈的反彈,朱全忠選擇緩和局勢,將一些不太重要的人物給予貶官的懲罰,以防止屠殺的進一步擴大。《舊唐書》卷二〇下《哀帝紀》天祐二年六月條載有不少後續處置措施:

> 戊戌,敕:密縣令裴練貶登州牟平尉,長水令崔仁略淄州高苑尉,福昌主簿陸珣沂州新太尉,泥水令獨孤韜範縣尉,並員外置,皆裴樞、崔遠、陸扆宗黨也。……丁未,敕:"太子賓客柳遜嘗爲張浚租庸判官,又王溥監修日奏充判官,授工部侍郎,又與趙崇、裴贄爲刎頸之交。昨裴樞等得罪之時,合當連坐,尚矜暮齒,且俾懸車,可本官致仕。"②

以上諸人貶官都在白馬驛事件之後,並不在"一夕盡殺之"的"朝士貶官者三十餘人"之列。《通鑑》也稱:"柳璨餘怒所注,猶不啻十數,張文蔚力解之,乃止。"③可見此時入朝的司空圖已無生命危險。當然,在中條山隱居的司空圖未必能對中央政局瞭解得如此清楚,有所疑懼亦屬應當。

其實此次針對的主要對象只有裴樞等七人而已。這七人都是宰相級別的人物,其中除趙崇、王贄二人之外,其他五人都當過宰相。趙、王二人也是宰相的候補人選,只是因種種原因未能拜相而已。④正因爲他們擁有巨大的政治影響力,所以朱全忠才會將其殺之而後快,而對其餘黨,則采取貶官的懲罰。

司空圖早在龍紀元年(889)便稱疾不起,其後一直時隱時現,並不在朝廷主流官場之中。乾寧四年(897)奉詔爲韓建撰寫功德碑頌文,⑤大概是能找到的司空圖被貶前參

① 《舊唐書》卷一七九《柳璨傳》,第4669頁。《新唐書·柳璨傳》記載略同。
② 《舊唐書》卷二〇下《哀帝紀》,第797頁。
③ 《通鑑》卷二六五天祐二年六月條,第8644頁。
④ 《新唐書》卷一八三《韓偓傳》云:"會逐王溥、陸扆,帝(昭宗)以王贄、趙崇爲相,(崔)胤執贄,崇非宰相器,帝不得已而罷。"第5389頁。
⑤ 《册府元龜》卷一七八《帝王部姑息門》:"(乾寧四年)九月癸酉,詔以太子太師盧知猷撰韓建德政碑文,前户部侍郎司空圖爲頌。"第2141頁。

與的最後一件政治事件。這離天祐二年(905)爲柳璨所貶也已經相隔近十年了。在朝中根本没有什麽政治影響力,也談不上什麽"衣冠宿望難制者"。司空圖被貶並非因其是裴樞一黨,而在於其確實不願和新朝合作的態度。《舊五代史》卷六〇《李敬義傳》云:

> 柳璨之陷裴、趙諸族,希梁祖旨奏云:"近年浮薄相扇,趨競成風,乃有臥邀軒冕,視王爵如土梗者。司空圖、李敬義三度除官,養望不至,咸宜屏黜,以勸事君者。"①

《舊唐書》卷二〇下《哀帝紀》天祐二年八月云:

> 壬寅,敕:"前太中大夫、尚書兵部侍郎、賜紫金魚袋司空圖俊造登科,朱紫升籍,既養高以傲代,類移山而釣名,志樂漱流,心輕食禄。匪夷匪惠,難居公正之朝。載省載思,當徇幽棲之志。宜放還中條山。"②

可見在柳璨等人看來,司空圖的最大問題還是"視王爵如土梗",而這正是朱全忠最爲厭惡的。朱全忠之所以要徵辟司空圖,其用意大概就是要用來填補白馬驛事件之後爲之一空的朝堂。新朝將立,正需舊臣點綴其間,才能顯示法統所在。司空圖的不配合則爲構想帶來了麻煩。而白馬驛事件帶來的負面政治影響還未散去,此時尚不便太過强硬的處置司空圖,於是只能在將其"放還中條山"之餘,儘量打擊司空圖的聲望。

柳璨稱司空圖隱居是在"養望",也即詔書中所言的"釣名",自然也就"難居公正之朝"。而且詔書中還用了伯夷,柳下惠的典故。伯夷不食周粟,柳下惠不離母邦,這都是忠貞的代表。兩人的經歷正與當前唐梁禪代前夜的政治局勢相仿佛,稱司空圖"匪夷匪惠",其實就是説即使司空圖不仕,也算不上什麽忠節義士,不過是沽名釣譽而已。

而以上的詔書,都在後梁實録中構建出了司空圖"躁進"、"浮薄"的形象,乃至有"謂己當爲宰輔"之語。其實正是朱全忠等求其爲宰輔而不得後的污蔑。王禹偁對此極爲不滿,他辯解稱:

> 臣又按梁室大臣如敬翔、李振、杜曉、楊涉等,皆唐朝舊族,本以忠義立身,重侯累將,三百餘年,一旦委質朱梁,其甚者贊成弑逆,惟圖以清直避世,終身不仕梁祖。故《梁史》指圖小瑕,以泯大節者,良有以也。③

---

① 《舊五代史》卷六〇《李敬義傳》,第807頁。
② 《舊唐書》卷二〇下《哀帝紀》,第798—799頁。
③ 《五代史闕文·司空圖》,第2451頁。"敬翔"原作"恭翔",小字注"本字犯廟諱",即犯宋翼祖趙敬諱,今回改。

王氏所謂"指圖小瑕,以泯大節"確實是道出了問題的核心所在。歐陽修在繼承了大量王禹偁提供的史事的基礎上,將司空圖從《舊唐書》的《文苑傳》移入了《卓行傳》,以顯其"大節",塑造了一個志行高潔的高士形象。然而這個形象是否真實,兩《唐書·司空圖傳》所載是否就一定比後梁實録《司空圖傳》更爲準確,其實也是值得商榷的問題。

《舊唐書·司空圖傳》云:"龍紀初,復召拜舍人,未幾又以疾辭。河北亂,乃寓居華陰。景福中,又以諫議大夫徵。時朝廷微弱,紀綱大壞,圖自深惟出不如處,移疾不起。乾寧中,又以户部侍郎徵,一至闕廷致謝,數日乞還山,許之。"①然司空圖爲王重榮兄王重盈所撰的《太尉琅琊王公河中生祠碑》稱:"景福元年正月,上自將佐,下逮緇黄,五郡聯屬,四封耆艾,共忻宏庇,請建生祠。牢讓累陳,至誠難沮。五月日,都押衙録事參軍又詣讓軍使特進思猷,請奏別立碑紀。上亦俯從人願,有命微臣。"②是景福元年(892)司空圖尚在朝爲官,否則昭宗不會讓他來撰寫《生祠碑》。"圖自深惟出不如處,移疾不起"的説法不能成立。

其實司空圖與王重盈兄弟的聯繫遠不止此,兩《唐書·司空圖傳》都稱王重榮父子兄弟雅重司空圖。今《司空表聖集》中除上述《生祠碑》外,還有爲王重榮父王縱所撰的《故鹽州防禦使王縱追述碑》、爲王重榮母石氏所撰的《蒲帥燕國太夫人石氏墓誌銘》,可見其與王氏聯繫確實頗爲緊密。

然而王重榮卻對唐中央並不算恭順。光啓元年(885),王重榮與朱玫、李克用等累上表請除田令孜,並合兵威逼長安,導致僖宗走避興元。朱玫趁機擁立襄王熅僭稱帝位,隨即爲王重榮所殺。而楊復恭也取代田令孜爲神策軍右軍中尉,與王重榮和解,僖宗才得以於光啓三年離駕還京,駐蹕鳳翔,六月王重榮爲軍士所殺,兄王重盈被推爲節帥。由此可見王重榮雖並未正式反叛,卻也是一個跋扈人物。《新唐書·王重榮傳》史贊稱:"以亂救亂,跋扈者能之。以亂不能救亂,險賊者能之。蓋救亂似霸,然而似之耳,故不足與共功。觀王重榮寧不信哉。破黄巢,佐李克用平京師,若有爲當世者。俄而奮私隙,逼天子出奔,雖馘朱玫,僕僞襄王,謂曰定王室,實卑之也。身死部將手,救亂而卒於亂,重榮兩得之。"③所謂兩得之,即指王重榮曾"以亂救亂",也曾"以亂不能救

---

① 《舊唐書》卷一九〇下《文苑傳下·司空圖傳》,第5083頁。

② 《全唐文》卷八一〇司空圖《太尉琅琊王公河中生祠碑》,北京:中華書局,1983年,第8515頁。

③ 《新唐書》卷一八七《王重榮傳》史贊,第5450頁。

亂",正是"跋扈者"、"險賊者"。王重榮死後,其兄王重盈嗣位;重盈死後,重榮子姪王珙、王珂爭立,一引梁,一引晉,兩相爭奪,視國之爵土爲家業,朝廷威嚴蕩然無存。

若説司空圖所做《太尉琅琊王公河中生祠碑》,還是奉詔所爲,代表了朝廷對王重盈割據河中的默認態度。那麼作於龍紀元年(889)的《蒲帥燕國太夫人石氏墓誌銘》,則是其與王氏私交的表現。其中提到王氏兄弟稱:

> 有令子五人,長曰重章,皇威州刺史。志殄國仇,威清塞表。仲子重簡,皇華州節度使,贈司空。化高列嶽,功顯本朝。季子重盈,今任河中節度使。嶽立一方,波澄萬里。潛施和煦,則闔境皆蘇;洞感神明,而亂根自翦。振家聲以光前烈,獎京室以定中興。益著恩威,方膺倚注。次子重榮,皇河中節度使,贈太師。允集大勳,以光前烈。次子重益,居常唯謹,履險不疑。並稟教母師,嚴申子道。克濟高門之慶,亦符外族之禎。及巨寇長驅,橫流孰拯,太傅相公首臨分陝,太師旋鎮河中,司空亦作牧華州,共勤王事,皆遵勉勵,大濟艱難。①

爲亂軍所推的王重盈竟然成了"洞感神明,而亂根自翦。振家聲以光前烈,獎京室以定中興。"殊不知所謂皇室之所以要"中興"(即還都長安),所"大濟"之"艱難",正是由於王重榮一手造成的。可見司空圖在面對自己父母官(司空圖隱居中條山,屬河中府,正是王重榮、重盈兄弟所鎮)時也並未拿出秉筆直書的勇氣,還是如同絕大多數墓誌一樣,充滿着諛辭頌語。未知此可稱卓行否?

其實劉昫、王禹偁、歐陽修等人之所以不斷地修正美化司空圖,並非出於對司空圖的敬佩,更多的是對柳璨、朱全忠等人的反動。柳璨等既然是逆臣賊子,爲其打壓的司空圖自然成了貞士高人。從這點上來説,歐陽修與編撰後梁實録的李琪、敬翔等人也相差仿佛。司空圖的形象也不過是隨着政治興衰起伏而左右罷了。

然而我們對第一節末尾所提出的問題仍然抱有疑問,即一個"終身不仕梁祖"的司空圖,爲何卻被記入到了後梁實録之中?而依據各朝實録修成的《舊五代史》中卻終究沒有他的位置。這便是我們下面要着重分析的。

三、司空圖傳與正統性的塑造

如司空圖這樣處於兩朝之交的人物到底該如何斷代,是一個複雜的問題。如屢屢

---

① 《全唐文》卷八一〇司空圖《蒲帥燕國太夫人石氏墓誌銘》,第8522頁。

強調自己是"大魏之純臣"、"有魏貞士"的司馬孚,①還是不可避免地被編入《晉書·宗室傳》,成爲晉臣。降於北齊的王思政,卻又被編入《周書》,而《北齊書》無傳。荀彧爲漢盡節,《後漢書》、《三國志》均爲其立傳;李穆依違二朝,亦有同樣待遇,列名《周書》、《隋書》。可見史家在處理這類人物,並無一定之規。我們還需結合具體實際來分析司空圖在《舊五代史》中無傳的原因。

正如上文所引王禹偁的觀點,史家所渲染的司空圖的大節是與敬翔、李振等"贊成弑逆"的梁臣相對比而得到的,表現在"終身不仕梁祖"之上。這不僅是指天祐二年,司空圖稱疾墮笏之事,還指開平初年,梁太祖對其徵辟失敗。《新唐書·司空圖傳》云:

> 朱全忠已篡,召爲禮部尚書,不起。哀帝弑,圖聞,不食而卒,年七十二。②

《舊唐書·司空圖傳》中只稱:"唐祚亡之明年,聞輝王遇弑於濟陰,不懌而疾,數日卒,時年七十二。"③不僅死因並非極其主動、激烈的"不食而卒",而是較爲和緩的"不懌而疾",再由病而卒,也沒有司空圖拒絕成爲後梁禮部尚書的記載。兩《唐書》於其後只言及以甥荷爲嗣之事,便就此完結。這看似合理完整的傳記書寫的背後,卻忽略了一條重要的歷史資訊,也即後梁對這位"不食梁粟"的唐代遺老的看法。有幸的是,北宋葉夢得所撰的《石林燕語》中卻有吉光片羽留存。《石林燕語》卷五云:

> 司空圖,朱全忠篡立,召爲禮部尚書。不起,遂卒。宋次道爲河南通判時,嘗於御史臺案牘中,得開平中爲圖薨輟朝敕,乃知雖亂亡之極,禮文尚不盡廢,至如表聖,蓋義不仕全忠者,然亦不以是簡之也。④

宋次道竟然得到了"開平中爲圖薨輟朝敕",可見此事當屬不虛。所謂開平中,當即是唐哀帝被弑之開平二年(908)。司空圖這樣一個唐室遺老,居然死後在後梁享有輟朝之儀,這難道是葉夢得所謂的"禮文尚不盡廢"麼?司空圖又是以何種身份享有此種待遇呢?莫非後梁還會大肆宣揚這種忠於前朝的行徑?這未免有些不可思議。需知並非所有大臣亡故之後都能享有輟朝的待遇,而是有一定級別要求的。《唐會要》卷二五《輟朝》條云:

> (太和元年七月)太常寺參定上言曰:"伏以近日文武三品以上官薨卒,皆爲輟朝。其間有未經親重之官,今任是列散者,爲之變禮,誠恐非宜。自今以後,文武三品以

---

① 《晉書》卷三七《宗室·司馬孚傳》,北京:中華書局,1974年,第1084—1085頁。
② 《新唐書》卷一九四《卓行傳·司空圖傳》,第5574頁。
③ 《舊唐書》卷一九〇下《文苑傳下·司空圖傳》,第5084頁。
④ 葉夢得:《石林燕語》卷五,北京:中華書局,1984年,第67頁。

上，非曾任將相，及曾在密近，宜加恩禮者，餘請不在其餘並請依元敕。”又中書門下奏覆：“（中略）餘約太常寺所奏，別具品列輕重進定。謹按《儀制令》：‘百官正一品喪，皇帝不視事一日。’又準《官品令》：‘太師、太傅、太保、太尉、司徒、司空以上，正一品；太子太師、太子太傅、太子太保以上，從一品；侍中、中書令以上，正二品；左右僕射、太子少師、太子少傅、太子少保、三京牧、大都護、上將軍、統將以上。從二品；門下中書侍郎、六尚書、左右散騎常侍、太常、宗正卿、左右衛及金吾大將軍、左右神策、神武、龍武、羽林大將軍、内侍監以上，正三品；御史大夫、殿中秘書監、七寺卿、國子祭酒、少府監、將作監、京兆河南尹以上、從三品。’緣令式舊文，三品以上薨歿，通有輟朝之制。伏以君臣之間，禮情所及，事必繁於委遇，官則以時重輕，一用舊儀，咸乖中道。臣等參配色目如前。其留守、節度、觀察、都護、防禦、經略等使，並請各據所兼官爲例。”依奏。①

以上材料是唐文宗大和元年關於輟朝之制的一場討論。主要是太常寺認爲現在文武三品以上皆能輟朝，太過猥濫，要求只有三品以上，且“曾任將相、曾在密近”者才能享受此等待遇。其背景是當時各種檢校官、兼官、帶憲銜等現象太過泛濫，地方上多以使職爲重，其所任職事官都成虛銜，原來的散官更是不值一提。故而那些“有未經親重之官，今任是列散者”，即指散官到達三品以上者，不再享有輟朝之待遇，需以職事官爲標準。中書門下基本同意了太常寺的意見，開列了需要輟朝官位，其中便無散官了，而節度使等使職，則是依據其所兼任的職事官來判斷是否享有輟朝待遇。這雖然是文宗朝的事情，但五代時仍然承襲未改。②

而我們注意到司空圖被柳璨所貶的詔書中載有司空圖的官銜，是“前太中大夫、尚書兵部侍郎”。太中大夫是文散官，從四品下，兵部侍郎是職事官，正四品下，都够不上三品的標準，也不在上述所列官品之中。而此前司空圖所擔任的禮部員外郎、中書舍人、禮部侍郎、諫議大夫等官，也達不到三品的標準。也就是説，司空圖是没有資格享有輟朝待遇的。

然而上述官職都是唐官，到了後梁，梁太祖給予他的卻是禮部尚書，是正三品的高官。那麼當其卒後，梁太祖爲之輟朝也就能够理解了。但我們仍有疑問，司空圖並没有

---

① 《唐會要》卷二五《輟朝》條，上海：上海古籍出版社，2006 年，第 550—551 頁。
② 關於唐代輟朝制度，可參看夏曉臻：《唐代輟朝制度考述》，《陝西師範大學學報（哲學社會科學版）》1989年第 3 期。朱振宏：《隋唐輟朝制度研究》，《文史》2010 年第 2 期。

接受後梁官職,何以後梁就視其爲禮部尚書呢?

其實對這種徵辟不起的隱士累計官資的做法古已有之,梁太祖所爲並不稀奇。《宋書》卷九三《隱逸・雷次宗傳》云:"元嘉十五年,徵次宗至京師,開館於雞籠山,聚徒教授,置生百餘人。車駕數幸次宗學館,資給甚厚。又除給事中,不就。久之,還廬山,公卿以下,並設祖道。……二十五年,詔曰:'前新除給事中雷次宗,篤尚希古,經行明修,自絶招命,守志隱約。宜加升引,以旌退素。可散騎侍郎。'"①這是劉宋時的事情,雷次宗作爲一個開館教學的儒士,從未入仕,更没有接受給事中的職位。但在元嘉二十五年的詔書中卻稱其爲"前新除給事中雷次宗",而且對其"守志隱約"、"退素"行爲的旌獎居然是"宜加升引"、"可散騎侍郎"。這看似有些滑稽的詔書背後其實藴含的是統治者權力的展示,也即所謂"雷霆雨露,皆是君恩",即使被賜予官位的隱士並不願意,朝廷依舊會將官位强加到隱士頭上。

南朝如此,唐朝也是一樣。就以司空圖而論,他同樣也没當過兵部侍郎。《舊唐書・司空圖傳》云:"昭宗在華,徵拜兵部侍郎,稱足疾不任趨拜,致章謝之而已。"②然而天祐二年的詔書還是稱其爲"兵部侍郎司空圖",可見唐代對隱士給予官位也無需得到隱士本人的認可。以理推之,後梁拜司空圖爲禮部尚書,也與司空圖接受與否並無干係,只需要後梁認可,司空圖即可享受輟朝待遇了。可以想見,《爲圖薨輟朝敕》上對司空圖的稱謂絶不會再是"唐前太中大夫、尚書兵部侍郎",而是"梁禮部尚書司空圖"了。

和劉宋文帝徵辟雷次宗一樣,梁太祖徵辟司空圖,並爲之輟朝,都能展現自身權力的强制性。而對於梁太祖這樣一個篡位者而言,依靠這種方式向天下宣佈唐朝名士司空圖已經成了後梁的臣子,則具有更切實的政治利益。這意味着大梁已經取代了唐王朝,成爲臣僚萬民的真正統治者。儘管在我們後人看來這只是一場自說自話的鬧劇,但在當時卻有利於後梁正統性的塑造。

這種塑造不會止於輟朝,而會繼續的深入下去。司空圖既然已經成了後梁的禮部尚書,那麽將其寫入後梁實錄中也是順理成章之事,並且將其塑造成一個躁進輕狂之士,爲當年的貶官尋找到了藉口。更爲重要的是,抹去了其不受梁官、爲唐死節的事迹。一個前朝遺老會引起人們的故國之思,而一個狂士只會令人生厭。在此兩者的選擇之中,當然後者更有利於後梁形象的塑造。這也就解釋了爲何一定要將司空圖納入後梁

---

① 《宋書》卷九三《隱逸・雷次宗傳》,北京:中華書局,1974 年,第 2293—2294 頁。

② 《舊唐書》卷一九〇下《文苑傳下・司空圖傳》,第 5083 頁。

實録,而又要對其進行詆毀扭曲的原因了。

我們可以想見,如果最後是後梁集團統一天下,我們所見到的司空圖的形象一定是《五代史闕文》中所引述的那樣。然而隨着後梁的覆滅,其塑造的司空圖形象並未成爲歷史的主流,我們今天看到的更多的是兩《唐書》中的司空圖。其實從後晉劉昫將其從梁史中剔除,而納入《舊唐書》之中,我們已經能窺見其態度。

後晉石敬瑭源於唐末的河東集團,是與後梁爭霸天下的死敵。他們在最爲艱難弱小之時也未承認過後梁的存在。唐莊宗稱帝之前,一直沿用昭宗天祐年號,對梁的稱呼是僞梁,對梁的官員則稱僞官。因爲對他們而言,與梁的對立,正是其政權合法性的一個重要來源。故而在歷史書寫上,他們特別重視此點。《舊五代史》卷四〇《唐明宗紀六》云:

> (天成四年八月)戊戌,中書奏:"太子少傅李琪所撰進《霍彦威神道碑》文,不分真僞,是混功名,望令改撰。"從之。琪,梁之故相,私懷感遇,敍彦威在梁歷任,不欲言僞梁故也。[1]

李琪本是後梁宰相,正是《梁太祖實録》的主編,霍彦威本是梁將,梁亡降唐,卒於天成三年,兩人都是後梁舊臣。李琪既然是"進"《霍彦威神道碑》,説明是奉命所撰,代表着後唐官方的態度,而且此神道碑便是後世修《霍彦威傳》的重要素材來源。而在這份官方的歷史書寫之中是容不得"不分真僞,是混功名"的。由此我們可以想見,後唐及其後繼者後晉也並不會把司空圖未曾接受的後梁禮部尚書當做司空圖的終官。司空圖不是梁朝僞臣,而是大唐遺老,是不食梁粟的卓行高士。

今天我們看到的《舊唐書》雖然起自高祖,終於哀帝。然而在後晉朝廷的原本構想中,其中是應該包含後唐一朝的。《五代會要》卷一八《前代史》條云:

> 晉高祖天福六年二月敕:"有唐遠自高祖,下暨明宗,紀傳未分,書志咸闕。今耳目相接,尚可詢求,若歲月更深,何由尋訪? 宜令户部侍郎張昭、起居郎賈緯、秘書少監趙熙、吏部郎中鄭受益、左司員外郎李爲先等修撰唐史,仍令宰臣趙瑩監修。"[2]

可見構想中的《舊唐書》是"遠自高祖,下暨明宗"的,大唐與後唐是一脈相承的,只

---

[1] 《舊五代史》卷四〇《唐明宗紀六》,第 553 頁。

[2] 《五代會要》卷一八《前代史》,上海:上海古籍出版社,2006 年,第 294 頁。

不過是由於晚唐文獻不備,未能完成這一計劃。① 其實後唐長興三年即開始收羅史料,準備編撰宣宗以下諸朝實錄。這些材料當爲《舊唐書》的編寫提供了素材和立場。② 如司空圖這樣對大唐死節,自然就是後唐的忠臣,當然只能列入《舊唐書》之中,而非來自偽朝的後梁實錄。

歐陽修的正統觀則較爲複雜,其修《新唐書》、《新五代史》,秉承的是"不偽梁"的原則,并專門寫了一篇《梁論》爲後梁翻案。然其晚年刪削自己的《正統論》,對五代皆抱有否定之態度。③ 其文云:

> 五代之得國者,皆賊亂之君也。而獨偽梁而黜之者,因惡梁者之私論也。唐自僖、昭以來,不能制命於四海,而方鎮之兵作。已而小者並於大,弱者服於强。其尤强者,朱氏以梁,李氏以晉,共起而窺唐,而梁先得之。李氏因之借名討賊,以與梁爭中國,而卒得之,其勢不得不以梁爲偽也。而繼其後者,遂因之,使梁獨被此名也。夫梁固不得爲正統,而唐、晉、漢、周何以得之? 今皆黜之。④

可見在他眼中,五代諸君都是"賊亂之君",處於同一水準,都不能算作是正統。其實即便是在其"不偽梁"時所作的《梁論》中,也提到"使幸而有忠唐之臣,不忍去唐而自守,雖不中於事理,或可善其誠心。"⑤司空圖則正其人也,故被放入《新唐書·卓行傳》,所謂"其志凜凜與秋霜爭嚴,真丈夫哉"是也。⑥ 這種做法也是與其背後的正統觀念相一致的。

通過以上分析,我們可以得出一個結論,司空圖被納入後梁實錄,而後又被剔除於五代史序列之外,進入兩《唐書》之中,是歷朝史家塑造自身正統性的一環,司空圖的形象也隨之被不斷改造。而河東集團一系最終取得了天下,最後也在這場《司空圖傳》的歸屬爭奪戰中取得了最後的勝利。後梁實錄中的躁進狂生終於漸漸地淡出人們的視線,而我們看到的更多的是那個被塑造出來的隱居中條、忠於唐室的司空圖。

小　　結

本文從《舊五代史》究竟有無《司空圖傳》這一問題入手,通過仔細分析得出以下

---

① 劉浦江:《正統論下的五代史觀》,《唐研究》第 11 卷,北京: 北京大學出版社,2005 年,第 74 頁。
② 《舊五代史》卷四三《唐明宗紀九》:"(長興三年十一月)壬午,史館奏:'宣宗已下四廟未有實錄,請下兩浙、荆湖購募野史及除目報狀。'從之。"第 595—596 頁。
③ 關於歐陽修五代史觀之轉變,可參見劉浦江:《正統論下的五代史觀》,《唐研究》第 11 卷。
④ 《歐陽修全集》卷一五《正統論下》,北京: 中華書局,2001 年,第 273 頁。
⑤ 《歐陽修全集》卷一六《梁論》,第 285 頁。
⑥ 《新唐書》卷一九四《卓行傳·司空圖傳》史贊,第 5574 頁。

結論:

第一,無論是《舊五代史·李敬義傳》還是《五代史闕文》中的記載,都不足以支撑《舊五代史》中存在《司空圖傳》這一結論。相反,相關史料只能證明,《司空圖傳》應存在於兩《唐書》和後梁實録之中。

第二,後梁實録和兩《唐書》的記載中存在着兩個形象迥異的司空圖。後梁實録中的司空圖顯得躁進輕狂,最後因"爲己當爲宰輔"而受到貶斥。而兩《唐書》中則是淡泊名利,隱居中條,最後爲唐死節。應該説這兩種形象都有故意刻畫的成分,都不是司空圖的真正面目。

第三,之所以要如此刻畫司空圖的形象,則是爲了滿足歷朝史官對正統性的訴求。梁太祖徵辟司空圖並爲之輟朝的,乃至梁末帝時將其寫入後梁實録,都是爲了確認司空圖身爲梁臣的身份,以此來宣示後梁是大唐的繼承者。而源於河東集團的後晉朝廷顯然不能認可司空圖僞官的身份,他們要將司空圖打造成大唐王朝的忠臣節士,以此來顯示唐朝還有許多支持者,唐莊宗滅掉後梁,中興唐室,是衆望所歸。故而斷不能將其列入僞梁實録之中,而要歸於《舊唐書》之中。而宋代歐陽修則認爲五代皆非正統,像司空圖這樣的忠義高士,是忠於大唐的,當列入《新唐書·卓行傳》。這種形象的塑造與維持依賴於政治軍事實力的延續。由於河東集團取得了最終的勝利,後梁時代的話語權幾乎消失,呈現給後世的司空圖形象也就主要是兩《唐書》的樣子了。

《魏晉南北朝隋唐史資料》第三十二輯

2015 年 12 月,187—202 頁

甘肅臨澤新出西晉簡册考釋

張榮强

甘肅省張掖市臨澤縣城西南的黄家灣灘墓群位於河西走廊中部,古絲綢之路從這裏穿過。2010 年 6—8 月,南京師範大學文博系受甘肅省文物考古研究所委托,對黄家灣灘墓群進行了考古發掘,在編號 M23 的墓葬中發現了一批保存較爲完好的西晉木簡。2012 年,楊國譽在《中國經濟史研究》第 3 期發表《田産爭訟爰書所展示的漢晉經濟研究新視角——甘肅臨澤縣新出西晉簡册釋讀與初探》一文(以下簡稱《楊文》),公佈了木簡的全部釋文並加以標點、解讀。此後,學術界根據楊國譽的釋文,對西晉時期的占田課田制度、河西地區鄉里制度及民間基層社會等問題紛紛展開研究,[①]也有學者就楊國譽的編連順序提出自己的意見。[②]

《楊文》在簡文釋讀方面存在一些問題,對簡册的理解也有可以討論的地方。2011年 8 月 25—26 日,在"甘肅省第二屆簡牘學國際學術研討會"開會期間,甘肅省博物館公開展覽過這批木簡,一些參會學者有幸目睹實物並拍了照片。最近承馬怡、張俊民、焦南峰等先生的幫助,並蒙甘肅省文物考古研究所所長王輝先生允准,我們得以利用這批木簡的照片對簡文重新進行校讀。

一

黄家灣灘墓群的考古發掘報告尚未出版,根據南京師範大學文博系 2012 屆碩士生

---

① 楊國譽、湯惠生:《從〈臨澤晉簡〉再看西晉"占田課田制"研究中的幾個問題》,《史學月刊》2013 年第 11 期;賈小軍:《臨澤出土"田産爭訟爰書"釋讀及相關問題》,《魯東大學學報》2012 年第 5 期;趙莉、周銀霞:《〈西晉建興元年臨澤縣廷決斷孫氏田塢案册〉所反映的河西鄉里制度》,《敦煌研究》2013 年第 4 期。日本學界對臨澤簡册的介紹,見町田隆吉:《河西出土魏晉·五胡十六國時代漢語文獻的基礎的整理 補遺(一)》,《西北出土文獻研究》第 11 號,2013 年 12 月。

② 魯家亮:《甘肅臨澤西晉〈田産爭訟爰書〉芻議》,武漢大學簡帛研究中心主辦:《簡帛》第九輯,上海:上海古籍出版社,2014 年,第 337—344 頁。注:魯文題目本身如此,前一"田"字當是衍文。

馬海真介紹,我們還是知道了一些基本情況。這次發掘的 90 座墓葬中,大多數已被盜掘殆盡,僅包括 M23 在内的三座墓葬保存有完整的墓葬形制和器物組合。與周圍多是土坑單室墓相比,M23 屬前後室墓,整個墓葬由封土、墓道、甬道、前、後室組成。前室放置一具棺木,内盛女性人骨;後室放置的兩具棺木中,北側爲女性,南側是男性。男性人骨周身被絲織品包裹,頭部左側和胸口處各放有一枚遣策,右側肩部放置一整套木簡。墓内出土的隨葬物中,陶器有缸、缽、盞,木器有馬、勺、耳杯、盤、俑、牛車,銅器有銅鏡、銅簪、銅錢等。[①] 從墓葬形制和隨葬器物來看,M23 的墓主可能是具有一定經濟實力和身份的人。

　　M23 出土的整套木簡共 27 枚,長度在 27－29 cm 左右,寬度相差較大,最窄1.7 cm,最寬 2.9 cm。從殘存的痕跡看,木簡有兩道編繩,上、下編繩的位置大約分別在距簡首、尾端 9 cm 處。編繩壓住簡文的現象比較明顯,這批木簡應該是先寫後編。根據我們對照片的觀察和比對,至少部分木簡的背面標有數字。如簡 6301、6303、6313、6296、6309 的背面,分別寫有"三"、"五"、"一三"、"一四"、"九",書寫方向與正面簡文一致。但是我們看不出這些數字和簡文有什麽内在聯繫,如簡 6313、6296 背後的數字分別爲"一三"和"一四",但木簡正面的文字並不銜接。考慮到這批木簡形制不一,本身又屬於冥器,不排除這些木簡是廢舊利用,簡背的數字可能與初次編聯時的順序有關。[②]

　　這批木簡有 900 多字,内容是西晉晚期臨澤縣廷審理孫氏兄弟爭訟田塢案的記録。現在我們依據簡牘照片,在楊國譽的編聯基礎上,對這批簡文重新過録。凡與《楊文》不同或需要特别解釋之處,下節一一説明。[③] 簡文前的數字是我們排列的順序號,後面括號内的是原出土編號。

　　　　1. 十二月四日,故郡吏孫香對: 薄祐九歲喪父母,爲祖母見養。年十七,祖喪亡[1],香單弱,囑[2]從兄發、今龍[3]見(應爲"具")[4]偶[5]居城西舊塢,　　　　(6300)

---

　　① 馬海真:《臨澤縣黄家灣灘墓群發掘與分期研究》,南京師範大學碩士論文,2012 年,第 45—47 頁。

　　② 何晉提出,目前出土的戰國秦漢簡牘中,簡背標有數字序號的現象皆見於古書籍,而未出現在文書中(見《淺議簡册制度中的"序連"——以出土戰國秦漢簡爲例》,《田餘慶先生九十華誕頌壽論文集》,北京: 中華書局,2014 年)。這種説法不確,1981 年武威縣文物管理委員會收集到的 26 枚"王杖詔書令"簡,每簡背後均標有"第一""第二"等數字編號(見武威博物館:《武威新出王杖詔令册》,載甘肅省文物工作隊、甘肅省博物館編《漢簡研究文集》,蘭州: 甘肅人民出版社,1984 年,第 34 頁)。

　　③ 有關簡文校訂,得到陳國燦尤其是王素先生的指點;個别標點亦參考了魯家亮《甘肅臨澤田西晉〈田產爭訟爰書〉芻議》一文的意見。

2. 以塢西田借發、今龍秭[6]佃。發、今龍自有舊塢在城北,今龍中自還居城北,發住未去。發有舊田塢賣與同縣民蘇朓[7],今因名香所 （6301）

3. 借田,祖母存時與買,無遺令及托子侄券書以田與發之文。祖父母存時爲香父及叔季分異,各有券書,發父兄弟分得城北田 （6303）

4. 塢二處。今自憑兒子疆[8]盛,侮香單弱,辭誣祖母,欲見侵奪。乞共發、今龍對[9]共校盡,若不如辭,占具裝二具入官[10],對具。 （6313）

5. 十二月六日,老民孫發對:[11]被召[12]當與從庶弟香了所居塢田。亡[13]父同産[14]兄弟三人,庶叔三人共同居同籍,皆未分異。荒毀之中,俱皆亡没,唯祖母 （6298）

6. 存在,爲發等分異。弟今龍繼從伯得城北塢田,發當與香 （6296）

7. 共中分城西塢田。祖母以香年小,乍勝[15]田,二分,以發所得田分少,割今龍田六十畝益發,塢與香中分。臨棄[16]塢各別開門[17],居山作壩塘,種桑榆杏楑, （6309）

8. 今[18]皆茂[19]盛。注[20]列黄籍,從來卌[21]餘年。今香橫見誣言,云發借田寄居,欲死誣生,造作無端[22]。事可推校,若不如對,占人馬具裝入官。 （6305）

9. 對具。到,立下重自了,里令分割[23]。 （6319）

10. 十二月七日,民孫今龍對:被召當了庶從弟香所爭田。更遭荒破,父母亡[24]没。唯有祖母存在,分異,以今龍繼養[25]亡從伯後[26],得城北田,祖 （6307）

11. 母割今龍田六十畝益發,分居以來卌餘年。今香、發諍,非今龍所知。有從叔丞可問,若不如對,占人馬具裝入官,對具。 （6315）

12. 建興元年十二月壬寅朔[27]十一日壬子,臨澤令髦移[28]孫司馬:民孫香、孫發、孫今龍兄弟共諍田財,詣官紛云,以司馬爲證,寫 （6294）

13. 辭在右[29]。司馬是宗長,足當知盡[30],移達,具列香兄弟部分券書,會月十五[31]日,須得斷決如律令。 （6292）

14. 建興元年十二月壬寅十五日丙午(應爲"辰")[32],户民孫丞敢言之。臨澤廷[33]移[34]壬子書:民孫香、孫發訟田,丞是宗長,足知盡。香、發早各 （6288）

15. 自有田分。香父兄弟三人,孫蒙、孫弘、孫翹皆已亡没。今爲平決[35],使香自繼其父蒙。祖母存時命發息爲弘後,無券,香所不知。 （6290）

16. 翹獨無嗣,今割香、發田各卌畝及塢舍分[36],命親屬一人以爲翹祠[37]。平

決巳了[38]，請曹理遣，①敢言之。　　　　　　　　　　　　　　　　(6311)

17. 户曹掾史王匡、董惠白：民孫香、孫發、孫今龍共諍田塢相　　　　(6323)

18. 誣冒，求[39]問從叔丞，移丞列正。今丞移報：香、發早自有田　　(6327)

19. 分。香父兄弟三人，孫蒙、孫翹、孫弘皆亡没。今爲平決，　　　　(6325)

20. 使香自繼其父蒙。祖母存時命發息爲弘後，無券　　　　　　　　(6321)

21. 書，香不知。翹無嗣，今割香、發田各卌畞及塢舍分，命親　　　　(6286)

22. 屬一人爲翹繼。香、發占對如丞所斷，爲了。香、發兄弟　　　　　(6317)

23. 不和，還相誣言，不從分理，詣官紛云，興長②訟，訴平官法[40]。　(6281)

24. 請事諾，罰香、發鞭杖各百五十[41]，適作(？)[42]事一月[43]。聽如丞，

　　　　　　　　　　　　　　　　　　　　　　　　　　　　　　　(6280)

25. 移使香、發人出田卌畞及塢舍分，與繼者。又今龍本(應作"未")[44]相

　　　　　　　　　　　　　　　　　　　　　　　　　　　　　　　(6284)

26. 爭，田爲香所認，前已罰卌，差不坐。謹啓如前。□□[45]　　　(6282)

　　　　如□□□□　不出　　　……錢

27. 教諾田錢□但五十鞭斷□□　□□□[46]　　　　　　　　　　　(6283)

二

[1] "上"，《楊文》釋作"土"，這其實是"亡"字。"喪土"不辭，"喪亡"指身故死去。

[2] "嘱"，《楊文》釋爲"時"；但這個字與簡6303、6290、6321寫作"時"(時)的字，明顯不同。此字從口，右邊是"屬"的草寫，即"嘱"字。

[3] "今畞"作爲人名，頻繁出現於下面6301、6313、6296、6309、6307、6315、6294、6323、6284等簡。《楊文》將前一字"今"釋爲"金"，這個字筆畫很清楚，寫作"今"；即"今"字右下加一點，與6313簡釋作"今"的字寫法相同。

---

① 魯家亮認爲，"理""遣"中間應斷讀，"理"指審問，"遣"指責問。但"理遣"本即一詞，如《晉書·衛瓘附衛玠傳》"玠嘗以人有不及，可以情恕。非意相干，可以理遣"；《後五代史·梁書·朱瑄傳》載傳主遣使告太祖，"今賊已平殄，人粗聊生，吾弟宜念遠圖，不可自相魚肉。或行人之失辭，疆吏之逾法，可以理遣，未得便暌和好。"所謂"理遣"，也就是寬容處理之意。孫丞作爲宗長，調停孫氏兄弟糾紛後，請求官府對他們寬大處理也是正常的。

② 從十二月四日孫香起訴，到十二月十五日縣户曹史判案，不過十天，時間不可謂"長"。縣户曹史之所以這麼説，大概是考慮到此前已有調停雙方爭訟但未奏效的經歷。

[4]“見”，《楊文》作“具”，連下讀爲“具（俱）偶居城西舊塢”（一起寄居城西塢舍），意思也通順；但就字形看，這個字右下的捺筆有明顯上勾的意思，與本簡釋作“見養”的“見”（ ）字寫法一致，故亦當釋爲“見”。讀“見”語句不通，推測是“具”字的誤寫。

[5]“偶”，此處讀爲“寓”，①“寓居”就是寄居。史籍中例證甚夥，如《宋書》卷七八《蕭思話附甄法護傳》：“法護，中山無極人，過江寓居南郡”；《比丘尼傳》卷三《崇聖寺僧敬尼傳》：“僧敬本姓李，會稽人也，寓居秣陵”等。孫香訴稱祖母考慮到他本人單弱，“囑從兄孫發、孫今龍見（俱）偶居城西舊塢”，强調其從兄孫發、孫今龍當初是寄居城西塢舍，這與下文孫發回應説孫香誣告他“借田寄居”相呼應。而《楊文》將這一句解釋成“當時和從兄發、金（今）龍一起居住在城西舊塢中”，顯然不合孫香本意。

[6]“秖”，此字從禾、從幷，並非《楊文》所説從禾、從“菁”。“秖”是“耕”字的俗寫，甘肅博物館藏敦煌文書003號《佛説觀佛三昧海經》卷第五有“八十鐵牛，有大鐵犁，秖破其舌”，“耕”就寫作“秖”。②

[7]“臈”，《楊文》釋爲“騰”，此字從月，從葛，即“臘”字。顏元孫《干禄字書》：“臈蠟：上臈祭，下蜜。俗人從葛，非也”，“臈”即“臘”字的俗寫。

[8]“疆”，《楊文》釋作“强”，應按原簡照録爲“疆”。

[9]《楊文》將“對”“共”斷開。按：“對共”一詞意爲“當面、面對面”，如《南齊書·王僧虔傳》記載傳主痛斥當時監獄借治病之名虐殺囚犯的陋習，提議“治下囚病，必先刺郡，求職司與醫對共診驗”；《高僧傳》卷一《譯經上·晉長安僧伽跋澄》説“跋澄乃與曇摩難提及僧伽提婆三人共執梵本，秦沙門佛念宣譯，慧嵩筆受，安公、法和對共校定”，皆是此意。所謂“對共校盡”，也就是面對面考校清楚。

[10]“占具裝二具入官”一語同樣見於簡6305，6315簡則作“占人馬具裝入官”。《楊文》釋“裝”爲“牡”，疑指公馬。但“牡”無論指公馬還是公牛，其量詞通常用“匹”或“頭”，不用“具”。簡6313、6305中此字寫作“ ”，左邊從“爿”，這個字應釋爲“壯”。而簡6315字形爲“ ”，下部有“衣”的構件，分明就是“裝”字。故簡6313、6395的

---

① 《史記·殷本紀》“帝武乙無道，爲偶人”，司馬貞《索隱》謂“偶音寓，亦如字”；《説文·人部》段玉裁注“偶，字亦作寓，亦作禺，同音假借耳”。
② 參見黃徵：《敦煌俗字典》，上海：上海教育出版社，2005年，第129頁。

"壯"應視爲"裝"的簡寫。① "人馬具裝"就是指士兵和戰馬的裝甲,其中士兵的裝甲稱爲步鎧或人鎧,戰馬的裝甲謂之馬鎧。《晉書》卷八一《桓宣附桓伊傳》記載桓伊有馬、步鎧六百領,臨終前上表晉孝武帝,稱"謹奉輸馬具裝百具、步鎧五百領",送的就是戰馬和士兵的裝甲。歐陽修也記載過後梁正(貞)明五年(919),河内尹張全義也曾向朝廷"獻人具裝甲三百副,馬具裝二百副"的事。② 我們知道,春秋戰國時就有罰甲兵贖罪的做法。《國語·齊語》載齊桓公問計管子,針對"齊國寡甲兵"的現狀,管子提出"輕過而移諸甲兵","制重罪贖以犀甲一戟,輕罪贖以鞼盾一戟,小罪讁以金分,宥閒罪"。睡虎地秦簡《校律》《金布律》《法律答問》等條文中,也處處可見對民衆"貲一甲""貲二甲"的處罰。以甲兵贖罪,是戰爭時代的權宜做法;進入承平時期,相關規定也會發生變化。所以漢代初年的《二年律令·金布律》説:"有罰、贖、責(債),當入金,欲以平賈(價)入錢,及當受購、償而毋金,及當出金、錢縣官而欲以除其罰、贖、責(債),及爲人除者,皆許之。"(簡428)③贖罪的就有罰金,不見甲兵了。臨澤這批木簡中有明確記年的是"建興元年",楊國譽認爲指的是晉愍帝建興元年(313)。此時正值劉聰起兵攻破長安,涼州刺史張軌打着"尊晉攘夷""保寧宇内"的旗號,爲保障軍事供應,效仿齊桓公的做法,令民衆交納鎧甲贖罪也是可以理解的。

孫氏三兄弟在陳述家産糾紛時,都提出:若言語不實,"占人馬具裝入官"。楊國譽認爲這體現出當時的審判制度,"爲保證陳述内容的真實有效性,往往由當事人口頭承諾一定數量的財物作爲標的,如果陳述不實,則將之没入官府作爲懲罰"。但我更懷疑當事人口中的"占物入官"不過是處理家産糾紛時的套話。河西地區發現的唐宋時期分家文書中,其末尾通常有對違反分家協議、爭訟財産者要罰没一定數量財物入官的約定。如敦煌出土的《唐天復九年(909)董加盈兄弟三人分家契》(S2174)就説"今對諸親一一具實分割,更不得爭論。如若無大没小,決杖十五下,罰黄金壹兩,充官入用";公元九、十世紀敦煌地區流行的《分家文書格式》中也有"立分書之後,再有宣(喧)悖,請科重罪,名目入官"(S4374)、"如若更生毁伍(呧),説少道多,罰錦壹匹,充助官門"(S5647)、"分割已後,一一各自支配,更不許道東説西,□説剩仗,後有不於此契諍論

---

① "壯"亦與"裝"同義,《易·大壯·象傳》"大者,壯也",焦循《章句》:"壯,猶裝也。"

② 歐陽修等:《太常因革禮》卷二七《總例·鹵薄上》,叢書集成初編本,第168頁。

③ 張家山二四七號漢墓竹簡整理小組編著:《張家山漢墓竹簡[二四七號墓](釋文修訂本)》,北京:文物出版社,2006年,第67頁。以下所引《二年律令》皆出此書,不再注明。

者,罰綾壹匹,用□(入)官中;仍麥拾伍碩,用充軍糧"(S6537)此類説法。① 這些民間約定在官府判案時多大程度上得到執行,頗值得懷疑;即以本案爲例,臨澤縣廷在判決時也没有提到罰没孫發、孫香鎧甲的事。

[11]《楊文》將"被召"上屬,斷作"孫發對被召:"。古代官府問案,被問者通常以"對"字作答、"對具"結尾。"被召當與"云云,皆是孫發對質説的話。下文6307亦應讀作"孫今龍對:被召"。

[12]《楊文》釋"召"爲"名",懷疑是"召"的誤寫。這批簡中的"名"字,如6301簡寫作"名";"召"就是"召"字。

[13]《楊文》將簡文的兩處"亡"字亦誤作"土",下簡6307的"土没"同樣應改爲"亡没"。與之相應,《楊文》斷句"與從庶弟香了所居塢田土,父同産兄弟三人",亦當訂正爲"與從庶弟香了所居塢田。亡父同産兄弟三人"。"亡父"指下文所説孫發的父親孫弘。

[14]史家對"同産"有不同解釋。一説僅指同母的兄弟,如《後漢書》卷二《孝明帝紀》李賢注"同産,同母兄弟也"。史籍中也有這種用例,《北史》卷三九《薛安都附薛懷吉傳》載"真度諸子既多,其母非一;同産相朋,因有憎愛",這裏的"同産"就以是否同母爲標準。另一種説法認爲"同産"泛指同一個父親的兒子,如《漢書》卷九八《元后傳》張晏注曰"同父則爲同産,不必同母也";除同母外,也包括同父異母的兄弟。具體到本案,孫香稱孫發、孫今龍爲從兄,孫發、孫今龍則稱孫香爲從庶弟或庶從弟,看來孫香的父親(亦即簡6290説的孫蒙)是庶生子,孫發和孫今龍的父親是嫡生子。孫發這裏説"亡父同産兄弟三人",用的顯然是泛指了。

孫發前面説"亡父同産兄弟三人",接着又説"庶叔三人",實際是一個意思:祖母的三個兒子中,庶生的孫蒙是老大,孫發的父親孫弘是老二,老三孫翹,庶伯、叔叔加上他的父親就是"庶叔三人"。

[15]《楊文》疑"乍勝"爲"乍(?)勝(?)",是。該簡與6305簡的"作"字,就寫爲"作"。"乍勝田"也就是剛剛能田作,孫香上文説祖母死時其年十七歲;按照西晉丁中制度,17歲剛剛進入正丁,②所以孫發對孫香有此一説。

① 以上分見唐耕耦、陸宏基:《敦煌社會經濟文獻真蹟釋録(第二輯)》,全國圖書館文獻縮微複制中心,1990年,第149、186、171、181頁。

② 《晉書》卷二六《食貨志》,北京:中華書局,1974年,第790頁。

[16]"〔字〕",《楊文》疑作"臨(?)",不誤。但"〔字〕"即"槀"字,《楊文》誤錄作"藁"。

[17]《楊文》斷此句爲"割今龍田六十畝益發塢,與香中分臨(?)藁塢,各別開門",語義費解。實際上根據孫今龍的供詞,祖母僅僅將他的60畝土地割給了孫發,沒有涉及塢的事,故"塢"應下讀,"各別開門"的只能是"臨槀塢"。

[18]"〔字〕",《楊文》釋作"會",這批簡中的"今"字均是這種寫法。

[19]"〔字〕",《楊文》釋爲"民",分明是"茂"字。

[20]"〔字〕",《楊文》釋爲"論",此字左邊從水,實際是"注"字。

[21]"〔字〕",《楊文》錄爲"四十",應按原簡照錄"卅",下簡6315、6311亦如此。

《楊文》將此句釋作"會皆民盛,論列黃籍,從來四十餘年",並據此印證西晉太康年間戶口繁盛的情況。實際上,此句應釋讀作"今皆茂盛。注列黃籍,從來卅餘年"。"今皆茂盛"承接"種桑榆杏梬"而來,是說這些果樹現在已長得枝繁叶茂;"注列黃籍",則指當初分家時,各自分到的田塢都著錄在戶籍上。

[22]"造作無端",意即無端捏造事實。中古典籍中與之類似的詞還有"構造無端""興造無端"等,前者如《後漢書・徐璆傳》"張忠怨璆,與諸閹官構造無端,璆遂以罪徵",後者則有《後漢書・李固傳》夏門亭長指斥李固、杜喬,"不能安上納忠,而興造無端"。

[23]《楊文》原釋爲"對具,到應下重,自,里令割",誤釋"立"爲"應",漏釋"了"字,標點也有問題。這枚簡應該是書手抄漏後補的(詳下),"對具"承上,"到,立下重自了,里令分割"是縣廷的判詞。"自了"爲當時常用語,如《三國志・魏書・鍾會傳》"我到長安,則自了矣",《晉書・山濤傳》"帝謂濤曰:'西偏吾自了之,後事深以委卿'"。

[24]《楊文》誤釋作"土"。

[25]"〔字〕",《楊文》釋爲"復",此字與簡6290、6321釋作"後"的字寫法一致。

[26]"繼養",班固《白虎通義・爵》:"《王制》曰'葬從死者,祭從生者',所以追孝繼養也",也就是供養、祭祀亡者的意思。"今龍繼養亡從伯後"云云,看來今龍出繼從伯時,從伯已經故去,用當時的話說,這叫做"繼絕"。所以這句話的"後"字應上屬,如讀作"以今龍繼養亡從伯,後得城北田",意思就成了今龍過繼給從伯時,從伯仍在世,等其死後,今龍纔得到了城北的土地。

[27]"〔字〕",《楊文》釋爲"初",其實是"朔"字。

[28]"〔字〕",《楊文》釋爲"被",其實是"移"字的寫法。按照唐宋時的說法,"移"

是平行公文的一種。① 但在兩漢魏晉時期，"移"很難説就是固定的文體；無論平行、上行還是下行文書均可用"移"。如以居延新簡爲例，上行文書有"始建國五年九月丙午朔乙亥第二十三隧長宏敢言之謹移所自占書功勞墨將名籍一編敢言之"（E. P. T5：1）、"建武四年五月辛巳朔戊子甲渠塞尉放行候事敢言□☑謹移四月盡六月賦錢簿一編敢言之☑"（E. P. F22：54A）；下行文書則有"五月丙寅居延都尉德庫守丞常樂兼行丞事謂甲渠塞候寫移書到如太守 府 ☑書律令/掾定守卒史奉親"（EPT51：190A），都尉府鈔録的"移書"顯然是太守府下發的。② 具體到本簡，簡文稱縣令移孫司馬，也是下行文書。

[29]《楊文》斷爲"以司馬爲證寫，辭在右"，語句不通；"寫"應下讀，"寫辭在右"即抄録的供詞在前面。"司馬"即下文説的孫丞作爲本族族長，見證了祖母分家的過程，所以孫今龍提出請他做證人；臨澤縣令就要求孫丞提供當初分家時的券書，並提出解決爭訟的意見。

[30]"盡"，《楊文》釋爲"書"；此字下部爲"皿"，與下簡6288的"盡"字寫法一致。與此相應，《楊文》原讀作"足當知，書移達"，亦應斷爲"足當知盡，移達"，"盡"上屬。"足當知盡"，下文則作"足知盡"。

[31]"五"，字形粗看像"三"，但中間明顯有豎筆，且豎筆有自右向左轉折之意，故應釋作"五"。而縣令要求孫丞十五日解決，也與下文孫丞答復的時間吻合。

[32]町田隆吉指出，簡文"丙午"當爲"丙辰"之誤。③

[33]"廷"，《楊文》誤釋爲"逢"，這是漢簡常見的"廷"字的常見寫法。④

[34]"移"，《楊文》釋作"被"。這個字與6298、6307簡的"被"字形不同，右邊部首更像"多"；居延漢簡"移"右邊"多"下的"點"，有時亦下延成捺筆。⑤ 故這個字亦當釋爲"移"。"臨澤廷移壬子書"謂孫丞收到臨澤縣下發的壬子即12月11日公文，而"被壬子書"，就成了臨澤縣收到的12月11日公文，與簡文意思相反。

[35]"平決"即"平決"，《楊文》誤作"平史"，簡6311、6325亦是如此。"平決"即評判斷案，《後漢書·陳寵傳》寵爲辭曹"掌天下獄訟，其所平決，無不厭服"；《續漢書·

---

① 《唐六典》卷一《尚書都省》："諸司自相質問，其義有三：曰關、刺、移"；《廣韻·支韻》也説："官曹公府不相臨敬，則爲移書，箋表之類也"。

② 馬怡、張榮强主編：《居延新簡釋校》，天津：天津古籍出版社，2013年，第25、758、292頁。

③ 町田隆吉：《河西出土魏晉·五胡十六國時代漢語文獻的基礎的整理 補遺（一）》注③。

④ 最近參觀北京房山區長溝鎮出土的唐代劉濟墓，墓志中的"廷"字也如此書寫。

⑤ 如居延漢簡512.3的"移"字即作"掖"，見王夢鷗：《漢簡文字類編》，臺北：藝文印書館，1974年，第76頁。

百官志》"(廷尉下設)左平一人,六百石,本注曰掌平決詔獄"。

[36]《楊文》斷作"今割香、發田各四十畝及塢舍,分命親屬一人以爲翹祠","分"下屬。按:這裏的"分"應該是名詞,"塢舍分"與簡 6290"田分"一樣,指分家時得到的宅舍或田地份額。而"分命親屬一人",就成孫香、孫發各自指派一人做孫翹的繼承人了。①

[37]"祠",《楊文》釋讀無誤,但在其後加括號標注"嗣"字,亦即懷疑爲"嗣"的誤寫。實際上,祠"猶食也,猶繼嗣也"。②

[38]"了",《楊文》釋爲"卩",表示簽字畫押的符號。但此字與簡 6298、6307 釋作"了"的字寫法一致,"了"亦有確認、完結的意思。同樣,《楊文》所錄 6317 簡"香、發占對如丞所斷爲卩"的"卩",亦應作"了"。

[39]"求",此字是"求",非《楊文》所釋"未"字。

[40]《楊文》將最後四個字釋爲"請求(?)官法"。所謂"請",字形作"訴",明顯是"訴"字,敦煌文書中的"訴"字均寫作"訴"或"訴"。"平"從字形看,應爲"平"字;《説文・亐部》"平"字原作"平",此字豎筆右加一點,與這批木簡所有"今"字豎筆右均加一點相同,爲俗筆。"訴平官法"意爲訴請官法公平處理。

[41] 晉朝刑罰有鞭刑和杖刑,但此處"鞭杖"連言,結合簡 6283 看,更可能指的是鞭刑。《太平御覽》卷六四九《鞭》引《晉令》曰:"應得法鞭者即執以鞭,過五十稱行之。有所督罪,皆隨過大小,大過五十,小過二十。"同書卷六五〇《督》又引《晉律》曰:"諸有所督罰,五十以下,鞭如令。"鞭刑懲處的對象主要是犯有過錯的吏民。本案中,户曹掾史提出"罰香、發鞭杖各百五十",顯較晉令規定過於嚴苛,故縣令在批復中改爲"五十鞭斷"。

[42]"作",字形漫漶,《楊文》釋爲"行",這個字右上部件似爲"𠂇",懷疑是"作"字。

[43]" 月 ",《楊文》釋爲"用",這其實是漢簡中"月"("月")字的寫法,前面簡

---

① 誠然,宋代就有爲平衡家族矛盾,同時爲户絕之家立兩個嗣子的現象。但在本案中,孫香單弱,後嗣無力出繼;孫發子孫强盛,但祖母規定只能"爲弘後",不能出繼;所以不可能在孫發、孫香後人中選擇繼承人,更別説兩立了。

② 《春秋公羊傳・桓公八年》"春曰祠",何休注,《十三經注疏》本,北京:中華書局影印,1980 年,第 2218 頁中欄。

6288 的"月"字亦如是。①

"適作事一月","適"同"讁",即懲罰孫香、孫發服行一個月的勞役。"罰作"做爲刑名,最早見於《漢舊儀》:"男爲戍罰作,女爲復作,皆一歲到三月。"按照這種説法,"罰作"與"復作"似乎刑期一樣,二者僅有性別上的差異。但研究者指出,"復作"是真正的刑罰,刑期最長一年,最短三個月;而"罰作"屬於罰,不屬於刑,期限比較靈活。②

[44]"本",《楊文》釋作"未",符合簡文意思。但從字形上看,這是個"本"字,恐亦是書手誤寫。

[45]《楊文》最後一句釋作"養不生(?)謹問如用",不辭且費解,後面還有二字未釋。"差",《楊文》釋作"養",其實是"差"字;"坐",《楊文》釋作"生",其實是"坐"字。"差"爲表度副詞,意爲僅僅、勉强、可以。③"差不坐"接前文應指孫香因爭訟已經受到懲處,其指認孫今龍田地一事,可以不再追究。"謹啓如前"爲當時公文書慣用語,長沙吳簡許迪割米案中也有"傅前解,謹下啓"④之類用語。

[46]前引6280簡户曹"請事諾",意即請縣令批復,此簡即爲臨澤令髦的判語。"教"不專指郡守,也可以是縣令長所下;長沙吳簡多"君教"簡,亦是縣令長的公文。⑤"教諾"以下,或雙行或單行,字迹模糊漫漶,只能釋讀如此。

三

楊國譽根據簡文記載的時間及案件的審理過程,將整個簡册分爲六部分:一、十二月四日孫香訴狀(簡6300、6301、6303、6313),二、十二月六日孫發供辭(簡6298、6296、6309、6305、6319),三、十二月七日孫今龍證言(6307、6315),四、十二月十一日縣令給孫丞的移文(6294、6292),五、十二月十五日孫丞回復縣廷的意見(6288、6290、6311),六、縣户曹掾史所擬判決意見(6323、6327、6325、6321、6286、6317、6281、6280、6284、6282、6283)。依據這個順序,對這批木簡進行了初步編聯。但魯家亮提出不同意見,他根據簡6294、6292的記載:"建興元年十二月壬寅朔十一日壬子,臨澤令髦移孫司馬:

① 陳建貢、徐敏編:《簡牘帛書字典》,上海:上海書畫出版社,1991年,第412頁。
② 徐世虹主編:《中國法律通史》第2卷《戰國秦漢》,北京:法律出版社,1999年,第511頁。
③ 楊樹達:《詞詮》卷五,北京:中華書局,1978年,第212頁。
④ 考古編號J22-2540,録文見王素:《長沙走馬樓三國孫吳簡牘三文書新探》,《文物》1999年第9期。
⑤ 當時州郡縣三級,刺史稱使君,太守稱府君,縣令長單稱君。有關孫吳"君教"簡的相關研究,參徐暢《走馬樓吳簡竹木牘的刊佈及相關研究述評》,待刊。

民孫香、孫發、孫今龍兄弟共静田財,詣官紛云,以司馬爲證,寫辭在右。司馬是宗長,足
當知盡,移達,具列香兄弟部分券書,會月十五日,須得斷決如律令。"①孫氏兄弟發生田
財爭訟,提出請孫丞做證人,故臨澤縣令下文孫丞云云。魯家亮認爲"以司馬爲證,寫
辭在右",說的是孫丞的證詞,故提出將五放在四的前面;又根據"具列香兄弟部分券
書"一語,推測這裏的"香兄弟券書"指的就是孫香、孫發與孫今龍的證詞,故又將四置
於一、二、三之前。他理解六部分的順序實際上是五、四、一、二、三、六。② 這就完全打
破了簡文的時間順序和内在邏輯。其實,6294、6292 簡説得很清楚,這是縣令下令給孫
丞,要求他就孫氏兄弟的訴訟提出處理意見,所以"寫辭在右"的"辭"指的只能是孫氏
兄弟的訴詞,絶不可能是孫丞的證詞;而"香兄弟部分券書"實指孫香聲稱的分家券
書(根據孫丞的説法,實際上並不存在),也非他們的證詞。魯家亮的編聯意見很難
成立。

　　楊國譽的編排順序是正確的,但其對簡文層次的理解要進一步討論。我們來看
6319 簡的釋文,"對具。到,立下重自了,里令分割"。所謂"對具",是古代官府問案,
被問者回答時的結束語。簡册的第一、三部分即孫香、孫今龍的證辭中也都是以此作
結,但唯獨第二部分即孫發的供辭缺少這句話,估計這也是楊國譽將簡 6319 排在第二
部分末尾的主要原因。但 6319 簡在"對具"之下,尚有"到,立下重自了,里令分割"云
云,意爲公文到,馬上下達,重新讓爭訟者自行解決,所屬之里代爲分割。這顯然是縣廷
判案的語氣。從字體上看,6319 簡"對具"兩字還算工整,但"到"之下書寫潦草、行款
疏松,與編在最後同樣屬於官府判文的 6283 簡特徵相近,而與其它 25 枚簡的書寫風格
相差很大。所以我懷疑 6319 簡實際上有兩部分組成,前一部分承接孫發的供辭,後一
部分書寫的則是縣廷處理意見。③ 如何看待這兩種不同性質的文句書寫在同一枚簡上
的現象呢?

　　這批木簡屬於冥器,不大可能是原件,應該是一份抄件。從書寫格式看,如果我們
以簡 6323 爲分界線,整個簡册可以分成兩大部分:前半部分即一、二、三、四、五除 6296
簡以及我們討論的 6319 簡外,其餘諸簡都作兩行書寫;而後半部分即第六從縣户曹史
呈報判案意見開始,都作一行書寫。事實上,簡 6323 後面的諸簡中,不乏形制較寬者,

---

① 魯家亮依據的是楊國譽釋文,與我們的新釋文僅有字詞而無意義上的差別。
② 魯家亮:《甘肅臨澤田西晉〈田産爭訟爰書〉芻議》。
③ 6319 和 6283 簡書寫風格相近,是不是存在 6319、6283 連排、同置於簡册末尾的可能性? 我也考慮過這種
排列,但無論簡 6319 還是 6283 在前,語義皆曖昧不清,"對具"一語更没有着落。

如簡 6286、6280、6284 等寬度皆在 2 cm 以上,有的甚至超過了前一半部分簡的寬度;但其簡文都是從中間書寫,顯示出毫無撰寫兩行的意圖。對比前、後部分的用簡數量就會看得更清楚,全部 27 枚簡 900 餘字中,前半部分占 16 枚,共 600 多字;後半部分 11 枚,不足 300 字。由此看來,整個簡册書寫的意圖和强調的重點是後面的案件判決,前半部分包括孫香等人的訴訟、孫丞的意見等等不過是個鋪墊。我們見到的抄件如此,據以抄寫的原件面貌是什麽樣子的? 如果當時即用簡牘作爲書寫材料的話,每枚簡是兩行還是單行書寫的? 6296 簡爲我們探討這個問題提供了線索。簡 6296 居於整個簡册的前半部分,其前、後諸簡都是雙行書寫,唯獨此簡了一行。這枚簡比其他雙行簡要窄,寬度只有 1.8 cm;容字 22 個,字數正好是雙行簡的一半。從内容上看,簡 6296 與前面的 6298、後面的 6309 簡語義銜接,推測該簡是書手在抄録案卷時,發覺抄漏一枚簡後回頭又補的。反過來,這就説明原來的案卷應該是單行書寫的。① 如果這一推測無誤,我們就可以理解 6319 簡的問題了。因爲書手在抄録前半部分案卷時,改變了原來的書寫格式,當抄至 6305 簡,孫發陳述内容基本完畢,僅差"對具"兩字作結;②書寫者爲了減少用簡數量,索性就把孫發的結束語和後面官府的判文抄在了一枚簡上③。如果以上所論成立,這就意味着:在孫香、孫發對質後,縣廷曾做出過初步判決,責令當事人撤訴和解;④大概兩人無法達成一致意見,這纔有後面官府徵召孫今龍問訊及請孫丞裁斷的事。

既然 6319 簡的後半部分和簡册最後的 6283 簡是官府的兩次判決意見,整個簡册就應該分爲八個部分:在楊國譽説的第二部分之後單獨列出 6319 簡,第六部分後單獨列出 6283 簡。前者爲官府的初次批示,後者則是縣令的最終判決。

以上説的是文本閲讀的層次,如果着眼於文本的構成來説,情況又有所不同。整個簡册中,無論是孫香上訴的日期,還是孫發回應、孫金龍做證的日期,都只記載了月、日,没有書寫年份,注全年月日的第一枚簡是 6294。我們再來看一下簡 6294 以及接續

---

① 如果原來的案卷用紙,就更是單行書寫了。

② 如果抄件所用木簡長度與原件一致,抄件一枚簡正好是原件兩枚簡的容字;但這批簡册長短不一,所以就造成了這種現象。

③ 同一枚簡上出現了兩種不同的筆迹,不知是由兩名書手分别書寫還是同一書手特意變换筆迹所致。

④ 這也完全符合古代處理家產訴訟案的慣例,統治者歷來主張通過親情或宗族的力量去化解此類糾紛,只有調解無效的情況下,官府纔會出面做出判決。不過,這一過程在時間銜接上似乎有點問題。根據簡文記載,大概縣廷在 12 月 6 日聽完孫發的陳述後,隨即做出批示,令原告、被告雙方"自了";但轉過來的第二天即 12 月 7 日,官府就傳訊孫今龍作證,正式受理此案了。

的 6292：

> 建興元年十二月壬寅朔十一日壬子，臨澤令鬐移孫司馬：民孫香、孫發、孫今
> 龍兄弟共訴田財，詣官紛云，以司馬爲證，寫辭在右。司馬是宗長，足當知盡，移達，
> 具列香兄弟部分券書，會月十五日，須得斷決如律令。

建興元年十二月十一日，縣令下文給孫司馬，稱孫香等兄弟爭訟田財，要求司馬出面做
證；所謂"寫辭在右"，前已指出，就是列在前面的孫香訴狀、孫發供辭以及孫今龍證詞。
也就是説，楊國譽原來所列的 1—4 部分即簡 6300 到簡 6292，實際上是作爲一份完整的
文件，包括縣令的移文連同孫香弟兄的訴詞一起下發給孫丞的。這樣看來，整個簡册其
實就由四份文件組成，即：一、建興元年十二月十一日縣令移文(簡 6300、6301、6303、
6313、6298、6296、6309、6305、6319、6307、6115、6294、6292)，二、十二月十五日孫丞回復
(簡 6288、6290、6311)，三、縣户曹掾史擬判(簡 6323、6327、6325、6321、6286、6317、
6281、6280、6284、6282)，四、縣令判決(簡 6283)。

　　我們目前見到的西晉簡牘數量不多，除 19 世紀末 20 世紀初西北樓蘭、尼雅遺址以
及 21 世紀初(2003 年 12 月至 2004 年 2 月)湖南郴州蘇仙橋出土過一批西晉木簡外，
各地只零星出土一些名刺、衣物疏。甘肅臨澤這批木簡不過 27 枚，卻完整記載了縣廷
審理孫氏兄弟田土爭訟的整個經過，爲我們探討西晉時期的分家方式、問案程序以及官
府處理民事糾紛的原則等問題提供了寶貴史料。

　　附記：本文草成於 2014 年 10 月，曾於 11 月 15 日在日本明治大學應邀做過專題發
言。此次刊出後，又見到周銀霞、李永平《"西晉建興元年臨澤縣廷決斷孫氏田塢案"簡
册文書經濟問題考略》(見《湖南省博物館館刊》第十輯，2013 年)一文，該文雖未提供
依據，但也指出了楊國譽釋文中的幾處錯誤。特此注明。

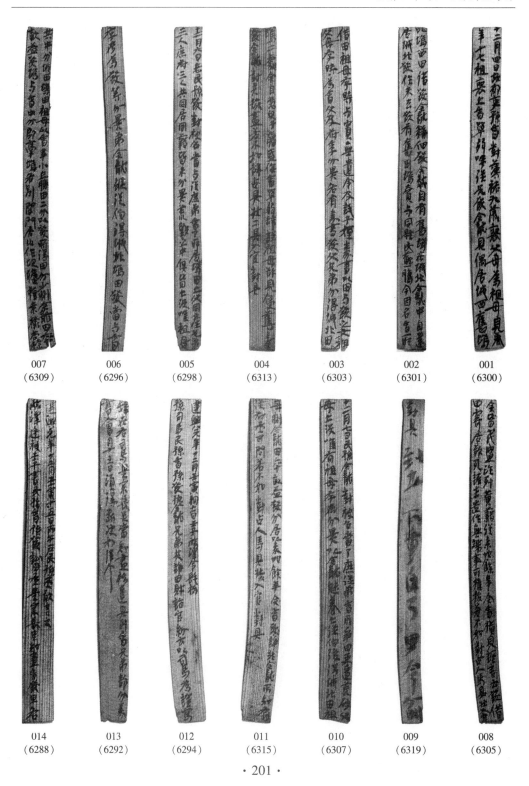

007　　006　　005　　004　　003　　002　　001
（6309）（6296）（6298）（6313）（6303）（6301）（6300）

014　　013　　012　　011　　010　　009　　008
（6288）（6292）（6294）（6315）（6307）（6319）（6305）

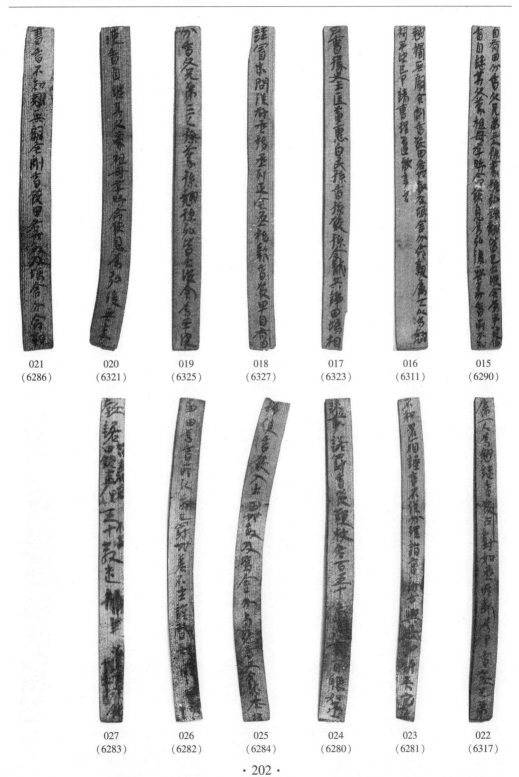

021　　　020　　　019　　　018　　　017　　　016　　　015
(6286)　　(6321)　　(6325)　　(6327)　　(6323)　　(6311)　　(6290)

027　　　026　　　025　　　024　　　023　　　022
(6283)　　(6282)　　(6284)　　(6280)　　(6281)　　(6317)

《魏晉南北朝隋唐史資料》第三十二輯
2015 年 12 月,203—219 頁

吐魯番出土文書所見唐代宦官諸使*

黃　樓

　　宦官是唐代政治舞臺上非常活躍的群體,一般認爲唐代宦官擅政肇始於玄宗開元、天寶年間,盛於安史亂後。除了影響深遠的宦官監軍制度外,開元、天寶時期宦官開始頻繁充任各種使職,奉使於全國各地,甚至西北邊陲的吐魯番地區也留有宦官活動的記録,不少出土文書都提及奉使西域的宦官。① 作爲皇帝家奴的宦官,爲什麽會逾沙磧漠,出現在千里之外的西域? 他們在西域有什麽特殊使命? 由於種種原因,這群來自長安的特殊群體没有得到足够的重視,也没有專文對其進行研究。本文擬結合相關文書,對此問題略作討論,不足之處,敬請指正。

一、宦官出使西域的時代背景

　　唐朝建立後,唐太宗李世民戒於前代宦官之禍,嚴厲抑制宦官權勢。《舊唐書·宦官傳序》云:"貞觀中,太宗定制,内侍省不置三品官,内侍是長官,階四品……但在閤門守禦,黄衣廩食而已。"不過,當時偶爾也有宦官充使的特例。② 武周、中宗、睿宗時期,宦官地位有所提升。中宗超授内侍省七品以上員外官者千餘人,然衣朱紫者尚寡,宦官

---

　　* 本文係第 56 批中國博士後科學基金面上資助項目"出土文獻與唐代經濟、社會——以吐魯番文書爲中心"(2014M560826)的階段性成果。

　　① 畢波:《吐魯番新出唐天寶十載交河郡客使文書研究》(原載《西域歷史語言研究集刊》第 1 輯,2007 年,另收榮新江、李肖、孟憲實主編《新獲吐魯番出土文獻研究論集》,北京: 中國人民大學出版社,2010 年)文中曾對客館文書中所見的"内侍"進行討論,但未就宦官充使問題展開進一步專題研究。

　　② 《李愨墓誌》(吴鋼主編《全唐文補遺》第 1 輯,西安: 三秦出版社,1994 年,第 17—19 頁)云:"太宗文皇帝以公勛舊功臣,爪牙心膂,遂令詢訪蠻蜀之風,撫慰南夷之使。公每念莊舄執珪,由思越俗。余雖衣錦,豈忘故里……父老蒙冬日之恩,吏豪懼秋霜之令。廉平者則接手交勸,濫曲者則繩之以法。遂得公私兩濟,威福兼行。"李愨卒於貞觀二十三年卒,其出使當在貞觀中。按李愨曾祖良período,南寧州同起縣令,祖朗,南寧州刺史,父欽,隋郎州刺史,世爲當地豪酋。李愨出身與高力士類似,或以父罪没官。太宗以其出使,有籠絡安撫南夷的用意,只一種特例。

在邊疆活動的記載依然比較罕見。[①] 就吐魯番文書而言,出土唐前期文書中幾乎沒有宦官活動的痕迹。20 世紀 70 年代,唐永昌元年(689)西州張雄夫婦合葬墓中出土兩方宦官木偶。木偶形象猥瑣,與唐前期宦官社會地位大體一致。這些木偶很可能是來自内地的陪葬明器。宦官作爲使者,頻繁出現於出土文書中,主要集中於玄宗開元十九年後至天寶十四載安史之亂爆發前夕。提及宦官奉使西域,很容易讓人聯想到發軔於邊疆地區的宦官監軍制度。杜佑《通典》云"至隋末,或以御史監軍事。大唐亦然。時有其職,非常官也。開元二十年後,並以中官爲之,謂之監軍使。"[②]文書中宦官奉使西域的時間與宦官監軍出現的時間恰好吻合。

開元二十年前後是唐朝在西域的政治、軍事制度發生重大調整的關鍵時期。隨着均田制的崩潰,建立在其基礎上的府兵制早已無法維持下去。在邊疆地區,由府兵番上爲主的鎮戍體系轉爲招募健兒長鎮爲主。開元中,邊境軍事長官一律稱爲節度使,開元二十五年五月正式下詔招募長鎮"兵防健兒",原有鎮兵一律放還,徹底廢除了軍鎮防人的征發制和番代制。開元末至天寶年間,邊疆地區逐漸形成安西、北庭、隴右、朔方、幽州、河東、劍南等十大節度,朝廷數十萬精兵分統於十節度使之手。那麼,在新的軍事體制下,唐廷如何及時洞悉邊情,又將如何馭制萬里之遥的節帥? 軍事格局的劇變必然引發朝廷與邊疆軍鎮之間在訊息溝通方式上作出相應的調整。宦官充使邊疆恰好在此時興起,正可謂應時而生。

開元、天寶時期,内地海晏河清、歌舞升平,呈現出盛世氣象,但是周邊局勢卻不容樂觀。突厥、吐蕃、南詔、大食、契丹等部族或國家紛紛崛起,與唐朝時常發生軍事衝突,邊疆戰事非常頻繁。杜甫詩云"武皇開邊尤未已",即是當時情形的真實寫照。這些戰爭多以唐朝的勝利而結束,涌現出高仙芝、封常清、哥舒翰等一批名將。但是動輒數萬人的軍事行動導致邊疆地區的兵權、財權等逐漸向節度使集中。節度使擁兵在外,爲免除朝廷猜疑,需時常將軍情向朝廷奏報。皇帝高居廟堂之上,既要掌握邊疆動態,又要

---

① 《唐代墓誌彙編續集》開元一二一《王晛墓誌》載宦官王晛在唐隆元年(710)"往聘西境,軍戎不伐,兵將安和",又稱其睿宗朝充"東北軍和國使"。《隋唐五代墓誌彙編》陝西卷第一册、《唐代墓誌彙編續集》録誌蓋題"唐故涇州長史賜紫太原王府君墓誌銘",按,宦官不可能出任涇州長史一職,《續集》等必誤。據碑林博物館王慶衛先生查證,誌蓋實作"大唐故王府君墓誌銘",載高峽等主編《西安碑林全集》卷九七(廣東經濟出版社、海天出版社,1999 年,第 2728 頁)。誌中稱王晛晚年皈依佛教,"頻以表啓,請人不二之門",唐代宦官例不得出家爲僧,此處有違常識,又"中使"墓誌訛作"忠使",所謂"東北軍和國使"亦不似唐代使名。此誌疑點頗多,若非後人僞改,則是唐前期宦官充使邊疆的又一例證。

② 杜佑:《通典》卷二九《職官典·監軍》,北京:中華書局,1988 年,第 805 頁。

提防邊將尾大不掉。當時周邊戰爭的重大決策,幾乎都由皇帝和宰相議定,然後以詔書或口敕的方式下達給有關軍鎮。① 一時間雙方詔奏往來,絡繹於路。在節帥邊將方面,負責傳遞奏表的主要是其身邊的"傔人"。名將封常清即是由高仙芝傔人而嶄露頭角,終獲重用的。同樣,在朝廷方面,皇帝直接發號施令,也需派遣可靠之人前往刺探軍情,傳宣旨意。對皇帝來說,最信賴、最順手且適於保密的人選莫過於服侍左右的宦官了。如此一來,宦官充使邊疆,出現在開元、天寶時期具有一定的歷史合理性。

在宦官作爲使者被派往邊疆之前,類似傳宣聖意、監護軍隊的使者例由御史充任。② 唐前期頗重御史,"大唐自貞觀初以法理天下,尤重憲官,故御史復爲雄要"。③ 光宅元年,武則天爲了監視地方反武勢力,增右肅政御史台,掌諸州按察,"其舊御史台改左肅政御史台,專知在京百司及監諸軍旅並出使。"④御史的授予也趨於猥雜,大量靠告密、羅織起家的酷吏都被加爲御史,時人諷刺說:"欛推侍御史,碗脱校書郎"。中宗時政出多門,有"三無坐處"之說,即宰相、御史及員外官多到衙門裏坐不下。御史的猥濫直接導致其政治聲望迅速下落,充使地方或外任監軍往往是對忤旨或失勢御史的一種貶抑措施。以之監臨軍鎮,顯然無法令遠人信服。這種情況下,朝廷開始把具有監察職掌的御史中丞、監察御史等憲銜作爲加官,授予信賴的地方長官或邊將。武則天時期,張仁愿帶肅政台中丞銜檢校幽州都督,開啓了地方軍政長官帶憲職的先河。玄宗開元中期以後,高仙芝等邊將普遍帶有御史中丞等兼銜。這些虛銜雖無實權,名義上卻是御史、侍御史的上司。此時朝廷若再派侍御史、御史去監察就不合時宜了。可以說,開元末御史監軍之制本身已到了難以爲繼的境地,這也爲宦官登上歷史舞臺的一個重要契機。

大體上,玄宗時期在邊疆地區是御史充使與宦官充使并行的時期。在一些史料中,我們仍能找到御史監軍或御史充使的例子,⑤但是宦官作爲皇帝遣往地方的使者,已經逐漸占據了主要地位。值得注意的是,這一時期宦官自身也发生了很大變化。太宗、高宗時期,宦官唯守閤灑掃,多不任外事,玄宗開元中後期,宦官開始出任飛龍使、内閑厩

① 參陳明光、王敏:《唐朝開元、天寶時期節度使權力狀況析論》,《厦門大學學報》2006 年第 3 期。
② 御史監軍情況,可參胡寶華《唐代監察制度研究》,北京:商務印書館,2005 年。
③ 《通典》卷二四《職官典·侍御史》,第 670 頁。
④ 宋敏求:《唐大詔令集》卷三《改元光宅赦》,北京:商務印書館,1959 年,第 16 頁。
⑤ 《唐代墓誌彙編》開元二五八《鄭温球墓誌》:"時蠻方作梗,王師出誅,監軍御史元公欽君器能,相邀入幕。"鄭温球卒於開元十四年,"蠻方作亂"應爲開元初事。又盛唐大詩人王維《送趙評事攝御史監軍嶺南》詩云:"議獄持邦典,臨戎假憲威……明年降真月,南斗使星歸。"攝御史趙某赴嶺南監軍約在天寶中。

使、弓箭庫使、内射生使等軍事性使職，權閹楊思勖甚至多次領兵討伐嶺南叛蠻。在深宫之中，不乏有知曉軍事的宦官。這些人出使邊疆、傳宣秘旨、刺探軍情，往往比身處居外朝、不諳軍事的御史更能契合皇帝旨意。張説《曲江集》卷一〇《敕瀚海使蓋嘉運書》云：“故令内謁者監王尚客往一一口具。”同書卷一一《賀蓋嘉運破賊狀》又云：“右高力士宣奉敕示臣等王尚客奏狀。”王尚客把玄宗口頭聖旨帶給瀚海軍使蓋嘉運，又把前線情況彙報給玄宗，玄宗再令高力士宣示給張説等宰臣。在這個過程中，宦官王尚客相當於朝廷的耳目、喉舌，不可或缺。開元二十五年（713），玄宗命河西節度使崔希逸襲破吐蕃，以内給事趙惠琮監其軍。天寶六載（747）高仙芝深入萬里討小勃律，有監軍中使邊令誠。[1] 其事人所周知，兹不具述。特别强調的是，從一些現存詔令推斷，宦官出使邊疆在當時已是司空見慣。《册府》卷六三《帝王部·發號令門二》録玄宗天寶十一載（752）十二月詔書云：

> 王者制軍詰禁，師旅惟貞；飲至勞旋，賞罰必信……且古者士農异處，軍國殊容……豈有家襲弓裘，身參卒伍？斯乃假名取進，其理昭然。皆因主將有私，遂乃公行囑托……自今已後，朝要並監軍中使子弟，一切不得將行，先在軍者，亦即勒還。[2]

唐代使職差遣興起後，充使者可以奏請判官、押衙、書記等僚佐。宦官出使時，同行的有養子、親信等其他宦官。玄宗優待奉使者，返朝後多得超擢。因此，宦官每有出使，往往多携子弟，公行囑托。隨着出使的頻繁，這種現象愈演愈烈，以至於玄宗不得不專旨禁斷。細審詔書，我們發現，詔書只是禁止監軍中使子弟隨行，並没有説徹底禁止宦官充使。宦官奉使安西、北庭等重鎮已經到了無法廢止的地步。

這些開元天寶時期因軍旅之事而充使西域的宦官，對研究唐代宦官監軍的起源具有重要意義。在傳世文獻中卻没有任何具體記載。慶幸的是，在新疆吐魯番地區陸續出土一批開元天寶時期的驛館文書。宦官充使西域，路遥日久，動輒數十日，數月甚至數年，必於沿途驛館休息整頓。驛館文書中不乏有“内侍”、“内使”等身份的客使，儘管這些只是宦官休息供給的簡單記録，卻爲我們提供第一手的資料，價值不容小窺。

---

① 《資治通鑑》卷二一四開元二十五年（737）二月己亥條，卷二一五天寶六載（747）十二月條，北京：中華書局，1956 年，第 6827、6886 頁。

② 王欽若：《册府元龜》卷六三《帝王部·發號令門二》，北京：中華書局，1960 年，第 712 頁。

二、開元十九年至開元二十一年奉使西州的市馬使

開元、天寶時期,宦官出使西域,多半都與軍旅事務有關。其中一項非常重要的使職就是由宦官充當市馬使。

唐代軍事上崇尚騎兵,但是戰馬不足始終是困擾朝廷的老問題。爲了獲取足够的軍馬,唐朝在河西隴右水草豐美處設置牧監養馬,此外,還經常向西域、中亞的游牧民族市買優良戰馬。開元中期以後,哥舒翰、高仙芝等人以四鎮爲中心,時常組織數萬人規模的軍事遠征,對戰馬的需求激增。長安内廷有飛龍厩,有飛龍兵,除去牧監及藩國進貢外,也需去河隴、西域等地市買御馬。隨着馬匹交易規模的擴大,由宦官代表朝廷市馬的情況越來越常見。

宦官充當市馬使到西域市馬,在出土唐代墓誌中曾有記載。《唐代墓誌彙編》天寶二五三《劉元尚墓誌》云:

> 君諱元尚,字元尚,彭城人也……弱冠從仕,於□衛而超功。簡在帝心,於斯爲美。解褐拜掖庭監作、大食市馬使。燕王市於駿骨,伯樂顧之龍馬,遂使三軍迎送,萬里循環,榮寵是加,超公内寺伯也。復爲骨利幹市馬,崎嶇百國,來往三春,追風躍而奔騰,逐日回而來獻,遂加公謁者監。奚首領屈突于侵擾候亭,攪亂軍旅,公密奉綸誥,勒公討之,則知聖澤推賢,軍容得士,公有坐帷之策,剋日摧鋒,立計之謀,應時瓦解。特拜内侍,答公之德也。北庭使劉涣躬行勃逆,委公斬之。又瀚海監臨,宣慰四鎮,兵士畏愛,將帥威攝,無何遷雲麾將軍、左監門衛將軍、攝省事,寵恩極也。[1]

宦官劉元尚初任大食市馬使,遠赴阿拉伯地區市馬。因此被超授内侍伯。後又任骨利幹市馬使。此次出使時間非常長,"來往三春"。因爲成效斐然,本官遷授謁者監。奚首領屈突于反叛時,劉元尚遂爲監軍,討平叛亂。《舊唐書·玄宗紀》:"(開元二十二年)四月甲寅,北庭都護劉涣謀反,伏誅。"據墓誌可知,當日誅劉涣者即是監臨瀚海軍的劉元尚。

劉元尚擔任大食、骨利幹等國市馬使,"三軍迎送,萬里循環",可能本人親自前往大食、骨利幹等國,也可能至西州等馬匹貿易集散地,直接同前來市馬的大食、骨利幹等

---

[1] 周紹良、趙超主編:《唐代墓誌彙編》天寶二五三《劉元尚墓誌》,上海:上海古籍出版社,1992年,第1708頁。

國商胡貿易。不管哪種情況,都需途徑安西、北庭等地。沿途官員接待劉元尚的文書沒有保存下來,但在出土文書中我們却找到同時期另外一位市馬使的活動痕迹。

吐魯番阿斯塔那 506 號墓所出《唐開元十九年(731)虞候鎮副楊禮憲請預付馬麩價狀》(73TAM506:4/10):

1　進馬坊　狀上

2　供進馬□價大練叁拾疋 楊憲領

3　　右□□令於諸步鎧坊料麩貯納,待趙內侍

4　　□□馬者。其馬今見欲到,其麩並不送價直。

5　　若 不預付,即恐臨時闕飼,請處分。謹狀。

6　牒件狀如前,□ 牒

7　　　　　　　開元十九年六月　日虞候、鎮副楊禮憲 牒

8　　　虞 候府家

9　　取 卅 疋 練,分付

10　　　諸鎧家,即收麩

11　　　　納。 興示　　十二日①

據下文文意,文書第 2 行"馬"後所缺一字當即"麩"字。文書第 1 行題有"進馬坊",第2 行複有"供進馬"字樣,其後爲"待趙內侍□□馬這(過)"。所謂"進馬坊"應該是某軍鎮飼喂上供馬匹的專門機構。"內侍",據《舊唐書·職官志》:"唐初舊制,內侍省無三品官,內侍四員,秩四品。天寶十三年十二月玄宗以中官高力士、袁思藝承恩遇,特置內侍監兩員,秩三品以授之。"趙內侍身份爲宦官無疑,而且還是深受玄宗寵遇的高品宦官。文書1—5行爲進馬坊所上狀文,大意是趙內侍所市馬即將經過某軍鎮,軍鎮此前已命進馬坊到鎧坊各位鎧戶收購麩料,供馬匹食用。這批麩子價值大練三十匹,却遲遲未能送到。進馬坊恐怕到時會出現供缺,狀上軍鎮,鎮副楊禮憲又將情況用牒文報給都督府,名叫"興"的長官十二日作出批示,虞候府家取三十匹練付鎧家,收納所需麩料。

開元十九年(731)六月,是趙內侍即將到達的時間。按宦官充使市馬,路途遙遠,奉使一次,往往長達數月,甚至數年。前引《劉元尚墓誌》,劉元尚充任大食市馬使、後又爲骨利幹市馬,前後三年之久。趙內侍在西域市馬,時間也比較長。除開元十九年楊

————

①　唐長孺主編:《吐魯番出土文書》圖錄本第 4 册,北京:文物出版社,1996 年,第 401 頁。

禮憲請預付馬歎價牒案外,阿斯塔那 506 號墓另有一件文書也提及"趙內侍"。《唐開
元二十年李欽領練抄》(73TAM506:4/20)①:

1　　李欽於正庫領得趙內侍感文案

2　　貸直大練叄疋,開元廿年正月廿一日

3　　━━━ ━━

據文書,"趙內侍"姓名爲"趙感",當然,文書中名字常可省略,也可能"感"只是趙內侍
名字中的一個字。楊禮憲請預付馬歎價文案中提及趙內侍即將到來的時間是開元十九
年六月,本件文書的時間爲開元廿年正月,趙內侍在西州已活動近半年之久。文書中的
"正庫",或即西州都督府的府庫。李欽領取大練三匹,用途不詳,或許爲日常支用。

　　西州是絲綢之路的重要中轉站,河西、朔方等節度使也時常遣使市馬。這些市馬使
亦屢見於吐魯番文書。開元十六年(728)河西市馬使米真陀向西州都督府請買紙筆,
結果遭到拒絕。

　　大谷 5839 號文書《開元十六年請紙牒案》《河西市馬使請紙文書》②:

17　案紙二百張　次一百張　筆兩管　墨一挺

18　　右得河西市馬使牒,請上件紙墨等

19　　都督判:"檢令式。河西節度買馬,不是別

20　　敕令市,計不合請紙筆處分過者。"依檢

21　　前後市馬使鞠中郎等,並無請紙墨等

22　　處。

23　牒 件 檢 如 前,謹 牒。

24　　　　六月　日　　史　李藝　牒

25　　承前市馬,非是一般。或朔方

26　　遠湊,或河西頻來,前後

27　　只見自供,州縣不曾 官給。

···沙(紙背押縫)

28　　　既無體例 可 依,曹司實

　　　　(後缺)

----

① 《吐魯番出土文書》圖録本,第 4 冊,第 415 頁。

② 小田義久:《大谷文書集成》(三)京都:法藏館,2002 年,第 208 頁。

據李方先生研究,吐魯番共出六件西州時期請紙牒。另外五件請紙牒皆被批准,獨本件被西州都督府拒絶。[1] 我們注意到,西州都督判文强調"河西節度使買馬,不是别敕令市,計不合請紙筆",也就是説,趙内侍等皇帝别敕派遣的市馬使,紙筆皆由當道州縣官給。大概是河西市馬使知曉宦官市馬可以請州縣官給紙筆,也提出同樣要求。結果被有司援引令式加以駁回。

趙内侍完成市馬使命,離開西州的時間,我們也可從附近的 358 號墓所出一組文書中進行推測。《唐開元某年西州前庭府牒爲申府史氾嘉慶訴迎送趙内侍事》(66TAM358∶9/1—9/4,9/5(a))[2]:

(一)

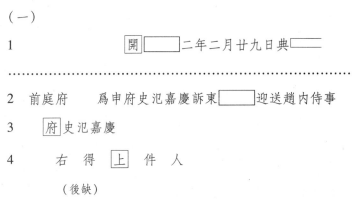

1　　　　開□□二年二月廿九日典□□□

....

2　前庭府　　爲申府史氾嘉慶訴東□□□迎送趙内侍事

3　府史氾嘉慶

4　　右　得　上　件　人

　　(後缺)

本組文書殘爲五片,均前後缺。片一第 1 行、第 2 行之間有粘接縫。官印有"左玉鈐衛前庭府"字樣,正文有前庭府府史氾嘉慶,劉安志先生指出,本件文書是前庭府申上西州都督府的解文。[3] 文書年份殘缺,可識作"開□□二年二月廿九日",文書整理者出於謹慎,標題作開元某年。據前件文書,開元二十年正月末西州有趙内侍領取三匹大練,補足當爲"開元二十二年"或"開元廿二年"。文書大意爲前庭府府史氾嘉慶迎送趙内侍。可能因招待不周,遭到責罰,氾嘉慶不服,提請申訴,前庭府遂向西州都督府匯報此事。氾嘉慶向東迎送趙内侍,向東是返回内地的方向。從開元十九年六月至開元二十二年二月,趙内侍在西域居留了兩年半左右,大概此時被徵回朝。

吐魯番文書中關於趙内侍的文件雖然不多,透露的信息却比較豐富。宦官挾天子

---

① 李方:《唐西州行政體制考論》第五章第一節《唐西州城傍朱邪部落》,哈爾濱:黑龍江教育出版社,2002 年。

② 《吐魯番出土文書》圖録本,第 4 册,第 180 頁。

③ 劉安志:《唐代解文初探——以敦煌吐魯番文書爲中心》,待刊日本東洋文庫土肥義和、氣賀澤保規先生主編之論文集,2016 年。

之威柄,出使地方,所需一切皆由地方供頓。趙内侍一行僅喂養所市馬匹的麩料就價值十三匹大練,此外,還零星從正庫領取價值不菲的大練。地方官府招待稍有懈怠,就要横加懲處。《舊唐書·高力士傳》載開元時期宦官"出使則列郡辟易,其郡縣豐贍,中官一至軍,則所冀千萬計",[①]關於趙内侍的幾件文書即是非常好的例證。

三、天寶十載交河郡客使文書所見押兵器甲仗等使

開元、天寶時期,唐朝在軍隊裝備上較前期也有較大變革,陌刀等重武器開始更廣泛的裝備軍隊。唐前期,番上府兵自備弓箭、刀等輕兵器,强弩、鎧甲等重型武器戰時由官府配發。府兵番上之制廢止後,邊疆士兵主體由衛士轉爲長鎮健兒,對勁弩、鎧甲、陌刀等重型武器的需求大增。在新形勢下,朝廷勢必要加强對重型武器的管控。唐代後半期非常重要的兩個宦官軍事使職內弓箭庫使、武器庫使大概都萌生於這一時期。十節度重兵在握,控制兵器甲仗是預防其擅興武力、圖謀不軌的重要措施。作爲皇帝心腹,在節度使率衆出征時押領兵甲成爲這一時期宦官在西域活動的重要使命之一。

天寶十載,唐與大食在怛羅斯爆發戰爭,爲策應這場戰役,唐王朝徵調天威軍等軍鎮健兒奔赴碎葉。《新獲吐魯番出土文獻》收録一組 2006 年徵集吐魯番文書《唐天寶十載交河郡客使文卷》,[②]文書中頻繁往來的人員有迎兵官、押突騎施生官、押天威健兒官、奏事使、寧遠國首領等,還有數量較多的内廷宦官。與往來官健一樣,這些充使宦官也在沿途驛館住宿休整。文書中所留下的就是他們到達、離開時間及行程去向的原始記録。現將相關文書摘録如下:

(一)

2　使迎兵官果毅駱懷文一人,七月卅日東☐☐☐☐

3　内侍判官霍義泉等三人,八月七日☐☐☐☐

(五)

14　☐内☐侍索☐☐☐☐☐☐☐☐☐☐☐口等四人乘馬七疋,九月一日

15　西到,至☐☐☐☐☐☐☐☐☐東。

(六)

---

① 《舊唐書》卷一八四《高力士傳》,北京:中華書局,1975 年,第 4757 頁。

② 榮新江、李肖、孟憲實:《新獲吐魯番出土文獻》,北京:中華書局,2008 年,第 331—342 頁。相關研究參見畢波:《怛邏斯之戰和天威健兒赴碎葉》,《歷史研究》2007 年第 2 期。

8 ⬜内⬜侍大夫駱玄表并判官等□⬜⬜⬜⬜⬜

9 使行官果毅□□忠一人□⬜⬜⬜⬜⬜

　　　　　送弓弩甲仗迴使　魏仲規　　趙□□□□差使

15 内侍王下判官 □□判官□□□□□□□□□廿八日發向東。

17 押軍資甲仗官内侍大夫王獻朝并將官、行官等四人，九月

18 廿九日從西到，至十月一日發 向 東。

21 使 内 侍判官索□⬜⬜⬜⬜⬜⬜⬜⬜十月一日

22 從北庭到，□⬜⬜⬜

在交河郡客使館文書中出現的宦官，不少僅注"内侍"二字，使名不詳。根據時間及行程方向，大體上可分爲五批，約占所存客使條目總數的十分之一。

第一批爲片（一）第3行"内侍判官霍義泉"，時間是天寶十載（751）八月七日。霍義泉爲某宦官的判官。該宦官使職不明，文書第2行有"迎兵官果毅駱懷文"，如果該内使方向與迎兵官一致，很可能是監押軍隊的宦官。

第二批爲片（五）、片（六）提及的内侍判官索某。片（五）第14行提及内侍索□□，四人七馬，九月一日從西方抵客館，某日發向東。片（六）第21行有内侍判官索□□十月一日從北庭到。此兩處提及的内侍索某很可能爲同一人。索某九月一日從西方返至交河郡時，四人七馬，即有一匹爲兼馬，當是使命緊急，日夜兼程。抵交河郡後繼續向東趨路，其後行程不詳，可能經其他路徑抵達北庭，十月一日又從北庭抵達交河郡。

第三批爲片（六）第8行提及的内侍大夫駱玄表並判官等。時間在九月二十日至二十五日之間。駱玄表前有"大夫"二字，當爲銀青光禄大夫、金紫光禄大夫等散官銜。先天元年，高力士協助唐玄宗發動政變，授銀青光禄大夫。天寶十載，雖然宦官授官較爲泛濫，但可稱大夫者當是頗受恩寵的高品宦官。駱玄表具體使名不詳，但是有判官、行官，級別與規模同下文所出現的押軍資甲仗官非常接近。其前後所過客使爲果毅安北山、安西長史王奇光、押領内將官果毅等，多與行軍調兵有關，故駱玄表出使任務很可能是押送健兒或兵仗。

第四批爲片（六）第15—18行的押軍資甲仗官内侍大夫王獻朝及其判官、將官、行官等。抵館時間是九月二十九日。文書第15行"内侍王下判官□□"中"内侍王"即内侍王獻朝的簡寫。文書在"内侍王"三字旁注送"弓弩甲仗回使"，蓋帳曆作者恐日後遺

忘"内侍王"爲何人,故補一行注脚。"弓弩甲仗回使"、"押軍資甲仗官",二者實爲一使。八月份有押生回使果毅楊某。則軍將開始押解突騎施戰俘返回,此行宦官完成使命,正處於返回的途中。與駱玄表類似,王獻朝亦有"大夫"兼銜,隨行僚佐也非常龐大,可見其品級很高。此一行人並非同日到達,判官先行一日,負責打前站,王獻朝一行隨後就到。王獻朝行程也十分匆忙,九月二十九日抵館,稍作休整,十月一日即上路東返。

第五批爲片(六)第21—22行的使内侍判官索某。索某抵館的時間在十月一日。索某使主未有正式出現,前文九月一日曾有某内侍判官索某,若二者爲同一人,則索判官九月一日自西方抵達本館,向東出發,又轉抵天山以北的北庭,十月一日再次抵達本館,其使主可能是常駐北庭的宦官。

從宦官行程來看,天寶十載宦官廣泛參與了軍事行動。其中弓弩甲仗回使、押軍資甲仗官第一次在文書中出現,與弓箭庫使、武器庫使或有某種關聯。控制軍隊最直接的方法是控制其武器。唐代有着比較完備的甲仗管理制度。在府兵制下,弓、刀等輕武器由府兵自備,但是弩、甲、陌刀、攻城器具等重武器則由官府配發。軍資甲庫的管理和出納由尚書省兵部下的庫部統籌管理。平時甲仗入庫,戰時授甲而行。[1] 天寶時期,兵部已停府兵上下魚書,舊的府庫管理體制也遭到破壞。當然,朝廷不會拱手將武器調配權讓給節度使,在這種情況下,宦官作爲皇權的代表,在重大軍事行動時,由其押領、調撥武庫也就是新形勢下的變通措施。

開元、天寶時期,宦官在河隴及西域地區地位尊崇,崔希逸、高仙芝、封常清等大將對邊令誠等監軍都畢恭畢敬,言聽計從,或許與宦官押領武庫有很大關係。而在關山懸遠的河北道,則是另一態勢。安禄山以胡將代漢將等異動,朝廷皆無警覺,内廷對幽州軍事干涉較爲疏漏。天寶十二載朝中盛傳安禄山將反,玄宗僅遣一宦官輔璆琳前往查看,其軍事行動弓弩甲仗等恐也不受宦官控制。中唐以後,不少藩鎮權歸節帥,監軍大體喪失了對當道武庫的掌控。但是也有兵甲武器由監軍使押領的藩鎮。《舊唐書》卷一七七《崔彥曾傳》:

> 舊三年一代,至是戍卒求代,尹戡以軍帑匱乏,難以發兵,且留舊戍一年。其戍卒家人飛書桂林,戍卒怒,牙官……殺都頭王仲甫,立糧料判官龐勛爲都將。群伍

---

[1] 賈志剛:《唐代軍費問題研究》,北京:中國社會科學出版社,2006年,第85、97—98頁。孫繼民:《敦煌吐魯番所出唐代軍事文書初探》,北京:中國社會科學出版社,2000年,第14—22頁。

突入監軍院取兵甲,乃剽湘潭、衡山兩縣,虜其丁壯。①

嶺南是唐代控制比較嚴密的藩鎮,龐勛率徐州戍卒起事時,手無寸鐵可用,在“突入監軍院取兵甲”後才獲得武器。這證明當時武器主要由監軍使押領。唐代後期,監軍使常能平定作亂的藩鎮,很大程度上與監軍手中掌控有兵甲有直接關係。

四、天寶十四載交河郡長行坊帳所見宣慰、送旌節使

天寶十載(751)交河郡客使文書爲我們展示了戰爭期間宦官充使西域的情況。除此之外,《吐魯番出土文書》曾收錄一組阿斯塔那506號墓所出22件天寶十四載(755)交河郡長行坊文卷,這組文書也爲我們展示了和平時期宦官出使西域的情形。

天寶十三載(754)安西四鎮節度使封常清入朝,俄因北庭都護程千里入爲右金吾大將軍,封常清返回西域,並權知北庭都護、持節、充伊西節度,直至天寶十四載再度入朝。天寶十三載封常清返回西域後,曾遍巡管內軍鎮。長行坊文卷逐日記録了天寶十三載交河郡某些館接待封常清等客使所用馬匹及踏料情況,是我們追蹤客使行蹤的原始材料。朱雷先生曾有專文研究,此不贅述。② 本文主要討論在長行坊帳中出現的宦官諸使。

在封常清四處巡查奔波的過程中,除了其家口、扈從判官將佐,出現次數最多的就是送旌節使了。22件文卷中有5件文書曾多次提及送旌節使。根據前後文,按時間順序依次條列如下:

(一)《唐天寶十四載(755)某館申十三載四至六月郡坊帖馬食踏曆狀》(73TAM506：4/32－17)③:

30　五月一日,郡坊馬十三疋,帖館過旌節使,食麦粟一石三斗。付健兒党起。

【五月一日】

(二)《唐天寶十四載(755)某館申十三載七至十二月郡坊帖馬食踏曆牒》(73TAM506：4/32－16)④:

---

① 《舊唐書》卷一七七《崔彥曾傳》,第4581頁。
② 朱雷:《吐魯番出土天寶年間馬料文卷中所見封常清之磧西北庭行》,《魏晉南北朝隋唐史資料》第15輯,武漢:武漢大學出版社,1997年;另收入氏著:《敦煌吐魯番文書論叢》,蘭州:甘肅人民出版社,2000年。
③ 《吐魯番出土文書》,圖録本第4册,第528頁。
④ 《吐魯番出土文書》,圖録本第4册,第515頁。

35　　　　　疋,送　封大夫旌節到,食麦 粟 六 石 　　　【約七月二十日】

　　(三)《唐天寶十三載(754)碻石館具七至閏十一月帖馬食曆上郡長行坊狀》(73TAM506：4/32－4)①：

78　十七日,郡坊帖天山馬三疋,送米昇幹判官王進朝到,食麦一斗五升,付天山館王興。【八月十七日】

92　同日,郡坊帖馬銀山廿二疋,送旌節使到,並全料,食麦一石七斗六升。付楊秘。【八月二十八日】

96　同日,郡坊帖銀山馬六疋,送内使王進朝到,食麦四斗八升,付趙璀。【八月三十日】

　　(四)《唐天寶十四載(755)交河郡某館具上載(天寶十三載)帖馬食蹹曆上郡長行坊狀》(73TAM506：4/32－1)②：

63　九月一日,郡 坊 馬 肆拾疋,内貳拾陸疋食全料,送旌節;壹拾肆疋食半

64　料,共食麦叁碩叁斗。付 健 兒 口秀元　押官楊俊卿。【九月一日】

65　同日,酸棗送 旌 　　　　疋,食壹碩三斗付健兒　　　官楊卿【九月一日】

　　(五)《唐天寶十四載(755)某館申十三載七至十二月郡坊帖馬食蹹曆牒》(73TAM506：4/32－16)③：

124　同日,旌節乘帖馬十七疋,食青麦八斗五升,付健兒陳懷金。【十一月十七日】

　　(六)《唐天寶十四載(755)某館申十三載三至十二月侵食當館馬料帳曆帳》(73TAM506：4/32－15)④：

① 《吐魯番出土文書》,圖録本第4册,第451—452頁。
② 《吐魯番出土文書》,圖録本第4册,第425頁。
③ 《吐魯番出土文書》,圖録本第4册,第521頁。
④ 《吐魯番出土文書》,圖録本第4册,第511頁。

239　其月十九日,帖柳谷馬貳拾捌疋,送旌節到,共食床麦壹碩玖斗陸勝,付健兒魏林。【十一月十九日】

送旌節使姓名未直接出現,但是我們能根據文書加以推測。前引文書第三件《唐天寶十三載(754)磧石館具七至閏十一月帖馬食曆上郡長行坊狀》①78行提及天寶十三載八月十七日"郡坊帖天山馬三匹,送米昇幹判官王進朝到",96行又云八月三十日"郡坊帖銀山馬六匹,送内使王進朝到"。王進朝系"内使",身份爲宦官,同時也是判官,迎送規格與封常清判官岑參等相當。文書92行載八月二十八日"郡坊帖馬銀山廿二疋,送旌節使到。"王進朝在十七日、三十日兩次在磧石館出現,活動時段正好與送旌節使吻合。由此推測,米昇幹極可能就是送旌節使。米姓出自西域米國,米昇幹或即來自西域。玄宗擇一熟悉西域的宦官爲送旌節使,以另一位宦官王進朝爲其判官,這樣的人事安排比較容易理解。

節度使之號最早出現於睿宗景雲年間,而普遍設置則在玄宗開元年間。節度使之名,因受職之始,朝廷賜以旌節得名。以此論之,送旌節使應該是開元、天寶時期新興的使職,這一使職例由宦官充任。《五代會要》:"舊制,巡撫、黜陟、册命、吊贈、入番等使,選朝臣爲之。其宣慰、加官、送旌節,即以中官爲之。"②傳世文獻中宦官送旌節之例比比皆是。憲宗元和初,平西川劉闢之亂後,劉闢詭稱不反,憲宗詰之云"朕遣中使送旌節官告,何故不受?"闢乃伏罪。③昭宗朝宰相張濬擔心朱温占據昭義,急令孫揆分兵赴鎮,遣中使韓歸範送旌節。④送旌節是節度使獲得合法權力的象徵,逐漸形成一套專門的儀式。敦煌文書P.3773v《凡節度使新受旌節儀》詳細地記録了宦官(天使)代表唐廷頒賜旌節的儀式過程:

> 凡節度使新受旌節儀　天使押節到界,節度使出,先引五方旗,後鼓角、六纛,但有旗幡,不得欠少弓箭,衙官三十,銀刀官三十,已上六十人,並須衣服鮮淨,錦落(洛)縫褶子。盧白(帕)頭五十。大將引馬,主兵十將,並須褌奴(帑)、襪額、玲瓏、纓弗(拂)、金鞍韉,鮮淨門槍、豹尾、彭排、鼓架。馬騎、射鹿子人,悉須帑襪、嬰弗(纓拂)、玲瓏、珂佩。州府伎樂隊舞,臨時隨州府見有,排比一切,像出軍迎候。⑤

---

① 《吐魯番出土文書》,圖録本第4册,第451頁。
② 王溥:《五代會要》卷二四"諸使雜録",上海,上海古籍出版社,1978年,第389頁。
③ 《舊唐書》卷一四〇《韋皋傳附劉闢傳》,第3828頁。
④ 《舊唐書》卷一七九《張濬傳》,第4658頁。
⑤ 黃永武主編:《敦煌寶藏》,臺北:新文豐出版公司,第130册,第542頁。暨遠志《張議潮出行圖研究——兼論唐代節度使旌節制度》,《敦煌研究》1991年第3期,第28—40頁。

敦煌文書描述的是歸義軍時期的禮儀。開元天寶時期雖然未必已經如此完備,無疑也是非常隆重的大事。從出土文書看,送旌節使入境後,需隨節度使一起巡行境内各個軍事重鎮,將旌節向各地鎮兵宣示。封常清此前爲安西四鎮節度使,北庭節度使是新加使名,故赴任之初,需有旌節隨行。我們注意到,雖然送旌節使與封常清一行等前後相繼,但是却不同行,驛館也分别接待。蓋送旌節使代表朝廷,不得與節度使混雜。送旌節使的獨立性,反映朝廷客使的尊崇。

除送旌節使外,《唐天寶十四載交河郡某館具上載(十三載)帖馬食䠀曆上郡長行坊狀》(73TAM506:4/32-1)也提及一位出使西域的宦官,其身份爲宣慰使。①

35　郡坊迎宣慰符判官帖馬陸疋,四月十一日,食麦叁䤈,付馬子常子昂。

36　　十二日,迎符判官馬叁疋,食麦壹䤈五勝,付馬子常子昂。

37　　十三日,迎符判官馬兩疋,食麦壹䤈貳勝,付馬子常子昂。

38　　同日帖馬口疋,使乘,食麦粟陸䤈,付 馬 子常子昂。

此宣慰使姓名不詳,但其麾下有一符姓判官。宣慰使及符判官出現天寶十三載四月十一日至十三日。同墓所出《天寶十四載某館申十三載四至六月郡坊帖馬食料帳》8行載天寶十三載四月十四日:"郡坊帖天山館上官下馬四匹,送符判官到,便騰向銀山,食麦粟四斗。付天山館子李羅漢。"②據此可知,十一日至十三日宣慰使及符判官所在的館爲天山館。宣慰使所乘馬匹數殘缺,按十三日,迎符判官馬食䠀,每疋食䠀六升,同日宣慰使乘馬食䠀六斗,合六十升,依此推算,迎宣慰使所乘馬當爲拾匹,文書所缺一字當即"拾"字。送旌節使迎送馬匹一般二十多匹,宣慰使馬僅十匹,可見同是宦官充使,這位宣慰使的地位比送旌節使要低很多。

顧名思義,宣慰使即代表朝廷宣傳詔旨、慰勞諸軍。宣慰使由中央派出,帶有一定的監察性質,最初由御史充當。《明恪墓誌》提及武則天時期有"敕宣慰使、侍御史李恒",③開元二十一年(733)四月,玄宗"遣宣慰使黜陟官吏,決系囚"。④ 這些由御史充任的宣慰使,身份相當於采訪使或黜陟使,級别很高。開元、天寶之際,宦官充使興起後,也多以宣慰之名出使西域,但是宦官充任的宣慰使,主要是宣慰軍旅,而不是黜陟官

---

① 《吐魯番出土文書》,圖錄本第 4 册,第 423 頁。
② 《吐魯番出土文書》,圖錄本第 4 册,第 498 頁。
③ 齊運通:《洛陽新獲七朝墓誌》二二三《明琰墓誌》,北京:中華書局,2012 年,第 223 頁。
④ 歐陽修、宋祁:《新唐書》卷五《玄宗紀》,第 137 頁。

吏,與御史宣慰有明顯差別。本件文書時代爲天寶末,且迎送規模較低,當爲宦官充使。每當節度使有大規模軍事行動時,朝廷都會派出宦官前往宣慰、監督。開元二十一年,幽州長史薛楚玉奉敕出討契丹。《文苑英華》卷六四七樊衡《爲幽州長史薛楚玉破契丹露布》:

> 都統王中權、裴旻領三千騎與宣慰計會。發兵馬使、内給事薊思賢,副使、内寺伯李安達,右領軍衛翊府郎將李良玉,軍前討擊副使、大將軍鑰高等爲先鋒。中郎、内供奉李先壽領馬步五千,與宣慰、内供奉、奚官局令王尚客,内供奉、中郎李延光,長上折沖史直臣,右驍衛左郎將王抱一,經略軍副使、左衛率府右郎將李永定,咸寧府軍李車蒙,領馬步五千,與宣慰使内謁者監劉玄向,供奉、長上折沖康太和,供奉、長上折沖白延宗,長上果毅高處謀,永寧府果毅閻鼎臣,副將布折等爲右翼……宣慰使、内謁者監普心寂與判官、掖庭局監潘進忠,別敕行人李如意等銜命至,便申慰諭,三軍蹈舞,呼聲動天。①

露布中提及的宣慰使有三人,劉玄向、王尚客、普心寂。王尚客不僅出監幽州,據前引《曲江集》,此後不久又被派往西域瀚海軍奉宣玄宗口諭。文末提及的宣慰使普心寂負責戰後賞賜慰問將士,與中唐時期的宣慰使職責相同,但是在戰鬥前提及的兩位宣慰使劉玄向、王尚客則隨軍出戰,其所作所爲皆後世監軍使之執掌。據《新唐書》等記載,哥舒翰拔石城堡時即有監軍邊令誠隨軍行動。以此論之,劉玄向、王尚客實際上就是後世監陣的監軍宦官。

衆所周知,開元天寶時期,是宦官監軍的開始。《舊唐書·高力士傳》也説:"孫六、韓莊、楊八、牛仙童、劉奉廷、王承恩、張道斌、李大宜、朱光輝、郭全、邊令誠等殿頭供奉、監軍、入蕃、教坊、功德主當,皆爲委任之務。"②我們在吐魯番文書中已經發現了市馬使、押兵甲使、送旌節使、宣慰使等,獨没有發現宦官充任"監軍使"的字樣③。據幽州露布,宦官監軍是存在的,但是不稱"監軍",而是稱"宣慰使"。前引《劉元尚墓誌》稱其

---

① 李昉:《文苑英華》卷六四七《爲幽州長史薛楚玉破契丹露布》,北京:中華書局,1956年,第3332頁。

② 《舊唐書》卷一八四《高力士傳》,第4757頁。

③ 吐魯番阿斯塔那61號墓所出《唐西州高昌縣上安西都護府牒稿爲録上訊問曹禄山訴李紹謹兩造辯辭事》片(六)(66TAM61:24(b))第2—5行云:"二人敕函向玉河軍,二人爲向劉監□□□人是二月内發安西。請牒安西安西檢去年□□□使向劉監蕭鄉軍使人問……"(《吐魯番出土文書》圖録本第3册,第242頁。)其中提及監蕭鄉軍的"劉監軍",據陳國燦先生研究,蕭鄉軍可能位於闐境内。(參陳國燦:《唐安西四鎮中"鎮"的變化》,載《西域研究》2008年第4期)。該件文書爲高宗咸亨年間文書,年代較早,劉監軍當爲御史。《王神授墓誌》(收於《新出唐墓誌百種》,上海:西泠印社,2010年)云:"第四子勤止,即御史者,受制監紫蒙軍"。此墓誌證明當時在軍鎮監軍者仍爲御史。

"瀚海監臨,宣慰四鎮",亦不作"監軍"。這似乎證明,開元、天寶時期雖然已有宦官監軍之制,但是當時並没有專門的"監軍使"稱謂,宦官多以"宣慰使"名義隨軍隊行動。即便是邊令誠,除了《新唐書·高仙芝傳》逕稱"監軍"外,《舊唐書》、《通鑑》皆作"中使",《新唐書》作"監軍"當係宋代史官追改,不足爲據。從某種程度上説,此類宣慰使就是最早的監軍使,最初的監軍中使,多以宣慰爲名,安史之亂以後,宦官常駐藩鎮,"監軍使"一詞才固定化、普遍化。這一過程也符合使職差遣制的一般規律。

五、基 本 結 論

玄宗開元、天寶時期是唐代宦官專權的萌芽時期。但是限於史料局限,學界一直缺乏非常深入的研究。安史亂後,西域諸鎮陷於吐蕃,唐朝直接統治區内撤,吐魯番文書涉及宦官者少之又少,一直未能引起學界的重視。本文通過鈎稽相關文書,對宦官出使西域的情況進行較爲系統的探討,得出一些新的認識。

開元、天寶時期,罷府兵,置十節度使,舉國精兵皆在邊疆。這一時期,宦官開始頻繁出使西域等邊疆地區。吐魯番文書中出現的宦官使職主要有市馬使、押弓弩甲仗使、送旌節使、宣慰使等。但是未有宦官充當的監軍使的記載,這表明宦官監軍雖然已經出現,但是並没有正式的"監軍使"使名。從當時露布來看,宦官一般以宣慰使的名義來傳宣聖旨、監護軍隊。安史亂後,藩鎮成爲一級政區,宦官常駐軍中,監軍使才逐漸成爲專門的宦官使職,宣慰使則内涵縮小,僅指奉旨犒勞賞賜之使。據新出天寶十載交河郡客使文書,遇到重大軍事行動,弓弩甲仗等由宦官專門監押,這對節度使權勢是個强有力的掣肘。哥舒翰、封常清等節度使雖然權傾一方,但是仍處在朝廷的嚴密控制之下,權勢遠没有後世節度使那麽大。

開元、天寶時期邊疆地區由府兵制度下的衛士番上鎮戍體制轉向節度使大軍區制體制,宦官充使西域實際上是軍事制度變革的直接産物。市馬使、押甲仗庫使、送旌節使、宣慰使,這些使職多半與軍事有關,就是非常直觀的證據。在御史監軍之制難以爲繼的前提下,宦官作爲皇權代表出使西域,對維護中央權威不失爲一個可行之策。宦官口含天憲,日漸跋扈,我們從文書中内使高規格待遇中已隱約可見。歷史上頗受詬病的宦官監軍制度,也有一個自然的發展過程,具有一定的歷史必然性,將之歸於玄宗個人的偏好或失誤都是有失偏頗的。

《魏晉南北朝隋唐史資料》第三十二輯

2015 年 12 月,220—241 頁

德國吐魯番探險隊收集的早期
《無量壽經》寫本考釋

三谷真澄 著　　陸　帥　譯

　　關於德藏吐魯番文書的情況,學界已有概述。① 筆者在製作這些漢文佛經寫本目録的過程中,②發現了迄今最爲古老的淨土宗寫本。本文的目的,就是對這些寫本進行介紹、録文與考釋。依照藤枝晃先生首創且爲西域文化研究會沿用的書寫年代分期法,

---

① 參見拙稿《ベルリンの佛教事情》,《佛教學研究》第 69 輯,2013 年,第 285—308 頁。

② Ch:漢文文本(寫本及刻本,有漢字的約 5300 面)。

　　　Ch 1－3960,5501－5557,5600－5647,6000－6003,7000－7008

　　　Haus 2(Potsdamer strasse)

　SHT:梵文文本(有漢字的約 70 件)。Haus 2

　THT:吐火羅文文本(有漢字的約 25 件)。Haus 2

　TibHT:藏文文本(有漢字的約 26 件)。Haus 2

　　　Tib、Tib/Tu、Ch/Tu 爲經過再整理的文本。

　SyrHT:敍利亞文文本(含有漢字的 1 件)。Haus 2

　Ch/U:正面漢文,反面回鶻文的文本。(含有漢字的約 2 390 件)

　　　Ch/U 3909－3917,6000－7774,8000－8224

　　　BBAW

　Ch/So:正面漢文,反面粟特文的文本。BBAW

　So:粟特文文本(有一些其中有漢字)。BBAW

　　　又,Ch/So 與 So 爲共通的編號,Ch/So 爲有漢字的文書。以上兩類文書含有漢字的共約 110 件。

　U:回鶻文文本(含有漢字的 86 件)。BBAW

　M:摩尼文中期伊朗文文本(含有漢字的約 50 件)。BBAW

　bs:巴利文粟特文文本(含有漢字的 1 件)。BBAW

　h:嚈噠文字巴克特利亞文文本(含有漢字的 2 件)。BBAW

　n:聶斯托利文字粟特文的基督教文本(含有漢字的 3 件)。BBAW

　Mainz:二戰中從美因茨(Mainz)疏散處的資料。涉及婆羅門文、藏文、回鶻文、粟特文、漢文等諸多文本。

　後移至馬爾堡(Marburg)、柏林。有 BBAW(含有漢字的約 50 件)與 Haus 2(含有漢字的 10 件)。

　MIK III:亞洲美術館單獨整理、編號的文本(含有漢字的約 100 件)。

這些寫本屬於 AA 期。① 從筆迹來看,爲4—5 世紀的隸書風格,結合紙質、界高等要素綜合判斷,應書寫於北朝前期(3 世紀末至 5 世紀前期)。

這些寫本與《大正藏》中《無量壽經》②系統的諸多文本③有所差別,反映了早期《無量壽經》的結構與形態。此外,其用詞、語句與現行的《佛說阿彌陀三耶三佛薩樓佛檀過度人道經》(《大阿彌陀經》)、《佛説無量清淨平等覺經》(《平等覺經》)等也並不一致。換言之,儘管能確定它們屬於《無量壽經》系統,但與現行的諸多佛經均文本不合,因此尚處於未認定的狀態。

《無量壽經》古來便有"五存七欠"一説。現存的五種漢譯文本中,相傳爲康僧鎧所譯的《佛説無量壽經》(無量壽經)是淨土宗諸派的傳統誦讀本。本文探討的這些吐魯番寫本,正保留了《佛説無量壽經》最初的一些文本形態。

---

① 龍谷大學西域文化研究會曾以藤枝晃(1987、2005 年)分期法、百済康義(2003 年)分期法爲基礎,嘗試提出過確定文本書寫年代的新標準。本文所用 AA 年代標準,主要是參考了藤枝晃的研究:

AA: 北朝前期,3 世紀末至 5 世紀前半期(至北涼時代)。

A: 北朝後期,5 世紀前半期至 6 世紀中葉(至麴氏高昌國前期)。

A': 高昌國期,6 世紀前半期至 7 世紀中葉(至麴氏高昌國滅亡)。

C: 唐代,7 至 10 世紀。

C1: 高昌國末期至唐代

C2: 唐代

C3: 唐代至回鶻政權控制時期

D: 回鶻政權控制時期,9 世紀中葉至 11 世紀。

其中 C1 ~ C3 並非藤枝分期法(藤枝分期僅有 AA,A,A',C,D)。這三個分期是 2002—2005 年整理旅順博物所藏漢文吐魯番文書時臨時製定的標準。參見藤枝晃:《中國北朝寫本的三分期》,收入古筆學研究所編:《古筆と國文學》,東京: 八木書店,1987 年,第3—36 頁;藤枝晃:《トルファン出土佛典の研究—高昌残影釈録》,京都: 法藏館,2005 年;百濟康義:《漢字文化圈の書と表現の迹》,收入龍谷大學學術情報センター、大宮図書館編:《書と表現の迹:〈佛の來た道〉2003: 大谷探險隊100 周年・西域文化研究會50 周年: シルクロード文物展》,京都: 龍谷大學學術情報センター,2003 年。

② 本文論及的《無量壽經》以藤田宏達先生提出的觀點爲基準。即含有"五譯"(關於"五譯",請參見下一條注釋)、"五存七欠"內容的皆爲《無量壽經》系統的佛經,與相傳爲康僧鎧所譯的《無量壽經》有別。參見藤田宏達:《原始淨土思想の研究》,東京: 岩波書店,1970 年,第 11—258 頁;同氏《淨土三部經の研究》,東京: 岩波書店,2007 年,第17—232 頁。

③ 據藤田宏達先生的研究,現存的"五譯"如下:

1.《阿彌陀三耶三佛薩樓佛檀過度人道經》二卷(俗稱《大阿彌陀經》),三國吳支謙譯,翻譯時間爲 222 年、223—228、253 年三説。另有別説。

2.《無量清淨平等覺經》四卷,後漢支婁迦讖譯(實際爲三國魏帛延或白延譯),翻譯時間似爲 258 年。另有別説。

3.《無量壽經》二卷,三國魏康僧鎧譯(實際爲東晉佛陀跋陀羅與劉宋寶雲共譯),翻譯時間似爲 421 年。

4.《無量壽如來會》二卷(《大寶積經》第五會,卷十七、十八),唐菩提流支譯,翻譯時間爲 706—713 年。

5.《大乘無量壽莊嚴經》三卷,宋法賢譯,翻譯時間爲 991 年。

以上參見藤田宏達:《淨土三部經の研究》,第35—36 頁。另,伊斯坦布爾大學還藏有新異譯的《無量壽經》寫本,對此百濟康義先生有過介紹。

一、柏林國立圖書館所藏淨土宗寫本目録

在討論最古老的早期《無量壽經》寫本之前,首先介紹一下德國探險隊收集的淨土宗漢文資料中與淨土三部經(即《無量壽經》、《觀無量壽經》、《阿彌陀經》)有關的文書殘片。截至目前,已著録的、新認定與尚未認定的文書共計40件。

凡例:

1. 已認定的殘片,以《大正藏》中對應文本的先後位置排序。未認定的殘片,則以可能性較高的佛經位置爲准。

2. 殘片的編號、書寫年代等信息,請參見第 1 頁注 2、注 3。

3.《大正藏》中文本的位置編號及含義如下: T11_0310_0094b15 - 20,即指大正藏卷十一,第 310 號,第 94 頁中段第 15—20 行。

4. 表格中列出已刊目録①的卷數、頁碼或文書編號,並改正了一部分已刊目録認定有誤之處。

5. 備注欄中有藤田宏達《淨土三部經の研究》(簡稱"藤田宏達 2007")附章《淨土三部經の諸本對照表》中殘片所在的頁碼。

二、柏林藏早期《無量壽經》寫本

下表中 1 - 10 號文書屬尚未認定的早期《無量壽經》寫本,其中有一件存在認定的

---

① 第 1 卷、第 2 卷(Band I,II)無殘片刊載的號碼,因此在第 3 卷(Band III),以刊載頁數作爲該殘片的刊載號碼。

Band I:

Gerhanrd Schmitt, Thomas Thilo, *Katalog Chinesischer Buddhistischer Textfragmente/*Schriften zur Geschichte und Kultur des Alten Orients/Deutsche Akademie der Wissenschaften zu Berlin(Berliner Turfantexte 6), 1975.

Band II:

Thomas Thilo, *Katalog Chinesischer Buddhistischer Textfragmente/*Schriften zur Geschichte und Kultur des Alten Orients/Deutsche Akademie der Wissenschaften zu Berlin(Berliner Turfantexte 14), 1985.

Band III:

KOGI KUDARA, *CHINESISCHE UND MANJURISCHE HANDSCHRIFTEN UND SELTENE DRUCKE TEIL 4* (Verzeichnis der Orientalischen Handschriften in Deutschland, Band XII,4) Chinese Buddhist Texts from the Berlin Turfan Collections volume 3, compiled by KOGI KUDARA, edited by TOSHITAKA HASUIKE and MAZUMI MITANI, Franz Steiner Verlag Stuttgart, 2005.

另可參看百濟康義主編:《ベルリン所藏東トルキスタン出土漢文文獻目録(試行本)》,京都: 龍谷大學佛教文化研究所西域研究會、2000 年(未刊)。又,榮新江主編《吐魯番文書總目(歐美收藏卷)》(武漢: 武漢大學出版社,2007 年)也采用了以上數據。

	文書編號	舊編號	佛經名稱	大正藏中的位置	長 (cm)	寬 (cm)	書寫年代	紙色	劃線·界線·紙縫	目錄編號	頁碼	備考
1	Ch 0419r	T II T 1469	未識別（早期《無量壽經》）		9.7	12.0	AA	泛白色	有劃線,有上界線			
2	Ch 1111br	T II D 357	未識別（早期《無量壽經》）		14.9	13.3	AA	白色	有劃線,有上界線			該號文書共兩枚殘片,此是右邊的一枚。
3	Ch 0873v	T II T 1819	未識別（早期《無量壽經》）		11.9	6.2	AA	泛白色	有劃線			系背面裱紙。
4	Ch 1117v	T II T 1896	未識別（早期《無量壽經》）		10.5	7.2	AA	泛白色	有劃線			系背面裱紙。
5	Ch 0953v	T II T 1980	未識別（早期《無量壽經》）		12.9	10.5	AA	白色	有劃線,有下界線			
6	Ch 1161v	T II T 1957	未識別（早期《無量壽經》）		10.9	7.0	AA	白色	有劃線,有上界線,有紙縫			該號文書共五枚殘片,此是最右側的一枚。
7	Ch 3271er	T II T 2017	未識別（早期《無量壽經》）		10.6	4.4	AA	泛白色	有劃線,有紙縫			該號文書共五枚殘片,此是右上角的一枚。
8	Ch 3271cr	T II T 2017	未識別（早期《無量壽經》）	(T12_0362_0309b-c)	1.9	3.6	AA	泛白色	有劃線,有上界線			
9	Ch 0030	T II T 1791	未識別（早期《無量壽經》）		8.2	13.2	AA	淺褐色	無劃線	3	574	在已刊目錄中被認定與T12_0362_0309b-c一致；背面無文字。
10	Ch 1556r	T II T 1256	未識別（早期《無量壽經》）		7.6	10.0	AA	泛白色	有劃線,有下界線			與《佛說無量壽經卷下》T12_0360_0276a11-17一致。
11	Ch 0602r	T III 78.2	《大寶積經》卷一七《無量壽如來會第五之一》	T11_0310_0094b15-20	3.3	10.7	C2	藍底金泥	劃線不明			背面有"II Toyoq"的鉛筆字跡。
12	Ch 5556	T II T 1022	《佛說無量壽經》	T12_0360_0270c15-0271a21	17.8	62.0	C1	淺褐色	有劃線,有上界線,有紙縫	1	131	見於藤田宏達2007,對照表35。背面無文字。
13	Ch 0251	T III 78.3	《佛說無量清靜平等覺經》卷四	T12_0361_0295c10-16	16.4	9.3	AA	泛白色	有劃線	3	573	背面無文字。
14	Ch/U 6989	Ohne Sigel	《佛說觀無量壽佛經》	T12_0365_0342a19-29	13	16	C2	泛白色	有劃線,有下界線	2	63	見於藤田宏達2007,對照表74。第五行留白處有字（非漢字）。

續表

文書編號	舊編號	佛經名稱	大正藏中的位置	長 (cm)	寬 (cm)	書寫年代	紙色	劃線·界線·紙縫	目錄編號	頁碼	備考
15	Ch/U 8070	T II D 142.20	《佛説觀無量壽佛經》	T12_0365_0342b21-a07	14.6	32.7	C2	淺褐色	有劃線，有上界線，有紙縫			MIK 031742
16	Ch 1328r	T II 1167	《佛説觀無量壽佛經》	T12_0365_0343c01-10	26.3	7.9	C3	泛白色	有劃線(赤色)，有上下界線(赤色)	1	131	見於藤田宏達 2007，對照表 74。
17	Ch/U 6430	T II S 2 B 500	《佛説觀無量壽佛經》	T12_0365_0345c12-17	13.7	8.9	C3	淺褐色	有劃線，有下界線			
18	Ch 0033r	T II T 1595	《佛説阿彌陀經》	T12_0366_0346b22-a02	5.3	5.0	C2	褐色	無劃線	1	132	見於藤田宏達 2007，對照表 118。
19	Ch/U 6902a	Ohne Sigel	《佛説阿彌陀經》	T12_0366_0346c02-04?	7.4	3.5	P	淺褐色	無劃線	2	63	見於藤田宏達 2007，對照表 118。該號文書共兩枚殘片，此是右邊的一枚。
20	Ch 0033v	T II T 1595	《佛説阿彌陀經》	T12_0366_0346c08-14	5.3	5.0	C2	褐色	無劃線	1	132	見於藤田宏達 2007，對照表 118。背面無文字。
21	Ch 1448	T III 34.73	《佛説阿彌陀經》	T12_0366_0346c08-15	16.5	12.0	C3	淺褐色	有劃線，有下界線	1	132	見於藤田宏達 2007，對照表 118。
22	Ch 2832a	T II D 217	《佛説阿彌陀經》	T12_0366_0347a06-09	12.4	6.5	C2	淺褐色	有劃線，有上界線	1	132	見於藤田宏達 2007，對照表 118。該號文書共兩枚殘片，此是右邊的一枚。背面無文字。
23	Ch 0850	T III 3074	《佛説阿彌陀經》	T12_0366_0347a06-10	11.1	8.5	C3	淺褐色	有劃線，有上界線	1	132	見於藤田宏達 2007，對照表 118。
24	Ch 3408r	T II T 1733	《佛説阿彌陀經》	T12_0366_0347a07-10	8.9	6.2	C3	淺褐色	有劃線，有下界線	1	132	見於藤田宏達 2007，對照表 118。
25	Ch 0371	T II D 390	《佛説阿彌陀經》	T12_0366_0347a08-12	10.7	9.6	C2	淺褐色	有劃線	1	132	見於藤田宏達 2007，對照表 118。背面無文字。
26	Ch 1487	T I 1017	《佛説阿彌陀經》	T12_0366_0347a10-15	14.8	9.5	C3	淺褐色	有劃線，有上界線	1	132	見於藤田宏達 2007，對照表 118。背面無文字。

續表

文書編號	舊編號	佛經名稱	大正藏中的位置	長(cm)	寬(cm)	書寫年代	紙色	劃線・界線・紙縫	目錄編號	頁碼	備考
27	Ch 2266	Ohne Sigel	《佛說阿彌陀經》	T12_0366_0347a12-18	7.4	9.6	C2	淺褐色	有劃線,有下界線	2	63	見於藤田宏達2007，對照表118。背面無文字。
28	Ch 2737	Ohne Sigel	《佛說阿彌陀經》	T12_0366_0347a16-21	9.8	12.0	C2	褐色	有劃線,有上界線	1	133	見於藤田宏達2007，對照表118。背面無文字。
29	Ch 0522	T I 502 x	《佛說阿彌陀經》	T12_0366_0347a16-23	12.2	13.0	C3	淺褐色	有劃線,有下界線	1	133	見於藤田宏達2007，對照表118。背面無文字。
30	Ch 0998	T II 2029	《佛說阿彌陀經》	T12_0366_0347a19-27	11.2	13.2	C3	淺褐色	有劃線,有下界線	1	133	見於藤田宏達2007，對照表118。背面無文字。
31	Ch 0928	T II 4093	《佛說阿彌陀經》	T12_0366_0347a22-25	12.4	8.0	C2	淺褐色	有劃線,有上界線	1	133	見於藤田宏達2007，對照表118。背面無文字。
32	Ch 1333	T II T 1085	《佛說阿彌陀經》	T12_0366_0347a27-b03	10.9	10.0	D	淺褐色	有劃線,有紙縫	1	133	見於藤田宏達2007，對照表118。背面無文字。
33	Ch/So 20102	T I 1009	《佛說阿彌陀經》	T12_0366_0347b01-07	9.1	11.1	C2	淺褐色	有劃線,有上界線	1	133	見於藤田宏達2007，對照表118。背面無文字。
34	Ch 0505	T III 1175	《佛說阿彌陀經》	T12_0366_0347b10-15	13.1	8.3	C2	褐色	有劃線(赤色)、有上界線(赤色)	1	133	見於藤田宏達2007，對照表118。背面無文字。
35	Ch 3326r	T III M 019	《佛說阿彌陀經》	T12_0366_0347b10-15	8.1	10.7	C2	褐色	劃線不明	1	133	見於藤田宏達2007，對照表118。背面無文字。
36	Ch 0644	T II 1468	《佛說阿彌陀經》	T12_0366_0347c02-10	11.0	14.5	C3	淺褐色	無劃線	1	134	見於藤田宏達2007，對照表118。背面無文字。
37	Ch 0992	T II 1643	《佛說阿彌陀經》	T12_0366_0347c13-0348a14	16.7	31.6	C2	淺褐色	有劃線,有上界線	1	134	見於藤田宏達2007，對照表118。背面無文字。
38	Ch 1178	T III M 509	《佛說阿彌陀經》	T12_0366_0347c15-0348a02	12.5	7.2	C3	淺褐色	有劃線,有上界線	1	134	見於藤田宏達2007，對照表118。背面無文字。
39	Ch/U 6549	T II T 1152	《佛說阿彌陀經》	T12_0366_0348a14-24	17.5	15.7	C3	褐色	有劃線,有上界線	1	134	見於藤田宏達2007，對照表118。背面無文字。
40	Ch 1564	T III T 130	《佛說阿彌陀經》	T12_0366_0348a24-28	13.4	9.0	C2	褐色	有劃線,有下界線	1	134	見於藤田宏達2007，對照表118。背面無文字。

可能。以下按《無量壽經》中文本的先後順序進行録文。

録文凡例:

1. 句首爲行數序號。

2. 殘片編號含義如下:

Ch:新編號,漢文文書。德國國立圖書館(Staatsbibliothek zu Berlin)Haus 2(Potsdamer strasse)所藏。

編號後的 a,b,c 指文書中夾入數件殘片時的號碼(原則上從左上開始記爲 a,b,c···)。

r:表面(recto);v:背面(verso)。

T II T:舊編號,德國吐魯番探險隊(T)、第二次探險隊(II),出土地:T(吐峪溝)。

T II D:德國吐魯番探險隊(T)、第二次探險隊(II)、出土地:D(高昌故城)。

T III:德國吐魯番探險隊(T)、第三次探險隊(II)(III)。

(Toyuk):指出土地點,即吐峪溝。①

3. 〔〕:未釋讀,且無法依據《大正藏》進行復原的文字。

4. [ ]:缺損文字。殘存部分筆畫,可利用《大正藏》推斷的文字,無論判讀與否,一概補入括弧中。

5. 〔〕:表示寫本殘缺的部分。據《大正藏》可補充的文字,則填入其中。如第一行行首與最後一行行尾文字不存,難以確定字數,則僅使用單括弧,不閉合。

6. 校異文獻簡稱如下:

《大阿》:《佛説阿彌陀三耶三佛薩樓佛檀過度人道經》,大正 12,No. 362。

《平等》:《佛説無量壽清淨平等覺經》,大正 12,No. 361。

《無量》:《佛説無量壽經》,大正 12,No. 360。

《如來會》:《大寶積經》第五會,卷十七、十八《無量壽如來會》,大正 11,No. 310。

---

① 據"國際敦煌項目"(International Dunhuang Project)的德語網站(http: //idp. bbaw. de),舊編號開頭有"Toyuk"以顯示出土地點。

（一）Ch 0419r　T II T 1469　9.7×12.0　AA　有劃線、有上界線

01　念欲［往生］［　］〔

02　菩薩共飛行〔

03　薩欲到他方生［　］〔

04　令我國中諸菩〔

05　一色比如第六天〔

06　薩阿羅漢〔

07　願令我國〔

08　［瞋怒愚癡］〔

該殘片與現行各種《無量壽經》皆無法相合。如果一定要推定的話，大致相當於《大阿彌陀經》的第七、九與十一願，但也並非完全一致：①

第七願。使某作佛時。令八方上下。無央數佛國。諸天人民。若善男子善女人。有作菩薩道。奉行六波羅蜜經。若作沙門不毀經戒。斷愛欲齋戒清淨。一心念欲生我國。晝夜不斷絕。若其人壽欲終時。我即與諸菩薩阿羅漢。共飛行迎之。即來生我國。則作阿惟越致菩薩。智慧勇猛。得是願乃作佛。不得是願終不作佛。（"作菩薩道願生［臨終來迎］"②T12_0362_0301b27－c05）

第九願。使某作佛時。令我國中。諸菩薩阿羅漢。面目皆端正。淨潔姝好。悉同一色。都一種類。皆如第六天人。得是願乃作佛。不得是願終不作佛（"面目姝好，悉同一色"T12_0362_0301c10－13）

第十一願。使某作佛時。令我國中。諸菩薩阿羅漢。皆無有淫泆之心。終無念婦女意。終無有瞋怒愚癡者。得是願乃作佛。不得是願終不作佛。（"無淫瞋癡"T12_0362_0301c17－20）

---

① 《平等覺經》的內容與之有異。T12_0361_0281a29－b09：

七我作佛時。人民有來生我國者。不悉知他人心中所念者。我不作佛。

八我作佛時。我國中人民不悉飛者。我不作佛。

九我作佛時。我國中人民不悉徹聽者。我不作佛。

十我作佛時。我國中人民有愛欲者。我不作佛。

十一我作佛時。我國中人民住止盡般泥洹。不爾者我不作佛。

② 下文提及的各願文，願名均以藤田宏達：《淨土三部經の研究》第305—308頁所附"本願比較對照表"爲準。

（二）Ch 1111br　T II D 357　14.9×13.3　AA　有劃線、有上界線

01　［説］［如汝］［我終不］〔取阿耨多羅三藐三菩提(七)世尊

02　若我未來成［佛］〔

03　心智知百千萬〔

04　我終不取阿［耨］〔多羅三藐三菩提(八)世尊若我未

05　來成佛道［已生］〔

這件殘片相當於《無量壽經》四十八願文的第七願到第八願：

第七願（天耳智通〔天耳通〕）

設我得佛。國中人天。不得天耳。下至聞百千億那由他諸佛所説。不悉受持者。不取正覺。（T12_0360_0267c29－0268a02）

第八願（他心智通〔他心通〕）

設我得佛。國中人天。不得見他心智。下至不知百千億那由他諸佛國中衆生心念者。不取正覺。（T12_0360_0268a03－05）

（三）Ch 0873v　T II T 1819　11.9×6.2　AA　有劃線

01　〕［飾佛］〔

02　〕若我未來成［佛］〔

03　〕少者若不得〔

04　〕像我終不取〔

該殘片相當於願文的哪一部分，不明。或許屬於從第三十願到第三十一願的這一部分：

第三十願（智辯無窮）

設我得佛。國中菩薩。智慧辯才若可限量者。不取正覺。（T12_0360_0268c05－06）

第三十一願（國土清淨）

設我得佛。國土清淨。皆悉照見十方一切無量無數不可思議諸佛世界。猶如明鏡覩其面像。若不爾者。不取正覺。（T12_0360_0268c08－09）

（四）Ch 1117v　T II T 1896　10.5×7.2　AA　有劃線

01　　　〕［虛空所有］［　］〔
02　　〕人天皆是菩薩如〔
03　　〕［羅］三藐三菩提（三十二）世尊〔
04　　〕世界諸衆生等遇我〔

該殘片第三行插入了"卅二"二字，説明在此分爲兩段願文。檢《無量壽經》，其內容如下：

第三十二願（國土嚴飾〔寶香合成〕）

設我得佛。自地以上至於虛空。宮殿樓觀池流華樹。國中所有一切萬物。皆以無量雜寶百千種香而共合成。嚴飾奇妙超諸人天。其香普熏十方世界。菩薩聞者皆脩佛行。若不爾者。不取正覺。（T12_0360_0268c10－14）

第三十三願（觸光柔軟）

設我得佛。十方無量不可思議諸佛世界衆生之類。蒙我光明觸其身者。身心柔軟超過人天。若不爾者。不取正覺。（T12_0360_0268c15－17）

（五）Ch 0953v　T II T 1980　12.9×10.9 AA　有劃線、有下界線、有紙縫

01　　　　　〕［阿耨多羅三］
02　　　　〕成佛道已十方無量
03　　〕［民等］諸成佛世界所有
04　　　　〕［來］成佛於其中間
05　〕［羅］三藐三菩提（三十六）世
06　　　　　〕［不可］思議不

· · · 紙縫 · · ·

該殘片第三行插入了"卅六"二字，説明在此分爲兩段願文。到"三菩提"是第三十六願，之後是第三十七願。

（六）Ch 1161v　T II T 1957　10.9×7.0　AA　有劃線、有上界線

01　藐三菩［提］〔

02 　不可思議不可〔稱〕〔

03 　菩薩〔聞〕〔我名〕字〔〕〔

04 　不脩梵行〔

　　以上 Ch 0953v 與 Ch 1161v 這兩件殘片雖没有接合，但筆迹相同，應屬同一寫本，與《無量壽經》第三十六願相當：

　　　第三十六願（常脩梵行）

　　　設我得佛。十方無量不可思議諸佛世界諸菩薩衆。聞我名字。壽終之後常脩梵行至成佛道。若不爾者。不取正覺。（T12_0360_0268c25－27）

Ch 0953v 與 Ch 1161v 合并後文本如下：

01 　　　　　　　　　　　　　　　　　　〕〔阿耨多羅三〕

02 　藐三菩〔提〕〔（三十五）　世尊若我未來〕成佛道已十方無量

03 　不可思議不可〔稱〕〔　　　人〕〔民等〕諸成佛世界所有

04 　菩薩〔聞〕〔我名〕字〔〕〔　　　未〕〔來〕成佛於其中間

05 　不脩梵行〔我終不取阿耨多〕〔羅〕三藐三菩提（三十六）世

06 　　　　　　　　　　　　〕〔不可〕思議不

　　其中“成佛於其中間”一句見於《悲華經》（T03_0157_0193c16）、《佛説大乘無量壽莊嚴經》卷下（T12_0363_0324b16－21）、《佛説阿彌陀經》卷下（T12_0364_0334a06－11），但與《無量壽經》不符。

　　在此試舉《如來會》第三十六願如下。經對比可知，該寫本羣當别屬另一系統：

　　　若我成佛。無量無數不可思議無等佛剎菩薩之衆。聞我名已得離生法。若不脩行殊勝梵行。乃至到於大菩提者。不取正覺。（T11_0310_0094b18－20）

（七）Ch 3271er　T II T 2017　10.6×4.4　AA 有劃線、有紙縫痕迹

01 　〕終不取〔阿耨〕〔

02 　〕成佛道已十方無〔量〕〔

・・・紙縫・・・

　　該殘片左端有紙縫痕迹，與 Ch 953v 左端一致。因此即便没有完全接合，仍可視爲 Ch.0953v ＋ Ch.1161v 的第 5 至第 6 行。加入此殘片後，幾乎能够看到寫本願文第三

十六願的全貌。① （請參見文後所附圖版）

Ch 0953v 與 Ch 1161v、Ch 3271er 合并後文本如下：

01 　　　　　　　　　　　　　　　　　〕[阿耨多羅三]

02 藐三菩[提]〔（三十五）　世尊若我未來]成佛道已十方無量

03 不可思議不可[稱]〔　　　人][民等]諸成佛世界所有

04 菩薩[聞][我名]字[]〔　　　　未][來]成佛於其中間

05 不脩梵行[我]終不取[阿耨][多][羅]三藐三菩提（三十六）世

06 〔尊若我未來]成佛道已十方無[量][不可]思議不

（八）Ch 3271cr　T II T 2017　1.9×3.6　AA　有劃線、有上界線

01 [字][〔

02 菩〔

Ch 3271 號文書中夾有五枚殘片，以上是 Ch 3271e 左上的一枚。該殘片僅有兩字，極小，原本難以認定。不過它與 Ch 3271e 同屬 AA 期的筆迹，且上界線下的首行開頭文字當爲"〔名]字"與"菩〔薩]"，有助於判斷它在上述寫本羣（即 Ch 0953v ＋ Ch 1161v ＋ Ch 3271er）中的位置。

以上所舉 Ch.873v,953v,1111br,1117v,1161v,3271er（及 3271cr）是與早期《無量壽經》同屬一個系統的寫本。這些殘片合起來，相當於日本淨土宗諸派誦讀的《無量壽經》四十八願中"設我得佛……不取正覺"這一部分。不過從"世尊若我未來成佛道已……我終不取阿耨多羅三藐三菩提"的語句中可以看出，其形式較爲獨特。

藤田宏達先生曾整理《無量壽經》的二十四願（《大阿彌經》、《平等覺經》）、三十六願（《大乘無量莊嚴經》）、四十七願（梵文本）、四十八願（《無量壽經》、《如來會》）、四十九願（藏譯）等發願文，認爲"二十四願無疑是早期《無量壽經》系統中最古老的形態"。② 論及僅見於《莊嚴經》的三十六願時，他認爲"晚期《無量壽經》中的三十六願，

---

① 據肖越先生的研究，《平等覺經》本願文與後期《無量壽經》屬同一系統的可能性非常高，而《平等覺經》最初的本願數是二十四願的可能性則很低。參見肖越：《"初期無量壽經"成立史における〈無量清淨平等覺經〉》，《佛教大學綜合研究所紀要》第 17 輯，2010 年，第 49—50 頁。
② 參見藤田宏達：《淨土二部經の研究》，第 308 頁。更爲詳細的研究參見同氏《原始淨土思想の研究》，第 379—401 頁。

恐怕是在四十八願的原本或漢譯本出現後,以此爲基礎形成的另一系統的漢譯本"。①
"晚期《無量壽經》四個版本的形成順序,可以推斷爲《無量壽經》→《如來會》→（梵文本）→藏文譯本"。②

然而,以上所列出的 AA 期寫本殘片卻對應著從第七願到第三十七願的開頭,既不屬於二十四願系統,也不屬於三十六願系統。説明早在 4—5 世紀,四十八願系統的漢譯或許就已經存在了,也可能在早期《無量壽經》中二十四願、四十八願是同時並存的。③

三、伊斯坦布爾大學圖書館藏早期《無量壽經》寫本

土耳其伊斯坦布爾大學圖書館藏有另一件漢譯《無量壽經》寫本,對此百濟康義先生有過介紹。④ 從書法、字迹等特徵來看,該寫本要晚於柏林藏寫本,不過同屬早期《無量壽經》系統。

該寫本可見上、下界線,共 33 行,屬於格式非常齊整的吐魯番文書。一般認爲,其書寫年代當在公元 450 年到 500 年之間的北朝時代。⑤ 據百濟先生的研究,該寫本"應爲漢譯《無量壽經》的一部分,但與現行五種譯本均不相合","屬於《無量壽經》諸本中的四十八願系統（梵文本、藏譯本、康僧鎧譯本、菩提流志譯本）","相比於康僧鎧譯《無量壽經》,更接近於菩提流志所譯《無量壽如來會》。"⑥

寫本第 21—33 行,對應本願文的第一願到第五願。各願文結束之處,從右手記入

---

① 參見藤田宏達:《淨土三部經の研究》,第 309 頁。

② 參見藤田宏達:《淨土三部經の研究》,第 332 頁。

③ 肖越先生認爲,《平等覺經》的譯者據原本翻譯了本願文。在本願的數量上,則與較早出現的《大阿彌陀經》保持了一致。參見肖越:《"初期無量壽經"成立史における〈無量清淨平等覚經〉》,第 50 頁。又,肖越先生並未提及早期《無量壽經》的本願數。
本文所介紹的寫本,是否與肖越先生所指《平等覺經》的原本相符,或是否出自包括竺法護在內的其他譯者之手,這些都有待進一步的研究。但至少能够確定,早期漢譯《無量壽經》中已經有了四十八願系統。參見肖越:《"初期無量壽經"成立史における〈無量清淨平等覚經〉》,第 45—64 頁;同氏《〈大阿彌陀經〉の成立の問題をめぐって》,《佛教大學總合研究所紀要》第 18 輯,2011 年,第 1—29 頁。

④ 參見百濟康義:《漢譯〈無量壽經〉の新異本斷片》,收入《インド哲學と佛教》（藤田宏達博士還曆記念論集）,京都: 平樂寺書店,1989 年,第 373—394 頁。

⑤ 藤田宏達先生指出:"該寫本有可能是'七闕'中最晚的《新無量壽經》二卷（曇摩蜜多/ Dharmamitra 譯,翻譯年代 424—442）,而且還是可以將'五存'改爲'六存'的新資料,此點誠如百濟先生所論。"參見藤田宏達:《淨土三部經の研究》,第 38 頁。

⑥ 參見百濟康義:《漢譯〈無量壽經〉の新異本斷片》,第 389—390 頁。

"一"到"五"的漢文數字,這種形式與本願文完全一致。① 儘管百濟先生認爲該寫本與《如來會》更爲接近,但如果將其視作同一系統的翻譯,毋寧説在許多地方更類似於《無量壽經》。這一點暫且不談。總之,該寫本不屬於一般的二十四願系統,而是反映了四十八願系統中較爲古老的形式,此點值得注意。

諸佛經所見本願文的形式如下:

(1)《大阿彌陀經》卷上:

第□願。使某作佛時。令[我/八方]……得是願乃作佛。不得是願終不作佛(□是願數的漢字)

(2)《平等覺經》卷一:

□我作佛時……我不作佛(□是願數的漢字)

(3)《無量壽經》卷上:

設我得佛……不取正覺

(4)《如來會》第五之一,第一願:

若我證得無上菩提……我終不取無上正覺。

第二願以下:

若我成佛……我終不取正覺(菩提)(無願數)

(5)柏林寫本與伊斯坦布爾大學圖書館所藏寫本:

世尊若我未來成佛道已……我終不取阿耨多羅三藐三菩提。

---

① 該寫本第21行至最後的第33行如下:

21 〔尊。〕今當聽我、所發誓願。<u>世尊、若我未來、成</u>

22 <u>佛道已</u>、我世界中、若有地獄畜生餓鬼、我

23 <u>終不取、阿耨多羅、三藐三菩提。(一)</u> <u>世尊、若我</u>

24 <u>未來、成佛道已</u>、生我世界、諸衆生等、命終

25 之後、墮三惡趣、<u>我終不取、阿耨多羅、三藐</u>

26 <u>三菩提。(二)</u> <u>世尊、若我未來、成佛道已。</u>我國衆

27 生、有種種色、若干差別、不純金色、<u>我終不</u>

28 <u>取、阿耨多羅、三藐三菩提。(三)</u> <u>世尊、若我未來、</u>

29 <u>成佛道已</u>、我界人天、有異色相、<u>我終不取、</u>

30 <u>阿耨多羅、三藐三菩提。(四)</u> <u>世尊、若我未來、成</u>

31 <u>佛道已</u>、生我世界、諸衆生等、若不自識、命

32 宿之事、乃至百千億那由他、<u>我終不取、〔阿耨〕</u>

33 <u>多羅、三藐三菩提。(五)</u> 〔世尊、若我未來、成佛道〕

(一) Ch 0030　T II 1791(Toyuk)　8.2×13.2　AA　無劃線

01　〕〔〕皆依〔因何〕〔〕〔

02　〕〔〕佛所所阿難〔聞〕〔

03　〕〔言〕我不敢有疑〔

04　〕〔須〕彌山其第一四天〔

05　〕〔〕若有人來問我阿彌〔

06　〕〔利〕天依因何等住〔

07　〕〔彌〕陀佛國無〔

08　〕〔〕所依因何〔

該殘片在已刊目錄(Band III,No.0574)中僅被認定爲《大阿彌陀經》的一部分(T12_0362_0309b－c),尚未判斷其具體位置。殘片中將阿彌陀佛淨土稱爲"阿彌陀佛國"而非"清淨佛國",據此似可判斷其爲《大阿彌陀經》系統的寫本,但無論是用語,還是每行的字數均不相吻合。①

(二) Ch 1556r　T III 78.2(Toyuk)　7.6×10.0　AA　有劃線、有下界線

01　〕〔盡〕終不得離

02　〕度痛不可言

03　〕〔〕皆趣自然

04　〕痛爲一燒勤苦

05　〕〔人〕能於中一心制

06　〕〔身獨度〕〔

該殘片並不屬於《大阿彌陀經》或《平等覺經》,而相當於《無量壽經》卷下(T12_0360_0276a11－17),但用語或每行字數均不一致:

01　　　　　　　　盡不得相離
02 展轉其中無有出期難得解脱痛不可言

———————

① 《大阿彌陀經》的相關部分(T12_0362_0309b28－c05)如下:
白佛言。我不敢有疑意於佛所。所以問佛者。他方佛國。皆有須彌山。第一四天。第二忉利天。皆依因之住止。我恐佛般泥洹後。儻有諸天人民。若比丘僧比丘尼優婆塞優婆夷來問我。阿彌陀佛國。何以獨無有須彌山。其第一四天王。第二忉利天。皆依因何等住止。

03 天地之間自然有是雖不即時卒暴應至

04 善惡之道會當歸之是爲一大惡一痛一燒勤苦

05 如是譬如大火焚燒人身<u>人能於中一心制</u>

06 意端身正行獨作諸善不爲衆惡者<u>身獨度</u>

校異：

01 "盡終不得離"即"盡不得相離"(《無量》)。

02 ［度］旁有"痛"字。

（三）**Ch 0251　T Ⅲ 78.3(Toyuk)　16.4×9.3　AA　有劃線**

01 ］［法。受］其過謫重［罰致劇。］〔求望解脱難得度出。今世有

02 ］［是］前現事。壽終尤劇。〔入其窈冥。受身更生。譬若王

03 法劇［苦］極刑。［故］有自然泥犁［禽］〔獸薛荔。蜎飛蠕動之

04 類屬。貿］身形。改惡易道。壽命短長。［魂］〔神命精。自然入

05 趣。受］［形寄胎。］當［獨值向。相從共］〔

校異：

02 "是前現事"即"目前現在"(《平等》、《大阿》)。

02 "尤"爲後補入,代替"無"字。

該殘片爲 AA 期早期《無量壽經》寫本,已刊目録(Vol. 3, No. 0573)認爲它是《佛説無量清淨平等覺經》卷四(T12_0361_0295c10−16)的一部分。① 儘管如此,第二行開頭的譯文不見於《大阿彌陀經》、《平等覺經》。這究竟是書寫訛誤還是譯法不同,現在難以判斷。但至少可以説,該寫本近似《阿達彌陀經》、《平等覺經》,同屬早期《無量壽經》系統。

---

① 《平等覺經》的相關部分(T12_0361_0295c10−16)如下:
法。受其過謫重罰致劇。求望解脱難得度出。今世有是目前現在。壽終尤劇。入其窈冥。受身更生。譬若王法劇苦極刑。故有自然泥犁禽獸薛荔。蜎飛蠕動之類屬。貿身形。改惡易道。壽命短長。魂神命精。自然入趣。受形寄胎。當獨值向。相從共
又《大阿彌陀經》卷下相關部分(T12_0362_0313c16−22)如下:
法。受其過謫重罰致劇。求望解脱難得度出。今世有是目前現在。壽終有處入其窈冥受身更生。比若王法劇苦極刑。故有自然泥犁禽獸薛荔。蜎飛蠕動之類。轉貿身形改惡易道。壽命短長魂神精識。自然入趣受形寄胎。當獨值向相從共

此外,筆者曾對旅順博物館所藏五件屬於 AA 期的早期《無量壽經》寫本有過介紹。儘管旅順寫本同柏林寫本無法接合,但它們筆迹相近,且都與《平等覺經》(T12_0361_0293c08－14)及《大阿彌陀經》(T12_0362_0311c20－26)近似,在佛經中的位置也較爲靠近,不排除屬於同一寫本的可能。故下文想就此做一些探討。

四、旅順博物館藏早期《無量壽經》寫本

日本大谷探險隊與德國探險隊幾乎在同時、同地進行了調查,所收集的部分吐魯番寫本現藏中國旅順博物館(以下簡稱旅博)。在包括漢文、非漢文共計數萬件的寫本中,與淨土宗有關的漢文寫本有 166 件。這些録文與圖版,前人已有詳細介紹。① 尤其值得注意的是以下 5 件,它們都屬於早期《無量壽經》寫本,其文字不見於《大正藏》:②

（1）LM20_1490_14_01(《涅槃般若經二》)

（2）LM20_1462_29_01(《經帖十三》)

（3）LM20_1454_08_07(《經帖五》)

（4）LM20_1462_35_01(《經帖十三》)

（5）LM20_1453_17_03(《經帖四》)

這五件是同一寫本的殘片,此點毋庸置疑。與上述德國探險隊收集的寫本相同,它們都是 3 世紀末到 5 世紀前期的早期《無量壽經》寫本,不過其文本與《大正藏》所收各種《無量壽經》均不一致。(1)與《大阿彌陀經》、《平等覺經》大致相同,但其中"〔無量〕壽佛國"③一句亦不見於兩經。(2)—(5)在文本上則接近於《平等覺經》。衆所周知,《大阿彌陀經》與《平等覺經》在文本上極爲相似,學者們依據"阿彌陀佛國(《大阿彌陀經》)"與"無量清淨佛國(《平等覺經》)"這一顯著的用語差别,認爲它們是早期《無量壽經》的不同譯本。旅博寫本所見"〔無量〕壽佛國"一詞,則與"阿彌陀佛國"、"無量清淨佛國"都不一致。似不能簡單認爲是個别單詞的異譯或傳抄過程中的訛誤,而應視作另一個異譯版本。

① 參見旅順博物館、龍谷大學編:《旅順博物館所藏新疆出土漢文淨土教寫本集成》,京都:龍谷大學佛教文化研究所·西域研究會,2010 年,第 142 頁。

② 參見拙稿:《旅順博物館所藏の漢文無量壽經寫本》,《宗教研究》第 83 卷第 4 號,2010 年,第 409—410 頁;拙稿:《旅順博物館所藏の淨土教寫本について》,《國際文化研究》第 12 輯,2008 年,第 29—44 頁。

③ 新疆維吾爾自治區博物館藏有譯爲"無量壽佛國"的《無量壽經》寫本,雖與旅博寫本有别,但屬同一系統。這就説明,在《大阿彌陀經》、《平等覺經》以外,還有另一系統的譯本。詳見拙稿:《旅順博物館所藏の淨土教寫本について》,第 29—44 頁。

　　如據《大正藏》中的《大阿彌陀經》（大正 12，311b28－c26）與《平等覺經》（同書293b1－c14）對旅博寫本中所缺文字進行補校，可得 420 字。如據現行《無量壽經》（同 274b18－21）進行補校，則只得 58 字，字數減少甚多。不過值得注意的是，旅博寫本中的"〔無量〕壽佛國"字句在現行《無量壽經》中作"無量壽國"，其後的内容則二者幾乎一致。遺憾的是，旅博寫本的佛經題目以及卷末識語均未發現，目前無法確定譯者。①

　　據 CBETA 的檢索結果，②《大阿彌陀經》無"無量清淨佛（國）"、"無量壽佛（國）"等詞。《平等覺經》雖有"阿彌陀佛（國）"一詞，但無"無量壽佛（國）"一詞。至於《無量壽經》，則未見"阿彌陀佛（國）"與"無量清淨佛（國）"這些詞語。如果考慮到佛經題目、佛以及佛國土的稱呼相互之間的密切關係，似乎可以認爲早期《無量壽經》有以下三個系統：

　　（1）"阿彌陀佛（國）"系統：《阿彌陀三耶三佛薩樓佛檀過度人道經》

　　（2）"無量清淨佛（國）"系統：《無量清淨平等覺經》

　　（3）"無量壽佛（國）"系統：《無量壽經》

　　從上文分析可知，"無量壽佛（國）"系統的漢譯佛經除現行的版本外，還有另一個系統的譯本。旅順博物館所藏的吐魯番寫本，很可能就是這一系統最爲古老的寫本。

　　以下，利用《大正藏》中的《平等覺經》對上述五件殘片的缺損部分進行復原，計 420字（有下劃線者是寫本中的文字）。復原文本如下：

01 其後當復何益但心中悵悢慕及等爾佛

02 言無量壽佛國諸菩薩阿羅漢衆等大道聚

---

　　①　如竺法護所譯早期《無量壽經》的確存在的話，那麼整個翻譯順序應爲：《大阿彌陀經》（支謙，翻譯時間222—253 年或支婁迦讖，翻譯時間 178—198 年）→《平等覺經》（帛延/白延，翻譯時間 256—259 年）→竺法護譯本（308 年）→《道安録》（374 年左右）所載《無量壽經》。爾後竺法護譯本失傳，《大阿彌陀經》與《平等覺經》則作爲"五存"之二僅存。具體參見最後一頁注三。

　　②　檢索中華電子佛典協會（CBETA）的 CBReader2007，結果如下：

　　《大阿彌陀經》："阿彌陀佛"164 處，"阿彌陀佛國"82 處，"無量清淨佛"、"無量清淨佛國"、"無量壽佛"、"無量壽佛國"無。

　　《平等覺經》："無量清淨佛"219 處，"無量清淨佛圖"92 處，"阿彌陀佛"9 處，"阿彌陀佛國"6 處，"無量壽佛"、"無量壽佛國"無。

　　《無量壽經》："無量壽佛"28 處，"無量壽佛國"2 處，"無量壽國"5 處，"阿彌陀佛"、"阿彌陀佛國"、"無量清淨佛"、"無量清淨佛國"無。

03 會自都集拘心制意端身正行遊戲洞達俱

04 相隨飛行幡輩出入供養無極歡心喜樂樂

05 共觀經行道和好習文才猛智慧志若虛空精

06 進求願心終不復中轉終無有懈極時雖求道

07 外若遲緩內獨急疾容容虛空這得其中中表相

08 應自然嚴整撿斂端直身心淨潔無有愛欲有

09 所適貪無有衆惡瑕穢其志願皆安定殊好無

10 曾缺減求道和政不誤傾邪准望道法隨經

11 令不敢違失蹉跌猶若繩墨游於八方上下無

12 有邊幅自在所欲至到無窮無極咸然爲

13 道恢廓慕及曠蕩念道無他之念無有憂思自然無

14 爲虛無空立淡安無欲作德善願盡心求索含

15 哀慈潛精進中表禮義都合通洞無違和順

16 副稱褒羅表裏解脫過度敢升入於泥洹長與

17 道德合明自然相保守善意滋滋真真了潔

18 白志願高無上清淨定安靜樂之無有極善好無有比巍巍

19 之曜照曜照開達明徹自然中自然相自然之有根本自

20 然成五光五光至九色九色參迴轉數百千更變最勝之自

21 然自然成七寶橫攬成萬物光精參明俱出好甚姝無

22 有極其國土甚好如此何不力急爲善念道之

23 自然著於無上下洞達無邊幅捐志

　　上文中所謂"五惡段"之前的内容，據香川孝雄先生的研究，[1]其内容不見梵文本、藏譯本，與現行《無量壽經》僅有 58 字相當。文本如下（有下劃線者是與寫本對應的部分）：

《無量壽經》T12_0360_0274b18－21：

　　　　佛告彌勒菩薩諸天人等

　　　　無量壽國聲聞菩薩功德智慧不可稱説又其

---

① 參見香川孝雄：《無量壽經の諸本對照研究》，京都：永田文昌堂，1984 年，第 305 頁。

　　國土微妙安樂清淨若此何不力爲善念道之

　　自然著於無上下洞達無邊際

　　值得注意的是,寫本中的"無量壽佛國"在此作"無量壽國",後半部分則基本相同。

結　語

　　以上討論的柏林國立圖書館、伊斯坦布爾大學所藏資料有一個共同之處,即均出自德國探險隊收集的文書資料。[①] 儘管書寫年代不同,但從諸多方面來看,毫無疑問都屬於同一系統的早期《無量壽經》寫本。

　　另一方面,柏林與旅順博物館所藏資料都出土於吐魯番地區。儘管相互無法接合,但書寫年代相近,且都具有早期《無量壽經》中"無量壽佛(國)"係佛經的特徵。至於譯者,現在還難以確定,不過竺法護或可考慮。從晉泰始二年(266)翻譯《須真天子經》到晉永嘉二年(308)翻譯《無量壽經》(一月二十一日)、《普曜經》(五月),竺法護從事了長達四十二年的譯經活動。[②] 據《出三藏記集》卷二:

　　《無量壽經》二卷,一名無量清淨平等覺經。[③]

　　《無量壽經》:支謙出《阿彌陀經》二卷。竺法護出《無量壽》二卷,或云《無量清淨平等覺》。鳩摩羅什出《無量壽》一卷。釋寶雲出《新無量壽》二卷。求那跋陀羅出《無量壽》一卷。[④]

　　由此可知,竺法護翻譯了名爲《無量壽經》的淨土宗佛經。藤田宏達先生指出,"所謂'無量清淨'的佛名,在竺法護所譯佛經中全然不見。他的譯本一般使用'阿彌陀'、'無量壽'或是'無量'等詞語來表示阿彌陀佛,而不用'無量清淨'一詞。"[⑤]應當注意到,竺法護譯本中有"無量壽"這種譯法。

---

　　① Ayşe Gül Sertkaya, *How the Texts found in Turfan were transferred to the Library of Istanbul University*, 收入新疆吐魯番地區文物局編:《吐魯番學研究: 第二屆吐魯番學國際學術研討會論文集》,上海: 上海辭書出版社,2006年,第215—220頁。日文版參見拙稿《イスタンブル大学図書館にどのようにトルファン出土文書が移管されたか?》,《佛教文化研究所紀要》第47號,2008年,第68—76頁。

　　② 據《歷代三寶記》卷六《譯經·西晉》:"《無量壽經》二卷(永嘉二年正月二十一日譯),是第四出。"(T49_2034_0062b24);《出三藏記集錄上》卷二:"自泰始中至懷帝永嘉二年。以前所譯出。"(T55_2145_0009c01)

　　③ 參見《出三藏記集錄上》卷二。(T55_2145_0007c06)

　　④ 參見《出三藏記集錄上》卷二。(T55_2145_0014a23)

　　⑤ 參見藤田宏達:《淨土三部經の研究》,第48頁。

《無量壽經》由竺法護所譯出,是能够大致確定的。① 但目前難以斷定其譯本究竟是現行的哪個版本,或是某個尚未認定的寫本。在此狀況下,本文所介紹的寫本羣對於判定竺法護譯本或有甚爲積極的意義。②

附記:本文原載《佛教學研究》第 70 號,龍谷佛教學會出版,2014 年 3 月。

———————

① 此説見《道安録》(374 年左右)、《出三藏記集》(502—515 年左右)卷二、《法經録》(594 年)、《歷代三寶紀》(597 年)、《仁壽録》(602 年)、《大唐内典録》(664 年)等書。此外,《靜泰録》(666 年)、《古今譯經圖紀》(640 年前後)、《武周録》(695 年)、《開元録》(730 年)、《貞元録》(800 年)等書則無一例外地記載爲竺法護譯。這一點與支謙譯《大阿彌陀經》的情況相同。以藤田宏達先生爲代表的衆多學者也都肯定其存在。

② 關於竺法護譯早期《無量壽經》寫本存在的可能及其形成狀況,請參看拙稿:《旅順博物館所藏の淨土教寫本について》。現再引如下:([1]到[5]即爲五存):

1.《大阿彌陀經》譯出(支謙譯,222—253 之間;或支婁迦讖,翻譯時間 178—189 之間)→現行的支謙譯本。[1]

2.《平等覺經》譯出(帛延/白延譯,256—259 左右)→現行的帛延譯本。[2]。

3. 竺法護譯本形成(308 年)→作爲寫本而流布(後散佚)。

4.《道安録》記載(374 左右)(《無量壽經》)。

5.《無量壽經》譯出(佛陀跋陀羅・寶雲共譯,421 年)(《新無量壽經》)
　　→現行的康僧鎧譯本。[3]

6.《無量壽如來會》(菩提流支譯,706—713 年)。[4]

7.《大乘無量壽莊嚴經》,(法賢譯,991 年)。[5]

Ch 1161v

初期無量寿経写本

尊若我 未来成佛道已十方无量不可思議不

世尊若我未來成佛道已十方无量

人民等諸來世界所有

未來成佛於其中間

阿耨多耀三

宿三善提

不可思議不可稱

善薩閻浮之名字令

不捨清行我為如來不

Ch 3271er

羅三藐三菩提此

Ch 0953v

柏林藏無量壽經寫本圖
附：柏林藏早期《無量壽經》寫本照片刊載許可

本輯作者工作和學習單位

林昌丈　廈門大學歷史系

柳春新　嶺南師範學院法政學院

鍾　盛　武漢大學法學院

張學鋒　南京大學歷史學院

呂　博　武漢大學歷史學院博士後

張達志　華中師範大學歷史文化學院

聶順新　陝西師範大學西北研究院

牟懷川　加拿大卑詩省立大學亞洲研究系

羅　亮　武漢大學歷史學院博士研究生

張榮强　北京師範大學歷史學院

黃　樓　新疆吐魯番學研究院博士後,武漢大學歷史學院

三谷真澄　日本龍谷大學國際文化學部

陸　帥　南京大學歷史學院博士研究生

稿　　約

　　《魏晉南北朝隋唐史資料》是武漢大學中國三至九世紀研究所主辦的學術集刊，1979 年由著名歷史學家唐長孺先生創辦。本刊注重實證研究，主要刊載有關中國中古史研究的學術論文，適當譯載國外學者相關研究的重要成果，也刊載與本段歷史密切相關的資料整理成果。

　　本刊接受紙質投稿和電子稿投稿，實行匿名審稿制。來稿請附上中文摘要、關鍵詞、英文題目，及作者姓名、單位、職稱、通訊地址和電子郵箱。稿件不予退還，敬請作者自留底稿。

　　本刊自 2015 年起，每年出版二輯，出版時間分別爲 7 月和 12 月，收稿截止日期相應爲上年 11 月 30 日和當年 4 月 30 日。自收到稿件起三個月内，無論采用與否，均將告知作者。

　　郵寄地址：

　　(430072)湖北省武漢市珞珈山武漢大學中國三至九世紀研究所，《魏晉南北朝隋唐史資料》編輯部 收

　　電子郵箱：whu39history@126.com

撰 寫 規 範

一、標題序號

文內各章節標題序號,依一、(一)、1、(1)等順序表示。

二、注釋位置

注釋采用頁下注(腳注),序號用①、②、③……標識,每頁單獨排序。正文中的注釋序號統一置於包含引文的句子(詞或片語)或段落標點符號之後。

三、古籍引用

首次引用時須注明作者、整理者、書名、卷次、篇名、部類(選項)、出版地點、出版者、出版時間和頁碼。"二十四史"、《資治通鑑》、《太平御覽》等常用文獻,可省去作者。如:

《梁書》卷二五《徐勉傳》,北京:中華書局,1973 年,第 377 頁。

《太平御覽》卷七五《地部四〇》引《江夏記》,北京:中華書局,1960 年,第 351 頁。

蕭繹撰,許逸民校箋:《金樓子校箋》卷二《聚書篇第六》,北京:中華書局,2011 年,第 515 頁。

四、今人論著

首次引用時須注明作者、篇名、書名、出版者、出版時間和頁碼。如:

唐長孺:《跋唐天寶七載封北嶽恒山安天王銘》,《山居存稿》,北京:中華書局,1989 年,第 273—292 頁。

五、期刊論文

首次引用時須注明作者、文章題目、期刊名、刊期、頁碼。如:

田餘慶:《〈代歌〉、〈代記〉和北魏國史》,《歷史研究》2001 年第 1 期,第 51—64 頁。

六、西文文獻

可參照中文論著順序標引,文章題目用引號注明,書名、期刊名使用斜體。如:

Stephen F. Teiser, *The Ghost Festival in Medieval China*, Princeton University Press, 1988, pp. 58 - 62.

Dennis Grafflin, "Reinventing China: Pseudobureaucracy in the Early Southern Dynasties", in Albert E. Dien, eds., *State and Society in Early Medieval China*, Stanford University Press, 1990, pp. 49 – 72.

Patricia Ebrey, "Tang Guide to Verbal Etiquette", *HJAS*, Vol. 45, No. 2 (1985), pp. 581 – 613.

七、數字使用

年號、古籍卷數等采用中文數字,序數用簡式。公元紀年請用括號内阿拉伯數字標注。如:

《舊唐書》卷一六八《韋温傳》。

唐貞觀十四年(640)。

八、稿件統一使用繁體字,正文用宋體小四號,單獨引文用楷體小四號,注釋用宋體小五號。

圖書在版編目（CIP）數據

魏晉南北朝隋唐史資料. 第 32 輯／武漢大學中國三
至九世紀研究所編.—上海：上海古籍出版社，2015.12
ISBN 978-7-5325-7969-3

Ⅰ.①魏… Ⅱ.①武… Ⅲ.①中國歷史—研究—魏晉
南北朝時代②中國歷史—研究—隋唐時代 Ⅳ.
①K230.7

中國版本圖書館 CIP 數據核字（2016）第 035381 號

魏晉南北朝隋唐史資料(第三十二輯)

武漢大學中國三至九世紀研究所　編

上海世紀出版股份有限公司
上　海　古　籍　出　版　社　出版
（上海瑞金二路 272 號　郵政編碼 200020）

(1)網址：www. guji. com. cn
(2)E-mail：guji1@ guji. com. cn
(3)易文網網址：www. ewen. co

上海世紀出版股份有限公司發行中心發行經銷
啟東市人民印刷有限公司印刷

開本 787×1092　1/16　印張 15.75　插頁 2　字數 280,000
2015 年 12 月第 1 版　2015 年 12 月第 1 次印刷
ISBN 978-7-5325-7969-3
K·2166　定價：68.00 元
如有質量問題,請與承印公司聯繫

責任編輯：胡文波
封面設計：黄　琛
技術編輯：富　强

上架建議：中國史

ISBN 978-7-5325-7969-3

定價：68.00元
易文網：www.ewen.co

本輯得到

武漢大學基礎學科振興行動計劃
中央高校基本科研業務費專項資金武漢大學自主科研項目

資助出版